Vinhos,
o essencial

Dados Internacionais de Catalogação na Publicação (CIP)
(Câmara Brasileira do Livro, SP, Brasil)

Santos, José Ivan Cardoso dos
　　Vinhos, o essencial / José Ivan Cardoso dos Santos ; ilustrador Alberto Massanobu Honda ; fotos Thales Trigo. – 9ª ed. rev. e atual. – São Paulo : Editora Senac São Paulo, 2014.

　　Bibliografia.
　　ISBN 978-85-396-0462-3

　　1. Vinhos e vinificação 2. Vinhos e vinificação – Brasil 3. Viticultura I. Honda, Alberto Massanobu. II. Trigo, Thales. III. Título.

14-196s   CDD-641.22

Índice para catálogo sistemático:
　1. Vinhos : Alimentos e bebidas   641.22

Vinhos,
o essencial

José Ivan Santos

**9ª edição revista
e atualizada**

Editora Senac São Paulo – São Paulo – 2014

ADMINISTRAÇÃO REGIONAL DO SENAC NO ESTADO DE SÃO PAULO
Presidente do Conselho Regional: Abram Szajman
Diretor do Departamento Regional: Luiz Francisco de A. Salgado
Superintendente Universitário e de Desenvolvimento: Luiz Carlos Dourado

EDITORA SENAC SÃO PAULO
Conselho Editorial: Luiz Francisco de A. Salgado
Luiz Carlos Dourado
Darcio Sayad Maia
Lucila Mara Sbrana Sciotti
Luís Américo Tousi Botelho

Gerente/Publisher: Luís Américo Tousi Botelho
Coordenação Editorial: Ricardo Diana
Prospecção: Dolores Crisci Manzano
Administrativo: Verônica Pirani de Oliveira
Comercial: Aldair Novais Pereira

Preparação de Texto: Leticia Castello Branco
Coordenação de Revisão de Texto: Janaina Lira
Revisão de Texto: Célia Regina do N. Camargo, Leticia Castello Branco
Textos Institucionais: Luiz Carlos Cardoso
Projeto Gráfico: Antonio Carlos De Angelis e Fabiana Fernandes
Editoração Eletrônica: Fabiana Fernandes
Ilustrações: Alberto Massanobu Honda
Fotos: Thales Trigo/Estúdio Novo
Foto de Abertura de Capítulos: Claudio Wakahara
Capa: Thales Trigo
Coordenação de E-books: Rodolfo Santana
Impressão e Acabamento: Gráfica CS

Proibida a reprodução sem autorização expressa.
Todos os direitos desta edição reservados à
Editora Senac São Paulo
Rua 24 de Maio, 208 – 3º andar – Centro – CEP 01041-000
Caixa Postal 1120 – CEP 01032-970 – São Paulo – SP
Tel. (11) 2187-4450 – Fax (11) 2187-4486
E-mail: editora@sp.senac.br
Home page: http://www.editorasenacsp.com.br

© José Ivan Cardoso dos Santos, 2004

Sumário

Nota do editor   7
Prefácio à 8ª edição   9
Prefácio – *Jorge Lucki*   11
1. Introdução ao vinho   15
2. Clima, solo e plantio   23
3. Uvas viníferas   35
4. Vinificação de tintos, brancos e rosados   43
5. Garrafas de vinho   61
6. Servir o vinho   73
7. Degustação   81
8. Harmonização de vinho e comida   91
9. Fator saúde   97
10. O mundo do vinho   101
11. Bordeaux e Sudoeste da França   107
12. Borgonha   135
13. Alsácia e Loire   159
14. Rhône e Languedoc-Roussillon   171
15. Alemanha   185
16. Itália   201
17. Espanha   231
18. Portugal   249
19. Estados Unidos e África do Sul   275
20. Austrália e Nova Zelândia   295
21. Chile   309
22. Argentina e Uruguai   337

23 Vinhos do Brasil 361

24 Champanhe e outros espumantes 385

25 Porto e outros fortificados 405

Nota do editor

Por meio de um panorama das regiões vinícolas mais importantes do mundo, José Ivan Santos nos apresenta, de forma consistente e muito bem organizada, detalhes desde a elaboração do vinho até como saboreá-lo.

"Vinho não é apenas uma bebida, mas uma viagem pela história, geografia, cultura e economia de cada região", acredita o autor. Essa visão vai ao encontro da nossa linha editorial no sentido de que também podemos conhecer e compreender outras sociedades e culturas, além de aprender a apreciar melhor os sabores e os prazeres da boa mesa.

Com este livro, o Senac São Paulo, que se destaca em todas as áreas de sua atuação, entre as quais a de gastronomia, apresenta já na 8ª edição mais uma contribuição para o enriquecimento da bibliografia sobre o tema.

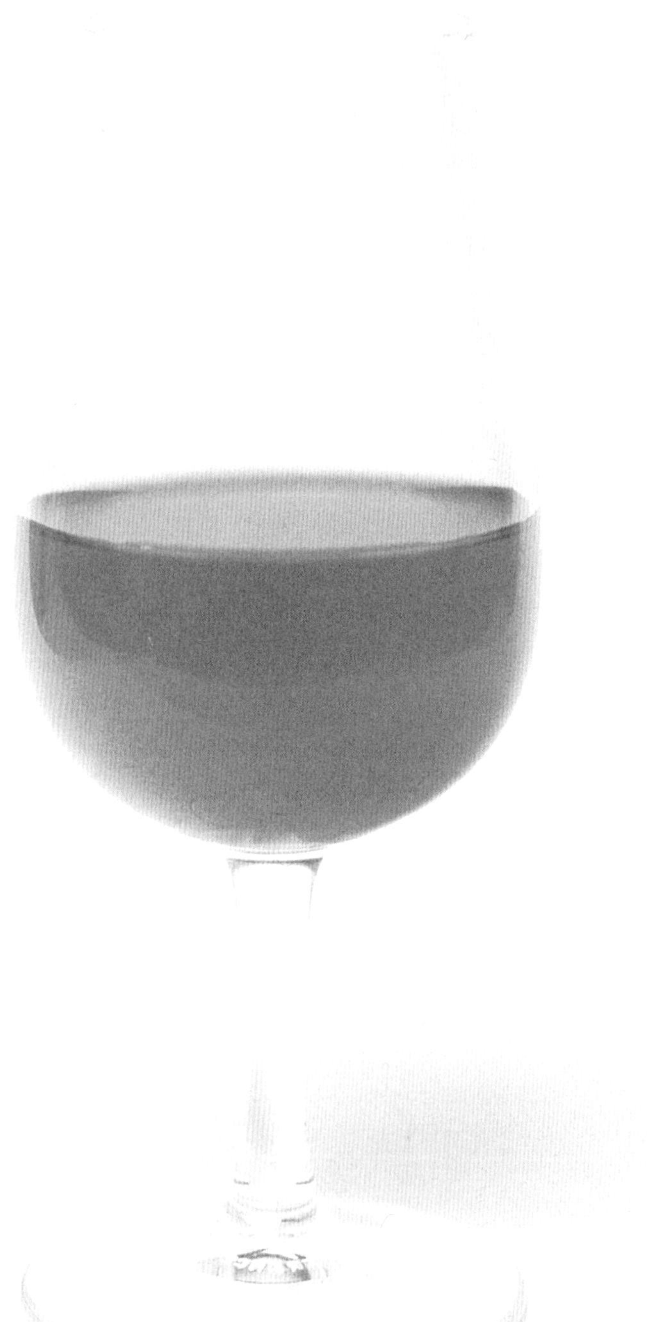

Prefácio à 8ª edição

A grande aceitação que tiveram as edições anteriores deste livro e as mudanças que têm ocorrido no mundo do vinho nos últimos anos levaram-nos a efetuar uma revisão geral, com acréscimos e atualizações.

Procuramos manter a essência das edições anteriores. A simplicidade do vinho esconde o que consideramos sua maior virtude: seu caráter cotidiano. Fazendo parte desse cotidiano, cremos que o mínimo a fazer é conhecer o vinho, saber como e de onde se originam suas uvas, como é elaborado e, já que o temos à nossa disposição, como tirar dele o maior proveito, sem preocupação alguma.

O objetivo desta nova edição de *Vinhos, o essencial* permanece o de fornecer, de maneira didática, precisa e técnica, e sem dramas, todas as informações referentes ao vinho que uma pessoa possa procurar.

Esperamos que *Vinhos, o essencial* continue sendo uma leitura obrigatória para os que se iniciam no aprendizado de vinhos. Quanto aos conhecedores, esperamos que esta edição ajude a reforçar seus conhecimentos e a aprofundar alguns deles. O livro pretende ajudar a responder, com certa propriedade, e com um ou outro adjetivo, a questão: gosto ou não gosto do vinho que estou tomando e por quê? Simples como o vinho!

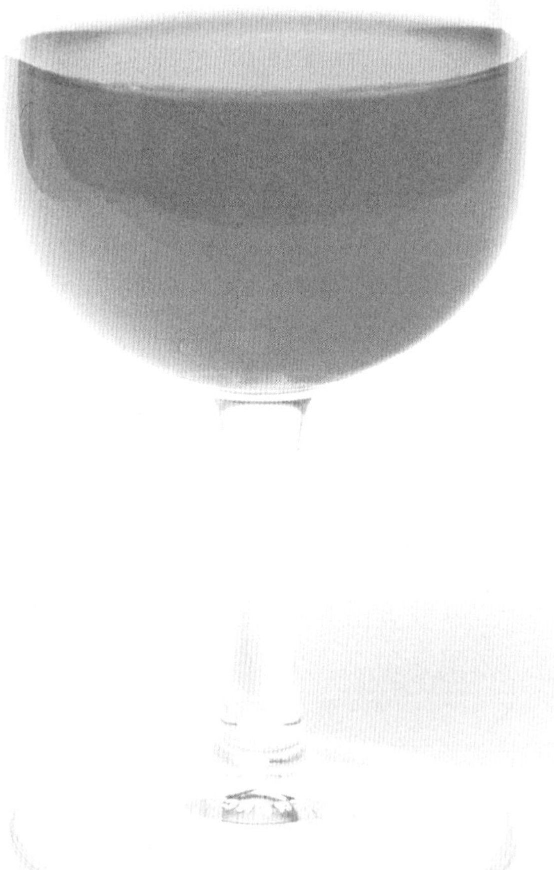

Prefácio

Nos últimos anos, cresceu consideravelmente o interesse por vinho no Brasil. É cada vez maior o universo de consumidores, assim como o número de vinhos disponíveis no mercado. Estranho é notar, porém, que são poucos os livros publicados no Brasil sobre o assunto, sobretudo quando se sabe que muitos têm grande interesse em se aprofundar na matéria. É, aliás, importante que assim seja, na medida em que se aprecia melhor a bebida quanto mais se conhece sobre ela.

Nesse contexto, vejo com enorme satisfação o livro escrito por José Ivan Santos. Não apenas porque falta bibliografia em português, mas pelas características intrínsecas à obra. A bagagem e o conhecimento do autor sobre vinhos dão ao livro a consistência necessária, mas isso seria de pouca valia se as informações não fossem apresentadas de forma lógica e didática. Aí entrou sua vivência como professor de cursinho pré-vestibular, função na qual a qualidade e a organização da matéria são fundamentais, além da capacidade de transmiti-la.

Outro ponto importante do livro, que Ivan soube desenvolver bem, é a parte conceitual, com detalhes sobre a elaboração e o serviço do vinho, bem como a descrição das regiões vinícolas mais importantes do planeta. Aqui o leitor terá um panorama bem atraente dos vinhos, com dados e características de cada grupo.

Um brinde ao livro, ao Ivan e a essa santa bebida.

Jorge Lucki
Único brasileiro membro da tradicional
Académie Internationale du Vin
Colunista do *Valor Econômico* e
comentarista da Rádio CBN

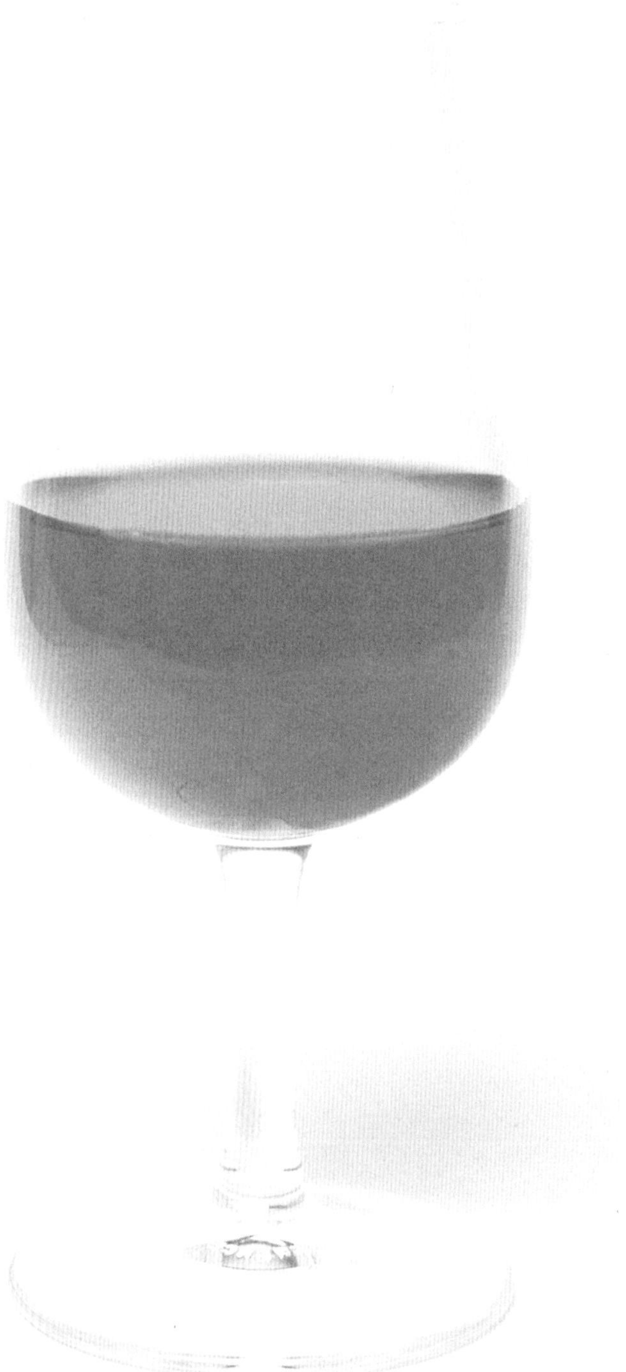

Este livro é dedicado a minha mulher Patrícia,
a meus filhos Dácio (*in memoriam*),
Rodrigo e Mariana e a meus netos Luiz Felipe, Enzo e Mariá.

Introdução ao vinho

O vinho talvez tenha sido descoberto por acaso. É um produto natural que se materializou em alguma vasilha onde uvas amassadas foram abandonadas.

As uvas amassadas, juntamente com o seu sumo, constituem o mosto. Um microrganismo que se forma na pele da uva, chamado levedura, converte o açúcar da uva em álcool etílico e gás carbônico (CO_2). Esse fenômeno é denominado fermentação alcoólica e sua formulação simples é:

$$\text{Açúcar} \xrightarrow{\text{Enzimas de leveduras}} \text{Álcool etílico} + \text{Gás carbônico } (CO_2) + \text{Energia}$$

O vinho, portanto, decorre da fermentação natural do açúcar das uvas, mas é necessária a mão do homem para que ele alcance toda a sua plenitude.

A fermentação alcoólica é uma reação "exotérmica" (ocorre com aumento de temperatura), pois a levedura libera energia térmica durante o processo. É um primeiro fator que se deve observar, já que a temperatura pode chegar até 45 ºC ou mais, e as leveduras podem morrer sem concluir a fermentação.

O maior componente do vinho é a água. Corresponde a cerca de 80% de seu volume. Os açúcares da uva são a glicose e a frutose. A glicose é a primeira a participar da fermentação, e, no final, havendo açúcar residual, ele é quase todo de frutose.

Com relação ao álcool etílico, diremos, inicialmente, que 17,5 gramas de açúcar existentes em 1 litro de mosto produzem 1 grau alcoólico, normalmente indicado em porcentagem de volume (% vol.). Então, um vinho com 12% vol. provém de uvas com mosto de 250 gramas de açúcar por litro.

A maior parte do gás carbônico é liberada durante o processo da fermentação; a pequena parte diluída no vinho escapa com o tempo.

Além do álcool etílico e do gás carbônico, formam-se, durante o processo de vinificação, outras substâncias, em menor volume, que incidem de maneira notável sobre as características organolépticas (que impressionam os nossos sentidos) do vinho. A qualidade e a quantidade dessas substâncias dependem do tipo de uva, da levedura e das condições de fermentação. Sabe-se que quase quinhentas substâncias químicas naturais podem ser identificadas no vinho.

Por último, destacamos que existem substâncias do mosto que passam para o vinho sem sofrer alteração e outras que se modificam por processos alheios à fermentação alcoólica.

VIDEIRA

A videira (ou parreira) é uma árvore trepadeira, formada por raízes, tronco e ramos longos e flexíveis, chamados "sarmentos", onde se localizam as folhas, as flores e os frutos (uvas).

As raízes ficam enterradas, fixando a videira no solo. Sua principal função é a absorção dos nutrientes existentes no solo, como água e substâncias minerais, necessárias ao desenvolvimento da videira e ao processo de frutificação. Formam um sistema radicular, que pode

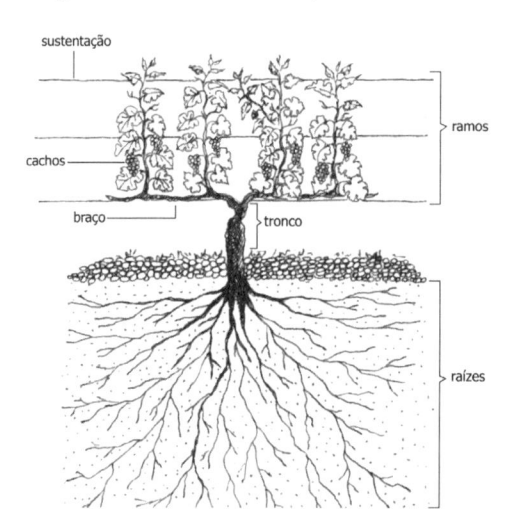

Figura 1. Estrutura da videira.

chegar a mais de 10 metros de profundidade, atravessando camadas do solo e do subsolo, onde absorvem os nutrientes, que são enviados às partes superiores e processados pelas folhas.

O tronco é a parte da videira que sai do solo e sustenta todo o conjunto aéreo. Funciona como um condutor de seiva (conjunto de nutrientes) das raízes às folhas. Acima do tronco, espalham-se os sarmentos, cujas ramificações se enchem de folhas e, no final do ciclo anual, de cachos de uvas.

As folhas da videira podem ser consideradas verdadeiras usinas produtoras de açúcar, pelo fato de nelas se realizar o processo conhecido como fotossíntese, que consta de uma série de reações químicas. De forma simplificada, no entanto, pode-se dizer que as plantas combinam o gás carbônico do ar com a água que foi absorvida da terra, com presença obrigatória de luz. Produzem-se açúcares e oxigênio, que é devolvido à atmosfera. Os açúcares, como a glicose, são substâncias fundamentais para a produção do vinho. Numa folha, distinguimos duas partes: o "limbo", que é a folha propriamente dita, e o "pecíolo", o cabinho que prende a folha no ramo. O limbo possui cinco cordões principais, chamados "nervuras", e, no seu contorno, saliências e reentrâncias formam uma borda "denteada" (figura 2). Conforme o tipo de videira, as folhas têm aspectos distintos: em forma de coração ou de cunha, denteadas, arredondadas ou angulosas, etc.

As flores apresentam-se na videira em forma de cacho de botões (foto 1).

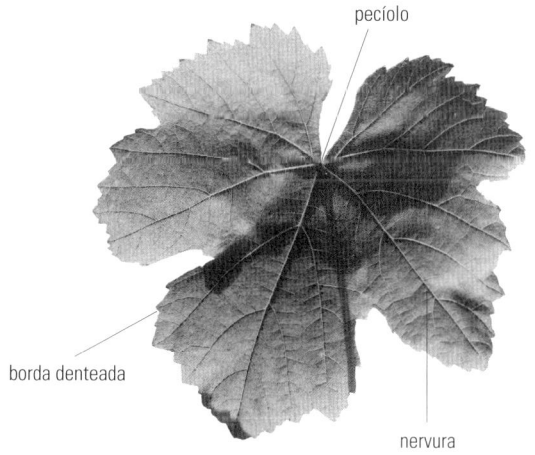

Figura 2. Estrutura da folha.

Canópia é o termo que designa toda a parte aérea da videira: os sarmentos, as folhas, as flores e os frutos.

> Vinhedo (ou parreiral) é um conjunto mais ou menos considerável de videiras, plantadas próximas entre si.

Em estado selvagem, a videira tem um grande desenvolvimento vegetativo. Por essa razão, cresce com muitas flores e produz uvas pequenas, de sabores ácidos e pouco aromáticos. Com o passar do tempo, descobriu-se que a poda, além de reduzir o tamanho dos sarmentos, tornava-os mais fáceis de ser trabalhados, e a qualidade das uvas melhorava de maneira surpreendente. À medida que se aprendia com experiências, constatou-se que as videiras davam melhores uvas em determinados tipos de terrenos e de climas. Foi também a experiência que ensinou quais espécies de videiras permitiam a elaboração dos melhores vinhos: a europeia e a americana.

Foto 1. Flores da videira.

ESPÉCIES EUROPEIA E AMERICANA – FILOXERA

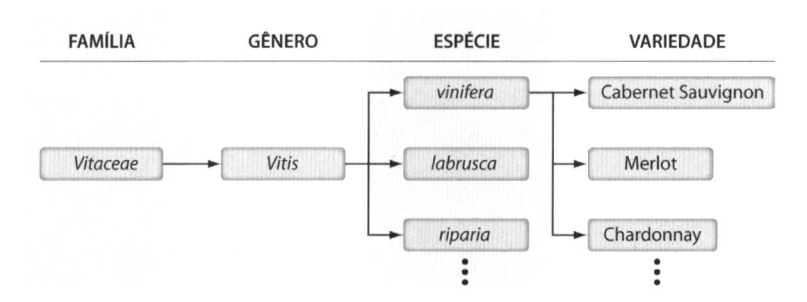

FAMÍLIA	GÊNERO	ESPÉCIE	VARIEDADE
Vitaceae	Vitis	vinifera	Cabernet Sauvignon
		labrusca	Merlot
		riparia	Chardonnay

Figura 3.

Da família das trepadeiras *Vitaceae*, as variedades do gênero botânico *Vitis* e espécie europeia *vinifera* produzem uvas com teor de açúcar e elementos ácidos em condições de produzir vinhos de qualidade. Existem mais de 5 mil variedades, das quais não muito mais que setenta são as responsáveis pela produção dos melhores vinhos do mundo.

O gênero da videira americana, que inclui as espécies *Vitis labrusca*, *riparia*, etc., é mais utilizado como uva de mesa e apropriado para a elaboração de sucos; não produz vinhos de qualidade.

Durante alguns séculos, em diferentes regiões da Europa, a *Vitis vinifera* reproduzia-se por multiplicação de estacas. Simplesmente cortava-se um sarmento da árvore-mãe e o enterrava. As raízes multiplicavam-se com rapidez, originando uma árvore-filha semelhante à original.

No final do século XIX, uma praga trazida dos Estados Unidos atacou as raízes das videiras na Inglaterra. Logo se propagou para França, Espanha, Itália e outros países, arrasando-as em sua quase totalidade e, antes do início do século XX, quase todo o resto do mundo foi atacado pela praga. A filoxera (figura 4), um inseto minúsculo, originário da costa oeste dos Estados Unidos, encontra na *Vitis vinifera* o que precisa para sua sobrevivência. Ele se alimenta picando a camada da raiz imediatamente abaixo da epiderme da planta. Como nas videiras europeias essa camada é pouco ativa, ela não cicatriza em seguida, dando tempo para que micróbios do solo penetrem e provoquem a decomposição da planta. Na espécie americana, ao contrário, a camada subepidérmica é bastante ativa e cicatriza a ferida rapidamente, mantendo as raízes imunes à degeneração.

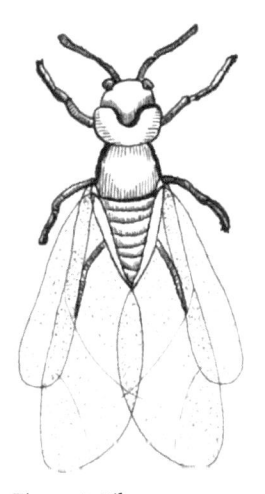

Figura 4. Filoxera.

Constatou-se que o inseto não atacava as partes aéreas da *Vitis vinifera* e, como as raízes das videiras americanas eram resistentes a ele, desenvolveu-se a técnica da enxertia: planta-se uma videira americana e, no ano seguinte, corta-se o seu caule, e, no corte, enxerta-se uma vara de videira europeia (figura 5). Com essa técnica, conseguiu-se uma videira com raiz resistente à filoxera e um fruto com uva de característica da espécie europeia. O porta-enxerto americano é um simples condutor de seiva; a parte superior, derivada da variedade europeia, determina a qualidade da uva e, portanto, do vinho.

Hoje, quase toda *Vitis vinifera* que se cultiva no mundo está enxertada sobre um pé de videira americana. O Chile é um dos poucos países onde não houve ataque da praga, porque importantes acidentes geográficos que delimitam seu território impediram seu ingresso. O tipo de solo, o oceano Pacífico, o deserto de Atacama, a cordilheira dos Andes e as geleiras do sul foram barreiras naturais que o protegeram da filoxera. As videiras europeias, plantadas diretamente no solo, são denominadas "pé franco" e têm maior longevidade que as enxertadas. Além do Chile, outros poucos lugares do mundo, como algumas regiões da Austrália, ostentam esse privilégio.

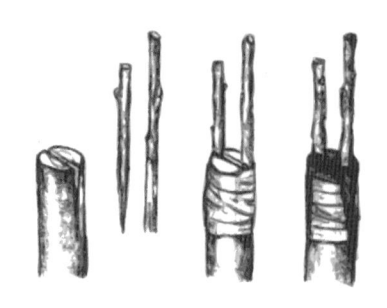

Figura 5. Sequência do enxerto.

A escolha do porta-enxerto é tão importante quanto a do enxerto que originará as uvas, pois o que for escolhido deve se adaptar ao solo e ao clima do vinhedo e à variedade europeia.

Os principais vinhedos do mundo têm seus próprios viveiros, onde se preparam os enxertos que serão utilizados no vinhedo.

CLONES

Clones são os enxertos em que se seleciona determinada variedade europeia, a partir de videira existente, para manter certas características individuais.

Podem-se também adquirir clones para um vinhedo; além da espécie de uva desejada, deve-se considerar o porta-enxerto que melhor se adapte às condições do vinhedo.

CACHO DE UVA

O cacho de uva é composto do esqueleto, que é uma parte lenhosa chamada "engaço" e que se ramifica de modo que na extremidade encontre um bago, cujo corte transversal é mostrado na figura 6.

O engaço é muito rico em uma substância chamada "tanino", responsável por conferir adstringência ao vinho. Por isso, o engaço normalmente é separado no momento da elaboração do vinho.

A pele é o revestimento do bago e contém substâncias tânicas (responsáveis pela sensação de rugosidade) e corantes (que dão cor ao vinho). A pele muda de cor durante o ciclo anual da uva; deixa de ser verde e torna-se amarela nas uvas brancas e roxa-violácea nas uvas tintas. A parte externa da pele é recoberta por uma cera, chamada pruína, onde se depositam as leveduras capazes de provocar a fermentação alcoólica.

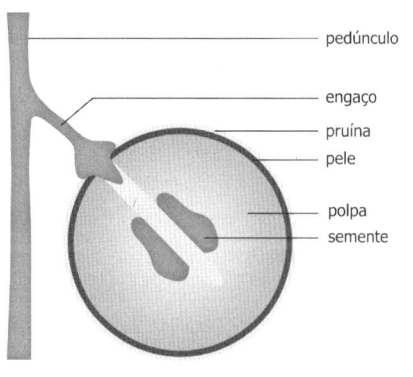

Figura 6. Estrutura do bago.

A polpa é o elemento mais importante, pois contém os açúcares que, ao serem fermentados pelas leveduras, convertem-se em álcool etílico e gás carbônico. É composta, em sua maior parte, de água, que representa quase 90% do peso do bago. Contém também três ácidos orgânicos – tartárico, málico e cítrico –, além de substâncias orgânicas nitrogenadas e matérias minerais. O suco, seja de uva tinta ou branca, geralmente é incolor, exceto das uvas chamadas tintureiras, cuja polpa é rubra.

As sementes que se localizam no centro do bago contêm, além de tanino, um óleo vegetal – usado na indústria de cosméticos. Ele é amargo e, liberado, prejudica o gosto do vinho. Na elaboração de um vinho de qualidade, deve-se tomar muito cuidado para não esmagar as sementes.

LEVEDURAS

As leveduras são fungos microscópicos, que transformam naturalmente o açúcar da uva em álcool. Existem várias espécies de leveduras; a mais utilizada para fermentação alcoólica é a *Saccharomyces cervisiae* Têm uma morfologia extremamente simples: a célula única possui, de fora para dentro, uma parede celular e uma membrana plasmática que envolve o citoplasma, no interior do qual ocorrem as reações bioquímicas da fermentação alcoólica.

Como todo organismo vivo, elas necessitam de energia para sobreviver. A fermentação é um processo celular, no qual as leveduras atacam o açúcar do suco para retirar a energia de que necessitam. O álcool resultante dessa reação é rejeitado pelas leveduras, que se multiplicam rapidamente no início da fermentação alcoólica, depois estacionam e começam a decair. O álcool que produzem é um resíduo tóxico para elas e, quando ele atinge determinado teor, acaba destruindo-as.

As leveduras que o bago tem naturalmente em sua pele e que passam ao mosto quando a uva é esmagada denominam-se "leveduras naturais". Elas podem não ser próprias para a fermentação, e é usual utilizar leveduras industriais. Essas são previamente selecionadas por laboratórios especializados de várias regiões do mundo, principalmente na França, Austrália ou Canadá, que as comercializam em pó. Elas são reidratadas e colocadas em pequenas quantidades no mosto limpo, onde se ativam novamente.

Clima, solo e plantio

A produção de um bom vinho começa no vinhedo, entendendo como tal uma harmoniosa combinação do clima, do solo e das espécies de uva.

A França tem a tradição de cultivar várias das melhores espécies de uva do mundo. Isso se deve ao fato de os franceses terem percebido, com o passar dos séculos, que um tipo de uva produz vinhos melhores quando a videira é plantada em determinado tipo de clima e solo. É o conceito de *terroir*, seguido pelos produtores de vinho do restante do mundo. As qualidades organolépticas de uma mesma espécie de uva plantada em regiões diferentes, apesar de o vinho mostrar algumas características semelhantes, variam notavelmente.

CLIMA

O clima tem influência fundamental sobre a videira e seu ciclo anual, na região onde ela se desenvolve.

Para o desenvolvimento da videira, o inverno é útil para o repouso da planta, e uma temperatura regular na primavera favorece a brotação e a floração. O sol tem influência decisiva no bom amadurecimento, na concentração de açúcar e ácidos que a fruta terá. Um excesso de chuva no verão encharca os frutos, provocando a diluição dos aromas e sabores e causando doenças.

A videira é adaptável a diferentes climas, mas alcança sua maior expressão em regiões de zona temperada, onde as estações do ano se caracterizam por invernos frios, verões quentes e secos, outonos ensolarados e tépidos. As zonas temperadas dos hemisférios Norte e Sul, balizadas pelas latitudes 30° e 50°, são consideradas as regiões apropriadas para o desenvolvimento da viticultura (mapa 1).

Como se nota no mapa-múndi, no hemisfério Norte as regiões apropriadas espalham-se por parte dos Estados Unidos e partes da Europa,

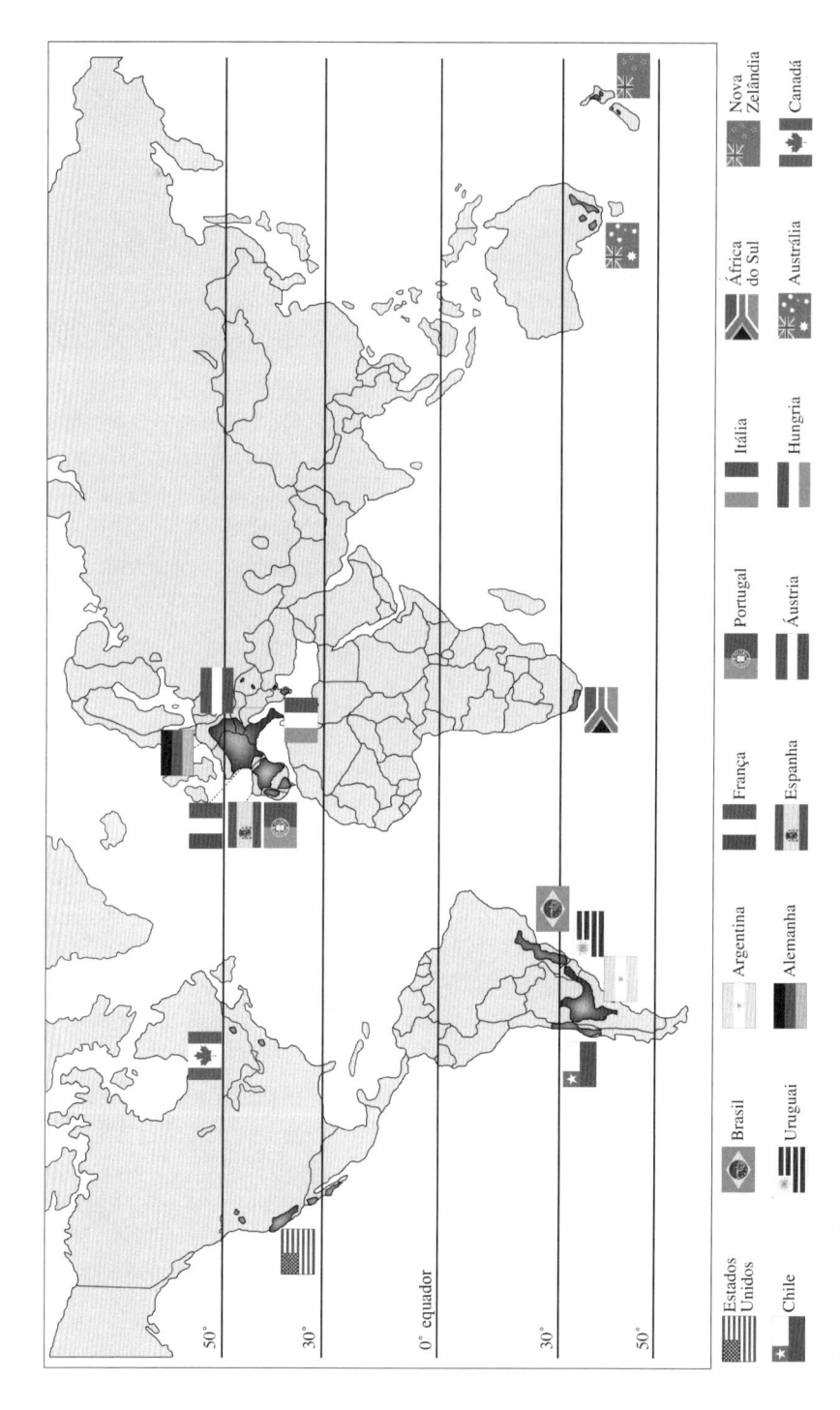

Mapa 1. As regiões apropriadas para a viticultura localizam-se entre as latitudes 30° e 50°, tanto no hemisfério Norte como no Sul.

e no hemisfério Sul, pela parte meridional da América do Sul, África do Sul, Austrália e Nova Zelândia. Além das regiões nessas latitudes, existem vinícolas na Inglaterra, México, Peru, nordeste do Brasil e Índia.

As condições do tempo são uma preocupação constante: geada, granizo, vento e chuva fortes são as principais ameaças para o vinhedo. A umidade relativa do ambiente, a luminosidade, a diferença de temperatura entre dia e noite e os dias de sol são fatores que determinam a qualidade da colheita.

SOLO

O solo onde a videira é plantada tem a mesma importância que o clima na obtenção de uvas de qualidade. A combinação adequada de ambos permite produzir bons vinhos.

Os mais consagrados vinhedos do mundo encontram-se em solos onde praticamente nenhuma outra cultura seria possível. A videira prefere solos superficialmente pobres, secos, soltos e com boa drenagem, para o escoamento das águas superficiais, para que as raízes tenham grande desenvolvimento.

Uma videira pode produzir até em areia, como ocorre em Portugal. As uvas para a elaboração dos vinhos de Colares, em Estremadura – um bom vinho tinto do país –, provêm de videiras plantadas nas praias do Atlântico. O solo, composto em sua totalidade de areia, impede o desenvolvimento da filoxera e as uvas vêm de uma videira pé-franco. Ao contrário, em solos ricos em húmus, onde as raízes encontram rapidamente os nutrientes de que necessitam, as videiras têm folhagens exuberantes e excesso de uvas, pobres em sabor e aromas.

Os melhores solos são os que permitem a penetração das raízes de até 10 metros ou mais de profundidade, em busca de umidade e de nutrientes que alimentem seus tecidos. Isso ocorre em solos profundos e soltos, como os de calcário (figura 7) e cascalho (figura 8).

Os solos de pedregulho são também ótimos, pois têm a vantagem de armazenar o calor do sol durante o dia, o que aquece as raízes no frio da noite.

Figura 7. Solo de calcário.   Figura 8. Solo de cascalho.

Sofrer é preciso

Nos terrenos propícios às videiras, as raízes devem realizar um trabalho difícil e tortuoso: a planta tem de lutar para sobreviver. Dará, então, uvas com maior concentração de aromas, cor e tanino, capazes de originar os melhores vinhos do mundo. Para fazer os legendários vinhos tintos de Bordeaux, na França, é comum entre os produtores a frase: "É preciso que a planta sofra para se ter um grande vinho".

Finalmente, a composição do solo tem importância direta na qualidade. Essa composição não é homogênea e, numa mesma região, determinadas áreas produzem melhores vinhos que outras.

TOPOGRAFIA

A videira precisa de calor e luz para se desenvolver e pesquisas mostram que a temperatura ideal (ótima) para seu desenvolvimento situa-se entre 25 ºC e 28 ºC. Na maioria das regiões vinícolas, essas condições só são atingidas em algumas semanas por ano. As variações na topografia têm papel decisivo no cultivo das uvas.

- *Inclinação (encosta)*: os terrenos planos geralmente são férteis demais, ao contrário das encostas, que garantem melhor escoamento

das águas e onde o ângulo de incidência dos raios solares é mais favorável.
- *Altitude*: é outro fator importante, já que influencia na temperatura. As temperaturas diminuem 0,6 °C a cada 100 metros que se sobe em relação ao nível do mar. Na Austrália e na Argentina, o cultivo das videiras têm-se deslocado para regiões de maior altitude. Ao contrário, em algumas regiões da Europa, é importante não perder um grau de temperatura e as videiras são cultivadas entre 50 metros e 350 metros acima do nível do mar.
- *Água*: a proximidade de um lago, rio ou mar é importante, porque a superfície do mar reflete a luz, fundamental para a fotossíntese. A água também tem o papel de reservatório de calor: quando o ar esfria, ela libera calor para as videiras.

PLANTIO – SISTEMA DE CONDUÇÃO

Ao se plantar um vinhedo, o sistema de condução das videiras deve permitir melhor iluminação, insolação e aeração das folhas e dos cachos de uva.

A condução de videira em "árvore" ocorre quando os arbustos crescem isolados uns dos outros. É adequado para climas quentes e áreas de muitos ventos.

A condução em "latada" consiste em induzir a planta a subir até cerca de 2 metros, para, depois, conduzi-la horizontalmente por um pergolado (foto 2). Forma-se uma trama de folhas e ramos que protege os cachos de uva da insolação excessiva. É um sistema que garante alta produtividade, utilizado em zonas quentes.

Foto 2. Pergolado.

Foto 3. Espaldeira.

Na condução em "espaldeira", dois ou mais arames paralelos, na direção horizontal, são esticados por estacas entre as videiras, plantadas em fileiras (foto 3). As uvas recebem luz direta, que contribui para um amadurecimento melhor. A condução em espaldeira pode ser "em alta", a mais utilizada na maioria dos vinhedos, ou "em baixa", adequada para climas secos e ensolarados.

Em terrenos com bastante inclinação, as videiras são cultivadas em plataformas estreitas e são sustentadas por estacas.

CALENDÁRIO DO VINHEDO

O desenvolvimento de uma videira, como a maioria das plantas, obedece a um calendário que acompanha as estações do ano, mais nitidamente nos locais onde elas são bem diferenciadas.

A videira repete todos os anos um ciclo vegetativo (gráfico 1), que é composto das seguintes fases:

- *Dormência*: ocorre no inverno, de maio a agosto, no hemisfério Sul. É um período em que, após a queda das folhas, a planta acumula suas reservas para o próximo ciclo. É necessário limpar a videira, eliminando os galhos mortos. Os sarmentos são amarrados, para controle de seu desenvolvimento.

- *Brotação*: após o inverno, percebe-se uma pequena quantidade de seiva gotejando por lesões dos ramos: é o chamado "choro" da videira. Em seguida, as gemas incham e surgem as pontas esverdeadas dos brotos. A brotação acontece aos poucos e a seiva começa a circular normalmente, desenvolvendo os sarmentos, as folhas e as flores.

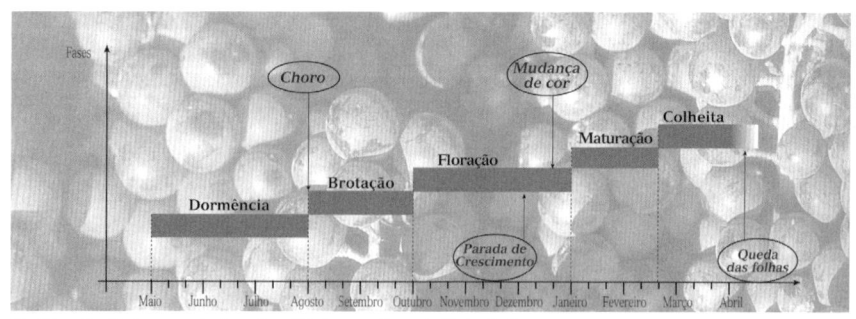

Gráfico 1. Ciclo vegetativo da videira no hemisfério Sul.

Inicia-se a "poda" com a escolha dos ramos que irão produzir as uvas e eliminação dos excedentes. Diferentes regiões têm estilos próprios de poda. Qualquer que seja o estilo de poda empregado, no entanto, a qualidade da uva será determinada pelo número de brotos deixados. Uma videira carregada demais limita os nutrientes que a uva consegue retirar do solo e dará frutos aguados, sem açúcar. Muitas regiões produtoras de vinho de qualidade determinam a quantidade máxima de quilos de uva que se pode obter por hectare e estabelecem as podas que se podem fazer.

- *Crescimento vegetativo*: algumas semanas mais tarde, as flores se abrem, aumentam de tamanho e ocorrem as fecundações. Cada flor transforma-se em um pequeno bago verde (fruto). Durante a primavera, os bagos crescem, mudando de forma e de composição.
- *Mudança de cor*: no começo do verão, os bagos, que desde a sua formação crescem sem parar, passam a perder clorofila e, progressivamente, mudam de cor. As uvas tintas passam de verde para roxo e as brancas, do verde para o amarelo. O período não é homogêneo no vinhedo, nem mesmo no cacho, podendo durar de quatro a dez dias. É chamado *veraison* em francês, *envero* em espanhol e pintor em Portugal.
- *Maturação*: o período de amadurecimento das uvas pode durar de quarenta a cinquenta dias. Os cachos engrossam e ocorrem importantes modificações em sua composição interna. Essas modificações serão decisivas para o futuro do vinho porque definem, entre outros fatores, o teor alcoólico, a acidez, a intensidade da cor, os aromas e seu possível corpo.

Na maturidade, conforme o gráfico 2, a concentração de açúcar começa a aumentar, enquanto a acidez do bago diminui.

Os açúcares das uvas serão os responsáveis pelo teor

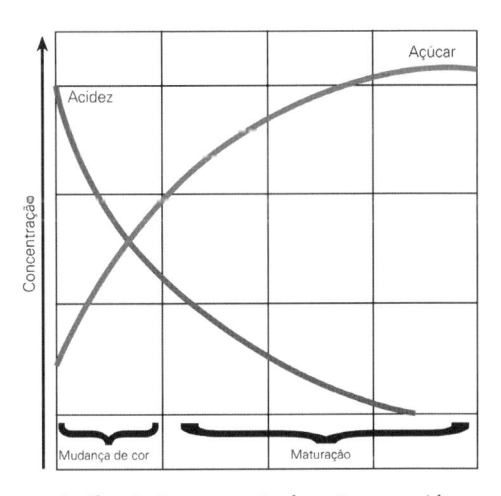

Gráfico 2. Concentração de açúcar × acidez.

de álcool do vinho. Eles são decisivos em sua qualidade e valor comercial.

O viticultor acompanha o amadurecimento de suas uvas colhendo amostras em diferentes locais do vinhedo e fazendo um pouco de mosto com uma prensa manual. A concentração de açúcar reflete-se na densidade do mosto. Ela é medida com ajuda de um refractômetro, que, no Brasil, é chamado de "mostímetro".

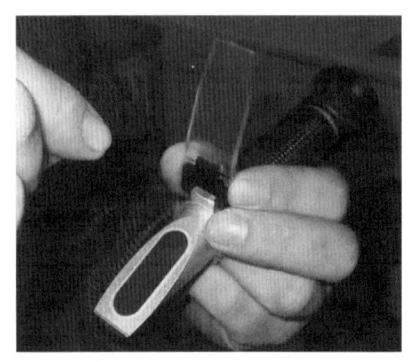

Foto 4. Mosto medido no refractômetro ou mostímetro.

No "mostímetro", uma gota do mosto é colocada sobre o prisma de medida, e o instrumento é orientado contra a luz (foto 4).

Quanto maior a concentração de açúcar, mais a luz é refratada.

A concentração é determinada em graus Baumé (°B), na França e na Austrália. Na Itália e no Brasil, denomina-se grau Babo, e os Estados Unidos utilizam o grau Brix. São válidas as seguintes relações:

$$1°B = 1,53° \text{ Babo}$$
$$1°B = 1,8° \text{ Brix}$$

- *Colheita*: representa a concretização do trabalho em um vinhedo e, no hemisfério Sul, começa na metade de fevereiro e vai até fins de abril.

Safra corresponde às uvas produzidas em determinado ano.

Durante a colheita, devem-se cortar os cachos conforme a foto 5, e não arrancá-los, pois, dessa forma, já se estão apertando os bagos.

A colheita feita manualmente permite separar os cachos perfeitamente maduros daqueles que estão apodrecendo.

Deve-se tomar cuidado para que os bagos cheguem intactos à vinícola. É comum serem colocados e transportados em caixas plásticas de aproximadamente 20 quilos. As uvas costumam ser descarregadas em mesas de inspeção, onde novamente são selecionadas antes de serem liberadas para a elaboração do vinho.

É cada vez mais frequente o uso de colheitadeiras mecânicas. Embora essas máquinas sejam mais rápidas e menos problemáticas que equipes de catadores, a qualidade da colheita que realizam é questionada em várias regiões.

Observação

Em regiões de clima seco, onde temperaturas elevadas prevalecem, clima típico de zonas tropicais, como o Nordeste brasileiro, as videiras precisam de irrigação artificial, mas seu ciclo vegetativo é curto. Como não há inverno, o período de hibernação é obtido com a interrupção do fornecimento de água de irrigação. A planta produz, simultaneamente, flores e frutos, e colhem-se uvas mais de uma vez por ano. Os vinhos obtidos, contudo, não têm a mesma qualidade dos elaborados com uvas que seguiram o ciclo normal.

Foto 5. Os cachos devem ser delicadamente acondicionados.

PROBLEMAS NO VINHEDO

Além de fatores externos, devido a intempéries, os vinhedos também sofrem com problemas biológicos.

A videira é particularmente sensível ao ataque de fungos e insetos. Essas pragas podem reduzir as folhagens e danificar os cachos de uva.

Nos vinhedos, é usual plantar roseiras no início de uma fileira de videiras. As mesmas pragas que atacam a videira chegam primeiro à roseira, e tal prática serve de advertência (foto 6).

São principalmente graves as pragas causadas pelos fungos (foto 7).

Foto 6. Ataques em roseiras alertam para a chegada de pragas.

Foto 7. Míldio: forma camada felpuda nas folhas.

- "oídio", que afeta os bagos, causando-lhes fendas;
- "míldio", que forma uma camada felpuda nas folhas, causa seu ressecamento e queda, prejudicando a fotossíntese; e, no final, afeta os bagos da uva.

De início, o controle dessas pragas era feito pulverizando os vinhedos com uma solução de sulfato de cobre e cal, conhecida como "calda bordalesa". Hoje, usam-se fungicidas sistêmicos e as pragas são menos disseminadas.

Um outro fungo, trazido por muita chuva e que afeta tanto as folhas como a uva, é a podridão cinzenta. O seu tratamento é feito também com a calda bordalesa.

RENDIMENTO DO VINHEDO

Denomina-se "rendimento do vinhedo" a quantidade de uvas obtidas (em toneladas) por hectare plantado.

O rendimento ótimo depende do terreno, do clima, da espécie de uva plantada e do sistema de condução. Geralmente, é determinado por experimentação, ano após ano, por erros e acertos, até se conseguir o objetivo pretendido. Apenas um fato está comprovado: quanto maior o rendimento, menor a qualidade das uvas.

> Normalmente, uma videira origina de 1 quilo a 2 quilos de boas uvas.
> Para obter uma garrafa de vinho de 750 ml, é necessário 1 quilo de uvas.

CULTIVO ORGÂNICO E BIODINÂMICO

As práticas de cultivo conhecidas de que tratamos até agora, chamadas convencionais, têm enfrentado novos conceitos no cultivo de uvas de qualidade para vinhos.

Entre os produtores de vinho, a preocupação com o meio ambiente tem se tornado uma necessidade. Cresce, dia a dia, o número de vinícolas que abolem totalmente o uso de defensivos agrícolas, realizando o denominado cultivo orgânico. Não se utilizam produtos químicos e realizam-se trabalhos de campo, com o uso de muita adubação verde, esterco e predadores de insetos e animais. Quando se elabora o "vinho orgânico", é permitido o uso do dióxido de enxofre, conservante químico muito utilizado e tolerado em dosagem moderada. Para serem reconhecidas como produtoras de vinho orgânico, as vinícolas devem se cadastrar em um organismo credenciado e seguir um manual elaborado por órgãos internacionais. As uvas devem vir de vinhedos nos quais tenham sido usadas, por pelo menos três anos, as práticas determinadas pelo manual (foto 8).

Existe agora um sistema mais rigoroso, denominado cultura biodinâmica, que tem se difundido rapidamente entre importantes produtores de vinho da França. Na biodinâmica, evitam-se produtos químicos e organizam-se os trabalhos de campo levando em conta o lado cósmico, as interações da Lua e dos planetas sobre as plantas. As intervenções no vinhedo são feitas em momentos precisos da passagem da Lua diante das constelações.

Foto 8. Vinhedo de cultivo orgânico.

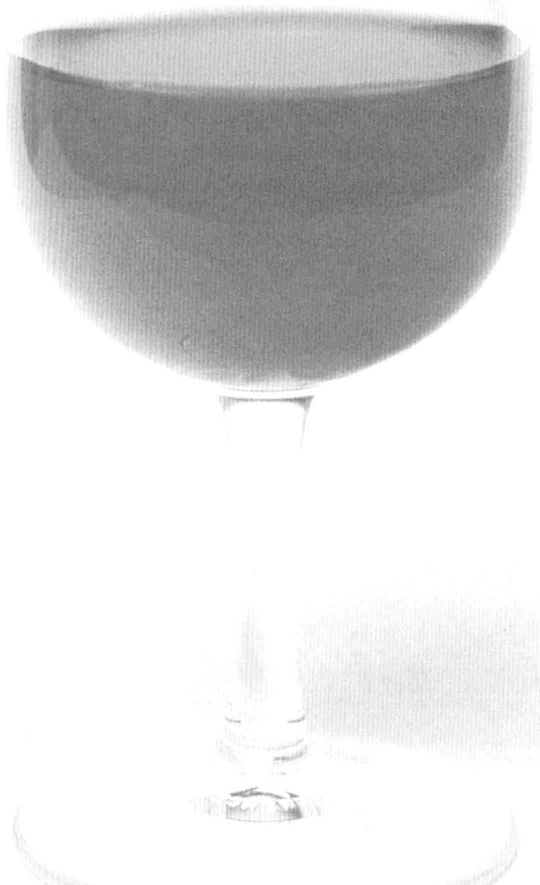

Uvas viníferas

3

Cerca de sessenta a setenta tipos de uva são utilizados para fazer os principais vinhos do mundo. Nos países de grande tradição vinícola, como os da Europa (França, Itália, Espanha e Portugal), por exemplo, ao longo de séculos, houve uma seleção natural de uvas, prevalecendo aquelas que melhor se adaptaram aos locais. Essas uvas foram levadas para outras regiões do mundo; algumas se adaptaram, outras não, e algumas mostraram qualidades diferentes das que tinham em sua terra de origem.

Muitas pessoas que começam a se interessar por vinho, inicialmente, acham que os comentários a respeito de determinado vinho têm mais que ver com descrições de saladas de fruta ou de vegetais do que com as de vinho propriamente ditas. As características, por exemplo, da variedade de uva Cabernet Sauvignon têm que ver com um aroma de "pimentão verde", e as da variedade Chardonnay, com "maçã verde", e assim por diante. Ocorre que a maneira satisfatória e inteligente de descrever uma sensação é compará-la com alguma outra conhecida. É nesse contexto que se utilizam frutas, flores, ervas e outros elementos para descrever um vinho. Simplesmente porque elas apresentam composições químicas aromáticas similares às que se encontram nos vinhos. Assim, a metoxipirazina está presente tanto nos vinhos da uva Cabernet Sauvignon quanto no pimentão verde; o propionato de etila encontra-se tanto na maçã verde quanto nos vinhos da uva Chardonnay. Por meio de aromas, conseguimos identificar as uvas que compõem determinado vinho, porque cada variedade tem um conjunto de características aromáticas mais ou menos definidas. Destacamos que os aromas se referem a substâncias formadas naturalmente durante a elaboração do vinho, não tendo normalmente relação com fatores externos ao vinhedo.

A seguir, relacionamos algumas uvas utilizadas nos principais vinhos disponíveis no Brasil, citando algumas características aromáticas.

UVAS TINTAS

- *Cabernet Franc*: é considerada a prima-irmã da Cabernet Sauvignon, embora seja uma versão mais leve e com menos tanino. Em Bordeaux, seu vinho é misturado, sendo muito importante na sub-região de Saint-Émilion, onde é a uva principal do ilustre Cheval Blanc. Também os famosos tintos do Loire, na França, são puro Cabernet Franc. Usada no nordeste da Itália, adaptou-se muito bem à Serra Gaúcha, no Brasil, dando bons vinhos. Possui aromas de groselhas e especiarias, entre elas alguma presença de cominho.

- *Cabernet Sauvignon*: considerada a "rainha dos vinhos tintos", tem cor carregada e pele grossa, com muito tanino. Origina vinhos naturalmente tânicos, com potencial para longa vida. É cultivada em Bordeaux, na França, desde o século XVII; misturada com vinhos de outras uvas lá cultivadas, origina os melhores e mais caros tintos de Bordeaux, principalmente nas sub-regiões do Médoc e Graves, como os châteaux Margaux, o Latour e o Lafite. Saiu de Bordeaux para fazer bons vinhos na Austrália, Califórnia, América do Sul, África do Sul e sul da França. Facilmente reconhecível, tem características marcantes, lembrando pimentão verde, azeitona preta, groselha, cassis e pimenta-do-reino preta.

- *Carmenère*: uva francesa de Bordeaux que se julgava quase extinta desde o advento da filoxera, no século XIX. Foi identificada recentemente no Chile, em pé-franco, pois foi confundida por muitos anos com a Merlot. Seu nome provém da cor de sua pele, de tom forte de carmim, que sempre acaba transferido aos vinhos com ela elaborados.

- *Gamay*: é uma uva famosa por um vinho, o Beaujolais, da região da Borgonha. É plantada também em outras regiões da Borgonha e no vale do Loire, francês, mas sua fama vem da elaboração do Beaujolais, com aromas leves de morango e uma sugestão de pera e banana.

- *Grenache*: uma das uvas mais plantadas no mundo. No sul do Rhône, é a principal componente do Châteauneuf-du-Pape e, atualmente, está plantada em todo o sul da França. Na Espanha, é conhecida como Garnacha, e é também muito cultivada na Califórnia e na Austrália. É uma uva com pouco tanino e geralmente misturada com uvas mais tânicas. Tem aromas típicos de pimenta-do-reino, ervas e óleo de linhaça.

- *Malbec*: variedade permitida em Bordeaux, embora pouco usada, que encontrou seu hábitat na Argentina. É considerada a uva emblemática argentina, contando com taninos agradáveis e aromas de frutas como ameixas, cerejas e trufas quando o vinho é envelhecido; e violetas, quando é jovem.
- *Merlot*: é muito similar à Cabernet Sauvignon, mas mais suave. É plantada amplamente em Bordeaux e faz sucesso na sub-região de Pomerol, onde entra na elaboração de seus famosos vinhos, como os châteaux Pétrus e o Le Pin. Tem presença na Austrália, na América do Sul e, acima de tudo, na Califórnia. No Brasil, é bastante difundida, embora os vinhos obtidos sejam diferentes dos franceses. Podem-se distinguir características de cereja e flores vermelhas (principalmente rosas).
- *Pinot Noir*: é uma uva de pele fina e com relativamente pouco tanino. Muito sensível às condições climáticas, é a responsável pelos mais famosos tintos da Borgonha, na França, como o Romanée-Conti, o Chambertin e todos os tintos da sub-região Côte d'Or. É um dos componentes do champanhe. Tem sido transplantada em várias regiões do mundo com resultados inferiores aos obtidos em sua região de origem. Tem aromas característicos de frutas, principalmente de morango, cereja, ameixa; e de origem animal, como couro, adubo e estrume; contudo, são agradáveis.
- *Syrah*: é uma das variedades mais antigas que se conhece; muitos especialistas apontam sua origem na antiga Pérsia. É a variedade que deu fama aos vinhos do norte do Rhône, na França, como o Hermitage, que duram muito tempo. Atualmente, é muito plantada no sul da França, do Rhône ao Languedoc. Típica de climas quentes, teve excelente adaptação na Austrália, onde é grafada Shiraz. É considerada a uva símbolo australiana, responsável por seu famoso tinto, o Penfolds Grange. Já conquistou espaço na Califórnia, África do Sul, Chile, Argentina e Brasil. Seus aromas recordam ameixa, figo e especiarias, como pimenta-do-reino preta. Conforme a região, podem aparecer aromas de chocolate, notas florais (violeta) e um toque discreto de menta.
- *Tannat*: principal uva dos vinhos de Madiran, os melhores do sudoeste da França. Adaptou-se muito bem ao Uruguai e tem sido plantada no sul do Brasil. No Uruguai é a uva emblemática, resultando em tintos tânicos com aromas de amora e framboesa.

- *Tempranillo*: é uma variedade cujo nome em espanhol sugere que amadurece mais cedo (*temprano*, "prematura") que a maioria das variedades tintas. Cultivada amplamente na Espanha, é a principal uva das regiões de Rioja e Ribeira del Duero. No norte de Portugal (Douro e Dão), é a Tinta Roriz, e no sul (principalmente Alentejo) é chamada Aragonês. É uma variedade com aroma de framboesa e possui características tânicas que lhe permitem desenvolver muito bem. Também se adaptou à Argentina.
- *Touriga Nacional*: uva escura, aromática, rica em frutose e tanino; originalmente vinha da região do Dão, em Portugal, mas agora é considerada a melhor uva para o principal vinho do país, o Porto, feito na região do Douro. Embora esteja presente em diversas regiões de Portugal, tem muito prestígio no Douro, também como vinho de mesa. Tem se adaptado bem a outros países, como a Austrália. Quando jovem, tem aromas de amora, gelatina de groselha e especiarias, como alecrim.

UVAS BRANCAS

- *Alvarinho*: é encontrada na região de Vinhos Verdes, no noroeste de Portugal, ao norte e ao sul do rio Minho, e tem a reputação de ser a melhor uva branca do país. É também encontrada do outro lado da fronteira com a Espanha, onde é conhecida como Albariño. Elabora vinhos secos, com boa acidez, bastante álcool e um rico aroma de pêssego.
- *Chardonnay*: adaptou-se bem a várias regiões vinícolas do mundo. Fácil de cultivar, é resistente e produtiva na maioria dos climas e solos. É a uva exclusiva dos Chablis, um dos melhores brancos do mundo. Produz maravilhosos brancos na Borgonha – a maior parte deles tem vida longa – e participa igualmente do champanhe. É plantada com sucesso na Califórnia, na Austrália, no Chile, na Argentina, no Uruguai e no Brasil. Tem aromas tipicamente frutados, predominando a maçã verde e o abacaxi fresco nos Chardonnay de regiões frias, e de banana e pêssego nos de regiões mais quentes. Também podem aparecer aromas de melão e, dependendo de como o vinho é elaborado, pode ter sabores amanteigados.
- *Chenin Blanc*: principal uva do Loire, onde origina desde brancos secos, que envelhecem bem, a vinhos doces complexos de sobre-

mesa e até espumantes, estilo champanhe. É plantada com sucesso na África do Sul (onde é conhecida como *steen*) e tem originado alguns bons vinhos na Argentina. Possui acidez bem marcada, originando um vinho com bastante frescor. Seu principal descritor aromático é o pêssego branco, mas também oferece aromas de abacaxi, manga, damasco, flores brancas e, segundo alguns enólogos, quando bem elaborado, seu vinho apresenta aromas suaves de aspargo.

- *Gewürztraminer*: é uma das uvas mais fáceis de identificar, graças à coloração rosada de sua pele, e também é a mais aromática das uvas. Atinge o ápice na Alsácia, onde, nos vinhos secos, identificam-se imediatamente aromas de lichia, rosa e gengibre. Nos seus vinhos doces, acrescenta ainda um aroma de mel. Na Alemanha e no Alto Adige, na Itália, tem dado vinhos de nível inferior ao da Alsácia. Em outras regiões, tem se apresentado descaracterizada.

- *Muscat*: chamada de Moscatel na península Ibérica e Moscato na Itália, é a única variedade que, mesmo depois da fermentação, ainda tem cheiro de uva fresca. É a mais prolixa das uvas brancas, apresentando-se em diversas variedades; a melhor é a Muscat Blanc à Petit Grains. Origina os famosos Muscat do sul da França; o Moscatel de Setúbal, português; os Asti e Moscato d'Asti, italianos. Na Austrália, existe uma variedade de cor mais escura (Muscat Castanho), com a qual é elaborado o célebre Liqueur Muscat. Adaptou-se muito bem ao Brasil.

- *Riesling*: é considerada, ao lado da Chardonnay, uma das principais uvas brancas do mundo. Originária de climas frios, como o da Alsácia, na França, e na Alemanha, o das regiões delimitadas pelo rio Reno, é conhecida entre nós como Riesling Renano. Tem originado bons vinhos na Austrália e no Chile. Dependendo da região onde é feito, seu vinho pode apresentar aromas de maçã fresca, de dar água na boca, ou de casca de lima. Podem-se também notar aromas do tipo resinoso e mineral, desenvolvendo um leve cheiro de petróleo. No Brasil, planta-se a Riesling Itálica, que é outra variedade, a Welschriesling.

- *Sauvignon Blanc*: no Loire, dá vinhos que se diferenciam pelo gosto defumado e entra na composição dos brancos secos mais famosos da região de Bordeaux. Mas foi na Nova Zelândia, em Marlborough, que encontrou seu hábitat ideal, criando um padrão de qualidade que ultrapassou os originais franceses. Existem bons vinhos elaborados com ela na África do Sul e no Chile, principalmente nas regiões de Casablanca e San Antonio. É uma variedade de cor amarelo-pálido, acidez natural e grande leque aromático: abacaxi, maracujá, toranja (*grapefruit*), manga, pólvora, grama recém-cortada. Alguns escritores ingleses gostam de compará-la com a Chardonnay, acrescentando que enquanto a Chardonnay representa a música clássica, por sua majestade e sedosidade, a Sauvignon Blanc é a musica pop, por seu ritmo e caráter jovem e despretensioso.

- *Sémillon*: misturada com a Sauvignon Blanc, é a base dos grandes vinhos secos de Bordeaux (região de Graves) e dos doces (região de Sauternes). É plantada com sucesso em climas frios da Austrália, da Nova Zelândia e também muito cultivada no Chile.
- *Torrontés*: introduzida na Argentina na época da colonização espanhola (século XV), é hoje uma especialidade do país. Seus vinhos, muitas vezes, têm alto teor de álcool e são extremamente aromáticos. Ressaltam-se entre suas características aromáticas: flores vermelhas (rosas), lavanda, casca de laranja, camomila e aromas de salada de frutas.
- *Viognier*: uva relativamente rara, cultivada na região de Condrieu, ao norte do Rhône. Atualmente, já é cultivada no Languedoc, na Austrália e na Argentina. Tem alto teor de álcool, baixo nível de acidez, e é bastante aromática: pêssego, damasco e gengibre.

OUTRAS VARIEDADES IMPORTANTES

- *Alfrocheiro*: uva portuguesa que acrescenta cor e acidez aos tintos do Alentejo, Bairrada, Ribatejo e, particularmente, do Dão.
- *Aligote*: segunda branca da região francesa da Borgonha, origina vinhos mais simples e de vida mais curta que os da Chardonnay. Somente os da vila de Bouzeron dão bons exemplares pela sua acidez. É o vinho tradicional para o aperitivo Kir.
- *Arinto*: espinha dorsal dos brancos da região portuguesa de Bucelas.
- *Baga*: pequena uva portuguesa de casca grossa da região de Bairrada, onde elabora vinhos rudes (muito adstringentes e tânicos), que, com o tempo, podem ter o sabor de ameixa e chocolate.

- *Barbera*: nativa da Itália, é largamente cultivada em todo o Piemonte. Uva tinta de alta acidez e baixo tanino, dá bons vinhos nas regiões de Barbera d'Alba e Barbera d'Asti. É também muito plantada na Argentina.
- *Bical*: branca portuguesa, importante na Bairrada e no Dão, onde é chamada Borrado das Moscas ("merda de mosquito"), por causa de sua pele salpicada. De boa acidez, é muito usada em misturas.
- *Bonarda*: originária do norte da Itália, é muito plantada na Argentina, para misturas e elaboração de tintos leves.
- *Castelão*: uma das tintas mais populares no sul de Portugal e na península de Setúbal, onde tem vários pseudônimos, como Periquita e João de Santarém. Produz vinhos de boa estrutura, que podem ser bebidos jovens.
- *Cinsault*: importante variedade tinta do Languedoc, sudoeste da França, é usada em misturas para suavizar tintos encorpados. Bastante empregada na elaboração de vinhos rosados, é também muito plantada na África do Sul.
- *Cortese*: uva branca do Piemonte, responsável pelos vinhos Gavi. De bom nível de acidez, é também cultivada na Lombardia.
- *Corvina*: principal e melhor variedade do Amarone e do Valpolicella, importantes tintos do nordeste da Itália. Dá uma boa mistura com outras tintas da região, a Rondinella e a Molinara.
- *Dolcetto*: outra variedade interessante do Piemonte, tem baixa acidez em relação à Barbera e é de fácil cultivo. Tem o paladar *dolce*, ao sabor piemontês, daí o seu nome.
- *Encruzado*: uva branca portuguesa do Dão, origina vinhos secos com aromas de damasco e ameixa.
- *Fernão Pires*: versátil uva portuguesa, é a branca mais cultivada no país. Amadurece relativamente cedo, sendo muito usada em misturas. Principal branca do Ribatejo, é muito comum também na Bairrada, onde tem o nome de Maria Gomes, sendo muito usada para vinhos espumantes.
- *Jaen*: conhecida como Tinta Mencia no noroeste da Espanha, tem dado excelentes tintos nas partes mais altas do Dão.
- *Lambrusco*: cultivada na região italiana da Emilia Romagna, apresenta inúmeras subvariedades. Origina tintos refrescantes e fruta-

dos, mas pode elaborar brancos ou rosados, que sempre devem ser bebidos jovens.
- *Montepulciano*: cultivada no centro da Itália, produz tintos encorpados, como o Montepulciano d'Abruzzo e o Rosso Conero.
- *Nebbiolo*: considerada a melhor uva nativa da Itália, só é plantada na região norte (Piemonte), onde elabora os conhecidos Barolo e Barbaresco.
- *Prosecco*: uva nativa da região do Friuli, no nordeste da Itália, de colheita tardia, é responsável pelo popular e leve *frizzante* (picante) de mesmo nome. Levemente adstringente, tem final amargo. É plantada na Argentina e no Brasil.
- *Roupeiro*: uva portuguesa muito plantada no Alentejo, é a base de brancos que devem ser bebidos jovens. É conhecida no Douro como Codega.
- *Sangiovese*: cultivada em toda a região central da Itália, atinge seu ponto alto na Toscana, onde é a base dos Chianti, Brunello di Montalcino e Vino Nobile de Montepulciano. De amadurecimento tardio, bem ácida e tânica, oferece aromas de ameixa e cereja e de folhas de tabaco.
- *Tinta Barroca*: é uma das cinco uvas tintas famosas do vinho do Porto, juntamente com a Tinto Cão (nome devido a seu pouco rendimento), Touriga Franca, Tinta Roriz e Touriga Nacional. Elas, agora, têm originado excelentes vinhos finos no Douro. A tinta barroca tem sido plantada com sucesso na África do Sul.
- *Trebbiano*: é a uva branca mais plantada na Itália e na França, onde é chamada Ugni Blanc. Não origina bons vinhos em qualquer lugar.
- *Trincadeira*: depois da Touriga Nacional, é a mais promissora tinta de Portugal, na área quente do sul. Tem corpo, estrutura, aromas de ameixa, pimentão e ervas, e mistura-se perfeitamente com a Castelão.
- *Verdicchio*: uva do Marche, na Itália, onde faz o conhecido branco seco Verdicchio dei Castelli di Jesi, com aromas de limão e ameixa.
- *Vernaccia*: é a uva responsável pelo branco mais interessante da Toscana, Vernaccia di San Gimignano, com sabor de frutas secas.

Vinificação de tintos, brancos e rosados

O conjunto de operações necessárias para a elaboração do vinho é a vinificação.

Essas operações, a seguir descritas, variam conforme o tipo de vinho que se pretende elaborar.

É importante notar que, apesar de disporem atualmente de muita tecnologia, as vinícolas não são o lugar para recuperar o que se faz de errado no campo. Principais produtores de vinho do mundo consideram que a parte mais importante do trabalho é no vinhedo; é lá que se "faz" o vinho. No campo, todas as operações visam a favorecer a maturação correta das uvas. Os taninos, que causam a sensação de "amarrar" nossa boca, podem ser finos ou macios, característicos de uvas maduras e nobres, ou ásperos e duros, resultantes de uvas verdes ou mal trabalhadas.

Para que se possam preservar a acidez e a qualidade da fruta em países do Novo Mundo, a colheita ocorre à noite ou nas primeiras horas da manhã.

VINHO TINTO

Os bagos que chegam do vinhedo são, inicialmente, analisados quanto ao seu estado sanitário e de maturação.

Esmagamento e desengaçamento

Após a seleção, os bagos passam pela desengaçadeira, máquina que separa os bagos do esqueleto do cacho, os engaços. Estes são eliminados, pois podem aumentar a quantidade de tanino, além de destacar o gosto herbáceo do vinho (foto 9).

Em seguida, passam por cilindros de borracha, separados entre si por cerca de 1 centímetro, que giram em sentidos opostos. Eles fazem uma ligeira pressão nos bagos, apenas para romper sua casca.

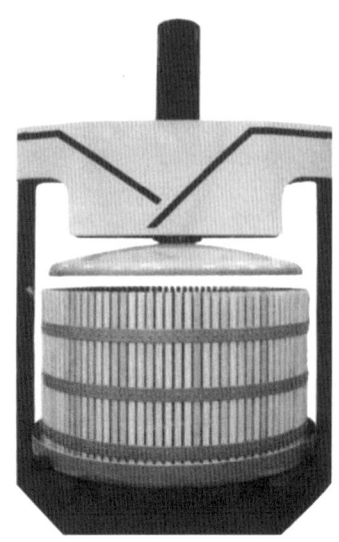

Foto 9. Desengaçadeira.   Figura 10. Prensa vertical.

Após essas operações, o mosto – composto por polpa, cascas e sementes – é levado por meio de bombas (ou por gravidade, em adegas mais modernas) para tanques de fermentação, que podem ser de aço inox, madeira ou cimento.

Um procedimento antigo para tintos, hoje praticamente em desuso, era colocar os cachos em "prensas verticais", como na foto 10.

Aplicava-se pressão de cima para baixo, só que, após a prensagem, os engaços tinham de ser separados manualmente. Em algumas regiões de Portugal, usam-se lagares – grandes tanques de madeira, granito ou concreto, baixos e curtos. Pelo método "pisa-a-pé", certo número de pessoas faz movimentos cadenciados até que as uvas fiquem esmagadas. Hoje, existem lagares que empregam robôs para o esmagamento.

Fermentação alcoólica

Inicialmente, é feita a operação de sulfitagem: acrescentam-se pequenas quantidades de anidrido sulfuroso (SO_2), que bloqueiam a ação de bactérias e impedem a oxidação.

Para o início da fermentação alcoólica, espera-se que as leveduras naturais que estão nas cascas comecem a atuar, ou então utilizam-se leveduras industriais selecionadas. Estas são mais resistentes ao álcool e mais bem adaptadas a temperaturas altas. Começada a fermentação, a temperatura no tanque sobe rapidamente e deve ser controlada, pois, acima de certa temperatura, as leveduras deixam de atuar. Na vinificação de tintos, a temperatura deve se situar entre 24 °C e 32 °C.

À medida que a fermentação alcoólica se desenvolve, o desprendimento de gás carbônico leva as partes sólidas do mosto para a parte superior do tanque, formando o que, no jargão enológico, denomina-se chapéu. Essa capa sólida flutua na superfície do mosto-vinho, ocupando aproximadamente 80 centímetros de espessura a partir do nível superior. O líquido próximo ao chapéu adquire cor, graças ao contato com as cascas, enquanto o que está na parte inferior mostra somente leves tons rosados.

Inicia-se uma operação chamada remontagem (figura 9).

Com uma bomba, o mosto-vinho claro da parte inferior do tanque é levado para manter contato com a parte superior do chapéu. Dependendo do tipo de vinho, essa operação repete-se de três a quatro vezes por dia, com duração de uma hora cada, durante uma semana. Passando pelo chapéu, o mosto-vinho vai ganhando sua cor, até chegar à tonalidade desejada. Essa fase de permanência do chapéu em contato com o mosto-vinho, em que são extraídos os corantes (antocianinas), os polifenóis e se definem aroma e sabor, é denominada maceração.

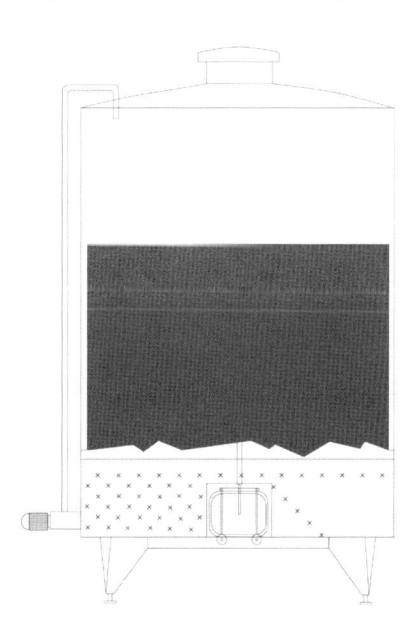

Figura 9. Tanque de fermentação iniciando a remontagem.

A fermentação alcoólica prosseguirá e só será interrompida quando não houver mais açúcar no mosto ou se o teor alcoólico estiver ao redor de 15% vol., quando as leveduras não mais atuam.

Modernamente, a remontagem é realizada em equipamentos sofisticados, como o rototanque da foto 11, cujo funcionamento é análogo ao de uma betoneira.

Foto 11. Rototanque.

O reservatório é um cilindro horizontal, acoplado a uma engrenagem que lhe imprime um movimento de rotação. Um comando externo permite controlar o contato do mosto com o chapéu, conforme o número de rotações por dia.

Descuba

Ao terminar a fermentação, o mosto-vinho é separado de suas partes sólidas, operação chamada descuba. O que flui livremente denomina-se "vinho superior"; é o adequado para elaborar vinhos finos e vai para outro recipiente. Durante as operações até aqui realizadas, dada a impossibilidade de retirar as sementes, tomam-se cuidados para que não sejam esmagadas e cheguem intactas até a descuba.

As partes sólidas são prensadas, como na figura 10, e produzem um vinho inferior, denominado "vinho de prensa", utilizado para vinhos comuns, ou, mais geralmente, destilados, para a elaboração de *brandies*, grapas e bagaceiras.

Essas prensas são dotadas de ripas de madeiras longitudinais, para escorrer o vinho de prensa. A parte sólida que sobra (cascas e semen-

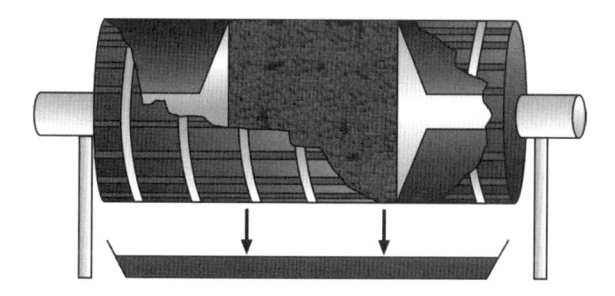

Figura 10. Prensa de partes sólidas para produção de vinhos inferiores.

tes) é cada vez mais usada pela indústria de cosméticos, em virtude de retardar o envelhecimento da pele. Os efeitos positivos para a pele são atribuídos ao poder antioxidante do tanino.

Conversão malolática

No novo tanque, o vinho superior começa um processo de decantar algumas impurezas que o acompanharam. Ele apresenta dois ácidos orgânicos naturais da uva, com características diferentes: o tartárico, que pouco evolui devido à alta temperatura, e o málico, bastante instável, responsável pelo excesso de acidez e, portanto, agressivo ao paladar. Ocorre que no próprio vinho existem bactérias capazes de converter o ácido málico em ácido lático, mais suave e aveludado. Essas bactérias encontravam-se inibidas durante a fermentação alcoólica, por ação das leveduras, mas, durante essa fermentação lenta, vão ganhando o meio e transformando os ácidos. A conversão malolática é controlada em laboratórios (por cromatografia de papel) e, havendo necessidade, podem-se utilizar bactérias apropriadas. Terminada essa conversão, trasfega-se o vinho para outro tanque e corrige-se o anidrido sulfuroso, para deter a ação de bactérias.

A conversão malolática aporta aromas que dão maior complexidade ao vinho, em particular aromas lácteos e amanteigados. Alguns vinhos, ricos em tanino, podem ter passado essa fase em barricas de carvalho e ter sofrido sua influência, que analisaremos posteriormente.

Corte

No final dos procedimentos anteriores, a vinícola dispõe de uma série de tanques e barricas com vinhos de diferentes espécies de uva, denominados varietais. No laboratório de controle da vinícola, existem anotações da evolução relativa desses vinhos. É, então, realizada uma das tarefas mais complexas da vinícola: o corte, isto é, a mistura de diferentes vinhos varietais, com o objetivo de otimizar o produto final. Procuram-se, ao mesmo tempo, equilíbrio e complexidade, de tal maneira que o vinho resultante seja mais atrativo que os varietais que entram no corte.

INFLUÊNCIA DO CARVALHO

Quando se pensa em utilizar madeira para confeccionar o recipiente onde se vai envelhecer um vinho, vem a pergunta: por que o carvalho e não outro tipo de madeira? A resposta é que as outras madeiras são porosas demais ou contêm substâncias aromáticas que contaminam o vinho.

O carvalho tem as seguintes qualidades:
- madeira de fibras resistentes, que permite a confecção de aduelas e é de fácil aquecimento ao fogo;
- semelhante a uma esponja, permite a incorporação de oxigênio ao vinho, favorecendo seu desenvolvimento;
- transfere ao vinho substâncias aromáticas e cremosas até agora inigualadas por outras madeiras.

Quanto mais tempo o vinho fica em contato com o carvalho, maior a modificação na estrutura de seus taninos, que se tornam mais suaves. A bebida ganha ainda um componente que influenciará seu futuro: o aroma de baunilha, específico do carvalho.

Entre as inúmeras espécies de carvalho (*quercus*) existentes, as mais utilizadas para barris de envelhecimento de vinho são a *sessile* e a peduncular, da Europa, e a alba, dos Estados Unidos. O carvalho americano vem do Missouri, é de cor branca e menos poroso que o europeu, que vem da França ou do Leste Europeu e é de cor marrom. O carvalho americano pode ser serrado de qualquer modo, mas o europeu, especialmente o francês, deve ser cortado acompanhando os veios da madeira, senão o barril não fará uma vedação completa. Isso implica grande perda da árvore europeia, o que acarreta custo maior do barril de carvalho francês. Economicamente, é preferível o uso de barris americanos, mas, quando esse carvalho é serrado, quebram-se as células da madeira, liberando substâncias que conferem um sabor mais forte ao vinho. Já ao serrar um carvalho francês, pouco de suas substâncias é liberado, não influenciando tanto no sabor do vinho. Com o uso do carvalho francês, o vinho torna-se mais sutil, qualidade apreciada pelos principais produtores de vinho do mundo, que se dispõem a pagar o preço que ele vale.

A fabricação de barris pelas tonelarias é idêntica em qualquer país (fotos 12a, b, c e d). Aduelas são cortadas de longas pranchas de carvalho secas durante um ou dois anos e guardadas em ambiente não poluído. Essas aduelas são vergadas sobre fogo e presas por anéis metálicos, para adquirir o formato de barril. A queima da face interna do barril, chamada tostagem, tem influência no gosto do vinho, podendo conferir-lhe toques defumados.

Fotos 12a, b, c e d. Feitura do barril de carvalho.

Existem três graus de tostagem: leve, médio e pesado. Os principais aromas transmitidos pelo carvalho intensificam-se com o grau de tostagem.

Quanto maior o barril, menor a influência do carvalho no sabor do vinho. O barril mais amplamente utilizado é o de 225 litros, de Bordeaux, ou de 228 litros, da Borgonha. Existem regiões que, frequentemente, utilizam barris de 300 litros.

Com o uso contínuo do barril, reduz-se a transmissão de aromas e sabores: quanto mais ele é usado e, consequentemente, lavado e esterilizado, menor seu impacto sobre o vinho. Nos principais produtores, o barril é usado uma só vez, no máximo duas, para seu vinho topo de série. Depois, será usado duas ou três vezes para o de qualidade média e, a seguir, como a madeira já praticamente interfere pouco no vinho, será empregado nos menos importantes.

O carvalho novo, além de transferir ao vinho aromas e sabores de baunilha, tostado, coco e especiarias, aporta novos taninos, permitindo-lhe um envelhecimento prolongado em garrafa. Também tem uma virtude adicional: ajuda a fixar e fazer mais estável a cor do vinho.

Não são todos os vinhos que podem passar por madeira, já que devem ter potencial para impedir que a ação do carvalho predomine. Quando isso ocorre, os aromas e sabores do carvalho superam os da fruta e o vinho fica enjoativo; ele fica "com gosto" de madeira.

FILTRAGEM E ENGARRAFAMENTO

Antes de ser engarrafado o vinho pode ser filtrado, para eliminar pequenas partículas em suspensão que lhe tiram a transparência. A filtragem deve ser realizada de forma cuidadosa, pois pode afetar tanto o aroma como a estrutura do vinho (fotos 13 e 14).

O engarrafamento tem evoluído muito, principalmente no aspecto da higiene. Métodos modernos incluem o engarrafamento a vácuo, em que o mais importante é evitar o contato do vinho com o oxigênio (esquema 1).

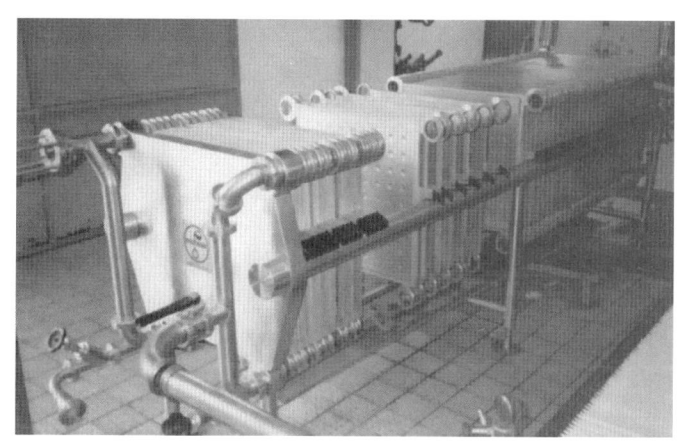

Foto 13. Filtragem.

Foto 14. Engarrafamento.

CHIPS

Foto 15. *Chips*.

Por causa do alto custo do carvalho novo, há mais de vinte anos os australianos começaram a acrescentar lascas de carvalho nos tanques de fermentação, feitos de aço inox. Esses pedaços de madeira, denominados *chips*, dão ao vinho algum sabor e aroma de carvalho, mas não o efeito benéfico do amadurecimento nos barris, que é a oxigenação através dos poros da madeira. Em alguns lugares, procura-se complementar o uso de *chips* com um procedimento de microxigenação. É uma prática aceita em muitos países, ex-

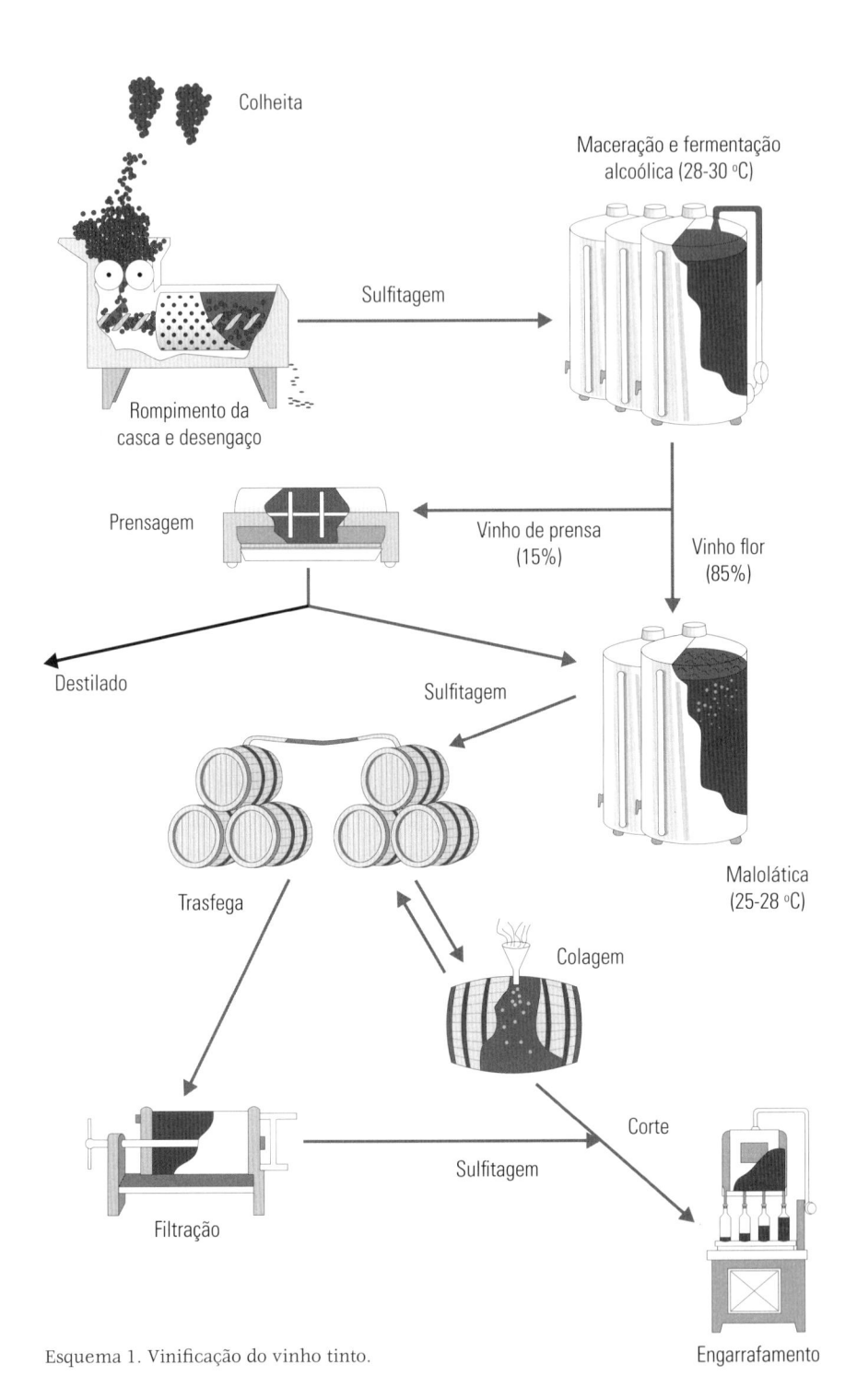

Esquema 1. Vinificação do vinho tinto.

ceto na França, onde é proibida. Dificilmente um produtor reconhece essa prática, mas, quando você beber um vinho de preço acessível e detectar aromas típicos do uso de carvalho, certamente, durante sua elaboração, foram-lhe adicionados *chips* (foto 15).

MACERAÇÃO CARBÔNICA

A maceração carbônica é um método de vinificação sem espremer as uvas. Elas são colocadas intactas no tanque de fermentação, hermeticamente fechado. Injeta-se gás carbônico, para impedir o desenvolvimento das leveduras e o consequente início da fermentação alcoólica. Enzimas da fruta, que se desenvolveram dentro do bago, provocam uma fermentação no seu interior. As uvas acabam arrebentando e passam, a seguir, à fermentação alcoólica habitual. Não se usa a sulfitagem das uvas e o tempo de maceração pode durar de oito a dez dias, dependendo da temperatura. O momento da descuba é determinado pela diminuição da temperatura do tanque.

Esse método beneficia a preparação de vinhos tintos aromáticos e frutados, que devem ser consumidos jovens, já que conservam suas qualidades durante o primeiro ano. Não são apropriados para envelhecer, e o exemplo clássico deles é o Beaujolais Nouveaux. Esse método está sendo empregado agora no Brasil.

VINHO BRANCO

Os vinhos brancos podem ser obtidos a partir de uvas brancas ou tintas, que não sejam tintureiras.

Colheita

A colheita para vinhos brancos secos tende a se realizar com menor amadurecimento da uva e a acidez não deve chegar ao mínimo: assim ela dará boa personalidade ao vinho. Para a data da colheita, não é necessário esperar o amadurecimento dos taninos, pois eles não se incorporam ao vinho branco, como ocorre nos tintos.

Desengaçamento e esmagamento

Como nos tintos, ao chegar à vinícola, as uvas são levadas para a desengaçadeira para separar os bagos da uva do engaço. Os bagos passam, a seguir, por uma prensa contínua horizontal, onde uma grande hélice, movendo-se progressivamente, rompe os bagos suavemente, libertando parte do suco que contêm.

Prensagem

O mosto (polpa, casca e semente) resultante do processo anterior é conduzido para uma prensa horizontal. Existem prensas sofisticadas, e a mais comum é a prensa pneumática.

Ela trabalha com ar comprimido, possuindo uma lona inflável que comprime suavemente os bagos. A prensagem deve ser suficiente para extrair o suco uniformemente, mas não esmagar as sementes e as cascas. Elas permitem também a retirada da parte sólida. A foto 16 mostra o interior de uma prensa pneumática.

Foto 16. Interior de uma prensa pneumática.

Sulfitagem e chaptalização

A seguir, enchem-se mais ou menos até dois terços do tanque com o mosto-vinho e faz-se a sulfitagem, que, como já vimos, é a adição de anidrido sulfuroso (SO_2), para bloquear a ação de bactérias e impedir a oxidação.

Chaptalização é a adição de açúcar aos mostos deficientes desse elemento, antes da fermentação, para que o vinho atinja o teor alcoólico mínimo necessário à sua conservação. Foi inventada por um francês (Jean Antoine Chaptal) no século XIX, e é usada em diversos lugares do mundo, incluindo o Brasil.

Decantação

O mosto-vinho é levado par um tanque, mas ainda carrega consigo grande parte de impurezas e borras. Procede-se, então, à decantação das partículas mais pesadas, processo que dura entre 12 e 24 horas.

Para que o mosto não comece a fermentar, utiliza-se o resfriamento do tanque, mantendo-o nesse período nas temperaturas entre 8 °C e 10 °C. Destapa-se a parte superior e trasfega-se o mosto limpo para outro tanque.

Fermentação

Para manter os aromas da uva, a fermentação dos vinhos brancos é feita em baixas temperaturas. Por isso, é realizada em cubas de inox, dotadas de camisa de refrigeração com um termostato, que permite o controle da temperatura. Em geral, usam-se leveduras selecionadas, já que as naturais se perderam quando da eliminação das cascas do mosto.

Como a fermentação é um processo exotérmico (produção de calor), o controle de temperaturas é imprescindível. Quando se pretende elaborar um branco leve, frutado, para ser consumido jovem (de vida mais curta), a temperatura é mantida ente 8 °C e 10 °C, que ajuda a trazer o frescor e o sabor de que esse vinho precisa. Temperaturas mais elevadas (18 °C e 20 °C) originam brancos mais longevos.

Clarificação e tratamento a frio

Nos vinhos brancos, quando todo o açúcar é consumido, cessam a produção de gás carbônico e a movimentação dentro do líquido. Procedem-se, então, a clarificação e o tratamento a frio.

A clarificação pode ser por sedimentação das partículas em suspensão ou por adição de produtos clarificantes (totalmente inertes ao vinho), como caseína ou betonite, que se juntam com as partículas em suspensão, formando um peso suficiente para se precipitarem.

A uva é rica em ácido tartárico, que passa para o vinho e pode se combinar com cálcio e potássio, formando os sais correspondentes. Esses tártaros são instáveis a baixas temperaturas e podem se precipitar dentro da garrafa em forma de pequenos cristais brancos quando esta é colocada na geladeira. Apesar de nada influenciar do ponto de vista do sabor, afetam a apresentação, podendo levar o consumidor a interpretar como uma enfermidade do vinho. O vinho branco recebe, então, o tratamento a frio: em uma câmara frigorífica é levado a

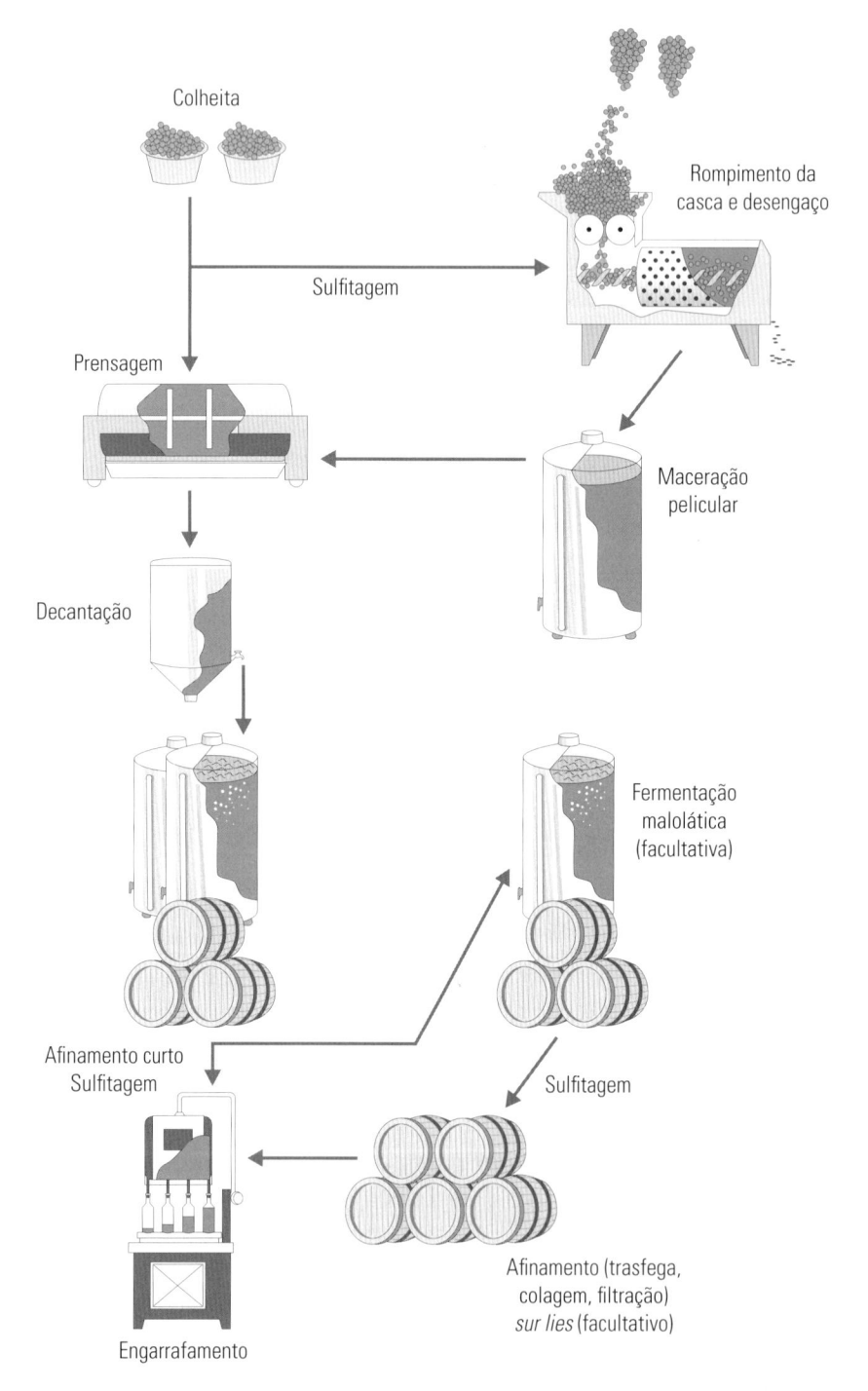

Esquema 2. Vinificação do vinho branco.

-4 ºC, durante cinco dias, para que se produza a precipitação dos sais de ácido tartárico.

Por fim, o vinho é filtrado, para ficar com transparência e brilho, que dão elegância e são os aspectos mais apreciados nos vinhos brancos. Os brancos recebem uma nova dose de anidrido sulfuroso, em limites estabelecidos pela legislação do país em que é produzido. Ele funciona como conservante e evita reações de escurecimento, problemática no caso de vinhos brancos. Pode produzir efeitos alérgicos, especialmente em pessoas asmáticas, mas em número muito restrito. No Brasil, a presença de SO_2 no vinho é indicada pela International Numbering System, com sigla internacional INS-220.

Nos últimos anos, em oposição a vinhos jovens, frescos e frutados, muitos países do Novo Mundo estão utilizando carvalho novo para fermentação e amadurecimento de alguns vinhos brancos, principalmente os elaborados a partir da uva Chardonnay. Essa técnica é usada há centenas de anos na região francesa da Borgonha. Pretendem-se vinhos mais complexos, já que o carvalho agregará a eles seus aromas e sabores: baunilha, especiarias, defumado (tostado), etc., ainda que a fruta da uva possa ficar de alguma maneira um pouco neutralizada.

Também, quando se procura maior complexidade, finalizada a fermentação do vinho branco, ele é deixado algum tempo em contato com resíduos da fermentação, ou seja, suas borras (em francês, *sur lie*). Estas, uma vez completada a fermentação, depositam-se no fundo do recipiente. Isso contribui para dar ao vinho aromas mais ricos e maior textura.

VINHO ROSADO

Existem diversas maneiras de produzir vinho rosado. Na elaboração de um vinho rosado de qualidade, utilizam-se uvas tintas e procede-se inicialmente como na produção de um tinto. O tempo de maceração do mosto com o chapéu varia entre 12 e 24 horas, até que o líquido adquira a cor desejada. O mosto é separado do chapéu e trasfegado para uma cuba de fermentação, de aço inox, seguindo o processo como se fosse um branco, procurando obter aromas frutados, frescos e delicados.

Importa destacar que um vinho rosado benfeito equivale aos bons vinhos brancos.

CARVALHO × AÇO INOXIDÁVEL

A introdução de tanques de aço inoxidável para a fermentação, com controle de sua temperatura, revolucionou a indústria vinícola. Esses tanques metálicos e assépticos, permitindo manipular a fermentação, afetaram a complexidade e a qualidade do vinho.

O produtor tem duas opções: pode elaborar um vinho com frescor, mantendo ao máximo as características da uva e garantindo quase sempre a mesma qualidade, ou pode pretender a complexidade e a personalidade que só o barril de carvalho confere ao vinho, com mais trabalho e risco. Em termos de consistência e de relação qualidade/preço, os tanques de aço inoxidável são imbatíveis. Inertes, facilmente lavados e esterilizados, têm uma longa vida útil e, como permitem o controle de temperatura, a qualidade do produto final pode, até certo ponto, ser garantida. Já um barril de carvalho é muito caro, o controle de temperatura é por câmara fria e sua vida útil é bastante restrita. Também, seu efeito no vinho varia de ano para ano, de barril para barril; o vinho dependerá muito das habilidades do produtor.

Quando se pretende um vinho com frescor, acidez e acentuado sabor de uva, com qualidade e preço acessível, o tanque de aço inox é especialmente recomendado. É o caso da maioria dos vinhos brancos e tintos a ser consumidos jovens. Quando se quer complexidade e extrair ao máximo a personalidade e os aromas sutis, só se consegue transmitir isso ao vinho com barris de carvalho. O preço, contudo, é sempre maior.

VINHOS DOCES

Denominam-se "vinhos doces" aqueles que, terminada a fermentação, ficam com suficiente nível de açúcar. Os vinhos doces, na maioria, são brancos vinificados como vinhos brancos secos.

Geralmente, a decisão de produzir um vinho doce começa na colheita, em que a espécie de uva é muito importante.

Uma forma utilizada é a colheita tardia (*vendange tardive* ou *late harvest*). Faz-se a colheita semanas ou um mês após a data normal (foto 17) e a concentração de açúcar eleva-se consideravelmente. Na formação do mosto, obtém-se bom teor de açúcar residual.

É usada na Alsácia (França), na Alemanha, na Áustria e nos países do Novo Mundo. Às vezes, as uvas podem já estar enrugadas, tornadas passas na própria videira, como acontece na região de Jurançon, na França. Elas também podem ser expostas e secas em tapetes de palha ou penduradas no teto para secar, como no caso dos vinhos italianos, tipo *passito* ou *recioto*.

Existem produtores que fazem vinhos doces baratos. Eles interrompem a fermentação artificialmente, por exemplo, com a adição de pesadas doses de anidrido sulfuroso, seguido de filtração, com o objetivo de eliminar as leveduras. Resultam vinhos de baixo teor alcoólico e alta taxa de açúcar. Na Alemanha, os vinhos baratos são adoçados com concentrado de uva.

Foto 17. Colheita tardia, *vendange tardive* ou *late harvest*.

Os melhores vinhos doces do mundo, no entanto, são obtidos com a ajuda de caprichos da natureza (foto 18).

Existem regiões em que certas uvas são atacadas por um fungo peculiar, o *Botrytis cinerea*, chamado de "fungo da podridão nobre". Ele faz minúsculos furos na casca das uvas, deixando sair apenas a água e concentrando o açúcar dentro dela. Nessas regiões, geralmente arredores de rios, o terreno é baixo e a topografia favorece uma névoa úmida pela manhã e sol à tarde, condições necessárias para o fungo desenvolver-se. O fungo da podridão nobre aparece na França, em regiões como Bordeaux (onde são produzidos os Sauternes e os Barsacs), vale do Loire (os Quarts de Chaume, Bonnezeaux e Vouvray) e Alsácia (os Seléction des Grains Nobles), na Áustria, Alemanha e Hungria (os Tokajis, os vinhos mais célebres do país).

Foto 18. Cacho de uva atacado pela podridão nobre.

Tokaj é o nome do povoado de onde vêm essas uvas. Fica no nordeste da Hungria, quase na fronteira com a Eslováquia. Os rios Tisza e Bodrog, no vale dos Montes Cárpatos, se encontram perto do povoado. A neblina e a umidade que se elevam desses rios se mantêm no local devido às colinas quentes, ambiente perfeito para o fungo *Botrytis* se desenvolver. A uva branca Furmint, que representa cerca de 60% das uvas plantadas na região, tem elevada acidez, casca fina e é bastante suscetível à *Botrytis*. O fungo se alastra aleatoriamente, afetando alguns bagos, outros não, alguns cachos, outros não. Durante o outono os bagos de uvas murchas atacados pela *Botrytis* são colhidos um a um e transformados em uma pasta, chamada *aszú*. Ela é colocada em um balde de cerca de 25 quilos, equivalentes a 20 litros, chamado *puttonyos*. Os bagos e os cachos restantes, não afetados pela *Botrytis*, são colhidos e transformados num vinho-base. O contudo dos baldes é acrescentado ao vinho-base, que se torna mais doce no final, e rotulado com os índices 3, 4 *puttonyos* e assim por diante, dependendo de quantos baldes tenham sido acrescentados a cada barril. A adição de *aszú* no vinho-base provoca uma segunda fermentação, que acresce mais teor alcoólico e açúcar residual ao produto final.

Nos Estados Unidos e na Austrália, o efeito da podridão nobre é obtido *artificialmente*. Faz-se o borrifamento de esporos do *Botrytis* nas uvas apropriadas, que, depois, são sujeitas às condições úmidas e secas, alternadamente, tentando reproduzir as condições necessárias para a influência do fungo na fruta.

A natureza permite também a elaboração de outro tipo de vinho doce. Usando uvas congeladas faz-se um "vinho do gelo", como os famosos *Icewine* do Canadá e os *Eiswein*, da Alemanha e Áustria. Uvas muito maduras são deixadas no vinhedo à espera da primeira geada. Quando a temperatura cai a -6° C por pelo menos cinco dias, as uvas congelam-se na parreira. Prensadas cuidadosamente, ainda congeladas, a água fica retida na forma de cristais de gelo e escorre somente o suco, que é praticamente só açúcar, acidez e extrato. As produções são minúsculas e o risco de perda de toda a colheita é muito grande. É também um vinho raro e caro.

Garrafas de vinho

A garrafa é o acondicionamento mais eficaz para a conservação e a proteção dos vinhos. Ela deve ser fechada hermeticamente. Também são importantes as operações de encapsular, rotular e armazenar a garrafa.

GARRAFA

Até o século XVII, o vinho era armazenado em barris de madeira e servido em jarras de vidro, que tinham base larga e gargalo mais estreito. A partir da forma de jarra e com o desenvolvimento das técnicas de trabalho com o vidro, a garrafa evoluiu para a forma atual (figura 11). Hermeticamente fechada, isola o líquido do oxigênio externo e favorece o desabrochar dos aromas.

Quando as garrafas eram feitas de forma artesanal, seu tamanho inevitavelmente variava. Hoje, em todo o mundo, a capacidade normal das garrafas de vinho é de 750 ml. Podem, porém, ser encontradas também nos seguintes tamanhos com conteúdo padronizado: 185 ml

Figura 11. Forma atual de uma garrafa de vinho.

(miniatura), 375 ml (meia garrafa), 500 ml e 1,5 litro (*magnum*, equivalente a duas garrafas comuns). Um vinho conserva-se e envelhece melhor em garrafas de maior tamanho porque a proporção em que entra em contato com o ar é menor.

O formato das garrafas é ditado por tradições clássicas de regiões vinícolas da Europa.

A bordalesa (foto 19a), como o nome sugere, originou-se em Bordeaux. É cilíndrica na maior parte do corpo e os ombros são bem definidos, fazendo uma concordância acentuada entre o bojo e o gargalo. Já na borgonhesa (foto 19b), da Borgonha, o bojo é mais amplo, a parte cilíndrica é metade do total, há uma concordância suave: os ombros são mais sutis. A garrafa da Alsácia/Reno (foto 19c) tem a forma de flauta, o corpo se afila diretamente com o gargalo, sem ombros.

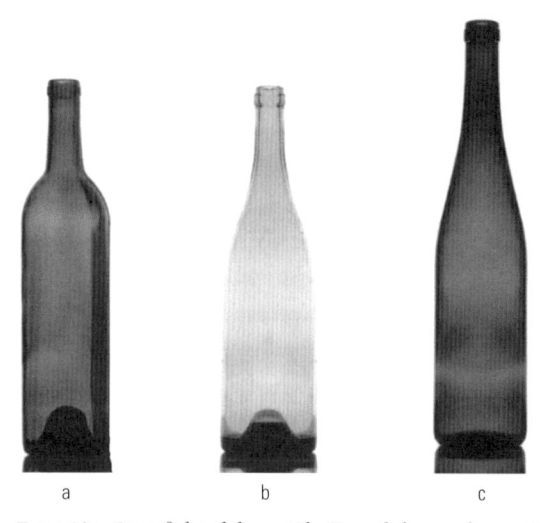

Fotos 19a. Garrafa bordalesa; 19b. Garrafa borgonhesa; 19c. Garrafa da Alsácia/Reno.

As garrafas de champanhe (foto 20a) seguem um formato, utilizado por todas as partes do mundo onde se elaboram vinhos espumantes: são mais resistentes que as normais, têm paredes grossas e o fundo é chupado, para resistir à pressão provocada pelo gás carbônico. São também encontradas formas de fantasia, como a portuguesa do vinho do Porto (foto 20b), semelhante à bordalesa, mas mais baixa, de ombros bem definidos e pescoço longo. A espanhola do Xerez (foto 20c) é semelhante à do Porto, mas mais alta.

Fotos 20a. Garrafa de champanhe; 20b. Garrafa de Porto; 20c. Garrafa de Xerez.

Muitos produtores do Novo Mundo usam garrafas bordalesas para seus Cabernet e Merlot e garrafas borgonhesas para seus Chardonnay e Pinot Noir. Mas atualmente o quadro tem ficado confuso, porque existem garrafas com bonitos *designs*, em geral italianas, que são imitadas por americanos e por outros países do Novo Mundo. Têm sido utilizadas garrafas extra-altas, com corpo mais fino que a bordalesa e pescoço mais longo, para indicar vinhos caros e ambiciosos. Alguns têm utilizado garrafas flangeadas (com abas), outros utilizam a bordalesa com ombros mais largos que a base, e assim por diante.

ROLHA DE CORTIÇA

A maior parte das garrafas de vinho é fechada com rolhas de cortiça, um material vegetal, compacto e elástico, proveniente da árvore sobreiro, cultivada principalmente no sul da Europa (Portugal, Espanha e Sardenha) e no norte da África (foto 21a).

O sobreiro tem a propriedade de recriar um novo tecido quando a placa é retirada. A operação de retirada da placa é delicada, pois os tecidos do crescimento não devem ser atingidos. Ela não tem cheiro nem sabor e apresenta grande hermeticidade (poder de vedação),

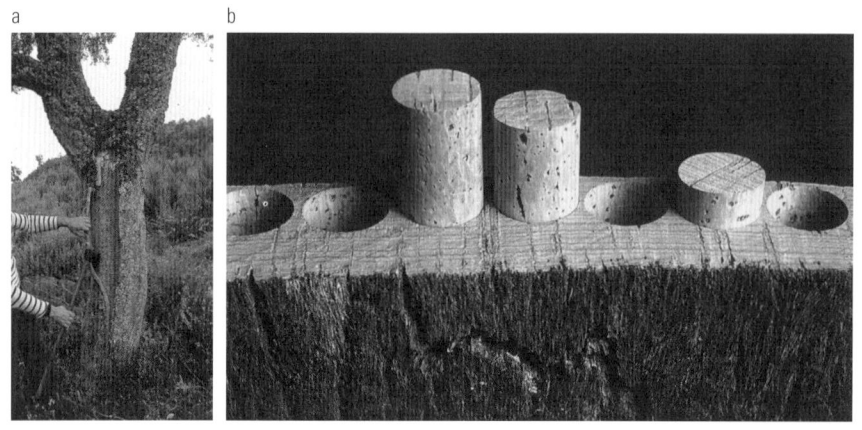

Fotos 21a. Sobreiro, árvore de onde se extrai a cortiça; 21b. Rolhas de cortiça.

elasticidade (descomprimida, recupera imediatamente 85% de seu volume inicial) e resistência (pode ser reduzida à metade, sem perder a elasticidade). As placas são secas por um ano ou mais e, antes de sua confecção, as rolhas são aquecidas para reduzir o teor de tanino.

As melhores rolhas são lisas e contínuas e apresentam-se sem muitas perfurações.

Cortiças de qualidade inferior apresentam grandes buracos, geralmente preenchidos com a poeira delas próprias. As rolhas de cortiça aglomerada, compostas de restos de cortiça colados, também são de baixa qualidade, apresentando o risco de esfarelamento ao se abrir uma garrafa.

O comprimento da rolha varia de 30 mm a 54 mm, conforme o vinho seja de consumo rápido ou de guarda.

Estima-se que de 2% a 5% de todas as garrafas de vinho produzidas em um ano no mundo são perdidas por uma contaminação que a rolha de cortiça pode transferir ao vinho. É conhecida como "doença da rolha" (*bouchonée*, em francês, e *corked*, em inglês) e caracterizada por um odor desagradável, que lembra bolor ou papelão molhado, e deixa o vinho com um sabor desagradável. Essa contaminação é devida ao composto químico TriCloroAnisol (TCA), que pode se desenvolver em algum estágio da fabricação da rolha. Acredita-se que o TCA esteja ligado ao uso de cloro na limpeza da placa de cortiça, à reação dele à casca natural ou ao contato com o maquinário da vinícola. É um problema que pode afetar qualquer vinho, não importa o preço. O líquido fica sem condições de ser usado, o que, em termos de *marketing*, é um problema muito sério: os consumidores não compram mais determinado vinho depois de adquirir uma garrafa com a doença da rolha.

ROLHA SINTÉTICA

No início dos anos 1990, foram introduzidas as rolhas sintéticas (foto 22), feitas de material termoplástico sofisticado, originalmente desenvolvidos para aplicações médicas.

Como são inertes e não reagem com o vinho, tiveram boa aceitação. Além do preço bem mais acessível, as rolhas sintéticas não sofrem com o TCA da rolha de cortiça e têm-se revelado adequadas para vinhos frutados, a serem consumidos jovens e frescos. Não são recomendadas para vinhos que devem ser consumidos após dois anos de engarrafamento, pois podem provocar um amadurecimento prematuro. Sua extração da garrafa é difícil porque adere ao vidro, e mais difícil ainda é colocá-la de volta.

Foto 22. Rolhas sintéticas.

TAMPAS DE ROSCA

Atualmente, a grande concorrente das tradicionais rolhas de cortiça é a tampa de rosca metálica, conhecida como *screwcap* (foto 23). Utilizada nas garrafas-miniatura de vinhos servidos em avião e antes exclusiva de licores e cervejas, ela está tendo uma gradual aceitação.

A Nova Zelândia foi uma das primeiras a utilizar essa fechadura para seus vinhos, seguida depois por Austrália, Estados Unidos, Chile e, importa destacar, Chablis, na

Foto 23. *Screwcap*, ou tampa de rosca.

Borgonha e alguns châteaux de Bordeaux. Essa aceitação gradual deve-se ao fato de as *screwcaps* eliminarem os problemas do TCA das rolhas de cortiça. Com as rolhas de cortiça, pode-se tampar e destampar a garrafa infinitas vezes que elas não aderem ao vidro como as rolhas sintéticas. Conservar o vinho com o frescor e a juventude de quando foi engarrafado é uma de suas grandes virtudes. Tem-se verificado seu bom uso em tintos de consumo em até médio prazo. Já para os tintos que pedem tempo e paciência para serem abertos, as rolhas de cortiça atualmente são insubstituíveis.

A *screwcap* criou um outro problema, talvez complicado de resolver: a percepção do consumidor. Se a rolha sintética, apesar de manter o ritual, sofre restrições porque não faz aquele barulho típico e satisfatório da rolha de cortiça sendo retirada da garrafa de seu vinho preferido, imagine a situação quando, cerimoniosamente, um garçom abre o vinho especialmente escolhido para a ocasião como se estivesse abrindo uma garrafa de água ou de um refrigerante qualquer. Falta no mínimo um pouco de charme (ou seria romantismo?), que só a abertura de uma garrafa de vinho com rolha de cortiça pode oferecer. Talvez se perca a elegância associada ao desarrolhar de uma garrafa de vinho, mas, ao mesmo tempo, eliminam-se riscos e ganha-se confiança quanto ao conteúdo.

VESTIMENTA DAS GARRAFAS

As garrafas, antes de serem armazenadas, devem ser vestidas, isto é, encapsuladas e rotuladas.

As cápsulas servem para a proteção da rolha e da boca da garrafa, não tendo função vedante. Podem ser de plástico, estanho ou de uma mistura de plástico e alumínio. O material tradicionalmente utilizado para a cápsula de um vinho era o chumbo, mas foi abandonado em respeito à ecologia, pois, jogado no lixo, polui o solo e as águas.

A colocação dos rótulos nas garrafas é geralmente feita por rotuladoras mecânicas.

O rótulo é o cartão de visita do vinho e constitui uma valiosa fonte de informações sobre o conteúdo da garrafa. Cada país possui uma legislação específica para tal.

As informações comuns em todos os rótulos dos principais países produtores são:

- nome do vinho;
- nome do produtor e/ou engarrafador;
- conteúdo da garrafa em mililitros;
- teor alcoólico (expresso em % vol.);
- país de origem.

Nos vinhos mais simples, essas informações são suficientes. Já nos vinhos finos, devem constar também:

- safra;
- nome da região de origem (usual no Velho Mundo);
- sua categoria na classificação da região;
- variedade de uva predominante, no caso de um varietal, ou das uvas, no caso de um corte (usual no Novo Mundo).

Ao olhar o rótulo da foto 24, deve-se observar que é um vinho de uma das denominações de Bordeaux, o Haut-Médoc, subentendendo-se que foi elaborado das uvas Cabernet Sauvignon e Merlot, apesar de nada estar escrito no rótulo.

Na maioria dos outros países, identifica-se o vinho pela variedade de uva predominante, como o Chardonnay brasileiro da foto 25.

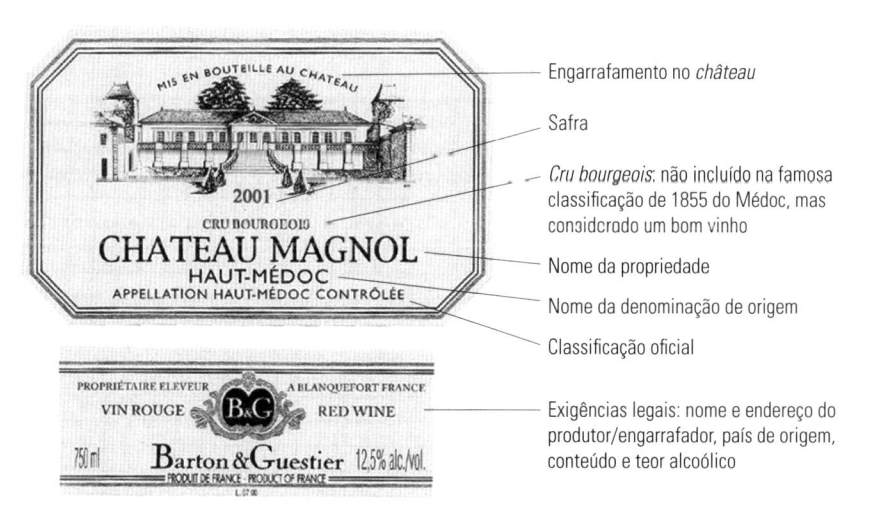

Foto 24. Informações do rótulo.

Foto 25. Rótulo que indica a variedade de uva.

Rótulo com indicações:
- Indicativo de qualidade, uvas escolhidas
- Nome da vinícola
- Tipo de uva
- Safra
- Região vinícola
- Teor alcoólico
- Conteúdo

ARMAZENAMENTO

As condições de armazenamento das garrafas são importantes e devem ser consideradas, pois pode ocorrer uma evolução irregular ou deterioração do vinho caso elas não sejam adequadas.

O local de guarda do vinho em um restaurante pode fazer a diferença. É preciso evitar, a qualquer custo, ambientes quentes, e jamais guardá-lo junto com outros produtos, principalmente os de cheiro forte, como detergentes, desinfetantes e sabonetes.

Em uma residência, devem-se observar as seguintes condições:

- *Temperatura constante, em torno de 14 ºC*: um local muito quente provoca maturação acelerada, e, por outro lado, um local muito frio impede sua maturação. A solução é procurar o lugar mais fresco da casa (em nosso hemisfério, a face sul).
- *Umidade*: não deve ser excessiva nem insuficiente. Um local muito úmido permite o desenvolvimento de microrganismos que estragam as rolhas, enquanto locais muito quentes favorecem o ressecamento delas e a consequente entrada de ar e a oxidação do vinho. A umidade relativa do ar deve ser próxima de 70%, o que não é problema na maioria das cidades brasileiras.

- *Luz*: é um agente acelerador que estimula reações químicas dentro da garrafa. Embora a textura escura das garrafas já limite a penetração dos raios solares, devemos mantê-las em locais escuros.
- *Trepidação*: é um outro fator negativo para a guarda do vinho. Num vinho em maturação, ocorrem reações químicas que vagarosamente definem seu caráter final. Trepidações podem acelerar essas reações.
- *Posição*: as garrafas devem ser armazenadas deitadas, para que o vinho molhe constantemente a rolha, impedindo seu ressecamento.

Escolhido o local ideal, pode-se iniciar a adega. Uma primeira opção é manter as garrafas em suas caixas originais, que, geralmente, são feitas de um ótimo papelão isolante. Elas podem ser colocadas em prateleiras, observando a posição correta das garrafas.

Outro dispositivo prático é adquirir um *rack*, cujos escaninhos são adequados aos formatos das garrafas de vinho.

Atualmente, as adegas climatizadas estão se tornando comuns nos restaurantes e residências. São pequenos armários com capacidade de quarenta a duzentas garrafas, que permitem o controle da temperatura, da umidade do ar, de luz e cujas gavetas são móveis, permitindo fácil acesso aos vinhos (foto 26).

Devem-se observar as características dessas adegas. O modelo tradicional, de compressão, emprega o sistema de refrigeração forçada por um compressor e circulação

Foto 26. Adega climatizada.

de gás freon num conjunto de serpentinas. O compressor é apoiado sobre coxins de borracha para limitar a propagação da trepidação e sua base metálica é independente da estrutura da adega. Existe o modelo de "absorção" que não possui partes móveis. É um tipo de gerador de frio sem motor, que utiliza o princípio da eletrólise da amônia, de alto custo, mas que não vibra.

O CICLO DE EVOLUÇÃO DE UM VINHO

Depois de engarrafados, os vinhos sofrem uma evolução com o passar do tempo. É um processo de redução, com um "rearranjo" das centenas de substâncias que o compõem e que se formaram naturalmente durante o processo de fermentação.

Fatores externos ao vinho influem na sua evolução, como as condições de armazenamento (vide item anterior) e, também, o tamanho da garrafa (em uma meia garrafa a evolução é mais rápida do que em uma garrafa normal). Contudo, a evolução depende fundamentalmente do próprio vinho: sua variedade de uva, o vinhedo de onde provém, a qualidade da colheita e as técnicas utilizadas na vinificação.

A tendência do mercado, atualmente, é que no momento da comercialização os vinhos já estejam prontos para ser consumidos. A maioria deles é feita para ser consumida em até dois ou três anos, depois de colocados à venda. Os brancos devem ser consumidos o mais cedo possível, para se desfrutarem as qualidades aromáticas, o sabor da fruta e o frescor. Para os tintos, o prazo é maior, pois os taninos e os antocianos ajudam a conservá-los, à medida que as interações ocorrem.

O ciclo de evolução de um vinho é representado por uma curva, como a do gráfico 3, específica para aquele vinho, daquela safra. Porém, todas as curvas têm uma forma mais ou menos parecida.

Começam com um trecho ascendente até atingir seu apogeu, quando as características de aroma, sabor e complexidade chegam à plenitude. Iniciam depois uma trajetória descendente, que reflete a perda gradual de suas qualidades até a decrepitude.

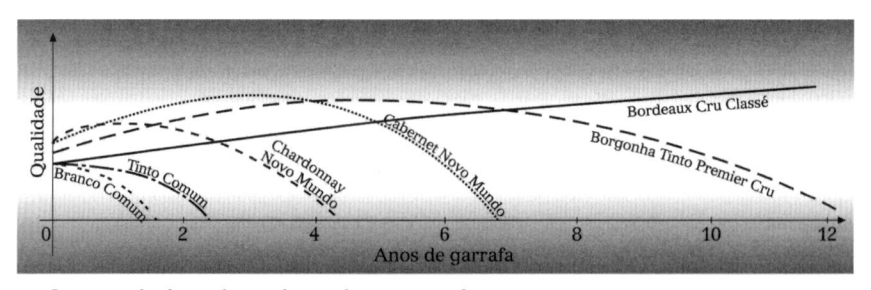

Gráfico 3. Ciclo de evolução dos vinhos na garrafa.

Apenas uma parte mínima dos vinhos que atualmente são produzidos, como os grandes tintos do Velho Mundo, tem condições de desenvolver suas qualidades com o passar do tempo. Para comprar esses vinhos, geralmente muito caros, é recomendado analisar seu histórico através de safras anteriores, pois, geralmente, as uvas que entram no seu corte e a maneira de vinificá-lo se mantêm, definindo um estilo de vinho.

No jargão enológico, os grandes vinhos que não costumam exibir suas qualidades logo de início estão em "latência". Na sua fase inicial, dentro do arranjo interno dos seus componentes, os polifenóis predominam, prevalecendo sobre moléculas menores, que são as responsáveis por aspectos mais interessantes do vinho. É comum ouvir que muitos grandes tintos são "fechados" quando jovens. Com o passar do tempo, os polifenóis polimerizam-se e se precipitam na forma de sedimentos no fundo da garrafa. Começa a "abertura" do vinho, que caminha em direção ao seu apogeu.

Na evolução de um vinho, os taninos têm grande participação, mas o teor alcoólico e a acidez são também muito importantes. Quando bem combinados, determinam a longevidade de um vinho. Atualmente, os tintos do Velho Mundo são elaborados com porcentagens de tanino e acidez menores do que tinham no passado e, por isso, não terão a vida longa de antes. Piores são muitos tintos "modernos", propostos por produtores emergentes, que amaciam os taninos, protelando a colheita em demasia, comprometendo a acidez. Resultam vinhos intensos e alcoólicos, que agradam de início, mas que se tornam pesados e enjoativos em seguida.

O envelhecimento dos brancos é devido, principalmente, à sua acidez. Como os brancos têm poucos componentes fenólicos, eles não duram muito tempo na garrafa. Contudo, o *Botrytis*, a podridão nobre, pode preservar os vinhos brancos doces durante décadas.

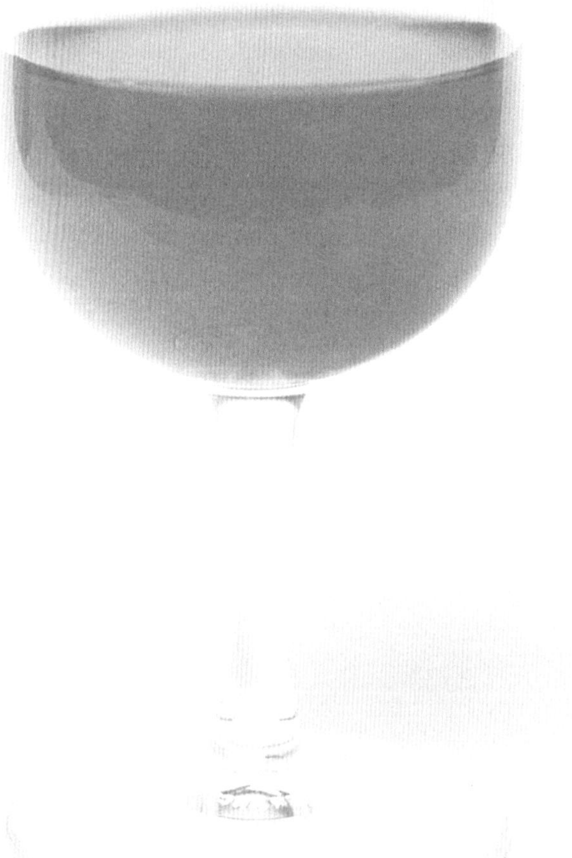

Servir o vinho

A escolha e a compra de um vinho são muito importantes e exigem cuidado. Algumas dicas podem ajudar:

- Boas condições de armazenagem são essenciais para a conservação de um bom vinho. Procure lojas especializadas, que tenham variedade de rótulos e bom estoque. Nas grandes redes de supermercado, você pode encontrar seções especiais com vinhos de todas as nacionalidades.
- Se o vinho for brasileiro, prefira comprar diretamente na vinícola; no caso dos estrangeiros, procure um bom importador. Você encontrará melhores preços e condições de conservação.
- Padarias, bares e lojas de pouco movimento não são o local adequado para a compra de um bom tinto.
- Entre os vinhos brancos, escolha uma garrafa de safra mais recente. O mesmo pode-se dizer em relação aos tintos. Somente tintos especiais, como os clássicos Bordeaux, Borgonha, Toscanos, Piemonteses e alguns Portos, devem ser bebidos "velhos".
- Eventos de vinhos, geralmente organizados por lojas especializadas ou supermercados especiais, são a melhor oportunidade para degustar, lado a lado, um bom número de rótulos diferentes, compará-los e definir sua preferência.
- Confie no seu gosto pessoal e só compre o vinho de que realmente goste.

DESARROLHANDO

A cápsula é cortada um pouco abaixo do bocal para evitar que o vinho, ao ser servido, tenha contato com esse material. O corta-cápsula é colocado sobre a cápsula e girado meia-volta para um lado e meia-volta para o outro; a seguir, puxa-se, retirando a parte superior da cápsula (foto 27).

Foto 27. O corta-cápsula deve ser posicionado um pouco abaixo do bocal.

Para desarrolhar a garrafa, é recomendada a utilização de ferramenta apropriada, o saca-rolha. Existem diversos modelos no mercado, porém somente alguns são eficientes (fotos 28a e b). Os recomendados são aqueles que possuem espirais bem espaçadas e extremidade pontiaguda. O modelo da foto 28a é o preferido dos garçons; chamado *sommelier*, funciona como uma alavanca inter-resistente e tem a vantagem de incorporar uma lâmina para cortar a cápsula. O modelo da foto 28b é denominado *screw-pull* e é dos mais eficientes e largamente utilizados: a rolha é extraída à medida que se gira a haste superior.

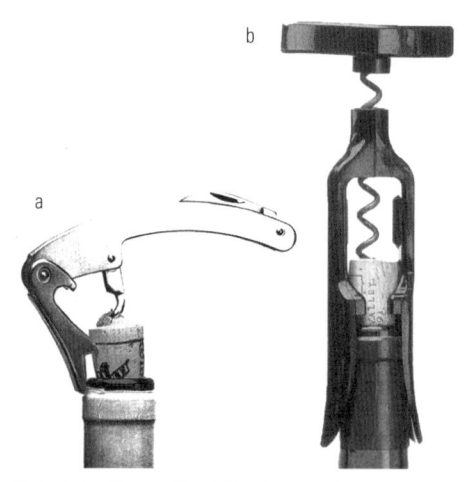

Fotos 28a. *Sommelier*; 28b. *Screw-pull*.

Para abrir uma garrafa com o saca-rolhas de modelo "a", deve-se tomar cuidado com seu efeito alavanca; a força aplicada deve ser sempre para cima, na direção do eixo central. Se forçarmos o eixo para a lateral, podemos quebrar a rolha. O modelo "b" tem o ponto centralizador, facilitando o posicionamento da espiral no centro da rolha.

TAÇAS

As taças devem ser escolhidas de maneira correta para realçar as sensações organolépticas.

Devem ser de cristal incolor, liso e de espessura fina. O ideal é que sejam completamente transparentes, permitindo a apreciação correta da cor do vinho.

O desenho da taça também é fundamental e a haste e o pé são estritamente necessários. Segura-se a taça pela haste, o que evita sujá-la, e também impede que o calor da mão esquente o vinho. Outra vantagem da haste é facilitar a rotação da taça para acentuar a oxigenação.

É possível adquirir taças projetadas para realçar qualidades específicas dos vinhos e das variedades de uva, mas, certamente, não é necessário fazê-lo. Nem mesmo é preciso uma taça diferente para vinhos tintos e brancos. Uma boa taça tem um corpo com uma cavidade em forma de tulipa de bom tamanho, sendo levemente cônica no topo, como na foto 29a. Uma observação importante: abasteça a taça, no máximo até um terço – isso vale para qualquer vinho. Quanto mais cheia a taça, mais difícil será girá-la ao redor de seu eixo para liberar os aromas do vinho. No caso de vinhos brancos, que são servidos resfriados, a quantidade a ser servida é menor para que o vinho não esquente.

Fotos 29a. Uma boa taça para vinhos tintos e brancos; 29b. Taça para vinhos do Porto, Xerez e doces; 29c. *Flute*, própria para champanhes e espumantes.

Vinhos do tipo Porto, Xerez e doces devem ser servidos em taça menor (foto 29b), que, no caso de necessidade, podem ser usadas também para vinhos brancos. Outra taça útil de se ter é a própria para champanhe e espumante, denominada *flute* (foto 29c), que tem a forma de uma tulipa alongada, boca não muito pequena e que será analisada no capítulo 24. Esse é o trio básico de taças para um apreciador de vinhos.

As taças devem ser lavadas com água quente e um mínimo de detergente. Se forem para uma lava-louças, não devem ter a companhia de bandejas ou panelas engorduradas. Um pano dobrado ao redor do cabo de uma colher de pau ajuda a secar o interior das taças.

DECANTAÇÃO

Na hora de servir um vinho, deve-se tirar partido dos pontos positivos. O primeiro é deixar o vinho "respirar", isto é, ter contato com o oxigênio, do qual ele precisa para revelar seus aromas. Porém, apenas abrir a garrafa não é suficiente para oxigená-lo, já que a superfície do vinho em contato com o ar é pequena. É recomendável transferir o vinho para uma jarra, pois, durante a transferência, todo o vinho entra em contato com o ar.

No processo de evolução de um vinho tinto dentro da garrafa, ele vai perdendo cor, passando de púrpura para alaranjado; e seus taninos, algo agressivos no início, vão se suavizando com o passar do tempo. Formam-se no fundo da garrafa sedimentos de cor escura que transmitem um gosto amargo e prejudicam o paladar. Para impedir que isso ocorra com o vinho, deve-se transferi-lo da garrafa para uma jarra, com o cuidado de deixar passar apenas o líquido, retendo os sedimentos na garrafa original. Um dia antes de servir o vinho, deixe a garrafa em pé para os sedimentos irem para o fundo. Aberta a garrafa, despeje o líquido lentamente, com cuidado, na jarra. Por trás do gargalo, deve--se colocar uma fonte de luz, uma vela, que indicará o momento de interromper o processo: quando os sedimentos estão em via de passar para a jarra (foto 30).

Esse processo é chamado "decantação". A jarra que recebe o vinho é denominada *decanter* (do inglês: recipiente que recebe o vinho decantado).

Foto 30. Com uma fonte de luz contra o gargalo, controla-se e impede-se a passagem de sedimentos para a jarra.

Como os aromas de envelhecimento alteram-se muito rapidamente em contato com o ar, deve-se evitar que a decantação seja feita em locais com odores desagradáveis.

Alguns produtores do Rhône e da Austrália indicam, no contrarrótulo, a possibilidade de existência de sedimentos. Para eles, é algo de que se orgulhar, pois avisam que nada do sabor do vinho foi alterado.

Os apreciadores de vinho concordam que há necessidade de separar os sedimentos do vinho, mas têm diferentes opiniões quanto ao intervalo de tempo entre a decantação e o momento em que o vinho deve ser servido. Ela depende do gosto pessoal de quem está tomando o vinho. Há o consenso de que tintos envelhecidos das uvas Cabernet Sauvignon e Syrah, de boa procedência, assim como bons Bordeaux e grandes vinhos portugueses, por exemplo, com cinco anos, revelam melhor suas qualidades quando decantados duas horas antes.

Alguns preferem separar o processo que descrevemos em dois: decantação e aeração. Contudo, a maioria acha que a distinção deve ser feita na hora de executá-las: numa, utiliza-se vela e na outra, não.

No caso de tintos leves, brancos frutados e os rosados, que devem ser consumidos jovens, não existe nenhuma vantagem em aerá-los. Alguns grandes brancos franceses (Chablis, Montrachet, Mersault), porém, beneficiam-se se aerados antes de uma refeição. Vinhos doces botritizados (Sauternes e Tokaji húngaro), elaborados com uvas ressecadas e que duram décadas, formam sedimentos com o passar do tempo e precisam ser decantados.

TEMPERATURA DE SERVIÇO

Outro ponto importante é a temperatura de serviço do vinho. Geralmente, no Brasil, os tintos são servidos quentes e os brancos gelados demais.

Uma adega climatizada deve ser regulada na temperatura média de 14 °C.

Os vinhos brancos devem ser servidos frios, entre 5 °C e 12 °C, para realçar a acidez, destacando o frescor e o aroma. Um vinho branco que envelhece bem deve ser servido no limite superior, menos frio. Por outro lado, os brancos mais doces devem ser servidos muito frios, pois temperaturas mais baixas mascaram a doçura. Uma garrafa de branco tirada da adega climatizada deve ser colocada num balde com até dois terços de água e gelo, em proporções iguais, para que o líquido esfrie rapidamente. Compensa também colocar a garrafa de pé na porta da geladeira no dia em que o vinho vai ser consumido. Deve-se evitar colocá-la no *freezer* porque o choque térmico é prejudicial ao vinho e a rolha perde a elasticidade, tornando difícil sua extração.

Os tintos devem ser servidos em temperaturas mais elevadas.

Para ter o suporte necessário de acidez, o tinto deveria ser servido mais resfriado; porém, a sensação de frescor que se acentua em temperaturas mais baixas evidencia a aspereza causada pelos taninos. O equilíbrio entre a sensação que o tanino e a acidez provocam nos tintos fica entre 12 °C e 18 °C. Os tintos com taninos mais leves estão próximos do limite inferior e os com taninos mais evidentes, no limite superior. Geralmente, quando são tirados da adega climatizada, é suficiente deixar os tintos na temperatura ambiente no local em que serão consumidos. Quando os tintos estão conservados na temperatura ambiente, que, no Brasil, raramente é compatível com as recomendadas para os tintos, antes de servi-los, deve-se esfriar a garrafa na geladeira ou balde, ou pedir ao garçom, no restaurante, que o faça. Quando servido acima de 20 °C, a acidez se dissipa, assim como o álcool, que evapora. A sensação de evaporação do álcool predomina e diminui a boa sensação que o vinho deve proporcionar.

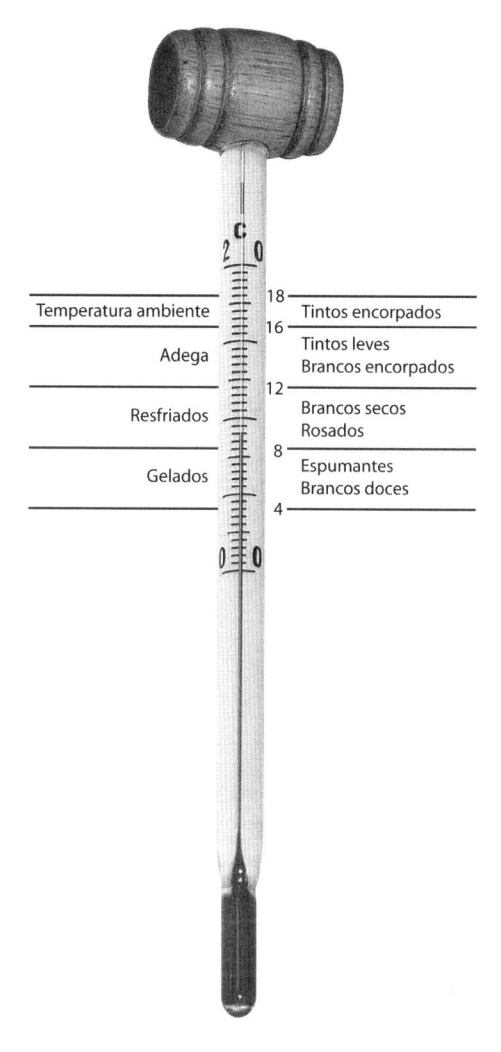

Foto 31. Temperaturas ideais de serviço.

GARRAFA ABERTA

Quem toma uma ou duas taças de vinho durante a refeição precisa conservar o vinho depois de aberta a garrafa.

Uma boa solução é utilizar o equipamento salva-vinho (*vacuum-vin*), que permite criar um vácuo, retirando o ar que fica na parte vazia da garrafa (esquema 3). É um equipamento fácil de encontrar em lojas especializadas.

A maioria dos bons vinhos fica perfeitamente aceitável depois de guardada dois ou três dias nessas condições, sempre na porta da geladeira. Lembre-se de retirar uma garrafa de tinto da geladeira pelo menos meia hora antes de beber.

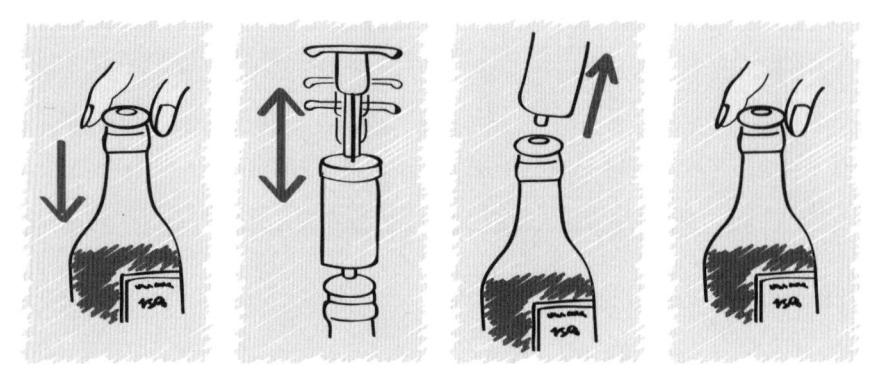

Esquema 3. Uso do equipamento salva-vinho (*vacuum-vin*).

Degustação

Uma pessoa que pode degustar pratos também pode degustar um vinho. Em geral, têm-se opiniões firmadas acerca do ponto correto para a carne (bem ou malpassada), para uma massa (*al dente* ou não) ou para um pescado e também a respeito da quantidade de sal e dos molhos que devem ser adicionados. É uma questão não só cultural, mas de experiência. A prática mostra que, para adquirirmos esse discernimento, necessitamos apenas do nariz, das papilas gustativas, dos olhos e do cérebro para processar as informações recebidas por nossos sentidos. O resto obtém-se por meio de um longo treinamento, ou seja, de muitos anos sentado à mesa, provando diferentes pratos e julgando o que comeu.

Os sentidos funcionam através de receptores sensoriais. Receptores são terminações nervosas que geram impulsos a partir de formas de estímulo. Os estímulos podem ser mecânicos (pressão na língua, na mucosa e superfície da derme), térmicos (calor e frio na derme), químicos (papilas gustativas da língua e olfativos do nariz) e eletromagnéticos (fotorreceptores na retina do olho).

Os estímulos gerados nos receptores sensoriais contêm informações que são levadas até o cérebro, onde elas são interpretadas. A interpretação utiliza informações que são fruto de experiências anteriores e que se encontram arquivadas na memória.

Aroma é a sensação, geralmente agradável, que exala de certas substâncias e é percebida pela mucosa olfativa (sede do olfato), situada na parte superior das fossas nasais, numa superfície muito reduzida. Quando um prato é colocado na mesa para ser servido, o exalar dos aromas deixa os comensais bem predispostos ao que será servido. A seguir, o gosto se encarregará de confirmar ou desmentir as insinuações do nariz. Esse jogo de sentidos é posto em prática diariamente e prova que as pessoas estão bem treinadas para a degustação dos alimentos.

Acumulamos uma considerável cultura gastronômica por meio de muita informação, experiência e nossas preferências pessoais.

Com relação aos vinhos, a maioria das pessoas não possui a mesma formação. Isso não as impede de adquirir mais informação; apenas devem-se decidir por conhecê-los melhor. Um pré-requisito para se tornar degustador de vinhos é o conhecimento básico, como o que foi adquirido até agora com a leitura do livro, que aplaina o caminho e torna a prática de degustar mais desfrutável.

Define-se degustar como provar com atenção um produto, procurando analisar suas qualidades. Degustar e beber são coisas distintas: beber é ingerir um líquido (no nosso caso, o vinho) e degustar é submetê-lo a nossos sentidos para julgá-lo e descrevê-lo. Beber é, portanto, um ato instintivo; já degustar é um ato voluntário e reflexivo.

Trataremos de uma sequência a ser seguida numa degustação de vinhos entre apreciadores (enófilos). As degustações profissionais, que têm por objetivo selecionar uma série de vinhos para comercialização, são complexas e não interessam ao nosso livro.

INICIANDO A DEGUSTAÇÃO

A taça para degustação deve ter um bojo com espaço suficiente para que se possa mover o vinho e desprender seus aromas.

Se for usar a mesma taça ao mudar de um vinho para outro, gire um pouco do novo vinho dentro da taça e jogue-o fora. Esse ato chama-se "avinhar o copo".

São necessários um pano de fundo claro – como um papel branco ou um pedaço de tecido branco – para olhar os vinhos, um balde ou pote para os que querem cuspir, água e pão francês para limpar a boca do gosto de um vinho e, é claro, lápis e papel para os que quiserem fazer anotações.

É importante destacar que, entre a degustação de um vinho e de outro, devem-se consumir apenas água mineral sem gás e um pedacinho de pão.

MECANISMO DA DEGUSTAÇÃO

Os órgãos fundamentais para a degustação são: visão, olfato e paladar, capazes de captar os estímulos sensoriais emitidos por grande parte das mais de quinhentas substâncias que existem no vinho.

As múltiplas substâncias que compõem naturalmente o vinho, quando presentes em doses apreciáveis, estimulam os receptores sensoriais. Esses estímulos atingem partes específicas do cérebro, que as avalia e codifica. Elas são comparadas com outras informações que a pessoa tem memorizadas. Uma sensação desconhecida não pode ser interpretada, passar despercebida ou ser confundida com outra. Quando é reconhecida pelo cérebro, ocorre a identificação real. Todo esse mecanismo, embora pareça complexo, é realizado rapidamente.

As sensações visuais são quase instantâneas. Já as olfativas e gustativas, para que se produzam, necessitam quantidades mínimas de estímulos. Essa quantidade mínima percebida é o "limite de percepção" de uma pessoa. Ele varia de pessoa para pessoa e, está comprovado, pode ser aumentado com bastante treino.

EXAME VISUAL

A visão é um sentido rápido e instantâneo que produz sensações seguras, ao contrário do olfato e do gosto, que dão impressões fugazes, progressivas e evolutivas, flutuantes e incertas.

Segure a taça pela haste – os conhecedores a seguram pelo pé, com o polegar e o indicador. O que deve ser evitado, como já dissemos, é sustentá-la pelo bojo, pois o calor da mão aquecerá o vinho.

Com a taça na altura dos olhos, contra um ponto luminoso, a percepção de partículas em suspensão define o grau de limpidez e a sanidade do vinho.

Limpidez é a ausência de partículas em suspensão. Um vinho está turvo quando apresenta minúsculas partículas em suspensão, de origens diversas. Isso pode indicar que ele deveria ter sido decantado ou, então, acusa alguma doença do vinho, podendo ser sinal de deterioração.

A cor serve para definir os tipos de vinho: tinto, branco e rosado. Suas nuanças podem ser descritas com palavras como púrpura, rubi, granada e alaranjado, para os tintos, e esverdeado, palha, dourado e âmbar, para os brancos. Essas nuanças nos informam sobre a idade do vinho. A mudança de cor, à medida que os vinhos envelhecem, nos dá ideia da evolução do vinho. Normalmente, a cor dos tintos clareia com o tempo, ao contrário da dos brancos, que escurece.

Transparência é a capacidade de o vinho deixar passar através de si os raios luminosos. A transparência observa-se contra um fundo claro, colocando-se atrás da taça de vinho algum objeto do qual se possam ver detalhes, como a própria mão, ou um relógio. De modo geral, os vinhos de boa qualidade devem ser transparentes.

Intensidade é a reação do vinho à reflexão da luz. Observa-se com o copo levemente inclinado contra um fundo branco (foto 32).

Foto 32. Teste de intensidade do vinho.

Um vinho de cor intensa não permite a passagem da luz através do líquido; um vinho de cor pouco intensa tem cor esmaecida, com boa transparência. Um tinto de boa intensidade é um vinho encorpado.

O vinho deve ao álcool seu aspecto fluido e móvel, que se apresenta quando é girado dentro da taça. Nesse movimento, se produz um efeito curioso: uma parte do líquido sobe até as paredes da taça e cai até a superfície em forma de gotas que originam colunas irregulares. Esse fenômeno é conhecido pelo nome de "lágrimas" do vinho, chamado pelos portugueses de "pernas" do vinho (foto 33). Deve-se ao fato de o álcool evaporar mais rapidamente que a água do vinho, que fica retida nas paredes do vidro. Quanto maior o teor alcoólico do vinho, mais abundantes são as lágrimas que caem.

Efervescência é quando há pequeno desprendimento de gás carbônico. Por esse exame visual, classificam-se os vinhos em tranquilos ou espumantes.

EXAME OLFATIVO

O olfato é o nosso sentido mais completo. As impressões percebidas pelo olfato têm papel muito importante na vida dos animais e dos seres humanos. Aspectos tão vitais como a alimentação e o impulso sexual são regulados, em grande parte, consciente ou inconscientemente, pelo sentido do olfato. Na degustação, chamam-se "aromas" as sensações olfativas. Nos vinhos, foram localizadas até o momento mais de 120 substâncias aromáticas, constituídas fundamentalmente por álcoois, ácidos orgânicos, ésteres, aldeídos, cetonas, etc.

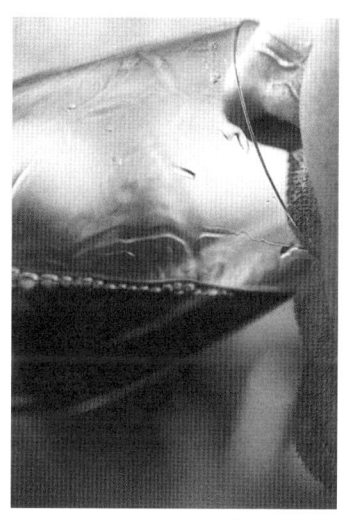

Foto 33. Lágrimas do vinho na taça.

Para a descoberta dos aromas contidos numa taça de vinho, devem-se observar os seguintes passos:

Aproxime o nariz da taça de vinho e cheire, sem mexer a taça. Isso permite apreciar os aromas mais voláteis (foto 34).

A seguir, imprima um movimento de rotação à taça, com a finalidade de agitar as moléculas e aumentar a superfície de evaporação do vinho (foto 35).

Aproxime a taça do nariz e dê algumas aspiradas rápidas. Deixe a imaginação funcionar: não fique procurando aromas de que você ouviu falar ou leu em algum lugar; aceite aquilo que o aroma do vinho lhe lembrar. Como as sensações olfativas apresentam muitas variações, é um hábito tradicional, como vimos no capítulo 3, referir-se a elas por meio de sensações provocadas por outras substâncias mais simples e que nos são familiares.

Em função de sua origem e procedência, os aromas do vinho são classificados em três grandes grupos:

Foto 34. Etapa preliminar de exame olfativo (vinho em repouso).

Foto 35. Rotação da taça para agitar as moléculas.

- *Aromas primários*: provêm das variedades específicas de uva. Correspondem a aromas preexistentes na uva em sua fase de maturação, caso evidente nas uvas Muscat, e que passam diretamente ao vinho. Como exemplo, citamos aromas florais (rosa, violeta) e frutados (maçã, pera e pêssego).
- *Aromas secundários*: formados durante o processo de fermentações (alcoólica e malolática), como subprodutos da atividade biológica das leveduras. Podem ser aromas de abacaxi, banana e vegetais, e notas amanteigadas, como os Chardonnay que passaram por conversão malolática.
- *Aromas terciários*: desenvolvidos durante o envelhecimento do vinho, quando novas substâncias foram sintetizadas; são percebidos após algum tempo de permanência do vinho na taça. É o que habitualmente se denomina buquê do vinho. Eles são devidos a fenômenos de oxirredução e esterificação dos componentes iniciais do vinho. Os de oxidação são os que tornam os vinhos envelhecidos, ao menos parcialmente, em contato com o ar; os de redução, os vinhos os adquirem maturados sem contato com o ar, fundamentalmente em garrafas. Característicos de oxidação são os aromas de baunilha, de tostado, de cogumelo, de couro, etc.

EXAME GUSTATIVO

Os órgãos receptores do paladar são estimulados por substâncias que têm sabor (sápidas) e se localizam na língua. Essas substâncias devem ser solúveis na saliva e estar em quantidade suficiente para serem percebidas.

Na língua, as sensações se percebem nas papilas, que se distribuem de forma irregular e são ligadas ao cérebro por meio de nervos.

Os sabores fundamentais do vinho são quatro: doce, amargo, ácido e salgado (esquema 4):

- *Doce*: detectado na ponta da língua. Tem uma sensação máxima instantânea, logo diminuindo; é de curta persistência.
- *Amargo*: percebido no fundo da língua, perto da garganta, demora de dois a três segundos. Devido aos taninos dos vinhos tintos jovens, diminui e tende a desaparecer com o envelhecimento do vinho. Nos vinhos brancos, é quase imperceptível.
- *Ácido*: detectado nas laterais da parte superior da língua. A sensação ácida tem efeitos interessantes e provoca uma secreção abundante e fluida de saliva, e a sensação de frescor, de frutado e de nervoso ao vinho.
- *Salgado*: percebido nas laterais da língua, logo atrás de sua ponta, e é praticamente ausente nos vinhos.

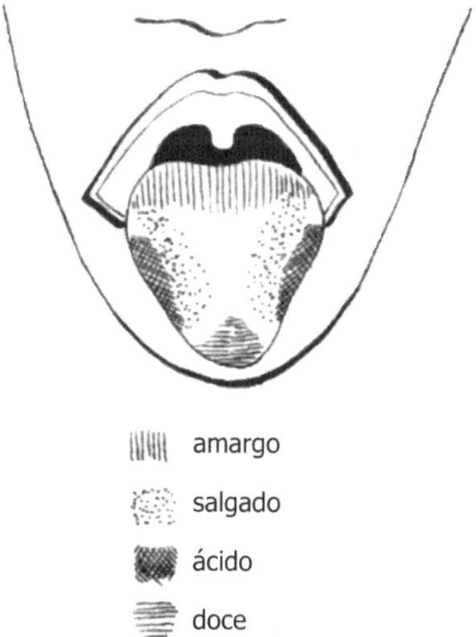

Esquema 4. Sabores fundamentais do vinho.

A degustação, porém, não termina ao se tomar o vinho ou cuspi-lo (prática habitual entre degustadores profissionais), já que a cavidade bucal, como a faringe e as fossas nasais, fica impregnada pelo vinho degustado, e seus vapores continuam impressionando o olfato e o gosto. Essa última sensação chama-se "retrogosto".

TÉCNICA DE DEGUSTAÇÃO

Prove em pequenas quantidades: o excesso de vinho ingerido provoca uma degustação rápida e cansativa. Deixe o vinho passar pela boca e aspire um pouco de ar com os lábios semiabertos (foto 36).

Foto 36. O vinho deve ser provado em pequenas quantidades.

A boca, além de perceber sensações gustativas, percebe também outras, já que tem grande sensibilidade nas mucosas epiteliais, que reagem rapidamente às sensações térmicas e táteis. As sensações térmicas são produzidas pelo álcool e as táteis, pelo contato mecânico do vinho com as bochechas, com os lábios, com as gengivas e com a língua.

O *gosto* de um vinho é formado por diferentes sabores e sensações térmicas e táteis. Não é engolindo o vinho e levando-o para o nosso estômago que percebemos o gosto. Colocando na boca uma quantidade suficiente de vinho e movimentando-o, percebemos melhor os sabores. Para sentir o gosto do vinho, basta que ele permaneça na boca por algum tempo; não é necessário engoli-lo.

Numa degustação, é recomendado que seja eliminado, ou seja, que se cuspa o vinho num recipiente apropriado. Isso permite degustar uma série de vinhos sem sofrer o efeito do álcool, que é quase instantâneo.

Corpo é o que define a estrutura do vinho, dependendo de seu extrato seco (o que resta ao evaporar a água, o álcool e os componentes voláteis) e do teor alcoólico. Quanto mais presentes esses elementos, maior a sensação de "encher a boca". Um vinho com pouco corpo é chamado de leve. É claro que os tintos são, em geral, mais encorpados que os brancos. Os vinhos brasileiros quase sempre são mais leves, pouco ou medianamente encorpados, além de frutados e jovens. Nossos vizinhos, argentinos e chilenos, como a maioria dos europeus, elaboram vinhos mais encorpados.

Por último, devemos destacar que a *harmonia*, um adequado equilíbrio entre os principais componentes do vinho (álcool, acidez, açúcar e tanino), é sinônimo de qualidade. A excelência está sempre associada à harmonia desses elementos, em que um não deve predominar sobre o outro.

CONSIDERAÇÕES FINAIS

Ninguém gosta dos mesmos prazeres. Numa degustação, nunca há unanimidade em relação ao vinho degustado. As pessoas não pensam da mesma forma e o melhor vinho é sempre definido por maioria simples. Não se pode esquecer que a avaliação de um vinho é subjetiva e que, a rigor, qualquer pessoa pode se expressar sobre o que está tomando, seja conhecedor ou não.

Procure fazer algumas degustações comparativas. Escolha dois ou três vinhos bem cotados do mesmo tipo, mas em níveis de preços diferentes. Peça a alguém que os despeje em taças idênticas e experimente-os, apenas. É a melhor maneira de descobrir o que você realmente aprecia. Faça isso mais vezes e aprenderá mais sobre si mesmo; a cada vez, você descobrirá do que gosta, e não do que alguém diz de que você deveria gostar.

Peça a seus amigos que tragam vinhos cujos nomes estejam cobertos. É uma boa maneira de testar se a sua preocupação de qualidade não é influenciada pelo nome famoso de um vinho.

Harmonização de vinho e comida

Saber combinar um vinho com a comida, valorizando o prato e tirando o maior proveito do vinho, faz parte da arte de bem comer.

Sobre esse inesgotável tema muito já se escreveu; basta procurar as inúmeras harmonizações que se encontram nos livros de cozinha e nos guias de vinho.

Interessa-nos analisar, acima das preferências e dos costumes pessoais, o porquê de certas regras preestabelecidas.

É perfeitamente compreensível que durante uma refeição se pretenda, mesmo que instintivamente, uma certa analogia entre os sabores do que se vai comer e do que se vai beber. Essas impressões alternadas, que em momentos se sobrepõem, não se devem antagonizar nem se neutralizar. Devem ser paralelas e, se possível, ocorrer simultaneamente.

Um vinho rico em sabor relaciona-se mal com uma comida pobre gustativamente. Por outro lado, um vinho insípido atrapalha a alegria de uma comida saborosa.

Pelas regras preestabelecidas da harmonização, deve-se respeitar uma das três condições:

- analogia;
- associação;
- sensibilidade sensorial.

Graças à surpreendente variedade de vinhos, sempre podemos nos assegurar de encontrar um vinho (na maioria das vezes, muitos) que possa harmonizar com determinado prato.

Analogia

Inicialmente, deve-se respeitar uma relação de analogia. Uma cozinha pesada e rústica requer um vinho encorpado; nesse caso, um vinho leve destoaria e perderia categoria. Da mesma maneira, o efeito de uma comida cheia de delicadeza e esmero pode se frustrar se servida com um vinho potente.

Associação

As razões que colocam o vinho branco no seu justo lugar em nossas refeições são do tipo psicológico e fisiológico. As qualidades que se devem levar em conta e que fazem do vinho um ótimo complemento para a comida são as seguintes: sua cor pálida, seu aroma de uva, seu sabor leve e refrescante, seu frescor ácido, sua doçura (se contém açúcar) e o fato de bebê-lo frio. Por outro lado, muitos deles, os mais leves e aromáticos, podem ser bebidos sozinhos e não necessitam de nenhum acompanhamento.

De maneira geral, os vinhos brancos harmonizam-se melhor com alimentos menos coloridos: carnes brancas (aves, pescados) e com molhos brancos. A associação de cores predispõe a associação de sabores.

Os vinhos brancos são considerados, sobretudo, acompanhamento ideal dos produtos do mar. Fala-se muito em "vinhos de ostra ou de mexilhões" ou "vinhos de pescados", conforme tenha ele maior textura, seja mais jovem ou mais velho, mais seco ou mais leve. Geralmente, esses pratos são regados com limão, um tipo de acidez que se harmoniza facilmente com o vinho branco.

As qualidades refrescantes dos vinhos brancos são aproveitadas também para acompanhar certos frios, gordurosos ou não, e até defumados, especialidades picantes de embutidos, verduras cozidas, queijos frescos de massa mole (frescal, ricota, mussarela e cabra) e queijos de massa semidura (prato, estepe, Ementhal, Gouda e Gruyère).

Em questões de gosto, não se pode pretender ser absoluto. O que dissemos até agora para vinhos brancos secos pode ser substituído por vinhos rosados, ou também, ainda que a cor neste caso possa incomodar alguns, por vinhos tintos leves – quer dizer, jovens e muito pobres em tanino –, com a condição de que sejam servidos resfriados.

Já um vinho branco doce envelhecido pode acompanhar um prato agridoce ou um pato com laranja. Todos conhecem o casamento do Sauternes com o *foie-gras*, servido como entrada – uma harmonização perfeita. É usual servir como sobremesa um vinho branco doce (botrytizado ou de colheita tardia) com queijos azuis (gorgonzola, Roquefort) ou outros queijos fortes, que formam, sem dúvida, uma surpreendente harmonia de contrastes.

A rica constituição dos vinhos tintos e sua complexidade de sabores os qualificam para acompanhar os melhores pratos, mais pesados e de sabor forte. Sua cor escura se associa à das carnes vermelhas ou escuras de caça e com os molhos escuros. Mas o fator determinante é o sabor peculiar do tanino, algumas vezes amargo e adstringente, que permite classificar os tintos em duas categorias de uso diferente: os tintos leves e os tintos encorpados. Os tintos leves têm certa acidez e podem acompanhar, como dissemos, um peixe de carne escura (atum e sardinha). Alguns tipos de peixe, como o bacalhau, aceitam bem um vinho tinto. Nos tintos encorpados, o tanino interage com as proteínas das carnes e de seus sucos e com a saliva de mastigação. Também interage com os molhos escuros e com queijos de massa dura (parmesão ou cabra).

Um grande tinto frequentemente se revela com comida apropriada. Seus aromas de frutas, especiarias, trufas ou plantas aromáticas associam-se maravilhosamente aos da carne e destoam totalmente dos aromas do pescado.

Às vezes, ouve-se dizer que tal vinho estava melhor, ou pior, do que há três meses, porém esquece-se de que a diferença está justamente na comida que o acompanhou.

Percepção sensorial

No desenrolar de um jantar, a percepção sensorial das pessoas vai diminuindo, os sentidos adormecem progressivamente e, por isso, quando nele vão ser servidos diversos vinhos, a preocupação deve ser com a progressão dos sabores. Nessa progressão, serve-se o branco antes do tinto, o seco antes do doce, o leve antes do encorpado. Assim, deve-se começar por vinhos mais leves e jovens e terminar com os de maior corpo e mais velhos. Isso justifica o porquê de começar a refeição com os brancos e de terminá-la com os tintos.

Quanto mais importante for o vinho, mais exige-se que o serviço obedeça a um ritual. Um vinho simples, bebe-se rapidamente e se esquece; porém, para um grande vinho deve haver um tratamento diferenciado. Essa é a arte de servir vinhos. Sem dúvida, seus convidados se perguntarão durante muito tempo por que os vinhos que você serviu alcançaram naquela noite uma indiscutível harmonia.

Com o passar do tempo, você vai experimentar harmonizações diferentes de vinho e comida. Utilizando, porém, essas recomendações básicas, vai começar a entender por que existe um vinho para acompanhar e complementar qualquer comida que se possa imaginar e que a enorme variedade de vinhos de qualidade do mundo só serve para aumentar o prazer de uma boa refeição.

O QUE NÃO COMBINA

Devem-se evitar os amendoins, que arruínam os sabores do vinho. Em consequência, um caruru e outros pratos com forte traço de amendoim estão riscados de uma possível combinação com vinhos. As azeitonas também, pois, em geral, são muito picantes, sobretudo as temperadas. As saladas de alface e tomate avinagradas podem tornar-se grandes inimigas até de brancos simples, que, em geral, vão bem com qualquer prato. Se a salada for imperativa no início, que venha com um pouco de limão no lugar do vinagre.

Temos certa relutância em misturar líquido com líquido – sorver uma delicada sopa de legumes e diluí-la ainda mais com um gole de vinho. Ademais, a temperatura da maioria das sopas não se acomoda à dos vinhos.

Há alguma divergência a respeito dos ovos: há pessoas que acompanham omeletes com espumantes e as que desfilam uma série de brancos aromáticos com ovos mexidos sobre uma torrada. Já os suflês são pratos que tomam emprestados os sabores de seus recheios e, então, merecem tintos ou brancos, conforme o recheio de verduras, queijos ou carnes.

PRATOS NO BRASIL E VINHO

Como proceder naquele agradável almoço de trabalho ou lazer em um restaurante quando a fome fala mais alto? Com relação ao vinho, não há outro caminho a não ser escolher o que existe na carta de vinhos. Na culinária de cada região do Brasil, em seu cotidiano, existem hábitos arraigados, influenciados pelos povos que aqui se encontraram.

Em São Paulo e no Rio de Janeiro, é muito comum a questão: o que tomar com o clássico filé com fritas, hoje mais maquiado na forma de *tournedos*? E com o frango à passarinho, rabada com polenta ou lombinho de porco? Em São Paulo, a maioria das pessoas pensa num vinho italiano, normalmente um Chianti, que fez muito sucesso nessa região de predomínio italiano. Ocorre que os Chiantis mais populares, de preços menores, têm qualidade inferior ao que se espera de um importado. No Rio, existe uma conduta correta, que é pesquisar alguns vinhos de Portugal, como os tintos do Dão, da Estremadura ou alguns do Alentejo. Também os bons tintos de mesa do Douro são ótimos, mas é bom observar seus preços. Boas alternativas são também os vinhos do Chile, Argentina, Uruguai e vários do Brasil, mas deve-se tomar cuidado para que esses tintos não estejam jovens demais, pois devem ser ligeiramente encorpados, com tanino suficiente para que se harmonizem.

Massas com molhos cremosos vão bem com um branco de Chardonnay; *al pesto*, vão com outro branco de Sauvignon Blanc, como os da América do Sul; massas à bolonhesa ou com molhos de tomate pedem um tinto de Merlot, e os do Cone Sul vão também muito bem. Esses pratos banais podem se revelar melhor com esses vinhos.

A pizza é fácil de se harmonizar por causa do molho de tomate. Tente qualquer tinto seco de boa acidez, mesmo os italianos, mas vinhos simples. Já embutidos ou pratos de frios vão melhor com um rosado ou um branco.

O churrasco gaúcho vai muito bem com tintos encorpados, principalmente os feitos à base da Tannat, a uva emblemática do Uruguai, ou um encorpado Malbec.

A comida chinesa, bastante difundida em São Paulo, vai bem com brancos bastante frutados. Para a comida japonesa, em grande ascensão em todo o Sudeste do país, o *sushi* (peixe cru em bolinhos de arroz) e um espumante formam uma ótima dupla. O *sashimi* (fatias de peixe cru) vai bem com um espumante ou um branco bem seco. O *tempura* (camarão ou legumes empanados e fritos) vai bem com os Sauvignon Blanc do Cone Sul, com um Soave italiano e com um branco português de Arinto.

A culinária da costa brasileira tem inúmeras especialidades. As moquecas brasileiras, tradicionais na Bahia e no Espírito Santo, exigem um vinho branco. A acidez do tomate na culinária capixaba requer um Sauvignon Blanc ou um Vinho Verde de Portugal, em que predomina a uva Alvarinho. Já a gastronomia baiana, feita com ingredientes fortes, como o azeite-de-dendê e leite de coco, exige um branco com mais corpo, como os feitos com a uva Chardonnay. O bobó de camarão, especialidade baiana que leva creme de aipim, tem textura cremosa e pede um Chardonnay que tenha passado por carvalho e com acidez equilibrada. Entre os vários estilos de Chardonnay, os chilenos de Casablanca, os argentinos de Tupungato e os brasileiros da Serra Catarinense vão bem, assim como vinhos brancos maduros portugueses, principalmente os da uva Arinto.

Indo para o Sul, em Santa Catarina, é comum uma sequência de camarões (cozidos, fritos, empanados), em que a carne macia tem certa consistência. A opção de vinho é um Sauvignon Blanc ou Semillon, de preferência sem madeira. Outra especialidade de Santa Catarina são as ostras e mariscos; aqui, os espumantes nacionais são quase imbatíveis.

Nas praias de Pernambuco e do Ceará concentra-se a produção nacional da lagosta, o crustáceo mais nobre da costa brasileira. Sua consistência e sabor superam em muito o camarão, exigindo vinhos com as mesmas características, porém mais encorpados. Agora, é o caso dos Chardonnay franceses ou chilenos e argentinos, estes de uma linha Premium.

Fator saúde

9

Colaboração Niazi Dias Rubens*

Um antigo comediante americano disse certa vez: "Li no jornal que beber álcool faz mal à saúde. Resolvi parar de ler jornais". Nos dias atuais, ele não desistiria da leitura, pois jornais e revistas de todo o mundo estão cheios de notícias sobre os efeitos benéficos que o álcool etílico (principalmente o do vinho tinto) proporciona à saúde.

Recentes pesquisas de conceituadas instituições científicas mundiais concluíram que existe uma relação entre o volume de álcool consumido e o risco de ocorrência de eventos patológicos (por exemplo: infarto do miocárdio). Ela está em uma curva em forma de J, como no gráfico 4.

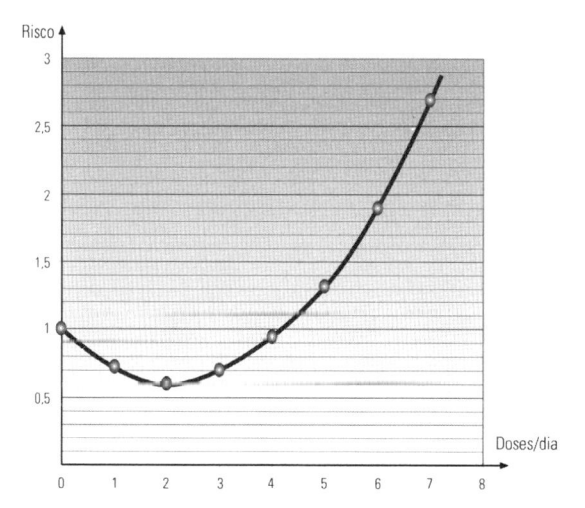

Gráfico 4. Consumo de álcool × saúde.
Fonte: De Lorimier, A. A., "Alcohol, Wine and Health", em *American Journal of Surgery*, 180 (5), 2000, pp. 357-361.

---

* Médico formado pela Faculdade de Medicina de Ribeirão Preto (USP), membro titular do Colégio Brasileiro de Radiologia e pós-graduado em Gastronomia – Vinhos e Bebidas, pelo Senac São Paulo.

Os abstêmios são considerados a população-controle, com risco igual a 1. No gráfico, o risco para efeitos adversos do consumo de álcool sobre a saúde é colocado nas ordenadas, e o número de doses por dia, nas abscissas. A curva mostra um evidente efeito de redução de riscos em bebedores moderados. O consumo de álcool acima de quatro a cinco doses por dia passa a se relacionar com acentuado aumento da morbidade e mortalidade.

Paradoxo francês

Na década de 1980, a Organização Mundial de Saúde (OMS) conduziu um grande estudo epidemiológico em escala mundial. Conhecido como Projeto Monica (das iniciais em inglês para Monitoring of Trends and Determinants in Cardiovascular Disease), estudou as correlações entre hábitos dietéticos e doenças cardiovasculares. Em 1992, uma pesquisa originou o famoso "paradoxo francês": os médicos procuravam entender por que os franceses, que adoram comer pratos cujas receitas usam gorduras em excesso, tinham menor índice de doenças do coração que a maioria dos outros povos. A resposta veio quando começaram a observar que suas refeições eram sempre acompanhadas de vinho, a bebida nacional francesa. Também os habitantes do Mediterrâneo tinham índices de doenças do coração muito mais baixos do que os habitantes do norte da Europa; isso se associou, além do maior consumo de peixe e azeite de oliva (óleo comestível saudável porque é monoinsaturado), ao fato de que bebem quantidades regulares de vinho.

Desde então, surgiram inúmeros trabalhos mostrando o efeito do vinho não só sobre o sistema cardiovascular, mas sobre diversos órgãos e sistemas.

Vinho × saúde

Afinal, que bem o vinho faz à saúde?

Alguns elementos de sua composição fazem parte da dieta normal e necessária para o ser humano. Entre eles citam-se: a água, os açúcares, as vitaminas (B1, B2, B12, A e C, que se encontram nas uvas e são transferidas para o vinho) e os sais minerais (potássio, cálcio, fósforo, zinco, etc.).

Como o vinho tem conteúdo alto de potássio e baixo de sódio, pode ser usado na dieta de pessoas com pressão alta. Além de o álcool em baixas doses abaixar a pressão.

Está comprovado que o vinho tinto influi na contagem de lipídios no sangue. O álcool e, também, componentes não alcoólicos do vinho têm o efeito de aumentar os níveis de lipoproteína de alta densidade (HDL), que está relacionada à proteção contra a formação de placas nas paredes das artérias. Entre os componentes não alcoólicos do vinho que ajudam a manter as artérias livres de depósitos gordurosos estão os componentes polifenólicos, como a quercetina. Juntamente com os taninos, eles são encontrados na casca de uvas tintas. Como na vinificação de um vinho tinto deve haver bastante contato com as cascas do mosto, o vinho absorve essas substâncias químicas. E como ajuda a prevenir a formação de coágulos de sangue, o vinho tinto é importante na prevenção de derrames. As pesquisas também mostraram que os tintos elaborados com uvas de casca grossa são os que apresentam maiores índices de polifenóis, como a Cabernet Sauvignon e a Tannat.

Mas não são só o coração e o sangue que se beneficiam disso. Recentemente, foi divulgada uma pesquisa feita nos Estados Unidos mostrando que, presente no aparelho digestivo, o vinho também ajuda na prevenção de úlceras gastrintestinais, porque é um eficaz bactericida.

Os cientistas estão descobrindo, a cada dia mais, os efeitos positivos do vinho no organismo humano. Novamente nos vinhos tintos encontra-se outro polifenol, o resveratrol, considerado um importante agente antioxidante. Os antioxidantes interrompem a cadeia de oxidação celular, responsável pelo envelhecimento das células. Este é provocado pelos radicais livres, moléculas altamente reativas por terem "perdido" um dos elétrons que orbitavam ao seu redor. Além de provocar o envelhecimento natural, os radicais livres relacionam-se às moléstias degenerativas, como Alzheimer e Parkinson. Os vinhos tintos com maiores índices de polifenóis apresentam quantidades significativas de resveratrol, cerca de 3 mg por litro.

As pesquisas também estabeleceram que: "O 'equivalente em dose' de uma taça de vinho corresponde ao volume de 125 ml".

Em seu *Guia Dietético para Americanos 2005*, o Departamento de Saúde dos Estados Unidos aconselha a ingestão de uma dose/dia para mulheres e duas doses/dia para os homens.

Experiências também mostraram que doses/dia de até 400 ml de vinho não têm efeito sobre o controle dos níveis de açúcar no sangue das pessoas diabéticas. O álcool não requer insulina para ser metabolizado.

O metabolismo e a absorção do álcool pelo fígado, 30 g/hora, é muito mais lento com vinho do que com destilados. Com o estômago cheio, a absorção é ainda mais lenta e os níveis de álcool não atingem proporções intoxicantes que possam prejudicar o fígado e aumentar o nível de triglicérides no sangue.

Conclui-se que: assim como a comida, o vinho deve ser aproveitado conscientemente, o que significa dizer que não deve ser consumido de forma abusiva.

> As pessoas que consomem de um a dois copos de vinho por dia, acompanhando as refeições, são mais saudáveis do que as abstêmias ou as que bebem mais que o equivalente em dose.

Algumas pessoas são sensíveis aos sulfitos naturais encontrados no vinho. Elas sofrem reações alérgicas que podem causar ataques asmáticos. Por isso, os rótulos de vinhos americanos trazem o termo *contains sulfite*, alertando pessoas asmáticas. Os sulfitos são adicionados na forma de SO_2 para bloquear a ação de bactérias e impedir a oxidação do vinho, ou surgem naturalmente durante o processo de vinificação. São encontrados em maior quantidades nos brancos do que nos tintos, mas são um elemento fundamental na qualidade do vinho.

Observamos também que os AAs – grupos de autoajuda que prestam grandes serviços na recuperação de dependentes do álcool – consideram que existem pessoas com tendência a abusar do álcool. Para essas pessoas, a única maneira de escapar do alcoolismo é ficar longe de qualquer bebida.

> Para você ter uma análise detalhada de como o vinho pode afetá-lo pessoalmente, dependendo de sua constituição, condições de saúde e estilo de vida, consulte o seu médico. A American Heart Association defende oficialmente que a indicação do vinho deve ser um item de discussão entre o médico e o paciente.

O mundo do vinho

10

O vinho é produzido em tantos países diferentes e feito de muitas variedades de uva. É elaborado por diferentes produtores – desde geniais artesãos até aqueles que só se preocupam com a quantidade, fazendo vinho para as massas. O vinho é um ser vivo que evolui a cada dia na garrafa, podendo melhorar ao envelhecer. Ele não se repete e, para comprovar essa natureza múltipla, basta lembrarmo-nos de que existem as safras. O mundo do vinho não tem fim; sobre ele, você nunca apreenderá ou saberá o suficiente; sempre haverá algo novo e surpreendente a ser descoberto.

Os tradicionais produtores de vinho, integrantes do chamado Velho Mundo, apesar de sua situação estável, definida ao longo dos séculos, decidiram, nos anos recentes, pouco a pouco, adotar novas técnicas de produção, em busca de ampla qualidade. Isso influi nos seus vinhos, que atingiram novos patamares: os tintos ficaram mais abordáveis, com taninos mais macios; e os brancos ganharam frescor e sabores mais frutados.

A nova situação da economia mundial permitiu não só o aumento do número de consumidores de vinho como mudanças no perfil do comprador. Os Estados Unidos, com um mercado consumidor enorme, preocuparam-se em atender ao paladar local, onde predominam o alto teor alcoólico e o gosto pela passagem em madeira. Outros países do Novo Mundo, em particular a Austrália, entraram no mercado com vinhos corretos, mais fáceis e consumíveis em curto prazo. Isso virou tendência e se generalizou em outros países, como África do Sul, Chile e Argentina. Os vinhos feitos no Brasil têm melhorado muito e conseguido agradar os paladares mais exigentes. Assim, existem atualmente grandes disponibilidades no mercado de vinhos, com qualidade e consistência.

As transformações ocorridas no mercado, com o ingresso de novos consumidores, acarretaram um aumento descomunal no preço dos rótulos mais prestigiados. Vinhos de produção limitada, cujos vinhedos são de área restrita e cujo aumento de produção acarretaria baixa na qualidade, têm um número cada vez maior de admiradores – e, como consequência, maior custo.

Hoje praticamente todas as vinícolas procuram escolher as melhores uvas para elaborar um vinho Premium e com ele ganhar prestígio. O fato de muitas pessoas passarem a vida degustando vinhos sem nunca experimentarem muito além das partes mais baixas das tabelas de preços não diminui a atração por uma vinícola que produz vinhos comercializados a preços altos. Questões de valor para o dinheiro não são relativamente importantes onde a produção total é minúscula. Os vinhos Premium estabelecem os limites da qualidade, permitindo o desenvolvimento de técnicas e experiências para outros vinhos do portfólio da vinícola. É no nível intermediário, entre os básicos de boa relação qualidade/preço e os de altos preços, que se centraliza o interesse de considerável parte dos consumidores.

VINHOS DA FRANÇA

Não se pode negar que a França, principal país produtor de vinhos do mundo, é o "Santo Graal" do mundo vinícola, cultivando as principais variedades de uvas do mundo. Os italianos, espanhóis e portugueses, todos têm suas uvas nativas interessantes, que originam bons vinhos, mas poucas delas despertam o interesse de outros países em cultivar essas variedades como as uvas francesas.

O fato de o mundo todo procurar copiar os métodos franceses de produção de vinho deve significar alguma coisa. Enquanto, nos outros países, os produtores tentavam plantar espécies de uvas diferentes, quase lado a lado, em vinhedos vizinhos, os franceses descobriram, com o passar dos séculos, que determinado tipo de uva produz vinhos melhores quando plantada no seu *terroir* próprio.

A França tem alguns dos mais frios e dos mais quentes vinhedos do mundo; consequentemente, entre os dois extremos, há uma série de regiões vinícolas onde determinadas uvas encontram condições quase perfeitas de cultivo. Esse é, sem dúvida, o grande segredo do sucesso dos vinhos da França.

As principais regiões vinícolas da França podem ser divididas em três, conforme o mapa 2.

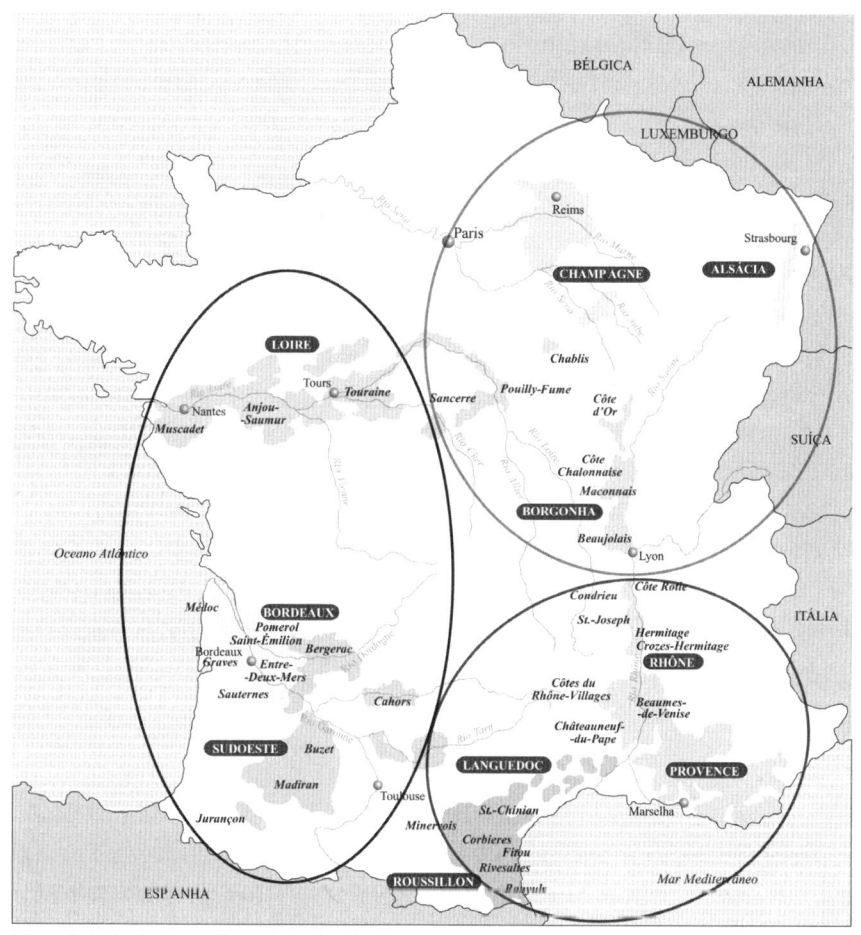

Mapa 2. Principais regiões vinícolas da França.

- *Região Norte:* abrange a Alsácia, a Champagne e a Borgonha; protegida pelas montanhas Vosges, a Alsácia produz vinhos brancos intensamente perfumados, que são rotulados pelo nome da uva, como Riesling, Pinot Gris ou Gewürztraminer. Champagne, um pouco mais ao norte, utiliza-se das uvas Pinot Noir, Pinot Meunier e Chardonnay para produzir vinhos tranquilos, leves e com bastante acidez, a base perfeita para elaborar o melhor espumante. Longe da fronteira com a Alemanha, a sudeste de Paris, começa uma das mais apaixonantes regiões vinícolas do mundo: a Borgonha. Os brancos feitos de Chardonnay vão do estilo seco de Chablis até o vigor maduro da Côte d'Or, onde há vinhos brancos com um aroma tal que os produtores de todo mundo tentam reproduzir há décadas. Também na Côte d'Or, a tinta Pinot Noir prova que é uma das melhores do mundo. No sul da Borgonha, encontra-se o Beaujolais, conhecido tinto feito da uva Gamay.

- *Região Sul*: engloba o vale do rio Rhône e o Languedoc-Roussillon; no Rhône, os brancos baseiam-se na Viognier, Marsanne e Roussanne; e os tintos, na Syrah e na Grenache. Ao longo da quente costa do Mediterrâneo, no Languedoc-Roussillon, as videiras crescem facilmente, e grandes quantidades de tintos, brancos e fortificados são produzidos. Pelo estilo de vinho que predomina, o Languedoc-Roussillon está sendo considerado o Novo Mundo da França.

- *Região Oceânica*: engloba Bordeaux, Sudoeste da França e o vale do rio Loire. Bordeaux é a Meca para os produtores de vinho tinto. Qualquer produtor de vinho tinto que queira ser admitido no *ranking* dos melhores do mundo deverá ter um contato com as uvas básicas de Bordeaux: Cabernet Sauvignon, Merlot e Cabernet Franc. Mais ao sul, os vinhos doces de Sauternes também são indiscutivelmente alguns dos melhores vinhos de sobremesa do mundo. O clima marítimo de Bordeaux influencia a região Sudoeste, onde se encontram interessantes variedades de uvas. Mais ao norte, o vale do rio Loire oferece uma ampla série de vinhos de diferentes uvas, como Cabernet Franc, Chenin Blanc e Sauvignon Blanc. Esta última costuma fixar o padrão dos vinhos brancos do mundo, frescos e picantes.

CLASSIFICAÇÃO

Uma outra maneira pela qual a França serviu de exemplo para o mundo foi por meio de suas regras para a classificação dos vinhos, denominada *Appellation d'Origine Contrôlée*.

A classificação consta de quatro categorias:

- *Vin de Table*: é o nível mais baixo. As regras do governo que controlam sua produção são mínimas e o vinho é geralmente barato.

- *Vin de pays*: foi criada para melhorar o nível geral do vinho básico, procurando dar-lhe uma identidade regional melhor. Entende-se *pays* como área vinícola e não "país" como nós concebemos, como poderia sugerir a tradução. São estabelecidos limites para a produção, mas, como as regras permitem experiências com variedades de uvas, tem se tornado o foco de especialistas franceses. Tem sido atualmente utilizada para classificar os vinhos considerados modernos no país.
- *Vin Délimite de Qualité Supérieure (VDQS)*: está sujeita a regras governamentais que controlam as colheitas e as variedades de uvas. Muitos são classificados pelo governo com VDQS porque o padrão geral dos vinhos não é ainda suficiente para o nível principal.
- *Appellation d'Origine Contrôlée (AOC)*: é o nível mais alto da classificação dos vinhos franceses. A área de *appellation* é determinada pelo *terroir* (que considera o solo, o aspecto e o clima). As regras controlam as variedades de uvas autorizadas, o volume de produção, o teor alcoólico dos vinhos, os métodos de poda e colheita, a densidade do plantio e a vinificação. Todos o vinhos têm de se submeter a um júri de degustação, para assegurar que são típicos da *appellation*. O selo AOC garante que o vinho foi elaborado de acordo com suas regras. Para o consumidor, o selo é uma garantia do estilo do vinho, mas não significa segurança de qualidade.

Em 2011 foram introduzidas algumas modificações, passando os *vin de table* a serem chamados Vin de France: além de serem produzidos na França, podem trazer no rótulo a safra e o nome da variedade de uva. Os vinhos de qualidade se dividiram em duas categorias:

- *Indication Géographique Protégée* (IGP), compreendendo os Vin de Pays e vinhos VDQS, cuja qualidade e reputação dependem de suas regiões de origem.
- *Appellations d'Origine Protégée* (AOP), compreendendo os vinhos das AOC e alguns VDQS, cujo padrão já atingiu os da AOC. A categoria VDQS deixa de existir a partir desse ano.

Os outros produtores da União Europeia deverão enquadrar suas classificações nessas duas categorias, podendo usar os selos *Protected Designation of Origin* (PDO) ou *Protected Geographical Indication* (PGI).

Observações

Nos capítulos seguintes, daremos noções sobre as principais regiões do Velho e do Novo Mundo consagradas na produção de vinhos. Seu conhecimento é indispensável para quem pretende aprender o essencial sobre vinhos.

Inicialmente, será feita uma introdução com alguns tópicos interessantes da região vinícola. Serão destacadas as contribuições de pioneiros, as práticas de campo e na vinícola e o desenvolvimento do estilo do vinho. Os mapas das regiões, embora talvez não tão detalhados, darão uma ideia útil das regiões vinícolas de cada país. Quem pretende apreciar um bom vinho deverá ter paciência para memorizar alguns nomes, que, por designarem regiões, terrenos ou produtores, significam vinhos de qualidade.

O iniciante em vinhos não deve se precipitar. Após o conhecimento da região, comece com vinhos mais simples até seu paladar se tornar mais apurado. Aos poucos, você poderá passar para vinhos mais caros. Procure dedicar um instante de sua atenção ao que está provando; eventualmente poderá encontrar os aromas que compõem um tinto ou um branco. Isso nem sempre é complicado, desde que beber um vinho não se torne um ato mecânico.

Bordeaux e Sudoeste da França

Os vinhedos da região de Bordeaux acompanham os rios Garonne e Dordogne, que se juntam para formar o estuário do rio Gironde, que deságua no oceano Atlântico. Devido a sua proximidade com o mar, Bordeaux tem invernos e verões relativamente amenos. A duração da estação de desenvolvimento das uvas é geralmente longa e quente, e o solo, nos melhores locais, é de cascalho, podendo chegar a aproximadamente 1 metro de profundidade. O cascalho não somente drena bem a água, como também é pobre em nutrientes e armazena o calor do sol. Esse calor auxilia o amadurecimento das uvas, enquanto a falta de nutrientes e a relativa secura forçam as raízes da videira a sofrer e se enterrar no solo à procura de alimentos.

As uvas tintas básicas de Bordeaux são Cabernet Sauvignon e Merlot, e em menor proporção Cabernet Franc e Petit Verdot. Entre as brancas, são básicas a Sauvignon Blanc e a Sémillon. Quase todo vinho de Bordeaux é corte de duas ou mais variedades de uva, com a qualidade de uma equilibrando a deficiência da outra. Pelo nível de qualidade de seus principais vinhos, Bordeaux é considerado o ponto mais alto do mundo dos vinhos tintos.

A palavra francesa *château* não significa apenas "castelo"; de acordo com a legislação francesa, ela pode designar uma propriedade onde se cultivam vinhedos. Na região de Bordeaux, ela é principalmente usada para indicar uma propriedade onde existe um castelo ou uma casa, situado no meio do vinhedo, de onde se administra toda a produção dos vinhos.

REGIÕES DE BORDEAUX

A região total que se estende ao norte da cidade de Bordeaux, na margem esquerda do estuário do rio Gironde, era chamada de Médoc no século XVIII. Foi, depois, dividida em Haut-Médoc, uma vasta área ao sul, e Bas-Médoc, na extremidade norte.

O Haut-Médoc é uma *appellation* que contém algumas das principais vilas de vinho da região. Seis dessas vilas têm a sua própria *appellation*: Margaux, Saint-Julien, Pauillac, Saint-Estèphe, Listrac e Moulis. As quatro primeiras são famosas mundialmente, por direito adquirido, e as duas últimas elaboram vinhos menos individuais.

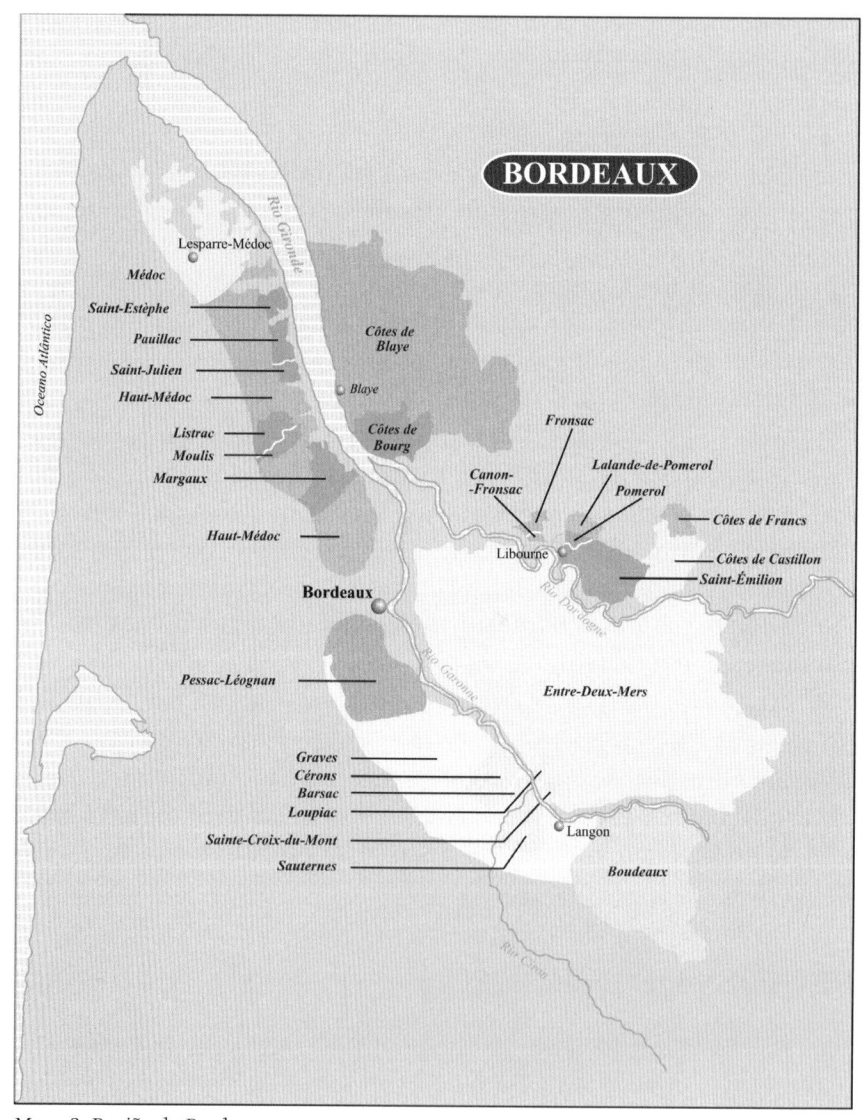

Mapa 3. Região de Bordeaux.

No Bas-Médoc, os produtores não gostavam da sensação de inferioridade que a palavra *bas* ("baixo") trazia e, agora, seus vinhos são simplesmente indicados como Médoc.

Saint-Émilion e Pomerol constituem as áreas mais importantes a leste de Bordeaux, na margem direita do rio Dordogne.

Entre os dois rios, numa grande área denominada Entre-Deux-Mers, existem sub-regiões menos conhecidas que produzem vinhos sem grande prestígio.

Graves é a importante região ao sul de Bordeaux que, em 1987, foi subdividida, originando a região de Pessac-Léognan, mais próxima daquela cidade.

Indo mais em direção ao sul, nas pequenas áreas de Sauternes e Barsac, as águas geladas do rio Ciron se juntam às águas mais quentes do rio Garonne. No final do verão, essa conjunção de águas quente e fria levanta uma neblina que, com a ação do sol, provoca um calor com chuvisco, que se desloca pelo vale do Ciron, passando pelos vinhedos ao redor da vila de Sauternes. Essas atmosferas quentes e úmidas, que ocorrem em poucas regiões vinícolas do mundo, permitem o desenvolvimento do fungo *Botrytis cinerea* (podridão nobre), que, atacando as uvas, permite a produção dos mais reputados vinhos doces do mundo.

CLASSIFICAÇÃO DE 1855

Os melhores produtores de vinhos do Médoc enviaram amostras para a Exposição Universal de Paris, em 1855, onde seria feita uma classificação dos vinhos de Bordeaux com o objetivo de orientar o mercado. Essa exposição produziu a "Classificação de 1855" do Médoc, a tentativa mais famosa e duradoura já feita para dar uma hierarquia de qualidade aos vinhos da região.

Não havia a intenção de criar uma ordem permanente de mérito em 1855. A Câmara de Comércio de Bordeaux simplesmente queria fazer um bom *show* na Exposição de Paris e concentrou-se nos vinhos mais considerados na época – os tintos do Médoc, além dos de Graves e dos brancos de Sauternes. Eles coletaram as amostras, verificaram os preços pelos quais os vinhos tinham sido vendidos na última colheita e utilizaram a palavra francesa *cru* como designação de um vinhedo que produzia vinhos de qualidade. Foram classificados 59 châteaux em Crus Classés, com cinco categorias de vinhos, desde os Cinquièmes Crus (5º nível) até os Premiers Crus (1º nível).

Baseando-se simplesmente no preço, decidiu-se que o melhor vinho seria o de maior preço. No mundo atual, em que o *marketing* tem forte capacidade de pressão, essa seria uma premissa altamente questionável porque, mesmo no caso de vinhos, os produtores que alardearem mais alto seu produto acham que podem ser tidos como os melhores.

Quatro vinhos (châteaux Haut-Brion, Lafite, Latour e Margaux), os quatro Premiers Crus ratificados em 1855, ainda hoje são considerados dignos de sua posição no topo da classificação. No entanto, não há dúvidas de que alguns bons vinhedos foram excluídos ou receberam um *status* menor do que mereciam. O exemplo mais famoso é o Château Mouton-Rothschild, classificado como Deuxième Cru em 1855, mas reconhecido, durante todo o século XX, como um Premier Cru em qualidade. Finalmente, passou a Premier Cru em 1973, por decreto presidencial. Essa foi a única mudança que ocorreu na classificação até hoje.

A grande *maison* bordalesa jamais havia admitido a ideia de ser um "Second Grand Cru", e seu lema era "Primeiro não sou, segundo nunca serei, Mouton não muda". O Mouton só admitiu ser segundo depois da alteração da classificação oficial. Seu lema então passou a ser "Primeiro eu sou, segundo eu fui, Mouton não muda".

Foto 37. Château Margaux.

Foto 38. Château Lafite.

Foto 39. Château Mouton Rothschild.

Fotos 40. Château Latour.

BORDEAUX E SUDOESTE DA FRANÇA | 111

Classificação de Médoc (1855 e 1973)

Premiers Crus Classés (5)

Lafite-Rothschild (Pauillac)
Latour (Pauillac)
Margaux (Margaux)
Haut-Brion (Pessac/Graves)
Mouton-Rothschild (Pauillac)

Deuxièmes Crus Classés (14)

Rauzan-Ségla (Margaux)
Rauzan-Gassies (Margaux)
Léoville-Las-Cases (Saint-Julien)
Léoville-Poyferré (Saint-Julien)
Léoville-Barton (Saint-Julien)
Durfort-Vivens (Margaux)
Lascombes (Margaux)
Gruaud-Larose (Saint-Julien)
Brane-Cantenac (Cantenac/Margaux)
Pichon-Longueville (Pauillac)
Pichon-Lalande (Pauillac)
Ducru-Beaucaillou (Saint-Julien)
Cos d'Estournel (Saint-Estèphe)
Montrose (Saint-Estèphe)

Troisièmes Crus Classés (14)

Giscours (Margaux)
Kirwan (Cantenac/Margaux)
Issan (D') (Cantenac/Margaux)
Lagrange (Saint-Julien)
Malescot Saint-Exupéry (Margaux)
Cantenac-Brown (Cantenac/Margaux)
Palmer (Cantenac/Margaux)
Lagune (La) (Haut-Médoc)
Desmirail (Margaux)
Langoa-Barton (Saint-Julien)
Calon-Ségur (Saint-Estèphe)
Ferrière (Margaux)
Marquis d'Alesme-Becker (Margaux)
Boyd-Cantenac (Cantenac/Margaux)

Quatrième Crus Classés (10)

Saint-Pierre (Saint-Julien)
Branaire-Ducru (Saint-Julien)
Talbot (Saint-Julien)
Duhart-Milon-Rothschild (Pauillac)
Pouget (Cantenac/Margaux)
Tour-Carnet (La) (Haut-Médoc)
Lafon-Rochet (Saint-Estèphe)
Beychevelle (Saint-Julien)
Prieuré-Lichine (Cantenac/Margaux)
Marquis-de-Terme (Marguax)

Cinquièmes Cru Classés (18)

Pontet-Canet (Pauillac)
Batailley (Pauillac)
Grand-Puy-Lacoste (Pauillac)
Grand-Puy-Ducasse (Pauillac)
Haut-Batailley (Pauillac)
Lynch-Bages (Pauillac)
Lynch-Moussas (Pauillac)
Dauzac (Margaux)
Armhailac (D') (Pauillac)
du Tertre (Arsac)
Haut-Bages-Libéral (Pauillac)
Pédesclau (Pauillac)
Belgrave (Haut-Médoc)
Camensac (Haut-Médoc)
Cos Labory (Saint-Estèphe)
Clerc-Milon (Pauillac)
Croizet-Bages (Pauillac)
Cantermerle (Haut-Médoc)

A discussão sobre modificar ou não essa classificação já saiu de moda: primeiro por ser considerada um monumento histórico do vinho e, segundo, pela absoluta impossibilidade de consenso em uma nova classificação.

Atualmente, muitos vinhedos estão demonstrando seus direitos a uma melhor posição pela única via com que contavam em 1855: realizar esforços para produzir vinhos melhores do que os de seus vizinhos e cobrar preços mais altos pela qualidade. Por exemplo, o Château Lynch-Bages, na época posicionado como Cinquième Cru, é vendido pelo mesmo preço que a maioria dos Deuxièmes Crus. Já os Deuxièmes Crus Léoville-Las-Cases e Pichon-Longueville alcançam preços maiores que todos os de seu nível. Vinhos como esses estão estabelecendo seu próprio *ranking*, não oficial, de qualidade e de preço conseguido, os mesmos critérios que foram aplicados em 1855.

MARGAUX

A partir de Bordeaux, a primeira grande *appellation* que se encontra é Margaux, uma vila dominada por seu vinhedo Premier Cru, o Château Margaux.

Os vinhedos ao redor da vila de Margaux são os melhores e produzem vários grandes tintos de Bordeaux. Além do Château Margaux, há os châteaux Rauzan-Ségla, Lascombes, Dufort-Vivens, Giscours, Kirwan e d'Issan, entre outros. Os vinhos de Margaux são frequentemente bastante secos e difíceis no começo, mas a espera pela maturidade sempre vale a pena.

A seguir vêm duas *appellations* menos "glamourosas", Moulis e Listrac, cuja maioria dos vinhedos é incluída na grande *appellation* Haut-Médoc, formada principalmente por vinhedos a alguns quilômetros distantes do estuário do rio Gironde. Exceto alguns châteaux em bons locais, existem outros mais afastados do rio, onde as uvas simplesmente não amadurecem adequadamente. O Haut-Médoc é uma *appellation* onde a qualidade dos vinhos só pode ser garantida pelo nome do produtor no rótulo.

SAINT-JULIEN

Doze quilômetros à frente dos grandes vinhedos de Margaux está Saint-Julien. Um velho ditado da região, que afirma que "no Médoc, para fazer bom vinho, deve-se poder ver o Gironde do vinhedo", certamente se aplica a Saint-Julien. Todos os seus melhores vinhedos estão na faixa de terra de pedregulho que desce até as águas do Gironde. É a menor das grandes *appellations*, e a aldeiazinha de Saint-Julien não tem nada de interessante arquitetonicamente. Mas os vinhos são inesquecíveis: algumas vezes, parecem ser os tintos mais perfeitos de Bordeaux. Quando jovens, alguns têm uma maciez de mel e creme e, quando maduros, são simplesmente brilhantes. A *appellation* é superlotada de grandes nomes de vinhedos, quase todos são Crus Classés e as poucas propriedades não classificadas oferecem vinhos que, na maioria das vezes, vale a pena degustar. Os mais clássicos são aqueles de Léoville Barton e Langoa Barton. Mas são também deliciosos os de Léoville Las-Cases, Ducru-Beaucaillou, Gruaud-Larose e Léoville Poyferré. Não podemos deixar de citar também os ótimos Lagrange, St.-Pierre e Talbot.

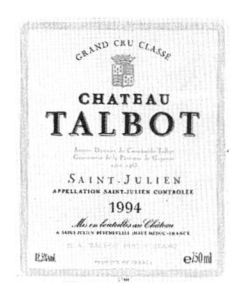

PAUILLAC

Dependendo da posição, Pauillac é separada de Saint-Julien por uma estreita faixa de terreno ou pela largura de um riacho. Essa insignificante linha divisória separa dois vinhos muito diferentes. Em Pauillac, a principal uva, Cabernet Sauvignon, tem notável concentração e produz vinhos encorpados de notável beleza. É um estilo rígido, que, mais cedo ou mais tarde, torna-se um dos grandes sabores do mundo. É um dos tintos mais duráveis e, a partir de uma juventude dura e áspera, pode revelar sabores quase doces e perfumados à medida que envelhece. Pauillac é uma grande vila, com 7 mil habitantes, e seus 940 hectares abrigam não somente alguns bons châteaux menores, mas também dezoito Crus Classés e três dos cinco Premiers Crus: Latour, Lafite-Rothschild e Mouton-Rothschild. Os châteaux Pichon-

-Longueville e Pichon-Lalande são reconhecidos como "super-segundos", alguns dos Deuxième Crus que lideram em termos de qualidade e preço alcançado. O Château Lynch Bages, um Cinquième Cru consistente, tem feito vinhos tão bons quanto a maioria dos Deuxième Crus; e o Château Haut-Bages Liberal está muito melhor que os de seu *ranking* Cinquième Cru. São também muito bons os châteaux Pontet--Canet e Grand-Puy-Lacoste.

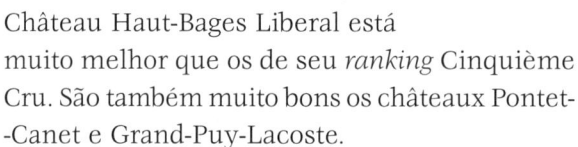

SAINT-ESTÈPHE

Saint-Estèphe é a menos "glamourosa" das principais *appellations* da região e produz vinhos menos famosos. Não tem Premier Cru e possui somente cinco Crus Classés. Em Saint-Estèphe, o solo é diferente: os grandes mangues de cascalho estão diluídos agora com a argila. A argila é mais fria, drena bem menos e amadurece as uvas com menos facilidade. Tem-se procurado tirar partido da argila plantando-se mais a Merlot do que a Cabernet Sauvignon, que adora cascalho. A maior porcentagem de Merlot tem suavizado o estilo dos vinhos de Saint-Estèphe. O melhor vinho, sem dúvida, é Cos d'Estournel, rico e durável, cheio de fruta e corpo, com aromas bem definidos. O Château Montrose faz bons vinhos há gerações e os châteaux Calon-Ségur e Lafon-Rochet também elaboram vinhos muito bons.

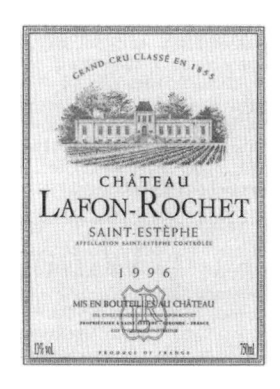

CRU BOURGEOIS

Várias propriedades não foram classificadas em 1855 e muitos especialistas lamentaram que elas tivessem estado em temporário declínio na época. Em 1920, um grupo desses châteaux foi denominado Crus Bourgeois e, em 1932, conseguiram o reconhecimento oficial do governo. Na década de 1960 foi criado o Sindicato dos Crus Bourgeois; beneficiada pela expansão dos vinhos de Bordeaux nos anos 1980, a categoria passou a ter mais de quatrocentos membros, usando em seus rótulos essa classificação. Enquanto muitos proprietários batalhavam para melhorar a qualidade de seus vinhos, outros apenas usufruíam o *status* conseguido. Reunindo vinhos sofríveis ao lado de outros com qualidade de Crus Classés, a classificação de 1932 ficou desacreditada e caducou. Em 2003, um júri de especialistas designados pelo governo analisou amostras de vinho de 490 châteaux. Desses, apenas 247 foram aprovados e a categoria foi dividida oficialmente em três níveis:

- *Cru Bourgeois Exceptionnel*, que teve apenas nove admitidos. Sem surpresa, ali estavam os reconhecidamente melhores na classificação antiga: Chasse-Spleen (Moulis), Haut-Marbuzet (Saint-Estèphe), Labergorce Zédé (Margaux), Les Ormes de-Pez, De Pez e Phélan Ségur (Saint-Estèphe), Potensac (Médoc) e Siran (Margaux). O único que não consta na classificação é o Château Sociando Mallet, situado ao norte de Saint-Estèphe, que não enviou amostras para análise, talvez por achar que seu vinho não depende de qualquer classificação.

- *Cru Bourgeois Supérieur*, nível atingido por 87 châteaux, entre eles o Château d'Angludet (Margaux), Arnauld, Citran e Coufran (Haut--Médoc), Le Crock (Saint-Estèphe), Fonbadet (Pauillac), Fourcas Hosten (Listrac), Greysac (Médoc), Château de Lamarque e Lanessan (Haut-Médoc), Lilian Ladouys (Saint-Estèphe), Malleret (Haut--Médoc), Maucaillou (Moulis-en-Médoc), Meyney (Saint-Estèphe),

Ségur (Haut-Médoc), Tour de Mons (Margaux), Tour du Haut Moulin, Verdignan e Vieux Robin (Médoc), que estão à venda no Brasil.

- *Cru Bourgeois simple*, atingido por 151 propriedades. Entre eles são encontrados Barateau (Haut-Médoc), Bel Air e Coutelin Merville (Saint-Estèphe), Fleur Peyrabon (Pauillac), Haut Beausejour e Ladouys (Saint-Estèphe), Magnol (Haut-Médoc), Marbuzet (Saint-Estèphe) e Meyre (Haut-Médoc), Pontey (Médoc) e Trois Moulins (Haut-Médoc).

Dos que não conseguiram entrar na nova classificação, 78 recorreram à Justiça para anular a reclassificação. O processo durou até 2007, quando foi decretada sua anulação oficial. Foi criado um novo sindicato, a Alliance des Crus Bourgeois, que propôs uma nova comissão julgadora, formada por profissionais ligados à área do vinho e sem qualquer interferência dos proprietários das vinícolas postulantes às vagas. Para garantir a independência do processo foi contratado o Bureau Veritas, organismo certificador de dimensão mundial. Na nova classificação, que tomou por base os vinhos das safras de 2008, 290 châteaux conquistaram o direito de se tornar um legítimo Cru Bourgeois. As categorias com Supérieur e Exceptionnel foram suprimidas. A nova certificação foi divulgada em setembro de 2010 e será revisada todos os anos. A menção Cru Bourgeois não mais pertence ao château, devendo ser conquistada ano a ano, com base na qualidade que o vinho demonstrar. Essa nova fórmula tem tudo para ser considerada confiável. Os novos Cru Bourgeois, a partir da safra de 2009, são vinhos de Bordeaux confiáveis a preços acessíveis.

SEGUNDO VINHO

O segundo vinho de um château existia há anos, mas foi durante os anos 1980 que ele proliferou. O segundo vinho é uma ideia brilhante. Um château de primeira linha, cuja qualidade do vinho justifica os altos preços pedidos, todo ano tem de excluir uma razoável quantidade de vinhos do corte de seu vinho principal. Talvez porque esses vinhos não sejam bons o suficiente, talvez porque alguns sejam jovens ou porque não se encaixem muito bem no estilo do vinho principal. Mas os vinhos excluídos são ainda bons vinhos, e existem muitas pessoas que adorariam ter o vinho do château na sua mesa, mas não têm dinheiro suficiente para pagar. Então, o château faz um corte separado dos vinhos que excluiu do corte de seu vinho principal. Ele fica mais leve que o vinho principal, às vezes mais avançado tecnicamente e tem algo do estilo do château. Caso alguém tenha dúvidas, o vinho tem o nome do château na parte inferior do rótulo.

Como registro, os melhores segundos vinhos encontrados no Brasil são:

Pavillon Rouge (Margaux)
Forts de Latour (Les) (Latour)
Carruades de Lafite (Lafite-Rothschild)
Petit Mouton (Le) (Mouton-Rothschild)
Ségla (Rauzan Ségla)
Clos du Maquis (Léoville-las-Cases)
Sarget de Gruaud Larose (Gruaud Larose)

Tourelles de Longueville (Les) (Pichon Baron)
Réserve de la Contesse (Pichon Lalande)
Pagodes de Cos (Les) (Cos d'Estournel)
Dame de Montrose (La) (Montrose)
Charmes de Kirwan (Les) (Kirwan)
Fiefs de Lagrange (Les) (Lagrange)
Pélerins (Les) (Lafon Rochet)

GRAVES E PESSAC-LÉOGNAN

A área de Graves é a original de vinhos finos de Bordeaux, quando o Médoc, hoje cheio de superestrelas, era quase despovoado. Como rodeava a cidade de Bordeaux numa época em que as viagens eram difíceis, quanto mais próximo da cidade se pudessem cultivar uvas e produzir vinhos, melhor. A expansão imobiliária determinou o desaparecimento de muitos vinhedos. O Château Haut-Brion, que produzia um vinho altamente louvado, sobreviveu, e hoje está cercado de casas por todos os lados, assim como o Château La Mission Haut-Brion permanece no local original (foto 41). Eles conseguiram resistir aos incorporadores imobiliários devido aos altos preços alcançados por seus vinhos.

Foto 41. Château Haut-Brion.

Atualmente, a região de Graves compreende duas partes: a mais ao norte, Pessac-Léognan, com mil hectares, é a melhor e recebeu sua própria *appellation*; o restante da área, cerca de 3 mil e 400 hectares, faz parte da Appellation Graves. Ambas as *appellations* têm seus châteaux e produzem tanto tintos como brancos secos.

A maioria dos vinhedos perto de Bordeaux tem solo bom de cascalho (em francês, *gravier*); em Graves há também bastante argila e, mais ao sul, uma boa quantidade de areia.

As variedades de uvas tintas são as mesmas do Médoc: Cabernet Sauvignon, Merlot, Cabernet Franc, Malbec e Petit Verdot. Em alguns vinhos, dá-se um pouco de ênfase à Merlot, o que determina vinhos ligeiramente mais suaves.

Os brancos são feitos de um corte da Sémillon e da Sauvignon Blanc. A Sémillon adapta-se muito bem à região e produz vinhos redondos, ligeiramente cremosos, enquanto a Sauvignon Blanc determina a acidez do vinho. A maioria dos brancos da região é fermentada em baixas temperaturas e passa de seis a doze meses em barricas de carvalho novo. Como resultado, obtêm-se vinhos suaves e com gosto de nozes, que, à medida que envelhecem, adquirem gosto de mel e de defumado. Eles estão entre os melhores brancos secos da França.

O Château Haut-Brion, o topo de Pessac-Léognan, foi o único vinho não produzido no Médoc que entrou na famosa classificação de 1855 dos tintos de Bordeaux. Os châteaux restantes foram classificados de acordo com um decreto ministerial em 1959. Os quinze châteaux listados a seguir foram incluídos na categoria Grand Cru Classé; eles estão seguidos de uma letra, de acordo com a seguinte classificação: tinto (T), branco (B) ou ambos (T&B).

Grands Crus Classés de Graves			
Bouscault	T&B	Malartic-Lagravière	T&B
Haut-Bailly	T	Mission Haut-Brion (La)	T
Haut-Brion	T	Olivier	T&B
Carbonnieux	T&B	Pape Clément	T
Domaine de Chevalier	T&B	Smith Haut-Lafitte	T
Couhins	B	La Tour Haut-Brion	T
Fieuzal (De)	T	Latour-Martillac	T&B
Laville Haut-Brion	B	Couhins-Lurton	B

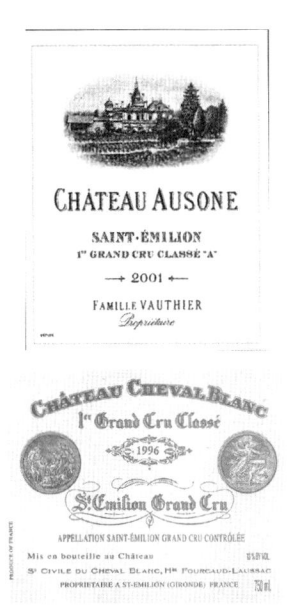

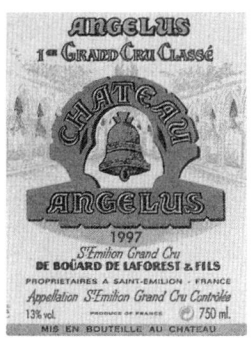

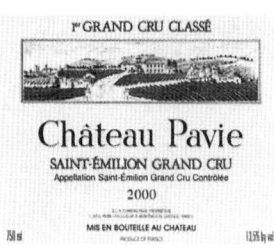

SAINT-ÉMILION

Entremeada de vinícolas, a região de Saint-Émilion é um centro vinícola desde os tempos dos romanos. Situa-se a leste de Bordeaux, na margem direita do rio Dordogne. Com 5 mil e 200 hectares de vinhedos, é uma das maiores regiões vinícolas do país, e inevitavelmente seus vinhos são bastante heterogêneos. A grande maioria é de vinhos tintos suaves e agradáveis, fáceis de beber. A uva predominante é a Merlot, seguida da Cabernet Franc e um pouco de Cabernet Sauvignon, porque grande parte do solo é de argila e areia.

Existem três áreas principais de vinhedos na *appellation*. A primeira, Côtes Saint-Émilion, fica ao redor da cidade de Saint-Émilion e seu solo é basicamente de calcário e argila. Os vinhos dos châteaux da área, como Ausone, Belair, Magdelaine e Beauséjour Bécot, misturam uma maturidade de mel com aromas de menta e, às vezes, de eucalipto. Outros châteaux, como Canon e Pavie, obtêm uvas com uma incrível doçura, mas seus vinhos têm também uma aspereza tânica, que os distingue de tintos amanteigados e viscosos, que têm de ser engolidos apressadamente. A segunda área de vinhedos é Graves Saint-Émilion, que só tem uma pequena faixa de cascalho nos vinhedos dos châteaux Cheval Blanc e Figeac, grandes vinhos de Saint-Émilion. O Cheval Blanc, de maneira não usual, é feito com 66% de Cabernet Franc e o restante de Merlot, enquanto o Figeac tem 35% de Cabernet Sauvignon, 35% de Merlot e 30% de Cabernet Franc. São vinhos fantásticos com aroma de menta e que provocam uma sensação de boca cheia de fruta madura. A terceira área é Sables Saint-Émilion, mais arenosa e plana, na parte mais baixa, próxima ao rio Dordogne. Origina tintos de cor pálida com deliciosos toques de fruta, manteiga e mel, que deram a Saint-Émilion a fama de oferecer um tinto leve e fácil. O Château Monbusquet é considerado um ótimo exemplo.

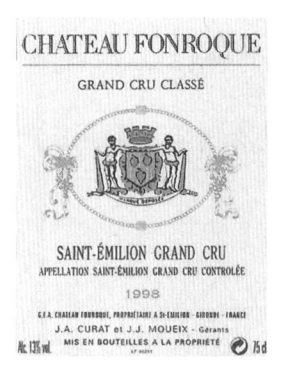

Foto 42. Château Cheval-Blanc.

Em 1955, os vinhos de Saint-Émilion foram classificados oficialmente, um século depois da classificação do Médoc. Essa classificação foi dividida em duas categorias: os Premiers Grands Crus e os Grands Crus. Ambas as faixas são reexaminadas regularmente e as propriedades devem se submeter a várias exigências Entre elas, produções mais baixas que o básico de Saint-Émilion e pelo menos 50% das uvas devem vir de vinhedos com doze anos de idade ou mais. Em 1996 foi feita uma revisão, criando-se duas classes entre os Premiers Grands Crus.

Premiers Grands Crus Classés

A	Château Canon
Château Ausone	Château Figeac
Château Cheval Blanc	Château La Gaffelière
	Château Magdelaine
B	Château Pavie
Château Beau-Séjour	Château Trottevieille
Château Beau-Séjour Becot	Clos Fourtet
Château Belair	Château Angelus

Grands Crus Classés de Saint-Émilion (55)

Podem ser encontrados no Brasil:

Bellevue	Lamarzele
Berliquet	Couspaude (La)
Cadet-Piola	Dominique (La)
Canon-la-Gaffelière	Larcis Ducasse
Chauvin	Tour Figeac (La)
Couvent des Jacobins	Sansonnet
Dassault	Soutard
Fonroque	Tropong-Mondot
Oratoire (L')	Yon-Figeac

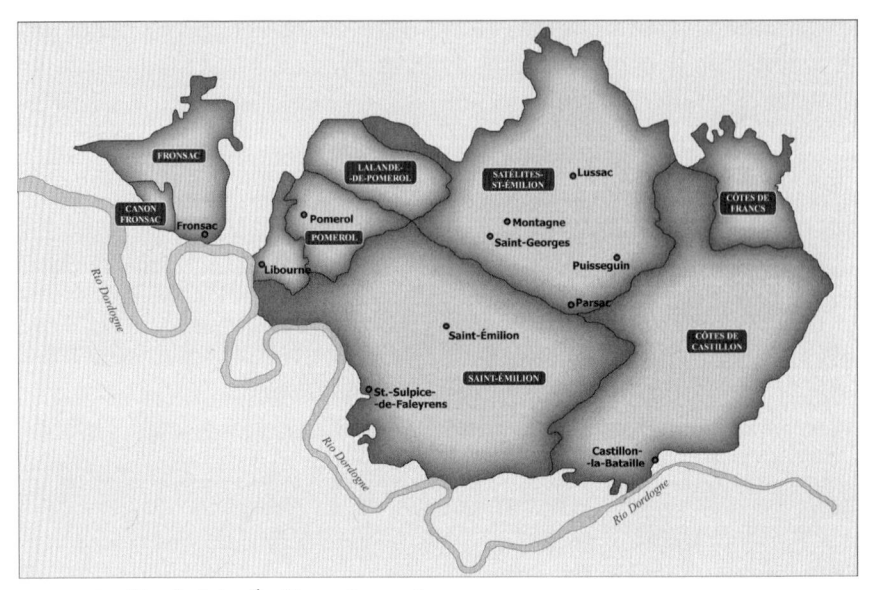

Mapa 4. Regiões de Saint-Émilion e Pomerol.

POMEROL

É um conjunto de campos do lado direito do rio Dordogne, 40 quilômetros a leste de Bordeaux, sem nenhuma divisa natural aparente. Ocorre que Pomerol tem divisas naturais, abaixo da superfície, determinadas pelos limites naturais de um subsolo incomum de argila compactada escura com alto conteúdo de ferro. Nos melhores vinhedos, o subsolo fica a apenas 50 centímetros abaixo da superfície, de onde a uva Merlot retira seus nutrientes. Depois da Merlot, a outra uva importante é a Cabernet Franc. Muitos vinhedos famosos não plantam Cabernet Sauvignon porque o solo de argila é frio e úmido e nele ela frequentemente não amadurece de jeito nenhum.

O Château Pétrus, que em algumas colheitas produz um vinho tinto melhor do que em qualquer outro vinhedo do mundo, é 95% feito de Merlot e o seu solo é praticamente composto de argila pura e ferro.

Outro château, o Le Pin, em algumas colheitas, consegue superar o mundialmente famoso Pétrus como o tinto mais caro do mundo.

Não há classificação em Pomerol, o que pode parecer incrível para uma área com tantos vinhos ótimos, mas o fato é que a fama de Pomerol é surpreendentemente recente. A decisão unânime é que o Château

Foto 43. Château Pétrus e rótulo de seu famoso vinho.

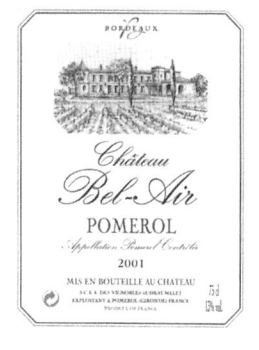

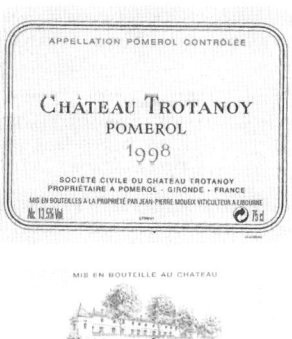

Pétrus é a melhor propriedade, seguido de perto pelo Le Pin e a uma respeitável distância de alguns outros, que geralmente produzem vinhos no padrão dos Crus Classés do Médoc. Entre eles, destacam-se:

Conseillante (La)	Fleur-Pétrus (La)
Petit-Village	Gazin
Trotanoy	Beauregard
Evangile (L')	Nénin
Vieux-Château-Certan	Latour-à-Pomerol
Pointe (La)	Enclos (L')
Lafleur	Bel-Air

SAUTERNES

Foi a partir da segunda metade do século XIX que os produtores de vinho branco da região de Sauternes descobriram o segredo que os levou ao sucesso: "a podridão nobre", cuja história varia de château para château. A mais aceita é a que diz o que aconteceu com o Château d'Yquem, cuja colheita, em 1850, foi retardada e as uvas foram, pela primeira vez, atacadas pelo fungo *Botrytis cinerea*, que cobriu a superfície da uva, sugando a água e concentrando o açúcar dentro dela. Na época, um famoso consumidor, o Czar da Rússia, apreciou o vinho a tal ponto que ofereceu um preço muito mais alto que o oferecido para outros vinhos brancos que previamente encomendara. A partir daí, o fungo *Botrytis cinerea* passou a ser chamado de "podridão nobre" e os vinhos doces entraram em moda.

Na região, sabe-se que as névoas da manhã, vindas do pequeno rio Ciron, no outono, forneciam a umidade e o sol fornecia o calor de que o fungo necessitava para se desenvolver nas uvas maduras. O fungo se alimentava das uvas, sugando toda a água, até que os bagos estivessem ressecados e feios, mas cheios de suco inteiramente doce.

Ocorre que esse grande vinho doce não pode ser feito todos os anos. Em muitas colheitas, a combinação crucial de umidade e calor simplesmente não ocorre. Às vezes, o sol não brilha e, frequentemente, as chuvas de outono chegam cedo demais, impedindo os catadores de colher todas as uvas. Além disso as uvas podem não apodrecer de maneira uniforme. As propriedades importantes fazem passadas de cinco a dez vezes, colhendo uvas com alto grau de maturação e grande concentração de açúcar, com teor alcoólico em potencial de 20% vol. As leveduras responsáveis pela fermentação, contudo, só podem operar até mais ou menos 13% vol. e 14% vol.; a partir daí, morrem. Então, qualquer açúcar não fermentado é pura doçura balanceada por uma acidez natural. Esse processo lento e tortuoso tem seu preço. Aqueles que preferem esse tipo de qualidade devem estar preparados para pagar o alto custo.

Sauternes é a *appellation* geral para um grupo de vilas no sul da região de Graves. As principais vilas são Sauternes, Bommes, Preignac e Barsac.

A uva mais importante é a Sémillon, que confere ao vinho um toque rico de lanolina, enquanto a Sauvignon Blanc acrescenta acidez e frescor. Ambas são suscetíveis à podridão nobre. Há um pouco de Muscadelle, que é bastante útil pelo seu destacado perfume.

Há várias outras áreas nas vizinhanças, menos favorecidas, mas ainda afetadas pela podridão nobre nos melhores anos. A qualidade não é tão alta, mas certas regiões, como Cérons, Loupiac e St.-Croix-du-Mont, oferecem excelentes vinhos doces nas colheitas em que a podridão nobre se espalha por todo o vinhedo.

Classificação de Sauternes (1855)

Premier Cru Supérieur

Château d'Yquem

Premiers Crus

Tour Blanche (La)
Climens
Lafaurie-Peyraguey
Guiraud
Haut-Peyraguey
Rieussec
Rayne-Vigneau (De)
Rabaud-Promis
Suduiraut
Sigalas-Rabaud
Coutet

Deuxièmes Crus

Myrat
Nairac
Doisy-Daëne

Caillou	Romer du Hayot
Doisy-Védrines	Filhot
Suau	Lamothe
Doisy-Dubroca	Broustet
Malle (De)	Lamothe-Guinard
Arché (D')	

Foto 44. Château D'Yquem e rótulo do famoso vinho de Sauternes.

Existem também vários outros châteaux que não foram classificados em 1855, muitos dos quais agora são excelentes e com preços adequados. Entre eles, destacam-se Bastor-Lamontagne, Gilette, Raymond-Lafon e St.-Amand.

OUTROS VINHOS DE BORDEAUX

Por suas dimensões, Bordeaux pode ser considerada a maior região produtora de vinhos do mundo. São mais de 115 mil hectares de parreiras, área quase equivalente, por exemplo, à área total de vinhedos da Austrália.

Os vinhos mais conhecidos de Bordeaux, cujos preços nos desencorajam, são os Crus Classés do Médoc, Graves, Sauternes e Barsac, Saint-Émilion e os justamente alardeados vinhos topo de Pomerol. No entanto, esses vinhos respondem somente por cerca de 3% da produção de Bordeaux, apesar de polarizarem as atenções da mídia internacional. Além disso, toda a produção dessas regiões famosas representa um terço da produção total de Bordeaux.

A produção média anual supera 700 milhões de garrafas, dos quais 80% são de tintos. Muitos produtores de Bordeaux preferem trabalhar uvas tintas porque o preço do Bordeaux tinto básico tem se mantido razoavelmente alto, enquanto um Bordeaux branco tem demorado a dar retorno aos enormes investimentos necessários para produzir vinhos de acordo com os padrões modernos.

Todas as regiões afastadas das principais *appellations* têm alguns bons locais com bons produtores. É o caso de Fronsac, Canon Fronsac, Côtes de Bourg, Côtes de Blaye e Entre-deux-Mers. Atualmente, países que fazem parte do chamado Novo Mundo, como Austrália, Chile e Argentina, têm produzido vinhos de qualidade igual ou superior aos dessas regiões, e que são oferecidos por preços mais atraentes. Essa é uma das razões pelas quais vinhos dessas regiões são pouco disponíveis no Brasil.

SUDOESTE DA FRANÇA

O Sudoeste da França abrange todas as regiões vinícolas desse quadrante do país, com exceção da mais importante delas, Bordeaux, que se destaca em razão de seu *status*. Esse grupo de regiões vinícolas pode ser dividido, *grosso modo*, naquelas que efetivamente são continuação de Bordeaux, com variedades de uvas e estilos bordaleses de vinho, e as outras, mais ao sul e a leste, que têm sua própria identidade. Todas elas, no entanto, são mais ou menos influenciadas pelo oceano Atlântico, em vez do mar Mediterrâneo, e tendem a ter corpo de leve a médio, como em Bordeaux.

Na primeira categoria, nas imediações de Bordeaux, estão Bergerac (e seus enclaves Monbazillac, Pecharmant e Montravel) e Côtes de Duras. Côtes du Marmandais, Buzet e Cahors elaboram vinhos mais encorpados.

- Bergerac fica a 48 quilômetros a leste de Saint-Émilion, subindo o rio Dordogne. Seus tintos são geralmente mais concentrados, mas sem o toque de acidez do básico de Bordeaux. Os brancos são secos e geralmente bons. A área dos brancos doces mais destacada de Bergerac é Monbazillac, que usa as mesmas uvas de Sauternes (Sémillon, Sauvignon Blanc e Muscadelle). O fungo *Botrytis* visita os

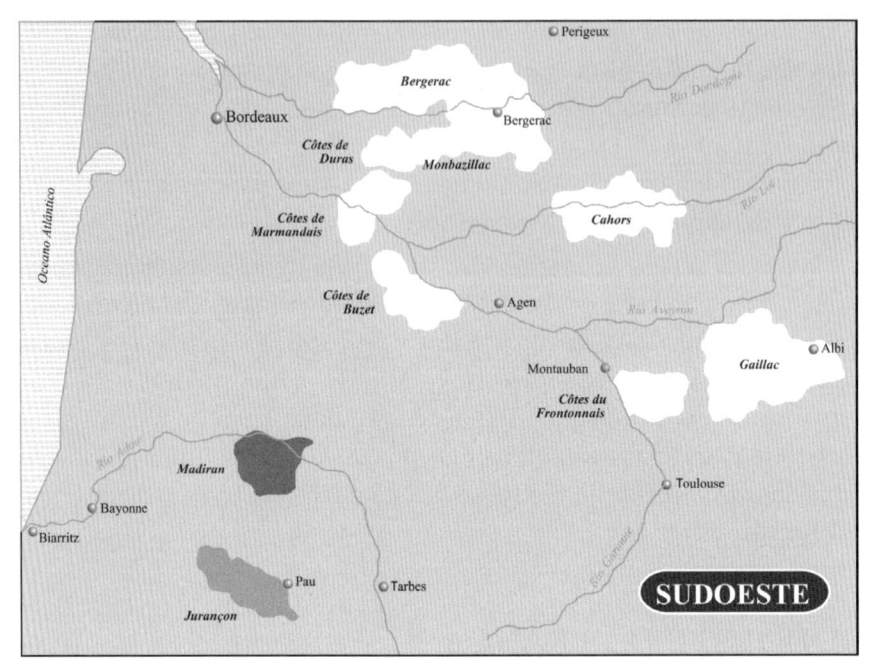

Mapa 5. Sudoeste da França.

vinhedos, mas não com tanta frequência como ocorre em Sauternes: nos anos em que isso ocorre, alguns vinhos de Monbazillac podem ser ótimas compras.

- Côtes de Duras é uma *appellation* entre os rios Garone e Lot, fazendo divisa com a região de Entre-deux-Mers, e produz tintos leves, geralmente atraentes, e bons brancos de Sauvignon Blanc.
- Cahors, no rio Lot, é uma região que só produz tinto. Em vez de acompanhar a receita-padrão de Bordeaux de variar as proporções de Merlot com as duas Cabernet, Cahors dedicou-se a uma variedade, considerada menos importante em Bordeaux, a Malbec (aqui chamada Cot), apoiando-a mais ou menos na Merlot, pois a Cabernet Sauvignon não amadurece de modo confiável nessa região. O resultado tem dado bons tintos.

Afastadas da região de Bordeaux, encontram-se as *appellations* Gaillac, Côtes de Frontonnais e Madiran.

- Madiran é considerado por apreciadores o melhor tinto do Sudoeste. De cor intensa, tem um sabor estranhamente mal definido. O equilíbrio é, geralmente excelente; no entanto, a fruta é dominada por uma ligeira aspereza de maçã verde. Isso se deve ao uso da variedade local Tannat (cujo nome, supõe-se, deriva do conteúdo de tanino, que "amarra" a boca), que é cortada com a Cabernet Sauvignon e a Cabernet Franc. A região tem produzido interessantes vinhos varietais de Tannat. O uso de barris de carvalho novo está aumentando, o que significa que os vinhos vão amadurecer melhor.

O grande vinho branco do Sudoeste é feito em Jurançon, nas verdes colinas aos pés dos Pireneus Ocidentais, ao redor da cidade de Pau, não longe da cidade de Lourdes. É elaborado com as uvas locais: Gros Manseng e Petit Manseng, podendo ser seco ou doce (indicado em francês por *moelleux*). A uva fica secando na videira até ficar como passa.

Borgonha

12

A Borgonha é uma região que compreende uma longa e estreita faixa de terra em direção ao sul, a partir de Dijon, pelo vale do rio Saône. Embora muitos pensem que a região seja sinônimo da Côte d'Or, a Borgonha inclui também a Côte Chalonnaise e o Mâconnais, ao sul; e as sub-regiões bem distribuídas de Beaujolais – ainda mais ao sul, quase atingindo os subúrbios de Lyon – e Chablis, com um pouco de vinhedos ao nordeste, abaixo de Paris.

As principais uvas da Borgonha são a branca Chardonnay, relativamente adaptável e de fácil manuseio, e a tinta Pinot Noir, delicada e exigente, com comportamento diferente de qualquer outra grande uva. Não fosse pelo fato de a Pinot Noir poder, ocasionalmente, produzir vinhos inigualáveis, a uva local Gamay domina há muito tempo os vinhedos, pois requer menos trabalho para elaborar seu vinho. A Gamay somente goza de certa fama no Mâconnais e em Beaujolais.

A Côte d'Or é uma área pequena e, no entanto, tem muitos nomes famosos espremidos dentro de seus estreitos limites. Eles estão de forma muito regular somente nas partes central e superior da região. A maioria das importantes vilas de lá tem nomes com hífen, como Gevrey-Chambertin, Chambolle-Musigny e Puligny-Montrachet. A primeira palavra é o nome original da vila; a segunda é o nome de seu mais famoso vinhedo, que é acrescentado ao da vila para se beneficiar do prestígio desse vinhedo. A elite desses vinhedos constitui os Premiers Crus e os que integram a nata da elite são cultuados como Grands Crus. Eles não precisam usar o nome da vila no rótulo, mas não podem impedir a vila de usar seu nome com hífen em vinhos de menor qualidade. Os Grands Crus da Borgonha, incluindo o Chambertin, Romanée-Conti e Le Montrachet, estão entre os vinhos mais famosos do mundo. São produzidos em minúsculas quantidades, e por eles há uma demanda insaciável; os preços são muito altos e, mesmo assim, forma-se fila para adquiri-los.

Mapa 6. Região de Borgonha.

CLASSIFICAÇÃO

A Borgonha classifica seus vinhos em diferentes níveis. O vinho mais básico (Bourgogne Rouge ou Blanc) vem de vinhedos do vale inferior e úmido da Côte d'Or. Já as *appellations* regionais mais específicas abrangem várias vilas e têm nomes como Côte de Beaune-Village ou Hautes-Côtes de Nuits.

Os vinhos de vilas são sensivelmente melhores. Qualquer vinho de determinada vila que não tenha o direito a uma classificação mais alta contenta-se em ostentar o nome da vila.

Os Grands Crus são o topo dos vinhedos e podem omitir o nome da vila no rótulo. Já os Premiers Crus são o segundo degrau a partir do topo da escada e também produzem alguns dos melhores vinhos da região.

ORGANIZAÇÃO

À medida que a produção de vinhos na Borgonha se desenvolveu, sob a tutela da Igreja, tornou-se claro que a escolha da variedade de uvas que poderia produzir bons vinhos no seu solo era limitada. Percebeu-se também que a região, mais que qualquer outra da França, é o local do *terroir*, sabor específico dado a um vinho pelo lote de terra do qual ele provém. As condições de tempo podem variar enormemente de encosta para encosta e os solos podem ser diferentes de um lado e do outro. Essa compreensão da individualidade das vilas e vinhedos da Borgonha ficou evidente já há alguns séculos e levou a uma divisão da região em pequenas unidades de vilas e de vinhedos. A fragmentação dos vinhedos implica vários proprietários para uma mesma parcela, cada um deles com suas próprias videiras; bem diferente de Bordeaux, onde a maioria das famosas propriedades é grande e centrada em um imponente château, de um único proprietário. O terreno classificado para as melhores *appellations* da Borgonha é tão valioso que raramente sai da família e é geralmente parte de um complexo sistema de herança, que exige que toda a propriedade seja compartilhada com cada filho. A Borgonha tem, mais ou menos, 10 mil produtores compartilhando 40 mil hectares de vinhedos, cultivando, em média, quatro hectares cada. Essa enorme fragmentação faz que um *domaine* (termo local que significa château) tenha uma série de pequenas áreas espalhadas pelos arredores, cada uma delas vinificando em separado. É, portanto, comum um *domaine* ter diferentes vinhos, que recebem o nome e a classificação de onde provêm. Cada um desses vinhos, por menor que seja sua produção, tem de ser feito e comercializado separadamente. Tanto cuidado e mão de obra têm seu custo e, por isso, é difícil encontrar um grande vinho da Borgonha a preço de oferta.

As pequenas quantidades disponíveis de cada produtor levaram ao surgimento dos *négociants-éleveurs*, comerciantes que compram os vinhos, amadurecem e misturam. Eles cortam, por exemplo, três barris de Mersault do produtor A com dois barris do produtor B, fazendo um *cuvée* (conteúdo de uma cuba) suficiente de Mersault para vender ao público, com seu próprio nome. Alguns *négociants* são inevitavelmente mais competentes e escrupulosos que outros e, por isso, seu nome é fundamental na escolha de um vinho da Borgonha. A palavra *maison* precede geralmente um vinho de *négociant*.

Esse quadro que apresentamos da Borgonha é bastante simplificado, mas mostra como pode ocorrer tamanha variação na qualidade e no preço de seus vinhos.

CHABLIS

É a parte norte da Borgonha, uma pequena região localizada nas colinas onde o rio Serein atravessa a cidade de Chablis. A cidade fica a duas horas de automóvel de Paris, e é o protótipo de uma cidade provinciana francesa. Possui um punhado de bares; somente uma placa ocasional, "Vin à Emporte", em uma casa que fica na frente de uma longa colina inclinada coberta de vinhedos, permite perceber que estamos no local onde se pode encontrar, sem sombra de dúvidas, um dos melhores vinhos brancos do mundo.

Feito exclusivamente com a Chardonnay, o Chablis deve ser muito seco, mas um pouco amanteigado. O que influencia o estilo Chablis é, em primeiro lugar, a localização dos vinhedos e, depois, o método de vinificação. O verdadeiro Chablis vem de um grupo relativamente pequeno de vinhedos, cujo solo é de um calcário especial, mas existem vinhedos, em solo de calcário mais argila, que produzem bons Chablis. Quanto ao método de vinificação, os Chablis básicos são vinificados em concreto e aço inoxidável, e seu frescor exige que seja bebido tão jovem quanto possível. Alguns produtores, após a fermentação em aço inoxidável, passam o vinho por breve amadurecimento em barris de carvalho, para lhe conferir um sabor de baunilha. Um pequeno número vinifica e amadurece seus Chablis em barris de carvalho novo.

Os vinhedos verdadeiramente bem localizados, todos nas encostas íngremes voltadas para o sudoeste, sobre a pequena cidade de Chablis, são classificados como Grands Crus e são os responsáveis pela reputação dos vinhos de Chablis. Existem vinhedos em bons locais, que representam cerca de 25% da produção de Chablis e foram classificados como Grands Crus.

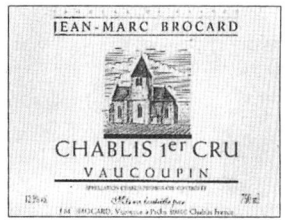

Chablis

Grands Crus	
Blanchot	Montée de Tonnerre
Bougros	Mont de Milieu
Clos (Les)	Vaucoupin
Grenouilles	Les Fournaux
Preuses (Les)	Beauroy
Valmur	Côte de Léchet
Vaudésir	Vaillons (Les)
	Mélinots
Premiers Crus	Montmains
	Vosgros
Fourchaume	Vaudevey

Em determinadas colheitas particularmente bem-sucedidas, os Premiers Crus podem desenvolver-se tão bem quanto um Grand Cru.

Não é frequente que uma cooperativa domine uma área de vinhos bons, mas isso ocorre em Chablis: La Chablisienne é de longe a maior produtora da região.

Principais produtores	
Château de Maligny	Jean-Paul Droin
Cooperativa Chablisienne	Joseph Drouhin
Domaine Laroche	Louis Michel
François Raveneau	Pinson
Guy Robin	Vocoret
Jean Dauvissat	William Fèvre
Jean-Marc Brocard	

CÔTE D'OR

A Côte d'Or é geralmente traduzida como "encosta dourada", uma associação que pode ser feita imediatamente, graças aos altos preços que seus vinhos alcançam. Na verdade, porém, o nome do glamouroso centro da Borgonha é uma abreviação de "Côte d'Orient", que significa "encosta do oriente". Os melhores vinhedos de lá situam-se ao longo de uma faixa estreita, voltada para o sudoeste, para maximizar sua exposição ao sol.

A Côte d'Or abrange, como parte norte, a Côte de Nuits (nome devido à cidade de Nuits-Saint-Georges) e, como parte sul, a Côte de Beaune (devido à cidade de Beaune).

Os vinhedos de cada vila, com potencial para produzir vinhos notadamente superiores, foram classificados como Premiers Crus no final do século XIX, como resposta à Classificação de 1855 de Bordeaux. Os trinta melhores desses vinhedos da Borgonha, no começo do século XX, foram reconhecidos como Grands Crus.

Côte de Nuits

A Côte de Nuits, extremidade norte da Côte d'Or, é quase totalmente dedicada à produção de vinho tinto. Contém alguns dos mais famosos vinhedos da Borgonha, que são esquematizados a seguir, conforme a vila a que pertencem:

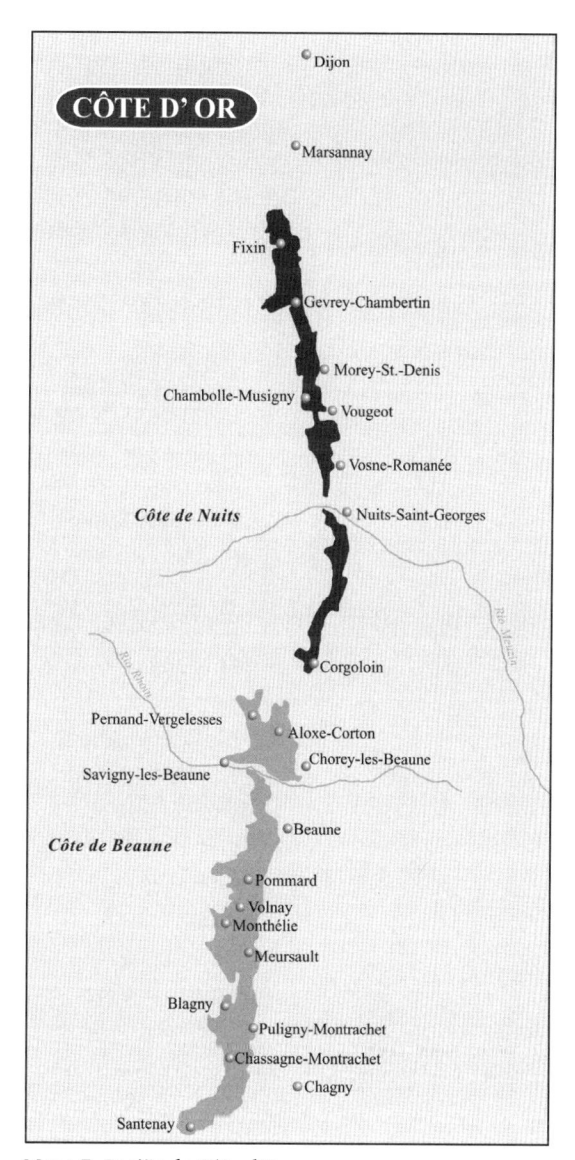

Mapa 7. Região de Côte d'Or.

Côte de Nuits

Vila	Grand Cru	Premier Cru
Gevrey-Chambertin	Chambertin	Clos St. Jacques
	Chambertin Clos-de-Bèze	Clos Varoilles
	Chapelle-Chambertin	Lavault
	Charmes-Chambertin	Cazetiers (Les)
	Griotte-Chambertin	
	Latricières-Chambertin	
	Mazis-Chambertin	
	Ruchottes-Chambertin	
Morey-St.-Denis	Bonnes Mares (parte)	Bussière (La)
	Clos des Lambrays	Clos de Ormes
	Clos de la Roche	Ruchots (Les)
	Clos St.-Denis	Genevrières (Les)
	Clos de Tart	
Chambolle-Musigny	Bonnes Mares (parte)	Amoureses (Les)
	Musigny (Le)	Charmes (Les)
		Sentiers (Les)
Vougeot	Clos de Vougeot	
Vosne-Romanée	Échézeaux	Beaux-Monts
	Grande Rue (La)	Clos des Réas
	Grands-Échézeaux	Malconsorts
	Romanée (La)	Suchots (Les)
	Tache (La)	
	Richebourg	
	Romanée-Conti	
	Romanée-St.-Vivant	
Nuits-Saint-George		Arguillères (Les)
		Bousselots (Les)
		Cailles (Les)
		Aux Chaignot
		Clos l'Artot
		Maréchale
		Pruliers (Les)
		Saint-George (Les)
		Vaucrains (Les)

- Há mais de mil anos, Gevrey é famosa por seus vinhos, e sua fama deve-se ao fato de a vila ter oito Grands Crus. Dois deles, Chambertin e Chambertin Clos-de-Bèze, estão entre os melhores vinhos tintos do mundo.

- Morey-St.-Denis é a menos famosa das vilas da Côte de Nuits, mas sempre se destaca por apresentar uma boa relação qualidade/preço para seus vinhos. A área de vinhedos é relativamente pequena, mas tem quatro Grands Crus e parte de um quinto.

- A vila de Chambolle-Musigny tem a reputação de produzir o mais leve, o mais aromático e o mais delicado dos vinhos da Borgonha.

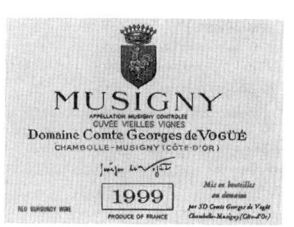

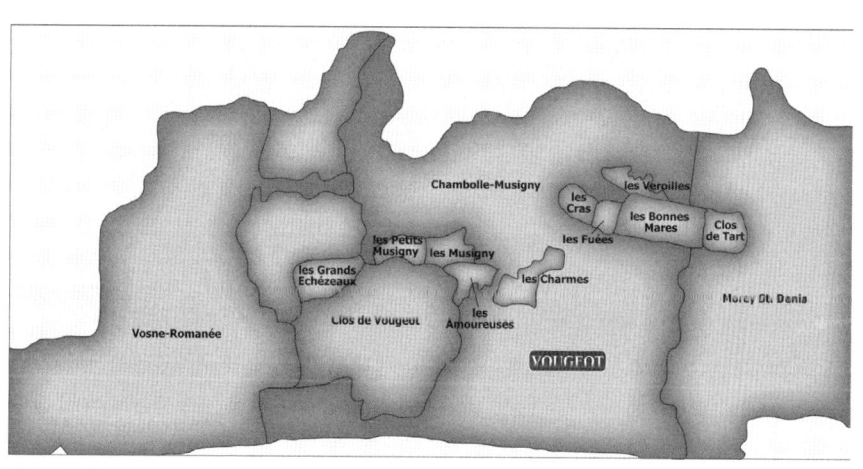

Mapa 8. Vougeot.

- A vila de Vougeot é completamente dominada pelo seu Grand Cru Clos de Vougeot, de uns vinhedos murados, justificando o nome de Clos (fechado), de 50 hectares, que, para muitos é o símbolo da Borgonha. Mais de oitenta produtores compartilham esse enclave e, aqui, acima de tudo, o nome do produtor é fundamental. O château em Clos de Vougeot é sede da confraria Chevaliers du Tastevin, uma organização de relações muito bem-sucedida, fundada para promover os vinhos da Borgonha.

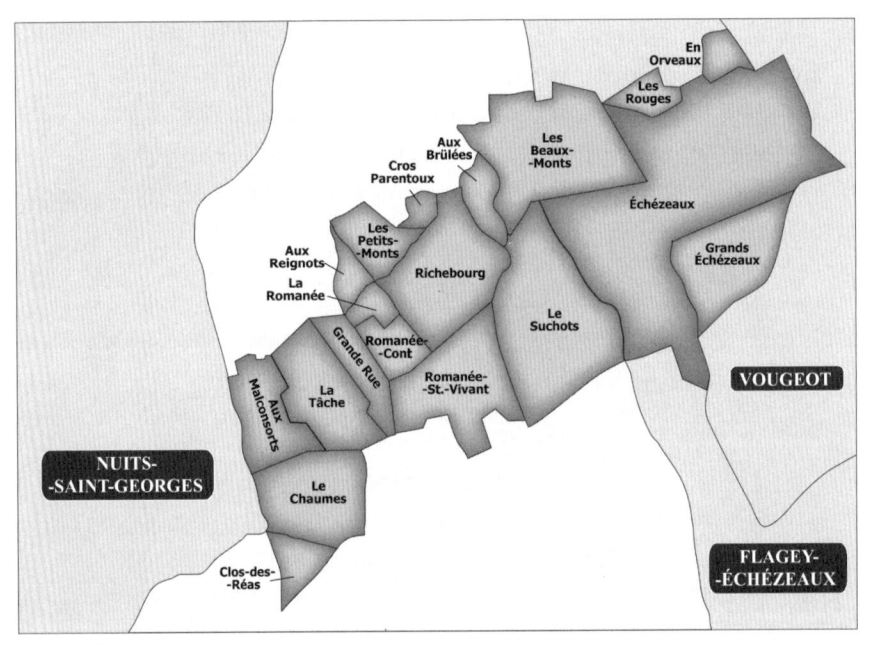

Mapa 9. Vosne-Romanée.

- A melhor vila de Côte de Nuits é Vosne-Romanée, e seus vinhedos são considerados o topo dos tintos da Borgonha. Os Grands Crus de Vosne-Romanée são os mais conhecidos da Borgonha e vendidos por um preço jamais alcançado por qualquer outro vinho tinto do mundo, exceto pelo Château Pétrus, em Bordeaux. O Romanée-Conti é um vinhedo de apenas 1,8 hectare, capaz de produzir um vinho brilhantíssimo. Integra o famoso Domaine Romanée-Conti (DRC), que toma o nome de seu mais famoso vinhedo, mas possui umas das melhores coleções de *terroir* da Borgonha. Vizinho do Romanée-Conti, o La Tache é um Grand Cru maior, com pouco mais de 6 hectares. Possui também grande parte de Richebourg, Romanée-Saint-Vivant, Grands Échézeaux, Échézeaux e um bom pedaço do famoso vinhedo de uvas brancas Le Montrachet. O nome Romanée era usado para o terreno desde a metade do século XVII, talvez devido ao fato de ter sido um acampamento romano. Ao longo dos anos foi comprado e vendido por diferentes proprietários, até ser adquirido pelo príncipe de Conti, da família real francesa, que anexou seu nome ao do vinhedo. Foi confiscado na época da Revolução Francesa e posteriormente vendido. Após passar por vários proprietários foi adquirido em 1942 pelos antepassados dos atuais proprietários, de Villaine e Leroy, em partes iguais.

Foto 45. Vinhedos do Domaine Romanée-Conti.

O solo da DRC se compõe de uma camada de terra com uma proporção de argila de 45% a 50%, de somente 60 centímetros de profundidade, misturada com muitas pedras calcáreas. Quando necessário esse solo possui a capacidade de se drenar, devido ao calcário, ou oferecer a retenção de água, graças à argila. O cuidado do solo é uma das questões centrais da DRC. O cultivo perfeccionista das vinhas, rendimentos mínimos (a média de muitos anos é de 25 litros/a) e a obsessão por detalhes de vinificação se uniram nessa propriedade. A preocupação central reside na conservação das condições da natureza, insubstituivelmente valiosas. A opção por ser vinhedo orgânico foi natural. Logo após a Segunda Guerra Mundial os vinhedos da Borgonha tiveram muitos problemas – entre 1946 e 1951 não houve safra na propriedade –, e o uso de tratores, fertilizantes químicos e pesticidas pareciam ser a solução mais moderna. Aos poucos, porém, entendeu-se que isso não era progresso, mas sim atraso. Já a adoção da biodinâmica, um respeito ainda maior aos mecanismos naturais, foi um caminho natural, como atenção ao movimento da lua e assim por diante. Atualmente a DRC tem uma equipe permanente de 25 funcionários no campo que usam tração animal no tratamento do solo. Consideram que a maneira de lidar com um *terroir* perfeito é a menor interferência possível. Dois bons exemplos da influência do *terroir* no vinho encontram-se em dois vinhedos: o Grand-Échézeaux e o Échézeaux. Mesmo sendo vizinhos, o solo de Échézeaux possui muitas pedras, enquanto o de Grand-Échézeaux possui solo mais profundo, em cuja superfície nunca se encontram pedras. Os vinhos que resultam de cada um desses solos têm personalidades completamente diferentes.

O alto custo dos vinhos do DRC é explicado pela reduzida produção diante de uma procura superlativa. Para o DRC a pequena produção não vai se alterar nunca; ela é determinada pelo tamanho do vinhedo. Como exercem uma extraordinária atração sobre os colecionadores de todo o mundo, parece que seus vinhos transcendem as variações de colheita – nem se levam em conta as declarações dos proprietários de que seus vinhedos não são invulneráveis ao mau tempo e às condições climáticas adversas e que, por isso, há boas e más colheitas.

- Finalmente, Nuits-Saint-Georges oferece excelentes vinhos, provenientes de uma série de produtores. Não tem Grands Crus, mas tem alguns Premiers Crus muito bons.

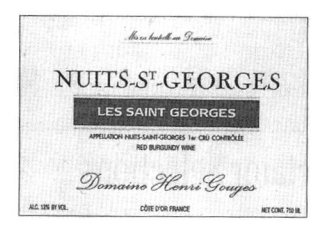

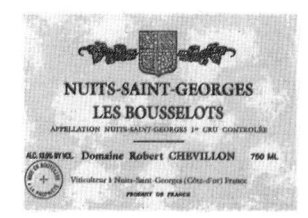

Côte de Beaune

A Côte de Beaune é mais bem dividida entre vinhos tintos e brancos do que a Côte de Nuits. Tem poucos vinhedos famosos de vinho tinto, o que não se pode dizer em relação aos brancos. A discussão sobre qual das regiões vinícolas do mundo produz o melhor tinto pode ser eterna, mas, quando o assunto se volta para os brancos secos, pouco se tem a discutir. Considerando os brancos de Chablis e os da Côte de Beaune, pode-se afirmar que nenhuma outra região, fora da Borgonha, conseguiu produzir uma série de brancos secos imediatamente aprazíveis quando jovens e que podem durar vinte ou mais anos.

Os famosos vinhedos da Côte de Beaune podem ser assim esquematizados:

Côte de Beaune

Vila	Grand Cru	Premier Cru
Aloxe-Corton	tinto Corton (parte)	Chaillots (Las)
	branco Corton-Charlemagne (parte)	Maréchaude
		Mei
		Vergennes
Beaune (tintos)		Avaux (Les)
		Bressandes
		Cent Vignes
		Clos du Roi
		Marconnets
		Teurons (Les)

Vila	Grand Cru	Premier Cru
Pommard (tintos)		Boucherottes
		Épenots (Les)
		Rugiens (Les)
Volnay (tintos)		Caillerets
		Clos Chênes
		Santenots
		Taillepieds
Mersault (brancos)		Bouchères
		Charmes (Les)
		Genevrières
		Goutte d'Or
		Blagny
		Perrières (Les)
		Pourozot (Le)
Puligny-Montrachet (brancos)	Montrachet (Le) (parte)	Combettes (Les)
	Bâtard-Montrachet (parte)	Pucelles (Les)
	Chevalier-Montrachet	Folatières (Les)
	Bienvenues-Bâtard--Montrachet	Pucelles (Les)
		Clavoilon (Le)
Chassagne-Montrachet (brancos)	Montrachet (Le) (parte)	Les Ruchottes
	Bâtard-Montrachet (parte)	Morgeot
	Criots-Bâtard-Montrachet	Chenevouttes

- A primeira vila da Côte de Beaune é Pernand-Vergelesses, ao norte da cidade de Beaune, situada em uma ladeira, onde todas as ruas parecem ser encostas. Após uma igreja de torre pontiaguda e coberta de telhas amarelas e pretas dispostas em ziguezague, sobe-se uma encosta lateral e chega-se ao Domaine Bonneau du Martray. Essa ladeira é a mais conhecida da Côte de Beaune, chamada colina de Corton, e se divide com a vizinha Aloxe. Nela ficam os vinhedos onde se produz o prestigiado branco Corton-Charlemagne, que leva o nome do imperador Carlos

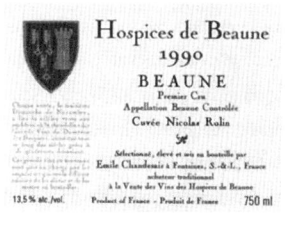

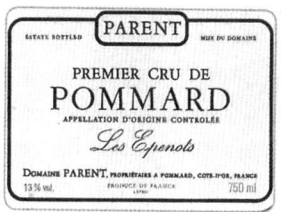

Magno. A maioria dos vinhedos adjacentes é mais adequada para produzir tintos, porém na parte mais alta a argila repentinamente se encontra misturada com alta porcentagem de calcário, o que torna o solo ideal para a Chardonnay. Nesse solo, um total de 72 hectares, quem planta e colhe Chardonnay pode rotular seus vinhos como Corton-Charlemagne. De acordo com o folclore local, o imperador, no século IX, possuía ali um vinhedo de tintos e mandou plantar uvas brancas em resposta às reclamações de sua mulher, que considerava indignas as manchas de vinho que ficavam em sua barba. Inicialmente, foram plantadas outras variedades de brancas e, somente quando se introduziu a Chardonnay, a reputação imperial do vinho confirmou-se.

Os vinhos dessa vila são, contudo, predominantemente tintos e raramente atingem o padrão dos melhores vinhos de vila da Borgonha.

- A vila de Aloxe-Corton tem o único Grand Cru tinto da Côte de Beaune (Le Corton), bem como parte do famoso Grand Cru branco (Corton-Charlemagne).
- A vila de Beaune é a maior *appellation* da região e uma das mais confiáveis para o consumidor. Produz uma série muito representativa de vinhos, a maioria deles fornecida pelos *négociants* e frequentemente fáceis de encontrar. Beaune é centro do comércio e uma cidade relativamente grande, com a maior quantidade de vinhedos da Côte d'Or e com muitas atrações. A maior delas é o Hospices de Beaune, um antigo hospital de caridade (*hôtel-dieu*), que teve sua construção iniciada em 1443 pelo duque de Borgonha. A renda para a manutenção do hospital deveria vir da venda de vinhos dos vinhedos que o cercavam. É um magnífico edifício, com teto em estilo flamengo, todo desenhado com figuras geométricas, que funcionou como hospital até fins da década de 1940. Os vinhos com o

Foto 46. Prédio do Hospices de Beaune, construído no século XV.

rótulo Hospices de Beaune têm muito prestígio e, até hoje, é famoso o leilão de vinhos que se realiza no terceiro domingo de novembro, após a colheita. Esse leilão aporta considerável quantia de dinheiro em benefício coletivo dos hospitais da região.

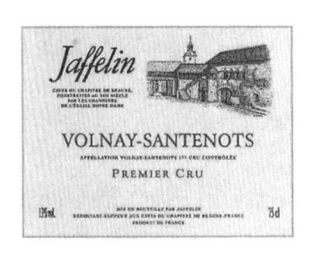

- As vilas de Pommard e Volnay não têm Grands Crus, mas existem bons produtores que trabalham seus Premiers Crus.
- Em Mersault, finalmente, os vinhos brancos dominam os tintos com, de longe, a maior produção de brancos do que qualquer outra vila da Côte d'Or. O calcário estende-se numa faixa larga, atravessando o meio dos vinhedos em encostas. O resultado são vinhos com um amanteigado que enche a boca, com gosto de nozes, às vezes até com gosto de pêssego e mel. Eles caracterizam o grande branco da Borgonha: é delicioso e, mesmo assim, totalmente seco. Apesar de não possuir Grands Crus, Mersault tem excelentes Premiers Crus no sul da vila.

- Em Puligny encontra-se todo o brilho que a Chardonnay da Borgonha representa. Os melhores vinhedos estão na parte superior da colina, enquanto os outros ficam na parte inferior, em direção à vila. O melhor Grand Cru da vila, Le Montrachet, origina um branco incomparável; mostra de maneira perfeita que palavras simples, como mel, nozes, cremoso, defumado e todo o resto, não servem para definir um vinho branco que parece combinar toda fruta madura com um sabor picante seco que deixa o céu da boca agitado e a mente surpreendida. É considerado o melhor vinho branco seco da França, podendo durar dez ou mais anos; seu único problema é o preço. Há vários outros Grands Crus, menos famosos, mas também excelentes.

- Apesar de possuir uma parte do ótimo vinhedo de Le Montrachet, a vila de Chassagne tem somente 40% de sua produção em vinhos brancos; o restante é de tintos.

Principais *négociants*	
Albert Bichot	La Reine Pedauque
Antonin Rodet	Labouré-Roi
Bouchard Père & Fils	Louis Jadot
Champy Père & Fils	Louis Latour
Domaine Laurent	Olivier Laflaive
Faiveley	Patriarche Père & Fils
Jaffelin	Verget
Joseph Drouhin	

Principais produtores	
Alain Michelot	Jacques Cadreux
Albert Morot	Jean Grivot
Antonin Guyon	Jean-Marc Boillot
Bernard Morey	La Roche
Château de Chambolle-Musigny	Méo-Camuzet
Château de Pommard	Patrice Rion
Clerget	Ponsot
Comte Georges de Vogue	Ramonet
Comtes Lafon	René Engel
Domaine de la Romanée-Conti	Robert Armoux
Domaine Leflaive	Robert Chevillon
Ferret	Robert Groffier
Henri Gourges	Vincent Girardin

Côte Chalonnaise

Imediatamente ao sul dos vinhedos que produzem os grandes vinhos brancos da Côte de Beaune, fica a Côte Chalonnaise, que tem esse nome devido à sua principal cidade, Chalon-sur-Saône.

Diferentemente da compactação dos vinhedos da Côte d'Or, os vinhedos da Côte Chalonnaise estão geograficamente isolados uns dos outros, espalhados ao longo das numerosas encostas entre Chagny, um pouco abaixo da extremidade sul da Côte de Beaune, e Montagny, mais ou menos 24 quilômetros ao sul. Eles estão mais expostos aos ventos predominantes do oeste do que os vinhedos da Côte d'Or, o que mantém a temperatura mais baixa. As uvas são basicamente a Pinot Noir, que, geralmente, produz tintos bastantes secos, e as brancas Chardonnay e Aligoté, cujos vinhos são bem melhores. O solo calcáreo amplamente encontrado é bom para uvas brancas, assim como as altas altitudes de alguns vinhedos e a temperatura surpreendentemente baixa. Os vinhos de Chardonnay apresentam-se bem melhor quando são envelhecidos em barricas de carvalho, adquirindo um sabor suave de baunilha.

Como os preços dos vinhos mais conhecidos da Borgonha saltaram para muito além do alcance das posses da maioria das pessoas, os vinhos da Côte Chalonnaise têm conseguido mercado em todo o mundo. Ela possui as seguintes *appellations*:

- Bouzeron é a vila mais ao norte da Côte Chalonnaise, conhecida principalmente por utilizar a uva Aligoté na elaboração de um branco seco cortante e, no entanto, amanteigado. Um dos proprietários da DRC, da Côte d'Or, está fazendo aqui o melhor branco com essa uva.
- Rully, vizinha da Bouzeron, é um dos centros produtores de espumantes da Borgonha, conhecidos como Crèmant de Bourgogne.
- Mercurey é a próxima vila ao sul e produz mais da metade do total dos vinhos da região. É basicamente produtora de vinhos tintos, e alguns deles aproximam-se da qualidade dos tintos da Côte d'Or.
- Givry é uma área de vinhedos pequena, quase um subúrbio da cidade de Chalon-sur-Saône, sendo conhecida também por bons vinhos tintos.
- Montagny, na extremidade sul da Côte Chalonnaise, é dedicada à uva Chardonnay, e seus brancos secos representam uma excelente harmonização com a comida.

Principais produtores	
A&P de Villaine	J&F Raquilet
Antonin Rodet	Louis Latour
Domaine de la Grangerie	Luc Brintet
Domaine de Suremain	Vincent Girardin
Jean-Marc Boillot	

Mâconnais

A região do Mâconnais, que leva o nome de sua principal cidade, Mâcon, começa quase na divisa da Côte Chalonnaise e segue o rio Saône na direção sul, até encontrar-se com a divisa norte de Beaujolais.

No Mâconnais há uma bela concentração de brancos feitos basicamente da uva Chardonnay. É a maior produtora de brancos da Borgonha, elaborando quase a metade da produção total anual de toda a região. A maioria dos produtores locais tem se preocupado em mostrar que é perfeitamente possível produzir Chardonnay saborosos, ano após ano, por um preço que a maioria das pessoas pode pagar.

O nível básico é o Mâcon Blanc, geralmente um vinho branco que vai bem com a refeição, embora um tanto ácido. Já no Mâcon Blanc Villages percebem-se os sinais de mel, maçã e nozes, normalmente associados a um bom Chardonnay.

Os vinhedos de brancos Mâconnais, mais reputados, estão concentrados na extremidade sudoeste da região. A principal *appellation* é a Pouilly-Fuissé, que se tornou tão conhecida que alguns de seus vinhos alcançam preço maior que os de *appellations* da Côte d'Or. Seus produtores utilizam barricas de carvalho e estão comprometidos com a qualidade.

Principais produtores	
Antoine de Peyrache	Heritiers du Comtes Lafon
Domaine Ferret	Louis Jadot
Georges Duboeuf	Louis Latour
Guffens-Heynen	Pierre Ponnelle

Beaujolais

Elaborado na extremidade sul da Borgonha, o Beaujolais é o único vinho indiscutivelmente bem-sucedido feito exclusivamente da uva Gamay. Essa uva produz algo bastante sem graça na maioria das outras áreas da França, mas em Beaujolais pode produzir um dos vinhos mais suculentos e agradáveis que podemos encontrar. São vinificados pelo método da maceração carbônica, no qual os cachos de uvas são colocados inteiros numa cuba fechada, isenta de oxigênio. Introduz-se dióxido de carbono na cuba; as uvas incham, iniciando um processo de fermentação dentro da própria uva, que acaba arrebentando. As uvas, no fundo da cuba, são esmagadas naturalmente e tendem a seguir o processo normal de fermentação alcoólica. Como a fermentação se processa sem grandes contatos entre a casca da uva e o suco, o resultado é um vinho com sabor frutado, que extraiu pouco tanino – responsável pela longevidade do vinho. Daí a necessidade de

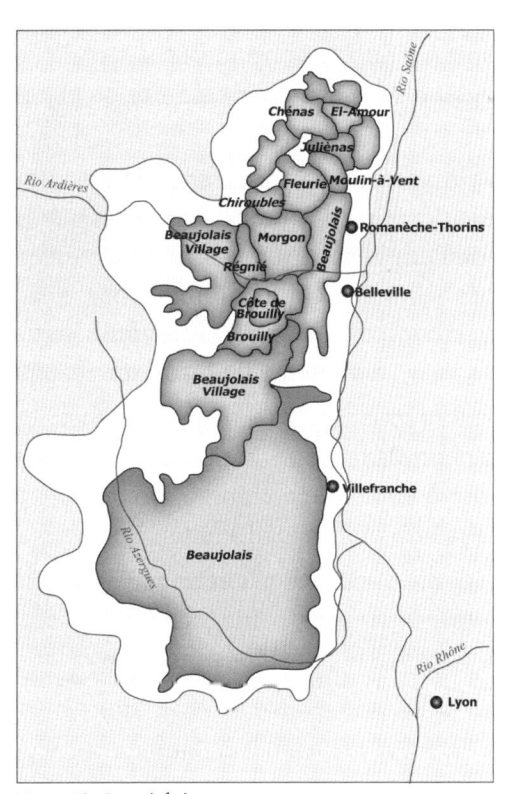

Mapa 10. Beaujolais.

ser consumido rapidamente. Deve também ser bebido ligeiramente resfriado.

Os vinhos de Beaujolais são classificados em três categorias:

- *Beaujolais Nouveau*: categoria dos vinhos básicos, é um incrível sucesso de *marketing*. Muitos, contudo, são chaptalizados, procurando-se apressar a fermentação, e, às vezes, são abruptamente estabilizados. O vinho deve ser liberado no mesmo ano em que as uvas são colhidas. É lançado no mercado à meia-noite da terceira quarta-feira de novembro, quando tem por volta de dois meses de idade, com grande propaganda. Geralmente, melhora depois de vários meses na garrafa – em um bom ano, pode chegar até agosto do ano seguinte.
- *Beaujolais-Villages*: é o nível seguinte, geralmente melhor que o básico. É elaborado em vinhedos de vilas, como Beaujeu, Lancié, Lantignié, Quincié e Chapelle-de-Guinday, próximas das colinas graníticas e ligeiramente onduladas, e que formam o centro-norte da região. São vinhos bem melhores, e o sabor, com bastante gosto de cereja, é mais marcante.
- *Beaujolais Crus*: são o topo da região e vêm das dez vilas mais importantes, que se concentram na parte norte da região. Todas têm em comum o solo granítico, em que a Gamay se expressa melhor, mas mostram diferenças climáticas e topográficas que conferem tipicidade a seus vinhos. São de baixa produção, têm maior concentração de fruta e alguma expectativa de guarda; a maioria é feita pelo método tradicional de vinificação. Esses vinhos podem causar ao comprador alguma confusão, porque raramente trazem no rótulo a palavra Beaujolais, indicando apenas a vila. Essas vilas são: St.-Amour, Juliènas, Chénas, Moulin-à-Vent, Fleurie, Chiroubles, Morgon, Régnié, Brouilly e Côte de Brouilly.

Georges Duboeuf, o maior *négociant* de Beaujolais, idealizou uma "aldeia de vinho virtual" nas proximidades da cidade de Romanèche--Thorins. Denominada Duboeuf em Beaujolais, permite realizar um extenso passeio, tanto pelas adegas como pelos pequenos vinhedos, havendo também exibições de filmes, museu do vinho, salas de degustação e, evidentemente, uma loja. É o local favorito dos turistas que visitam a região de Beaujolais.

Principais produtores	
Charmet	Labruyère
Chauvet	La Tour du Bief
Duboeuf	Sylvain Fessy
Jambon	Trichard

Vinhos genéricos da Borgonha

A Borgonha é uma região com muitos nomes famosos em um espaço bastante limitado. Em várias regiões, contudo, há vinhos que não se qualificam para esse *status* e têm de se contentar com uma classificação mais trivial.

Apesar de constituir o nível mais baixo de vinhos da Borgonha, eles não são baratos se compararmos com outros vinhos franceses.

- *Bourgogne Ordinaire*: é o degrau de baixo da escala de qualidade da Borgonha. Pode ser produzido por toda a região, a partir de praticamente qualquer uva cultivada na maioria dos vinhedos. A maioria dos tintos é baseada na uva Gamay. Na área de Yonnee utiliza-se também a César e a Tressot.
- *Bourgogne Passe-Tout-Grains*: é um produto bem superior ao anterior e pode apresentar uma deliciosa fruta de cereja fresca. Legalmente, deve ter dois terços de Gamay e um terço de Pinot Noir, mas às vezes encontra-se mais Pinot Noir no corte. Nos bons anos, é um tinto muito bom, perfumado, para se beber jovem, mas que também envelhece bem.
- *Bourgogne Aligoté*: é o segundo branco da Borgonha, feito com a uva Aligoté, que produz vinhos com bastante acidez. É considerado ideal para misturar com licor de frutas e fazer o coquetel Kir. Os brancos da uva Aligoté de Bouzeron, na Côte Chalonnaise, são os mais famosos.

- *Bourgogne Rouge*: é uma *appellation* com o objetivo de absorver o excesso de uvas de diferentes áreas da Borgonha. Porém, bons produtores da Côte d'Or, que vinificam uvas de vinhedos jovens, separadamente, podem ser uma boa opção, oferecendo um vinho para ser bebido jovem, entre dois e três anos. Deve-se tomar cuidado com ofertas baratas: na maioria das vezes são vinhos produzidos com superprodução de Pinot Noir e que podem ser muito ralos. Vindo de produtores menos reputados, qualquer tinto que não possa ser colocado dentro de uma *appellation* melhor recebe esse rótulo.

Alsácia e Loire 13

ALSÁCIA

A longa e estreita faixa de vinhedos situada no extremo nordeste da França, que constitui a Alsácia (*Alsace*, em francês), espalha-se entre as montanhas Vosges e o rio Reno, que separam a França da Alemanha. É um bonito enclave de vilas, a maioria protegida pelas montanhas Vosges, com casas de madeira, mais parecendo saídas de um conto de fadas. Durante uma parte de sua história, a Alsácia foi Elsass, território alemão de 1870 até a Primeira Grande Guerra e, depois, novamente durante a Segunda Grande Guerra. Os sobrenomes locais, as garrafas de vinho altas, verdes e delgadas refletem a influência alemã, assim como as variedades de uvas plantadas.

Os vinhos da Alsácia, em sua maioria, são feitos de uma variedade de uva. A indicação da varietal no rótulo é única para uma região de *appellation contrôlée* na França. Mas, diferentemente da Alemanha, a filosofia de produção de vinho na Alsácia é fermentar todo o açúcar da uva em álcool, resultando vinhos secos e encorpados, enquanto, na Alemanha, os vinhos são mais doces e mais suaves. Evitam-se deliberadamente o uso de carvalho novo e a conversão malolática, preferindo-se conservar os aromas frutados e diretos de cada variedade de uva. Essa acidez sumarenta, sem influência do carvalho, é recomendada para harmonizar com uma série de comidas.

A Alsácia é dividida em duas partes: a que produz os melhores vinhos situa-se no Haut-Rhine (Alto Reno), ao sul, totalmente protegida pelas montanhas Vosges, e a parte norte, o Bas-Rhine (Baixo Reno), produtora de grande parte dos vinhos básicos da região.

A maioria dos rótulos da Alsácia é simples de ler e traz escrito, em geral, Alsace ou Vin d'Alsace, seguido do nome da uva, do *négociant* ou do produtor, e do ano da colheita. Alguns rótulos trazem o nome do vinhedo ou um nome fantasia. A simplicidade dos rótulos esconde a verdadeira complexidade dos vinhedos da região, destacando a variedade acima da origem. Isso não mostra que determinadas vilas são, sem dúvida, mais adequadas para um tipo de uva do que outras. Uma visita à Alsácia mostra-nos o quanto as variações do terreno afetam o caráter dos vinhos. Os vinhedos distribuem-se subindo encostas, atravessando rios, originando diferentes *terroirs*, e como resultado os vinhos variam de encosta para encosta, de vila para vila.

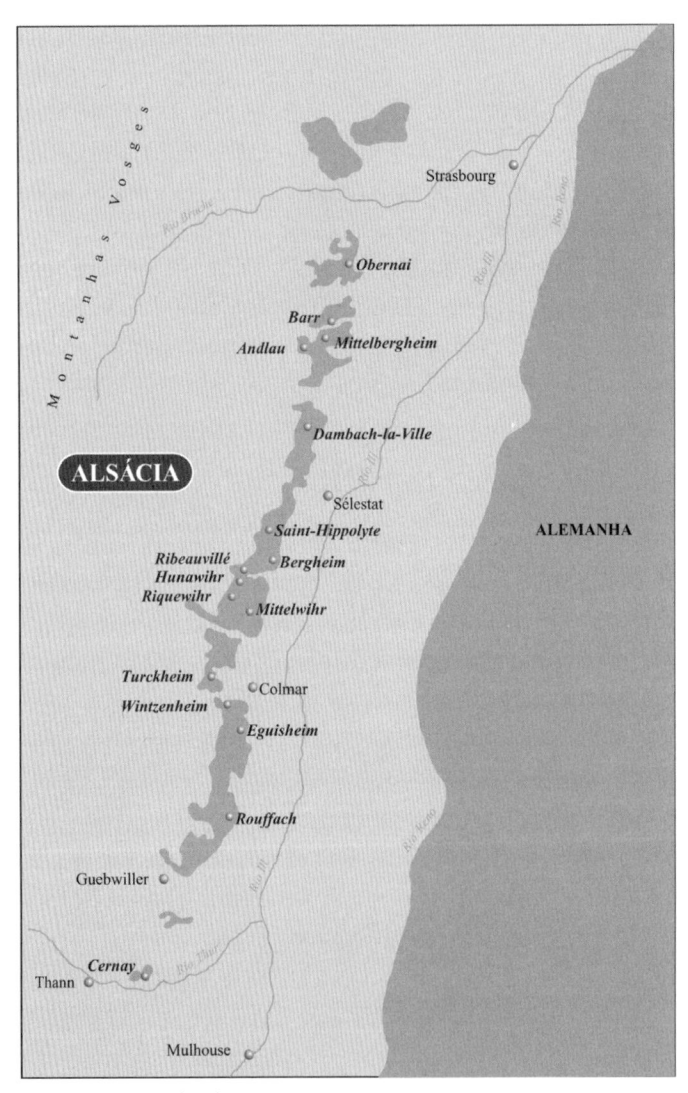

Mapa 11. Região da Alsácia.

Predominantemente brancos, os vinhos da Alsácia abrangem a Riesling, com aproximadamente 25% dos vinhedos, a Gewürztraminer, Pinot Gris (também chamada Tokay-Pinot Gris), Muscat, Pinot Blanc, Sylvaner e a neutra Chasselas.

Existem agora mais de cinquenta locais de vinhedos classificados, que podem ser chamados de Grand Cru e trazer no rótulo Alsace Grand Cru. A maioria desses é historicamente excelente, são os melhores vinhos da Alsácia, e sua produção é mais baixa do que o normal da região.

A seguir, relacionamos os mais renomados Grands Crus da Alsácia:

- Altenberg de Bergheim;
- Brand;
- Eichberg;
- Fürstentum;
- Kastelberg;
- Kirchberg de Barr;
- Kirchberg de Ribeauvillé;
- Rangen;
- Schlossberg;
- Wiebelsberg.

É fácil entender os vinhos da Alsácia, conforme as definições de doçura. O vinho é basicamente seco, mas os outonos longos e secos e, às vezes, o fungo *Botrytis cinerea* que ataca as uvas maduras, concentram sua doçura, exatamente do mesmo modo que em Sauternes.

- Vinhos feitos com uvas colhidas tardiamente – mas não excessivamente doces – são chamados Vendange Tardive (VT),
- Vinhos feitos com uvas atacadas pela podridão nobre são chamados Sélection des Grains Nobles (SGN).

Com uma série de boas colheitas no final do século XX, que produziram condições ideais de clima para produzir tanto um VT como um SGN, alguns vinhos notáveis foram feitos e muitos alcançaram o *status* de *cult*.

A seguir, veremos os mais importantes nomes de vinhos da Alsácia; os quatro primeiros são designados variedades "nobres" de uva.

Riesling

É a mais importante variedade de uva da Alsácia e uma das melhores uvas brancas do mundo, disputando o topo com a Chardonnay. É a mesma variedade cultivada pelos alemães, do outro lado do rio Reno, onde produz grandes vinhos doces e suculentos. Na Alsácia, origina vinhos muito secos. Um pouco áspero na juventude, o Riesling compensa o envelhecimento na garrafa e torna-se um vinho encorpado, que balanceia a acidez de limão. Nos melhores vinhos, há um pouco de mel, que dá a eles um gosto estranhamente rico. À medida que envelhecem, assumem um caráter peculiar, que é chamado na região de *gout de pétrol* (gosto de gasolina) e que caracteriza os Rieslings maduros.

Gewürztraminer

É o vinho mais fácil para os iniciantes desfrutarem. A cor da uva é rosa, com muito odor, e o vinho, normalmente, é mais amarelado que os demais. O Gewürz, provavelmente o nome de vinho mais frequentemente escrito errado, é o primeiro sabor de vinho a que as pessoas se prendem. É encorpado e tem sabor agradável, longe do seco. Os exemplares mais concentrados podem oferecer um aroma de rosas e frutas – lichia, manga e pêssego – ou lembrar vagamente algo oleoso, como a gordura de *bacon*. É o vinho branco que se pode beber com comida condimentada.

Pinot Gris

É uma uva que muda de aparência com facilidade; algumas vezes, sua pele é preta-azulada, outras vezes rosa-pálida e, frequentemente, uma tonalidade entre as duas. Pode produzir vinhos maravilhosamente encorpados e, no entanto, secos, que vão muito bem com pratos de sabor forte.

Muscat

É um dos mais marcantes estilos da Alsácia. É um vinho leve, seco e, no entanto, tem aroma frequente de uva, e, portanto, quase doce. Raramente envelhece bem e vai melhor como aperitivo do que acompanhando uma refeição.

Pinot Blanc

É a variedade mais comum da Alsácia, que produz um vinho pouco encorpado, límpido, com frescor e gosto de mel. Tem o marcante perfume de qualquer branco da Alsácia.

Sylvaner

Ocupa, aproximadamente, a metade dos vinhedos do Bas-Rhine. Sua resistência às pragas e seu potencial para fornecer grandes colheitas são suas principais características, mas é um vinho difícil de apreciar: leve, ligeiramente ácido e terroso. Esse vinho pode ser refrescante, desde que consumido jovem. Quando é deixado na garrafa por muito tempo, começa a apresentar sabor de tomate.

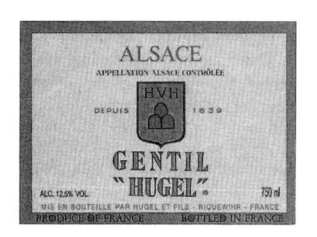

Edelzwicker

Significa "mistura nobre", mas, de fato, é uma mistura de qualquer variedade, especialmente a Sylvaner com a Pinot Noir e a fraca Chasselas. Geralmente, tem frescor e nada mais; é apenas um vinho de consumo diário. Esse vinho fácil e suave é, geralmente, vendido com o rótulo "Gentil".

Principais produtores	
Dopff & Irion	Trimbach
Hugel	Weinbach
Léon Beyer	Zind-Humbrecht
Marcel Deiss	

LOIRE

O rio Loire, que atravessa o centro da França, tem suas nascentes nas montanhas a oeste da Borgonha e seu curso forma um longo arco até o oceano Atlântico, em Nantes. É o mais longo e lento rio da França e atravessa a região de alguns dos mais bonitos châteaux do país, que, no passado, foi o "playground" da corte francesa.

Às suas margens são plantados vinhedos em diversas variedades de solos. Comparados aos da Borgonha, Alsácia e até Bordeaux, os vinhos do Loire não têm um caráter uniforme ou um estilo de vinho relativamente homogêneo. Praticamente, seus vinhos são varietais, produzidos com predominância de uma única uva: Sauvignon Blanc, ou Chenin Blanc, ou Melon da Bourgogne para os brancos; e Cabernet Franc, Pinot Noir ou Gamay, para os tintos e rosados.

A localização relativamente a norte dos vinhedos do Loire, onde verões longos e quentes são exceção, implica que poucos dos tintos correspondam à expectativa de alto teor alcoólico, bastante tanino e óbvio envelhecimento em carvalho. A maioria dos brancos de lá é produzida aprisionando a fruta na garrafa tão cedo quanto possível, sem expô-la ao carvalho. Pode parecer estranho, talvez, que a região vinícola com mais fácil acesso aos melhores carvalhos da França (as florestas de Nevers,

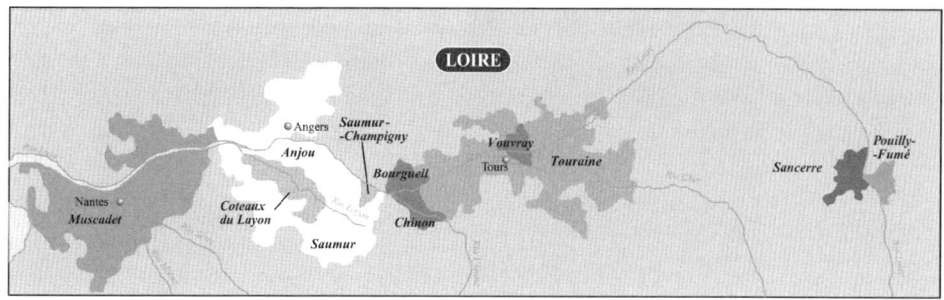

Mapa 12. Região do Loire.

Allier e Tronçais ficam na região) não é usuária desses carvalhos. Isso porque, para adquirir o gosto da madeira do barril de carvalho, o suco fermentado deve vir de uvas bem maduras.

As várias regiões vinícolas do Loire podem ser divididas em três:

- região de Muscadet, perto do oceano Atlântico, na boca do rio;
- Loire Central, com vastos e variados vinhedos, que produzem alguns grandes vinhos brancos doces, espumantes razoáveis, caros tintos à base de Cabernet Franc e uma série de tintos, brancos e rosados tranquilos;
- Alto Loire, onde os vinhedos são dominados pela uva Sauvignon Blanc.

Muscadet

Essa região vinícola esparramada estende-se ao redor da cidade industrial de Nantes. É plantada com a Muscadet, também chamada Melon de Bourgogne, prolixa variedade branca. O Muscadet ganhou reputação como o vinho perfeito para tomar com todos os pratos feitos com frutos do mar locais ou com qualquer prato que exija umas gotas de limão. Os melhores vinhos trazem *Sur Lie* escrito no rótulo. Isso significa que os vinhos ficaram em contato com a parte fina das borras (*lie*), células mortas de fermento que vão se depositando com a fermentação. O método consiste em deixar o vinho em contato com esse mosto fermentado, por pelo menos quatro meses, entre a primeira prensagem e o engarrafamento, na primavera seguinte à colheita. O processo dá ao vinho um sabor fermentado deliciosamente rico e um leve *frizzante* (picante) natural. Muscadet Sèvre-et-Maine, assim denominada devido a dois pequenos rios, Sèvre e Maine, que correm para o sul e o leste de Nantes, é a maior e melhor região produtora, com seu solo de pedregulhos.

Principais produtores	
Château du Cléray	Louis Métaireau
Laurent Bossis	Sauvion et Fils

Loire Central

Subindo o rio a partir de Muscadet, encontra-se primeiramente Anjou, nome da região ao redor da cidade de Angers, associada frequentemente ao vinho Rosé d'Anjou. Os rosados representam mais da metade da produção vinícola de Anjou. São elaborados com a uva Gamay, embora vinhos melhores e mais secos sejam feitos de Cabernet Franc e tenham o rótulo Cabernet d'Anjou.

Nos vinhos brancos da região, há a predominância da uva Chenin Blanc, que alcança seu ponto alto na denominação Savennières. São brancos secos, meio ácidos e relativamente aromáticos com vida longa de dez a vinte anos. Mas quando a natureza coopera na produção de uvas brancas bem maduras e, igualmente, do mágico fungo da podridão nobre, a Chenin Blanc encontra sua vocação na produção de ótimos vinhos doces, que estão entre os melhores do mundo.

- Nos pequenos vales dos rios Aubance e Layon, têm-se as *appellations* Coteaux de l'Aubance e Coteaux du Layon e, especialmente, os vinhedos de Quarts de Chaume e Bonnezeaux dentro dessa última. São vinhedos de vales quentes e úmidos e, à medida que o outono chega, as uvas podem ser afetadas pela podridão nobre. Não muito longe da cidade de Angers, ao longo do rio Layon, o vinhedo Quarts de Chaume (cujo nome é devido ao fato de, antigamente, um quarto da colheita de cada ano da região ser exigida como *droit de seigneur* pela aristocracia local) tem um mesoclima perfeito, protegido de ventos em todas as direções. É um dos melhores vinhos doces do mundo e, no entanto, seu preço não é alto. O principal produtor, Domaine de Baumard, elabora vinhos que merecem constar na adega de qualquer colecionador que aprecie os Sauternes ou os Rieslings de colheita tardia. O vizinho muito competitivo é o Bonnezeaux, que rivaliza com ele na doçura, mas tem características mais temperadas, em vez da agradável pitada de amargo do Quarts.
- Saumur é a próxima região rio acima, e a cidade de mesmo nome é mais conhecida por seus vinhos espumantes, que os franceses consideram algo confiável em casamentos cujos anfitriões não possam oferecer champanhe. Eles são vendidos com o rótulo Saumur Mousseux. Outro responsável pela fama vinícola de Saumur é o Saumur Champigny, um tinto baseado em Cabernet Franc, frequente-

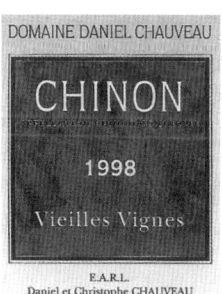

mente caro. Essa variedade é cultivada lá há mais de cem anos, mas alcançou sua reputação depois que foi considerada o principal componente dos vinhos Saint-Émilion, em Bordeaux.

- Continuando a subir o rio, chega-se à região vinícola da Touraine, cuja principal cidade é Tours. Os melhores tintos de Touraine, baseados em Cabernet Franc, são encontrados em Chinon e Bourgueil, na divisa com Saumur. Feitos da mesma fórmula de Saumur-Champigny, são geralmente vinhos mais leves.

Os mais distintos vinhos de Touraine são os Vouvray, na margem norte do Loire, perto de Tours. Como os grandes doces de Anjou, os Vouvray são feitos da uva Chenin Blanc. Em grandes anos, a combinação da podridão nobre com os níveis de acidez naturalmente altos da Chenin Blanc consegue um perfeito equilíbrio entre a doçura e a acidez. Entretanto, em anos frios, os vinhos obtidos podem ser enjoativos.

Principais produtores	
Baudry	Domaine Delétang
Baumard	Domiane des Forges
Château de Fesles	Gaston Huet
Coulée de Serant (Nicolas Joly)	Renon
Courtemanche	

Alto Loire

Os mais famosos representantes do Alto Loire e, na verdade, de todo o Loire são Sancerre e Pouilly-Fumé, na extremidade leste do rio Loire, ao sul de Órleans. Esses dois vinhos, feitos exclusivamente da uva Sauvignon Blanc, têm bastante frescor e são extremamente secos, comparados a outros da França.

O Sancerre é o protótipo do branco que tem uma acidez cortante e consegue uma leveza e um frutado vigoroso, que aplaca a sede.

O branco Pouilly-Fumé é brilhantemente equilibrado, entre cortante e maduro, e com corpo redondo. Dizem que ele deve o seu nome ao sabor ligeiramente defumado associado ao vinho. O sabor de pedra do Pouilly-Fumé é atribuído ao fato de o solo dessa região ter um conteúdo menor de argila. Lá, quase 60% da produção é feita pela casa de Ladoucette, cujo nome no rótulo é a garantia de um vinho de bom a muito bom.

Mais ao norte encontram-se os vinhos Pur Sang e Silex, fermentados em barril, considerados próximos dos grandes brancos de Bordeaux, do Château Haut-Brion e do Domaine de Chevalier.

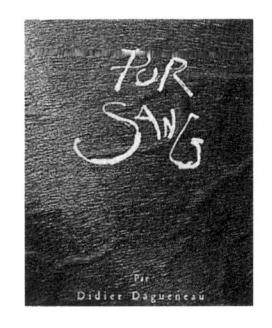

Principais produtores
Archambault
Domaine Laporte
Gitton
Henri Bourgeois
Lucien Crochet
Vacheron

Rhône e Languedoc-Roussillon **14**

RHÔNE

O Rhône é a faixa de vinhedos que separa o Beaujolais da costa sul do Mediterrâneo e suas praias, e é claramente dividido em duas regiões: Rhône do Norte, que começa em Vienne, e o Rhône do Sul, que termina em Avignon, 200 quilômetros mais ao sul. Elas são ligadas pelo largo e preguiçoso rio Rhône.

A maioria das pessoas acha que essa é uma região de vinhos tintos por causa de marcas muito conhecidas como Côte-Rôtie, Hermitage e Châteauneuf-du-Pape. Os experientes conhecedores de vinho lembram, porém, que os melhores rosados conhecidos da França são elaborados em Tavel e Lirac e que notáveis brancos como Condrieu são da região, bem como deliciosos vinhos doces naturais.

Historicamente, foram os fenícios que plantaram os primeiros vinhedos na região. No século XIV, foi a Igreja Católica, que transferiu seu papado de Roma para Avignon e que daria o nome àquele que é provavelmente o mais conhecido vinho do Rhône: Châteauneuf-du-Pape.

Em 1931, Châteauneuf distinguiu-se por criar a *appellation contrôlée*, um sistema de controle de vinhedos que iria, cinco anos mais tarde, estender sua influência para o resto da França vinícola, originando a atual série de *appellations*.

Rhône do Norte

Essa parte do Rhône é formada por grandes encostas, cuja melhor vista é a partir do próprio rio. Os vinhedos são instalados em terraços estreitos e alguns são tão íngremes que se tem de usar um sistema de roldanas para o transporte das uvas e dos equipamentos.

O Rhône do Norte produz principalmente vinhos tintos, dominados pela uva Syrah. A Syrah produz o mais escuro e estimulante vinho tinto da França e, embora seja cultivada em outros lugares, é aqui que ela

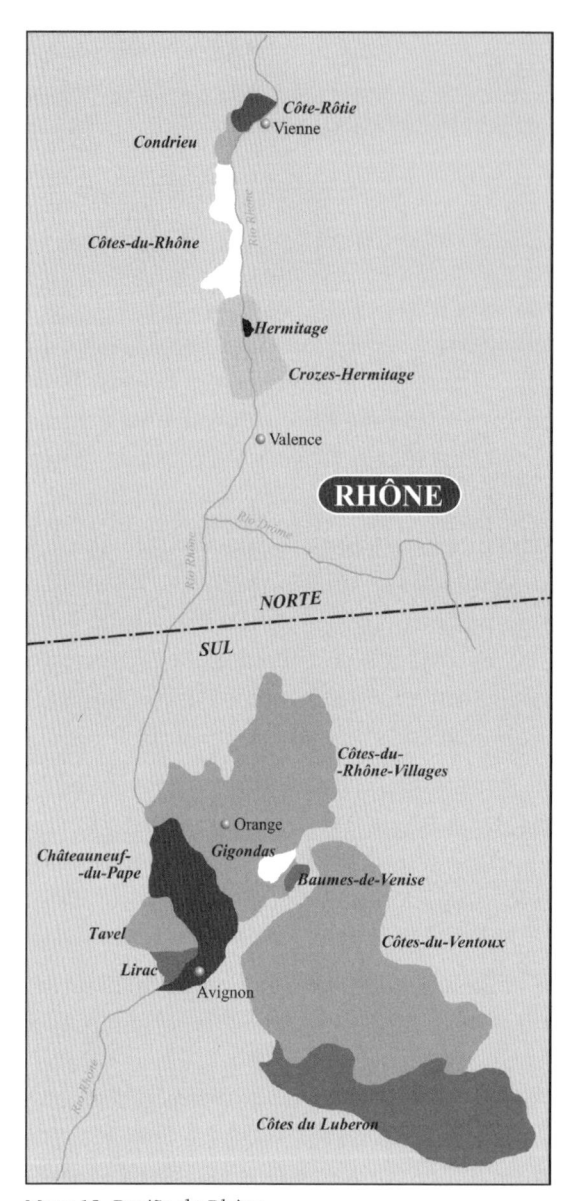

Mapa 13. Região do Rhône.

se apresenta em sua melhor forma. Contribuem o solo xistoso em sua grande parte e o clima continental moderado. Origina tintos de cor intensa, aromas de frutas vermelhas frescas, especiarias e, em geral, um toque floral que lembra violetas, além de um paladar com taninos macios. Dois locais (Côte-Rôtie e Hermitage), por lei, podem cortar a Syrah com até 15% do mosto das uvas brancas locais, como Viognier, Marsanne e Roussanne.

- Côte-Rôtie, que significa "encosta assada", é um nome adequado a essa *appellation* rochosa, de solo xistoso acima da pequena cidade de Ampuis. Apresenta clima continental e os verões que "assam" as pessoas (certamente justificando seu nome) podem ser seguidos de invernos gelados, perigosos para os vinhedos. A influência do clima pode ser ainda pior quando ocorre o vento Mistral, comum no sul da França. O Mistral sopra rio acima e torna difíceis algumas tarefas sazonais nos vinhedos. Por outro lado, situa-se na latitude 45°, considerada ideal para o cultivo de uvas viníferas, e dessas encostas quentes vem o melhor vinho. É uma área onde apenas 200 hectares estão nas condições ótimas para a produção das uvas viníferas. Eles estão voltados para o sul ou sudoeste na margem direita do rio e valem o extremo desconforto para cultivar e colher as uvas. A dificuldade de produção resulta em oferta baixa desses vinhos, fazendo que os preços de seus *crus* sejam mais elevados. Houve uma expansão dos vinhedos para a parte superior das encostas, mais planas, mas os vinhos de lá têm apenas o direito de usar a *appellation* genérica Côtes-du-Rhône, usada por vinhos produzidos na parte sul do Rhône.

- Condrieu é uma pequena *appellation* que produz a maioria dos melhores brancos, elaborados com a uva Viognier. Um detalhe interessante é que ela fica dentro da delimitação da Côte-Rotie e aproveita-se de falhas geológicas em que o solo é granítico em vez de xistoso. Tem aromas incríveis, lembrando pera e pêssego, frutas maduras, flores, condimentos e um agradável sabor gorduroso. O equilíbrio entre a fruta doce e a suave acidez torna-o um grande vinho branco, bastante seco.

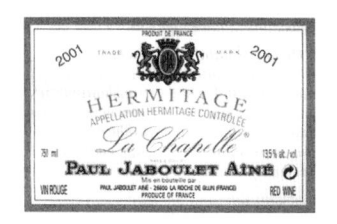

- O Hermitage é produzido 60 quilômetros rio abaixo, com vinhedos situados em colinas da margem esquerda. Essas colinas se debruçam sobre a cidade de Tain, ou Tain l'Hermitage, e seus vinhos, indiscutivelmente, estão entre os melhores tintos do Rhône e entre muitos bons brancos. Há sempre um toque vagamente defumado no tinto Hermitage, mas a Syrah, seu maior componente, também oferece um excelente gosto de fruta (framboesa, groselha preta) que nenhuma outra uva alcança. O vinho deve o seu nome a um cruzado medieval, Gaspard de Sterimberg, que se tornou eremita no século XII. Ao regressar das cruzadas, recebeu o direito de fundar um santuário no alto da colina. Ainda hoje, uma pequena capela marca o local e, em homenagem a ela, o principal vinho do importante produtor Paul Jaboulet Aîné denomina-se La Chapelle. Partes do solo da área têm maior proporção de argila e são adequadas às brancas Marsanne e Roussanne (foto 47).

Foto 47. Santuário do tempo das Cruzadas que deu origem ao vinho La Chapelle, em Tain l'Hermitage.

- Crozes-Hermitage é uma área muito maior que Hermitage, e sua *appellation* de tintos e brancos, situada nos terrenos planos ao redor das colinas, é menos exigente. Mas os tintos têm sido fonte cada vez melhor de Syrah, com gosto de ameixa e um defumado interessante, às vezes não muito longe do Hermitage em qualidade. Os brancos baseados nas uvas Marsanne e Roussanne, vindos de locais de solo arenoso, também podem ser atraentes.

Principais produtores

Belle	Guigal
Chapoutier	Paul Jaboulet Aîné
Combier	Pochon
Cooperativa Tain	Tardieu-Laurent
Delas	Vidal-Fleury
Graillot	

Rhône do Sul

No Rhône do Sul ocorre uma mudança total do terreno: de vinhedos rochosos do norte para vinhedos planos e espalhados, onde apenas algumas das melhores vilas têm algumas encostas. É a região da França onde os vinhos têm ótima relação qualidade/preço para o consumidor e a mais importante produtora de vinhos de *appellations*, depois de Bordeaux. Pode ser que o teor alcoólico torne os vinhos de lá fáceis de serem apreciados ou, então, o caráter abertamente frutado da uva Grenache predomine por lá com colheitas relativamente baixas, graças ao solo pedregulhoso e ao baixo índice de chuvas. A base dos tintos é a Grenache, seguida da Syrah (cujo papel é secundário), da Mourvèdre e da Carignan. Os vinhos do Rhône do Sul são, ironicamente, mais bem apreciados em locais onde o clima é mais frio (foto 48).

Uma variedade branca com importância é a Muscat, plantada ao redor de Beaumes-de-Venise.

Foto 48. Solo típico do sul do Rhône.

- Châteauneuf-du-Pape é o grande nome do sul, o melhor da região, e todos os outros tintos e brancos lá produzidos usam-no como modelo. Os vinhedos têm o benefício do efeito dos grandes pedregulhos que cobrem a maioria deles e que mantêm o solo tanto úmido como quente à noite. Châteauneuf é também famoso em livros de vinhos como a *appellation* na qual treze diferentes variedades de uvas são permitidas nos vinhedos. O tinto Châteauneuf é um vinho muito satisfatório, com bastante álcool e um gosto característico de poeira. Essa é considerada a mais confiável *appellation* da França e, realmente, fica-se muito pouco decepcionado com os vinhos contidos nas pesadas garrafas que mostram um dístico em relevo. O Châteauneuf branco segue menos regras.

- Côtes-du-Rhône é a *appellation* básica do Rhône. É uma grande área de quase 40 mil hectares ao redor da extremidade sul do vale do rio Rhône. A maioria dos Côtes-du-Rhône é vinificada com a técnica da maceração carbônica similar à do Beaujolais para produzir vinhos frescos e frutados, de vida curta.
- Côtes-du-Rhône-Villages engloba vinhos produzidos em vilas específicas, onde o rendimento dos vinhedos é geralmente igual à metade dos de Côtes-du-Rhône e, por isso, são vinhos de maior qualidade. Duas vilas já conseguiram sua própria *appellation*: Gigondas e Vacqueiras; a primeira está se tornando a outra estrela do sul, frequentemente igualada ao Châteauneuf-du--Pape.
- Com a exceção do Châteauneuf, cujas regras para a produção são mais rígidas do que as de qualquer outro vinho da França, no sul da França também se faz o rosado, e a maioria deles é bebida localmente, durante os meses quentes de verão. A Grenache e a Cinsault do Rhône do Sul, com suas cascas relativamente finas e sabor frutado, são particularmente adequadas para se fazer rosado.
- Tavel é indiscutivelmente o mais conhecido vinho rosado da França, com uma herança que remonta à Idade Média. Produzido na

margem direita do rio Rhône, é um dos poucos rosados do mundo que melhoram com a idade. É essencial que seja tomado resfriado; é um vinho bastante caro e muito saboroso.

- Lirac é uma área excelente ao sul de Tavel. Produz consideráveis volumes de rosado, semelhantes aos de Tavel. Esses rosados são cheios de fruta, com frescor e um atraente gosto mineral.
- Côtes-du-Ventoux é uma *appellation* espalhada pelas largas encostas ao sul do Mont Ventoux, no leste do Rhône. Os tintos e rosados de lá são considerados mais leves que a maioria dos Côtes-du-Rhône, e são mais refrescantes.
- Côte de Lubéron produz rosados frescos, razoavelmente frutados para serem consumidos jovens, assim como vários brancos decentes. A maioria dos tintos é também bastante leve e o principal produtor é o Château Val Joanis.

Principais produtores	
Beaucastel	Guigal
Bonneau	Mont-Redon
Bosquet des Papes	La Nerthe
Chapoutier	Pégau
Château Val Joanis	Rayas
Clos de L'Oratoire des Papes	Vieille Ferme
Font de Michelle	Vieux Télégraphe

LANGUEDOC-ROUSSILLON

O Languedoc-Roussilon, que faz parte do Midi da França, é uma terra vinícola mediterrânea típica, cheia de paisagens selvagens, com a Espanha do outro lado dos Pireneus, e vinhedos estendendo-se em todas as direções. Aqueles que se estendem no solo mais plano, notadamente as vastas e áridas planícies entre Narbonne e Montpellier, são responsáveis principalmente pelos vinhos tintos, básicos e leves.

As áreas de *appellations* da região estão ligadas a algumas das mais velhas variedades de uva da França, geralmente tocos de Carignan, que dão um vinho profundo, rústico, frequentemente superconcentrado

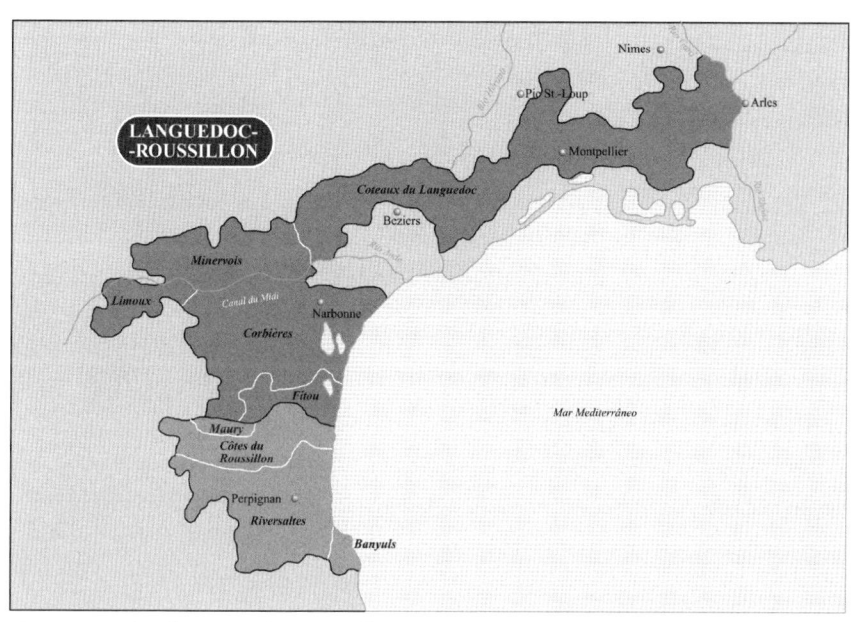

Mapa 14. Região do Languedoc-Roussillon.

e tânico, adequado para misturar com as variedades do Rhône, como Grenache, Syrah, Cinsault e Mourvèdre.

A região do Languedoc é assim denominada por causa de um grupo de dialetos falados no Midi, no período medieval. Eles eram conhecidos como *langue d'oc* (*oc* é a palavra que, na época, significava "sim").

A Carignan é ainda a espinha dorsal da maioria dos tintos do Languedoc, mas o cultivo de variedades melhores tem aumentado; a Grenache predomina no leste do Languedoc, a Syrah é mais importante no oeste e a Mouvèdre é restrita aos locais mais quentes. Nos brancos, as uvas que predominam são Roussanne, Marsanne e Macabeo.

- Coteaux du Languedoc é uma enorme e espalhada área, estendendo-se a partir de colinas à beira-mar na costa sul de Narbonne até vinhedos montanhosos em Pic St.-Loup. A maioria dos vinhos produzidos é para consumo diário.

Existem *appellations* menores do Languedoc, que produzem vinhos de qualidade. São elas Fitou, Corbières, Minervois e St.-Chinian.

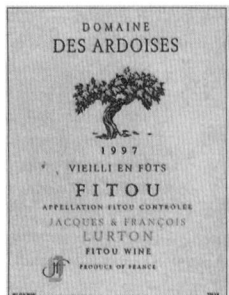

Em direção ao interior, a partir de Corbières, fica Limoux, o lugar mais alto e mais frio do Languedoc. De suas colinas suaves vêm as uvas usadas nos vinhos espumantes.

O Languedoc produz toda a gama de estilos de vinho: não somente os tintos e brancos, como rosados, perfeitamente adequados para beber num dia quente de verão, espumantes e também vinhos doces naturais (VDN), fortificados, que veremos no capítulo 25.

Roussillon, a continuação do Languedoc, tem uma personalidade bastante distinta. Enquanto a economia do Languedoc é inteiramente dependente de vinhedos, os vales férteis do Roussillon, aos pés dos Pireneus, podem escolher entre todos os tipos de fruta. O clima é particularmente adequado para o cultivo de cerejas, pêssegos, ameixas, damascos e nectarinas.

A especialidade de vinho do Roussillon é uma ampla variedade de vinhos doces naturais, fortificados, que são produzidos nas *appellations* de Banyuls e Maury e na grande área de Riversaltes.

Os vinhos não fortificados do Roussillon fazem parte da Appellation Côtes du Roussillon. É uma vasta área espalhada pelo interior, a partir da costa. Os tintos de maior sucesso são elaborados com uvas tradicionais do sul, como a Carignan; os brancos tendem a ter baixa acidez.

VIN DE PAYS

Nos anos 1990, o Languedoc já estava produzindo alguns tipos de vinho situados entre os de melhor qualidade/preço que se podiam adquirir na França. Não somente os vinhos de *appellations*, mas os *vin de pays*, apesar de classificados em nível inferior, tornaram-se no Languedoc o produto mais importante. Atualmente a área coberta pelas videiras é de cerca de 250 mil hectares, superior à área total de vinhedos da Argentina, quinto maior produtor mundial de vinhos.

O *status* de *appellation* tende a restringir a utilização de muitas variedades de uvas, como historicamente tem acontecido nas regiões francesas. Foi no Languedoc-Roussilon que se desenvolveu um novo *ethos*: fazer vinhos de qualidade fora das *appellations*, sem classificação mais alta que *vin de pays*. Isso introduziu o Midi no moderno mundo do vinho. Como não estão restritos pelas regras de *appellation*, muitos produtores cultivam as variedades de uvas que acham melhor, como Cabernet Sauvignon, Merlot e Syrah, para as tintas, e Chardonnay,

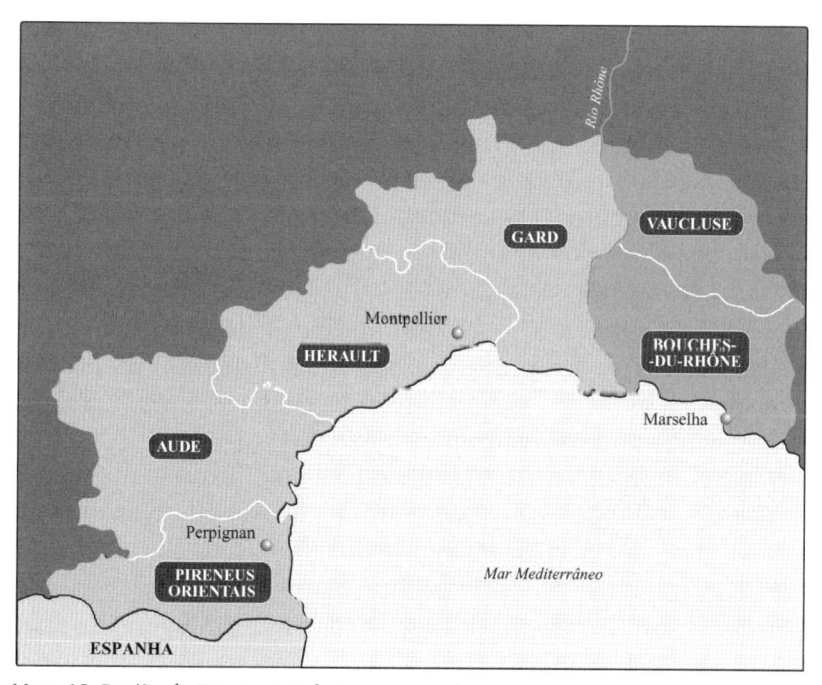

Mapa 15. Região da França com forte presença do *vin de pays*.

Sauvignon Blanc e Viognier, para as brancas. Utilizando modernas técnicas de vinificação (maceração carbônica, para tintos, e fermentação com controle de temperatura, para brancos), tornaram a região fonte de alguns dos mais modernos vinhos do país. Geralmente varietais, os vinhos podem ser envelhecidos em carvalho novo, o que permitiu que uma região tradicional de tintos produzisse excelentes vinhos brancos.

A classificação *vin de pays* abrange não somente esses novos estilos de vinho, mas também os mais tradicionais.

A região do Languedoc é coberta pela denominação regional Vin de Pays d'Oc, que se divide em várias denominações menores, como: Vin de Pays de l'Herault, Vin de Pays du Gard e Vin de Pays de l'Aude.

Os vinhos fazem referências à variedade de uva no rótulo. Apesar de ainda existirem cooperativas que, via de regra, se preocupam mais com a quantidade do que com a qualidade e alguns *négociants* interessados apenas em oferecer vinhos baratos, os Vin de Pays d'Oc são agora uma excelente fonte de bons vinhos no estilo moderno e a preços competitivos. O Baron'Arques é um Vin de Pays de l'Aude, muito bom, produzido pelo famoso grupo Baron Philippe de Rothschild.

A introdução do Midi no moderno mundo do vinho é creditada a Aimé Guibert, produtor do vinho Mas de Dumas Gussac, autodenominado Grand Cru Vin de Pays de l'Herault, que vende por um preço igual aos *classés* de Bordeaux ou Borgonha, provando que a região tem um "solo especial" e que não tinha por que seguir receitas clássicas de variedades que entrariam no corte.

Já é comum ao consumidor francês e de outros países a ideia de que comprar a bom preço uma garrafa confiável, elegantemente embalada de Vin de Pays d'Oc de Chardonnay, Merlot ou Viognier é muito melhor do que comprar uma de um vinho de *appellation*, potencialmente não confiável, de uma região "supostamente melhor".

Trabalhando fora do sistema das *appellations*, existem, agora, cerca de 125 *vin de pays* no interior da França. Algumas dessas regiões abrangem enormes faixas de terra que precisam ser exploradas, de uma extremidade à outra da França, enquanto algumas estão escondidas em pequenos vilarejos.

As regiões mais interessantes de *vin de pays*, entretanto, ficam no sul da França, na parte mais quente, onde as uvas amadurecem com muito mais confiabilidade do que aquelas nas maiores regiões de *appellations*, ao norte. A qualidade desses vinhos depende mais da atitude dos produtores do que da colheita.

O Vin de Pays d'Oc comum abrange uma região grande demais para oferecer muito quanto à confiabilidade. É preciso procurar os nomes de produtores confiáveis, como Fortant de France (Robert Skalli), Val d'Orbieu, Domaine de la Baume ou Domaine Virgine.

Ao leste e a nordeste há alguns vinhos no Rhône do Sul, condimentados e de primeira classe, cujos exemplos são os de Coteaux de l'Aredeche e Bouches du Rhône e o Vin de Pays de Vaucluse, vinhos simples e atraentes, que facilmente competem com os Côtes du Rhône.

Finalmente, pode-se dizer que o "Novo Mundo" está vivo na França e que vai muito bem.

Principais produtores	
Barton & Guestier	Domaine de Sainte Rose
Château Cabezac	Domaine Galtier
Château Mandirac	Domaine Mas Blanc
Château Saint James	J & F Lurton
Domaine Cazes	M. Chapoutier
Domaine d'Auphiloc	Mas Amiel
Domaine de Bachellery	Mas de Daumas Gassac
Domaine de l'Hortus	Robert Skalli
Domaine de Piquenol	

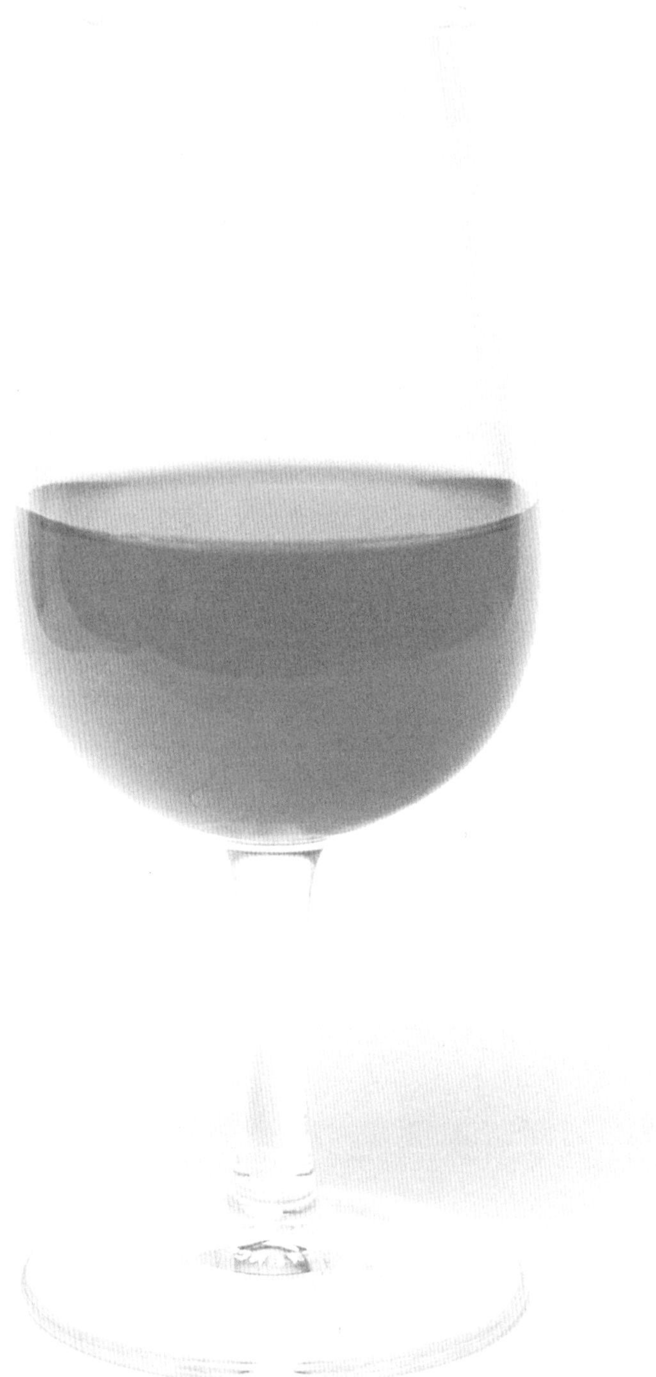

Alemanha

15

A Alemanha é o país que possui alguns dos vinhedos mais setentrionais do continente europeu e cujas uvas conseguem amadurecer nas latitudes 49º e 51º. O clima frio e a longa estação de amadurecimento das uvas originam vinhos refrescantes com aromas elegantes e teor alcoólico moderado, entre 8% vol. e 11% vol., abaixo dos 12% vol. a 13% vol. da maioria dos vinhos de outros países. É o oitavo produtor mundial em volume e tem um consumo de vinho *per capita* alto: cerca de 23 litros/ano.

Por outro lado, na Alemanha, como em todos os países produtores, faz-se também uma enorme quantidade de vinhos baratos, adocicados e até agradáveis. Lamentavelmente, esses vinhos têm sido a experiência que muitos enófilos brasileiros têm em relação aos vinhos alemães.

VINHEDOS E UVAS

A palavra alemã para vinhedos é *Weinberg*, e as principais uvas cultivadas são as brancas:

- *Riesling*: a mais importante de todas, largamente usada nos principais vinhedos e responsável pelos melhores vinhos alemães;
- *Sylvaner*: originária da França, é aqui grafada Silvaner e produz vinhos às vezes bons, principalmente na região da Francônia;
- *Müller-Thurgau*: desenvolvida em uma estação de viticultura alemã no início do século XX, é o cruzamento da Riesling com Silvaner;
- *Kerner, Scheurebe e Bacchus*: outros cruzamentos de uvas brancas, muito usados;
- *Pinot Blanc*, chamada Weissburgunder; *Pinot Gris*, denominada Ruländer, e a *Gewürztraminer*, aqui chamada Traminer, são também utilizadas.

Os vinhos tintos alemães são elaborados principalmente a partir de:
- *Spätburgunder*, a Pinot Noir;
- *Trollinger*, a mesma que a italiana Schiava;
- *Dornfelder*, desenvolvida em laboratório;
- *Portugieser*, cepa antiga que nada tem que ver com Portugal.

LEI VINÍCOLA DA ALEMANHA

A lei alemã de 1971, revista em 1982, não fazia diferenças de qualidade entre os vinhedos. Baseava-se na hipótese de que uma uva madura produz um vinho melhor do que uma uva verde. Os vinhos alemães foram classificados de acordo com a maturidade de suas uvas, medida pelo nível de açúcar.

Existe uma escala para medir o nível de açúcar, expresso em graus Oechsle, que indica quanto 1 litro de mosto de determinada uva é mais pesado do que 1 litro de água. Assim, a expressão 95 °Oechsle significa que 1 litro do suco da uva em questão é 95 gramas mais pesado do que 1 litro de água. O peso extra é o açúcar natural da uva. Então, quanto mais madura a uva, maior o grau na escala Oechsle.

As categorias iniciais de vinho alemão são:
- *Tafelwein*: basicamente o vinho de mesa; geralmente, uma mistura de baixa qualidade, correspondendo ao *vin de table* francês. Deutscher Tafelwein é o vinho feito com uvas da Alemanha; EU Tafelwein pode ser feito com uvas importadas da União Europeia;
- *Landwein*: equivalente ao *vin de pays* da França. Tem um nível de qualidade um pouco superior ao anterior e não pode ser doce, devendo ser seco (*trocken*) ou meio seco (*halbtrocken*).

Essas categorias de vinhos alemães representam, no máximo, 10% do total de vinhos produzidos.

Os vinhos de qualidade pertencem às seguintes categorias:
- *Qualitätswein bestimmter Anbaugebiete (QbA)*: é o vinho de qualidade de determinada região. Essa categoria seria equivalente à *appellation contrôlée* francesa, embora a qualidade de um QbA seja inferior à de um AC francês;

- *Qualitätswein mit Prädikat (QmP)*: corresponde aos vinhos de qualidade com atributos especiais. Existem seis QmP e os vinhos são frequentemente mais doces, mais raros e caros:
    1. *Kabinett (Kt)*: feito de uvas maduras, é o mais leve e, geralmente, o menos doce dos QmP, pode até ser *trocken*;
    2. *Spätlese (SL)*: feito de uvas de colheita tardia (*spät* = "tardia"). Pode ser *trocken* (só deixar completar a fermentação) ou *halbtrocken*; normalmente é mais doce do que o *Kabinett*;
    3. *Auslese (AL)*: feito de uma seleção de uvas extramaduras. Geralmente é um vinho bastante doce, mas pode-se encontrar algum *halbtrocken*;
    4. *Beerenauslese (BA)*: feito de uvas que podem ter sido atacadas pelo *Botrytis* (podridão nobre = *Edelfäule*) e escolhidas individualmente. Em geral, tem baixo teor alcoólico (5,5% vol.) e enorme quantidade de açúcar. É um vinho de sobremesa, saboroso e não enjoativo, pois apresenta um bom equilíbrio açúcar/acidez;
    5. *Trockenbeerenauslese (TBA)*: feito com uvas botrytizadas, que foram transformadas em passas (*trocken*, nesse caso, significa que a uva é deixada secar, e não que o vinho é seco). O TBA é intensamente doce, de longa vida. É considerado o topo da vinicultura alemã, caro e raro, mas na maioria das vezes excepcional;
    6. *Eiswein*: literalmente "vinho de gelo", é outra raridade, elaborada com uvas muito maduras, não necessariamente botrytizadas.

Surgiu na Alemanha, em 1994, uma nova categoria de vinhos de qualidade: o *Qualitätswein garantierten Ursprung (QgU)*, um tipo especial de Qba, vinho de qualidade com origem garantida, que exige que 100% das uvas venham da área indicada no rótulo. Apesar de prevista em lei, quase não é empregada.

DESCRIÇÃO GEOGRÁFICA

Uma região (*Anbaugebiet*) é subdividida progressivamente para formar a hierarquia geográfica mostrada no quadro a seguir.

Termo alemão	Significado
Anbaugebiet	Região designada de qualidade
Bereich	Distrito dentro da Anbaugebeit
Gemeind	Vila
Grooslage	Um grupo de vinhedos vizinhos
Einzellage	Um vinhedo único

Assim, cada *Anbaugebiet* alemã pode conter um ou mais *Bereich*, que, por sua vez, subdividem-se em inúmeros *Grosslage*. Finalmente, cada *Grosslage* é composto de vinhedos únicos ou *Einzellage*.

O nome da região (*Anbaugebiet*), acrescentado do nome do distrito (*Bereich*), do grupo de vinhedos únicos (*Grosslage*) e do vinhedo único (*Einzellage*), pode ser mostrado no rótulo desde que, em cada caso, 85% do corte tenham uvas cultivadas na área determinada.

No rótulo a seguir, observemos:

Foto 49. Rótulos de vinhos alemães trazem uma detalhada descrição geográfica.

1. *Anbaugebiet*: Mosel – Saar – Ruwer.
2. *Wehlener Sonnenuhr*: indica o vinhedo único Sonnenuhr, da vila de Wehlen. O sufixo "er" acrescentado ao nome da vila indica o grupo de vinhedos dessa vila. Um vinho em cujo rótulo aparece simplesmente Wehlen vem de vinhedos do Bereich Wehlen,

mas é improvável que sejam da própria vila de Wehlen, um dos melhores *Gemeind* da Alemanha.

3. *Erzeugerabfüllung*: significa "engarrafado na propriedade", impresso em letras minúsculas, e ajuda a encontrar um vinho alemão de qualidade.

Os rótulos dos vinhos alemães, exceto os mais básicos, indicam o nome da região vinícola e do produtor. A descrição geográfica citada anteriormente pode ser muito mais útil do que o frequentemente complicado nome do vinho.

VDP

Além da questão do grau e doçura, outra dificuldade para o consumidor de vinho alemão é saber diferenciar os bons e os maus produtores. Um grupo de boas vinícolas voltadas claramente para a qualidade se reuniu para formar a *Verband der Deutscher Prädikats – und Qualitätsweinguter* (VDP), uma associação que impõe regras bastante rígidas aos seus membros. Hoje são cerca de duzentas propriedades topo, em todas as regiões do país, representando apenas 3% da área plantada. São identificáveis pelo logotipo de uma águia com um cacho de uva no peito e as iniciais VDP. Esse logo na cápsula ou no rótulo das garrafas é garantia real de qualidade para o consumidor.

VINIFICAÇÃO

Devido ao baixo nível de açúcar das uvas alemãs, o enriquecimento do mosto (*Anreicherung*) é amplamente utilizado para vinhos de qualidade até QbA – é proibido para vinhos QmP.

Os vinhos tendem a ter uma acidez natural alta que pode ser contrabalançada de duas maneiras diferentes. A primeira é desacidificar o vinho adicionando carbonato de cálcio ou algum produto equivalente. A segunda é adicionar um suco de uva não fermentado, chamado *Süssreserve*, que adiciona açúcar ao vinho. Isso é permitido até nos QmP e comumente ocorre até o nível de qualidade *Auslese*. O suco de uva usado deve ter a mesma qualidade que o vinho ao qual é adicionado; o ideal é que seja da mesma variedade de uva e venha do mesmo vinhedo.

Ao chegar à vinícola, as uvas são prensadas e é verificado seu grau de maturidade, diretamente relacionado com seu preço. Após a prensagem, o mosto, se necessário, é enriquecido. Uma pequena parte do mosto é mantida sem fermentação para poder ser usada como *Süssreserve*, e o restante é fermentado até o vinho se tornar seco. A secura excessiva no vinho é um problema igual à doçura enjoativa. O fundamental num vinho branco é o tripé acidez/açúcar/álcool. Por isso, antes do engarrafamento, os produtores acrescentam minúsculas quantidades de *Süsrreserve* a vinhos que, de outro modo, seriam excessivamente ácidos. Não se pretende um paladar doce, mas um vinho equilibrado.

O enriquecimento do mosto e o uso do *Süssreserve* não devem ser confundidos. O mosto é enriquecido para aumentar o teor alcoólico do vinho, enquanto o *Süssreserve* é usado para equilibrar a acidez natural do vinho.

A seguir, trataremos das principais regiões vinícolas da Alemanha, mostradas no mapa 16.

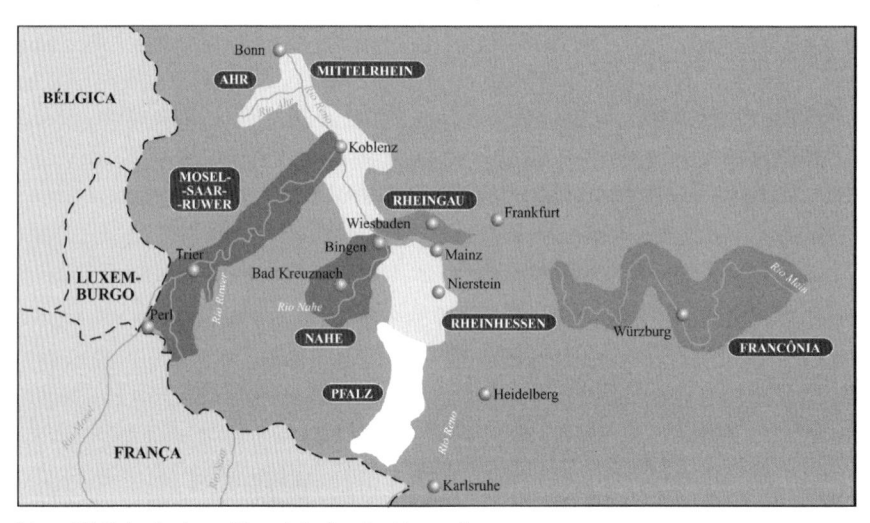

Mapa 16. Principais regiões vinícolas da Alemanha.

MOSEL – SAAR – RUWER

Nessa região, a natureza criou uma notável combinação de montanhas com um rio sinuoso. Os vinhedos, na metade do ano, cobrem as encostas com uma sucessão de maravilhosos verdes e dourados, produzindo grandes vinhos.

O rio Mosel (em versão aportuguesada, Mosela) nasce nas montanhas Vosges, da França, entra na Alemanha em Perl e vai serpenteando até encontrar o rio Reno, em Klobenz. Entre suas curvas formam-se vinhedos íngremes, voltados para o sul, sudeste ou sudoeste, faces que recebem a maior parte do precioso sol e protegem os vinhedos do vento. Nota-se que, ao longo do Mosel, muitas cidades e vilas ficam no lado sombrio do norte, voltadas para seus vinhedos na margem oposta.

A grande maioria dos vinhos da região é feita com uvas do próprio vale do Mosel. Há, entretanto, dois pequenos afluentes que foram incorporados à região vinícola, os rios Saar e Ruwer, cujas áreas são ainda mais frias do que grande parte do vale do Mosel. Os rios Saar e Ruwer correm mais ou menos para o norte e unem-se ao Mosel na cidade de Trier.

A Riesling é responsável por metade dos vinhedos da região. É plantada nas faces mais ensolaradas e íngremes o suficiente, procurando o viticultor os locais mais próximos do rio para se beneficiar da reflexão dos raios solares em suas águas, o que aumenta a incidência de luz.

Muitos dos vinhedos beneficiam-se do solo de ardósia, que absorve o calor do sol durante o dia e aquece a videira à noite. A ardósia deve ser muito porosa para deixar passar a água da chuva, como uma peneira; se ela absorvesse muita água, haveria o perigo do apodrecimento das raízes e da erosão. Algumas encostas são tão íngremes e tão irregulares que já vitimaram alguns trabalhadores. Imagine-se como é difícil manter-se na vertical numa rampa de inclinação até 30°; pois os vinhedos do Mosel são muito mais inclinados que isso.

Os vinhos têm aromas frutados, lembrando maçãs e flores de primavera, um sabor excitante e, frequentemente, teor alcoólico baixo (cerca de 10% vol.), o que deixa a cabeça em ordem mesmo após várias taças.

O restante dos vinhedos do Mosel é plantado com uvas de qualidade inferior, mas de alta produção, como a Müller-Thurgau. Muitos vinhedos que ficam no solo plano, de aluvião, junto ao rio e nas margens das encostas, são dessas uvas. Eles produzem vinhos de menor qualidade, que, lamentavelmente, têm permissão para colocar no rótulo nomes famosos de vilas da região.

O Mosel faz vinhos até o nível do muito doce TBA. Os melhores vinhos da região são os de Riesling, nas categorias Kabinett, Spätlese e Ausleses. São produzidos *halbtrocken* e *trocken*, com maior teor alcoólico. Os produtores alemães têm procurado elaborar vinhos que acompanhem melhor uma refeição, ou seja, mais secos do que habitualmente produziam.

Os vales dos rios Saar e Ruwer são frios demais para qualquer outro tipo de uva que não a Riesling. Eles produzem alguns dos melhores vinhos de baixo teor alcoólico do mundo, no máximo 8% vol. a 9% vol. No entanto, são capazes de envelhecer bem e muito interessantes de serem bebidos, graças à sua acidez intensamente frutada e ao estrato mineral.

Principais produtores	
Balduin Von Hövel	S. A. Prüm
Dr. Loosen	Schoss Lieser
Fritz Haag	Willi Schaerfer
Joh. Jos Prüm	

VALE DO RIO RENO

A maioria dos vinhedos da Alemanha deve sua existência ao rio Reno (Rhein, em alemão).

Ao sul dos vinhedos do Reno fica a região do Pfalz. A seguir, vem o Rheinhessen, com ótimos locais de vinhedos, ao redor de Nierstein, no chamado Rheinterrase (terraço do Reno). Ao norte, em Mainz, o rio encontra as montanhas Taunus e desvia-se para oeste, ao longo de uma estreita faixa, entre Wiesbaden e Assmannshausen, que constitui a região do Rheingau. A seguir, o rio Nahe desemboca no rio Reno e, ao longo de suas margens, ao redor de Bad Kreuznach, estão alguns vinhedos excelentes, voltados para o sul. Ao norte de Bingen, numa bonita faixa do rio Reno, onde ficam muitos castelos "de contos de fada", encontram-se vinhedos enfileirados sobre rocha, pendendo sobre o rio. Um pouco ao sul de Bonn, o minúsculo rio Ahr, local turístico com alguns vinhedos predominantemente de uvas tintas, desemboca no rio Reno.

Todas essas regiões produzem diferentes estilos de vinho, mas de maneira geral os vinhos do Reno são mais encorpados e ricos que os do Mosel. Como no Mosel, a uva principal é a Riesling.

RHEINGAU

O Rheingau, uma faixa de vinhedos em encostas suaves que chegam até o rio Reno, é a menor das grandes regiões vinícolas da Alemanha. Geralmente protegida dos ventos frios pelas montanhas Taunus, ao norte, foi durante anos considerada a mais nobre região vinícola alemã. Isso é devido, em parte, à associação com propriedades aristocráticas: os vinhedos parecem pertencer a um *Prinz* (príncipe) ou a um *Graf* (conde), e muitas vezes, têm com a designação de *Schloss* (castelo).

Em Wiesbaden, o rio, obstruído pelas montanhas Taunus, faz uma curva para oeste até Rüdesheim. Essas duas cidades, separadas por apenas 30 quilômetros, possuem belíssimos vinhedos ao longo das encostas do rio, voltadas para o sul, como o de Hochheim – que deu origem ao nome Hoch, usado atualmente para designar qualquer vinho Reno. As colheitas são também as mais baixas do país.

A uva Riesling domina amplamente no Rheingau, com cerca de 80% dos vinhedos. Há um pouco de Müller-Thurgau e de Spätburgunder (Pinot Noir). Essa última é plantada em Assmannshausen, que, ao contrário de outras vilas do Rheingau, é famosa por vinhos tintos. No local, a uva obtém o sol de que necessita para amadurecer, sendo fermentada até se obter um vinho seco, que, após algum tempo em carvalho novo, é um tinto muito bom. Planta-se também um pouco de Weissburgunder (Pinot Blanc).

O Rheingau foi a primeira região da Alemanha a possuir um sistema de classificação de vinhedos. Os vinhedos mais importantes são denominados *Erstes Gewachs*, análogos aos Grand Cru da Borgonha. Para essa classificação, o vinhedo precisa plantar exclusivamente Riesling ou Spätburgunder e se submeter a rígidas regras de produção. Os vinhos são acondicionados em uma garrafa marrom alta, com um duplo arco romanesco em relevo.

Mas a fama do Rheingau deve-se a seus incríveis vinhos doces, nível Beerenausleses, que conseguem combinar doçura de mel com uma acidez que lembra um pouco o limão. A gigantesca companhia japonesa de uísque, a Suntory, em sua propriedade Robert Weil, tem produzido vinhos do padrão do Château d'Yquem, a preços razoáveis.

Principais produtores	
Balthasar Ress	Robert Weil
Domdechant Werner	Schloss Johannisberg
Franz Künstler	Schloss Vollrads

NAHE

O rio Nahe deságua no Reno, a oeste de Rheingau. A região vinícola do Nahe é consideravelmente maior que a do Rheingau, possuindo três áreas que produzem vinhos de alta classe.

A primeira fica no centro da região, ao redor da cidade de Schlossböckelheim, e estende-se por um pequeno trecho ao longo da margem norte do rio, cujas colinas, voltadas para o sul, são ótimos locais para vinhedos de Riesling. A segunda área fica ao norte da cidade de Bad Kreuznach e a terceira, passando por Burg Layen, fica em Bingen, do lado do rio, onde o Nahe encontra o Reno.

Os melhores vinhos do Nahe são feitos da Riesling; eles variam do básico QmA, subindo a escala até os TBA e Eiswein, embora existam interessantes vinhos de Spätlese e Auslese. A segunda uva mais plantada é a Silvaner, que pode produzir bons vinhos em locais favoráveis. A Müller-Thurgau também é plantada, assim como a Kerner.

Principais produtores	
Anheuser	Staatliche Weinbaudomäne (estatal)
Dönnhoff	

RHEINHESSEN

É a maior região produtora do Reno, tanto em área cultivada como em volume de vinho produzido. De Worms para Mainz, o rio Reno corre para o norte; a seguir, faz um ângulo para oeste até Bingen, antes de seguir para o norte novamente, delimitando uma enorme área interna.

Entre Mainz e Worms encontram-se as vilas de Oppenheim, Nierstein, Nackenheim e Bodenheim, e, no contorno do extremo oeste da região, Bingen. Essas vilas têm seus vinhedos ao lado do rio e englobam as áreas de qualidade do Rheinhessen, produzindo ótimos brancos.

No interior do Rheinhessen podem-se encontrar bons vinhos, mas suas colinas suaves são mais frias do que as encostas voltadas para o rio, dificultando o amadurecimento da Riesling. A ausência de vilas famosas obriga os produtores locais a estabelecer um preço mais baixo para seus vinhos. A maioria das uvas vai para as misturas anônimas de vinho barato, especialmente Liebfraumilch, com o qual a Alemanha inunda o mercado de exportação. No Rheinhessen, existe uma grande área experimental onde muitos cruzamentos de uvas são testados; além das já citadas, há a Ortega e a Optima. Elas entram nos cortes do Liebfraumilch, açucarado e leve. O Liebfraumilch pode vir de qualquer região da Alemanha, mas mais da metade das uvas vêm de vinhedos fáceis de trabalhar do Rheinhessen. As exigências para ele são poucas: entre 18 e 40 g/l de açúcar residual e, pelo menos, 70% de Müller-Thurgau, Kerner, Silvaner ou Riesling. Na prática, não se coloca uma uva de alta qualidade, como a Riesling, em um vinho tão barato.

Como outros vinhos desvalorizados da Alemanha, o Liebfraumilch (significa "leite de Nossa Senhora") tem origens respeitáveis. Em Worms, há uma igreja gótica, Liebfrauenkirche ("Igreja de Nossa Senhora"), cercada de vinhedos, cujo vinho há séculos pegou fama e sua produção se espalhou por outras regiões (foto 50).

Os responsáveis pela vinícola da igreja agora se distanciam do Liebfraumilch, chamando o seu vinhedo de Liebfrauenstif-Kirchenstück e elaborando um vinho razoavelmente bom.

Foto 50. Igreja gótica Liebfrauenkirche, em Worms, onde se produziu inicialmente o Liebfraumilch.

Principais produtores

Edwald Friederich Erben	Joseph Friederich
Gunderloch	Rappenhof
Hans Christof	Scheneider

PFALZ

O Pfalz é quase uma extensão da Lorena (Lorraine, em francês, e Lothringen, em alemão) francesa quando se vai na direção norte. Ao se cruzar a fronteira com a Alemanha, a mesma série de montanhas, as Haardt, que os franceses chamam de Vosges, continua com o rio Reno a sua direita, um pouco distante. As montanhas servem de proteção das chuvas, de grande influência no clima, tornando o Pfalz uma das regiões mais secas e ensolaradas da Alemanha. Além do clima vantajoso, o solo é de terra preta e um pouco de arenito, perto das montanhas, o que também é bom para as videiras. Seus vinhos são encorpados, ricos e frequentemente têm um toque de especiarias, e são muito mais secos do que a maioria dos vinhos alemães. Há muitas vilas que produzem vinhos de Riesling, Pinot Gris, Traminer e Spätburguner, com ótima relação qualidade/preço.

A Riesling amadurece regularmente no Pfalz, permitindo elaborar vinhos de diferentes níveis, do QmA até o TBA, mas com maior sabor e mais doce. A Traminer origina os vinhos com mais especiarias da Alemanha e as tintas Portugieser e Dornfelder produzem tintos atraentes e com gosto de cereja.

O Pfalz do norte é onde se encontram os vinhos de alta qualidade, de vilas como Wachenhein, Deidesheim, Bad Dürkheim e Kallstadt. O sul está procurando alcançar o norte fazendo vinhos superiores e diminuindo a produção de Liebfraumilch, do qual é ainda um enorme produtor.

Principais produtores

Dr. Bassermmann-Jordan	Müller-Catoir
Dr. Bürklin-Wolf	Siegrist
Eugen Muller	

FRANKEN

A Francônia (em alemão, Franken) é a região da Alemanha que produz a maioria dos vinhos secos. Situa-se bem a leste das regiões do rio Reno e seu vinho difere do estilo básico dos vinhos alemães. Não tem o caráter floral, bem estruturado, do Reno ou do Mosel nem o tênue equilíbrio entre a doçura e a acidez que tanto fascina nos vinhos alemães. Oferece um travo terroso, com acidez balanceada, que pode ser muito atraente.

A maioria dos vinhedos rodeia o rio Main e seus afluentes. É a única solução, pois o clima continental da região é difícil: verões curtos e quentes, invernos frios e primavera e outono não muito definidos. Um outono antecipado, frio e úmido pode arruinar a colheita do ano, assim como uma geada tardia de primavera. A proteção do vale de um rio pode ajudar a temperar o clima, protegendo as uvas e videiras da geada e do frio.

As vinícolas localizam-se na cidade de Würzburg, mas existem vinhedos muito espalhados e os vinhos são vendidos com o nome do Bereich. O Bereich Maindreieck, onde o rio Main percorre os dois lados de um triângulo, é onde estão localizados os melhores vinhedos. Ele abrange o vinhedo que originou o hábito de se referir aos vinhos da Francônia como Stein. Na verdade somente os vinhos que vêm da vila de Würzburger Stein deveriam receber esse nome. Mas, como o nome Hoch, no Rheingau, é usado para se referir a todo o vinho do vale do Reno, tornou-se costume também entre os alemães usar esse nome para designar os vinhos da Francônia.

A principal uva da Francônia é a Silvaner, que lá desenvolve qualidades que não atinge em nenhum outro lugar da Alemanha. Seus vinhedos representam mais de 20% da região e resultam um vinho mineral seco, de alta acidez e extrato. Existem plantações de Müller-

-Thurgau e Scheurebe, e a região é dominada por muitos cruzamentos de videiras que amadurecem cedo e florescem tarde.

As garrafas de vinhos da Francônia são verdes, como as do Mosel (as do Reno são marrons), e têm uma forma diferente das usadas no resto da Alemanha. Por lei, essas garrafas são bojudas, achatadas e ovais, denominadas *Bocksbeutel* (literalmente: "saco de bode").

Existem muitas cooperativas na Francônia, mas os vinhos de um único produtor geralmente são melhores. É frequente na Alemanha que alguns dos melhores vinhos venham de fundações eclesiásticas (Juliusspital e Bürgerspital zum Heiligen Geist (*heiligen Geist* = "Espírito Santo") e do Estado (Staatlicher Hofkeller), todas em Würzburg, e são acompanhadas por produtores como Hans Wirsching e Johann Ruck.

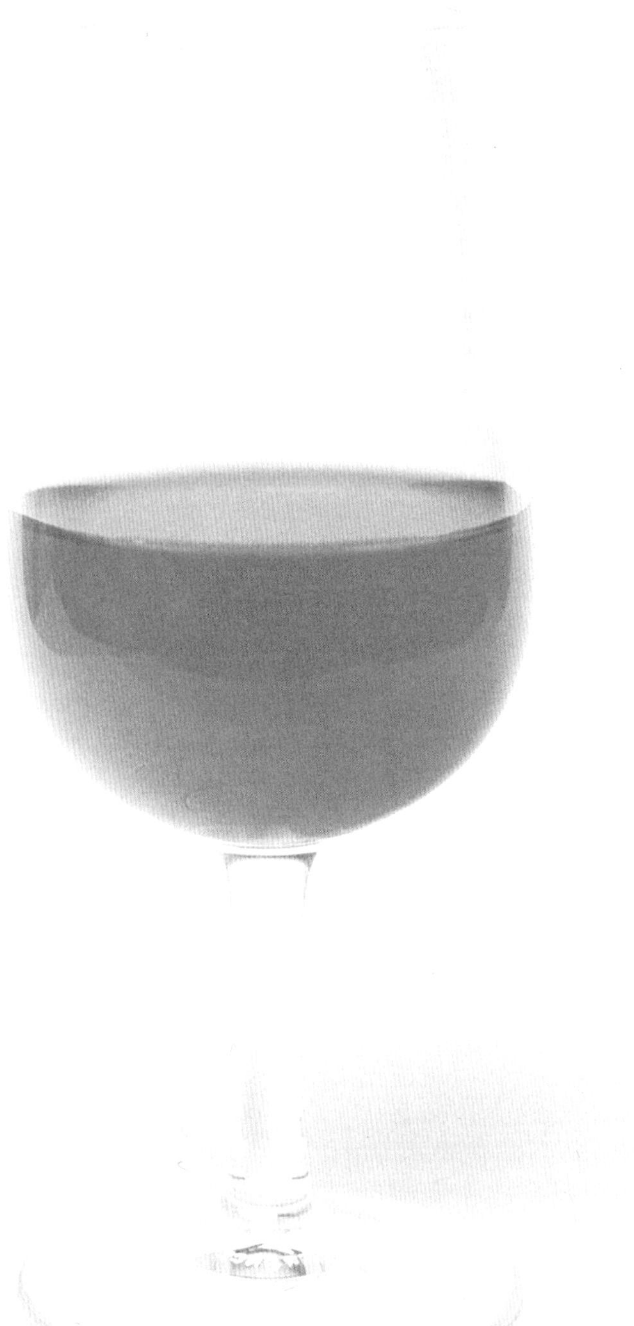

Itália 16

A riqueza e a diversidade dos vinhos da Itália, denominada Enotria ("terra do vinho") pelos gregos na Antiguidade, chamam a atenção de qualquer apreciador, e praticamente em qualquer parte do país se produz vinho. Antigamente, a Itália oferecia vinhos de alta produção, pois o mercado queria vinhos para beber, e não vinhos particulares.

Responsável por 18% da produção mundial de vinhos e por um sem-número de rótulos de grande prestígio no mercado internacional, a Itália tem procurado se adequar ao consumidor, que está mais exigente. Para isso, conta com sua própria topografia, cheia de colinas e montanhas. Quando se dirige de uma vila para outra, verifica-se que quase não existem linhas retas na Itália. A combinação dessas encostas com a influência marítima (a Itália é banhada pelos mares Tirreno, Adriático, da Ligúria e Mediterrâneo) e com diferentes solos origina excelentes microclimas para o cultivo de uvas. Enquanto os prestigiados vinhos italianos são conhecidos pelo nome, a variedade de uva nativa normalmente não é citada e elas são pouco encontradas fora da Itália. Muitos produtores italianos têm procurado valorizar suas uvas nativas para enfrentar o que denominam "globalização organoléptica", representada pelas variedades internacionais, como Cabernet Sauvignon, Chardonnay e Merlot.

O vinho é o acompanhamento natural de todas as refeições na Itália. Vinhos que para um não italiano possam parecer muito leves, adstringentes ou tânicos lá são apreciados por se harmonizar com os sabores da cozinha italiana. Preocupada com a exportação, a Itália finalmente admitiu que a paixão de todos os consumidores por fruta madura e taninos macios não é moda passageira, e tem procurado adaptar seus vinhos.

CLASSIFICAÇÃO

A lei italiana do vinho em vigor foi promulgada em 1992 e se denomina Lei Goria. Ela classifica os vinhos italianos em quatro níveis:

Mapa 17. Principais regiões produtoras de vinho na Itália.

- *Vino da Tavola*: refere-se à classificação de qualidade mais baixa, equivalendo a vinho de mesa. Foi apropriada por alguns dos principais produtores do país, que achavam que a lei os impedia de fazer um vinho tão bom como pretendiam. Esses *supervini da tavola* estão de acordo com as regras do Vino da Tavola e podem não indicar a região e a variedade de uva no rótulo, mas o nome do produtor, o nome fantasia e o preço dizem tudo.
- *Indicazione Geográfica Típica (IGT)*: é o nível superior ao vinho de mesa e baseado no *vin de pays* da França. Considera a área de produção, a variedade de uva e o nível de produção.
- *Denominazione di Origine Controllata (DOC)*: é o nível semelhante à lei da *appellation contrôlée* da França, regulamentando a origem geográfica, a variedade de uva, os métodos de amadurecimento, o nível de produção, o teor alcoólico e as exigências de envelhecimento. Muitos produtores acham que as regras da DOC preservam tradições e impedem inovações.
- *Denominazione di Origine Controllata e Garantita (DOCG)*: é o nível mais alto da DOC e procura fornecer garantia de qualidade e procedência. As restrições são maiores e o vinho tem de ser testado e analisado por uma banca de juízes.

O mapa 17 mostra as principais regiões produtoras de vinhos, a seguir analisadas, dividindo-se em Itália do Norte, Central e do Sul.

A Itália mostra uma riqueza de vinhos em todas as suas regiões, e em três delas se encontram vinhos excepcionais: duas no norte (Piemonte e Veneto) e uma no centro, a Toscana. Mas em outras regiões, do norte e do centro, vários vinhos já atingiram elevado estágio de qualidade. No sul da Itália, as regiões estão abandonando a cultura de altas produções, e ocorre um grande incremento na qualidade de seus vinhos.

ITÁLIA DO NORTE

Piemonte

A região do Piemonte localiza-se no noroeste da Itália, aos pés dos Alpes, e tem Turim como sua principal cidade.

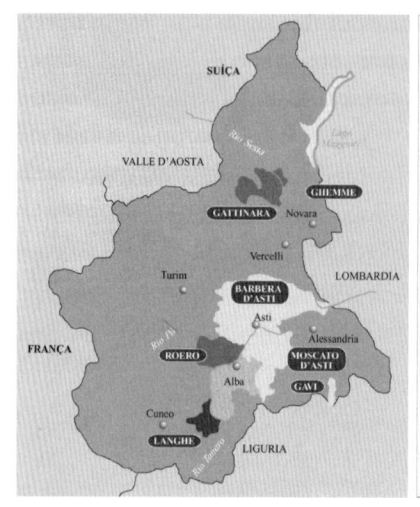

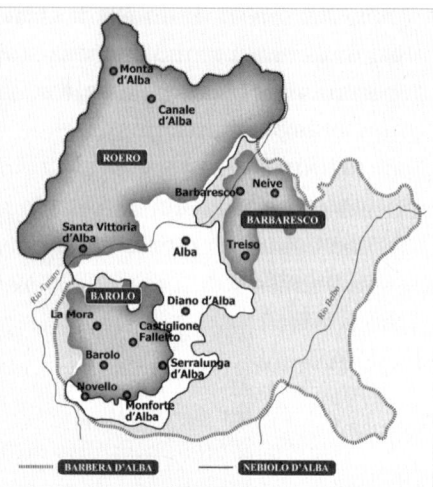

Mapa 18. Região do Piemonte.   Mapa 19. DOCG Barolo e Barbaresco.

Os invernos são rigorosos, com muita neblina (*nebbia*, em italiano), os verões são relativamente quentes e os outonos, longos, embora a falta de sol possa causar problemas aos vinhedos. A paisagem do Piemonte é maravilhosa, especialmente no outono, quando cada vinhedo adquire tonalidades de rosa, laranja, marrom, roxo e verde.

Os solos são variados, mas predominam os de calcário misturado com argila e areia.

Ao contrário de outras regiões da Itália, o Piemonte é uma região vinícola onde o ponto-chave é a uva. A uva predominante na região é a tinta Nebbiolo, assim chamada, supostamente, por causa da neblina. É a responsável pelo Barolo e pelo Barbaresco, induscutivelmente os melhores vinhos do Piemonte e considerados dois dos pontos altos em vinhos tintos de todo o mundo.

O Piemonte tem cerca de dois terços de sua área vinícola classificada como DOC. Ela conta com sete DOCG.

A DOCG Barolo engloba principalmente as comunas de Barolo, Castiglione, Falleto, La Mora, Serralunga d'Alba e parte das comunas de Monforte d'Alba, Novello e Verduno. Os melhores vinhedos estão em encostas com boa drenagem, voltadas para o sul. O Barolo exige um envelhecimento obrigatório de três anos, sendo dois em *botte*, enquanto o Riserva deve ser envelhecido ao menos cinco anos. Rico em taninos e com alta acidez quando maduro, apresenta um buquê complexo e rico, lembrando frutas (uvas-passas, cerejas, ameixas) e chocolate. Depois de alguns anos, sobrevêm aromas florais e de alcatrão. Apresenta-se inicialmente áspero na boca, mas com os anos torna-se aveludado e suave, com grande intensidade e persistência. Normalmente, o Barolo é feito com uvas Nebbiolo de diferentes vinhedos. Como, porém, diferentes vinhedos podem produzir vinhos diferentes, engarrafam-se vinhos feitos com uvas de um único vinhedo, os quais são chamados de *crus*, como na Borgonha. Destacam-se, entre outros, os *crus* Cannubi Boschis e Rocche di Castiglione.

A DOCG Barbaresco compreende as comunas de Barbaresco, Treiso e Neive e, como a vizinha Barolo, possui crus: vinhedos em particular situação de solo e exposição cujo uso exclusivo origina os vinhos superiores da DOCG. Exemplos são os vinhedos Sori San Lorenzo, Martinenga e Rabajà.

A uva Nebbiolo pode originar vinhos mais suaves, que podem ser rotulados com o nome da varietal e o local de produção. É o caso dos vinhos da DOC Nebbiolo d'Alba, região ao redor da cidade de Alba, e que contém as zonas DOCG de Barolo e Barbaresco, que apresentam notável frescor de maçã ou melão, amenizando sua aspereza. Já o Nebbiolo delle Langhe tem gosto de ameixa. Mais ao norte, perto de Vercelli e Novara, nas DOCG

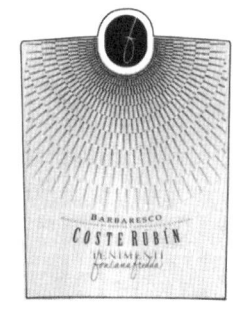

Gattinara e Ghemme, são produzidos, a partir da Nebbiolo, tintos mais suaves. São vinhos cuja garrafa oferece um pouco da majestade dos grandes tintos do Piemonte por uma fração de preço de um Barolo ou de um Barbaresco.

Depois da Nebbiolo, a uva Barbera é bastante utilizada para os tintos. Seu vinho, de cor mais clara que os escuros Barolos, é leve e ácido, pode ser bebido jovem e é o mais consumido pelos piemonteses. Apesar da acidez alta, apresenta baixo teor de tanino e caráter frutado. A Barbera é cultivada em todo o Piemonte, em grandes quantidades, mas os locais que produzem os vinhos mais destacados ficam em torno de Alba (DOC Barbera d'Alba) e perto de Asti (DOC Barbera d'Asti). Existem Barberas de nível mais alto, resultado de uma seleção de melhores uvas e de estágio em barricas de carvalho, chamados Barbera barricato, de grande refinamento.

A seguir vem a uva Dolcetto, responsável pelos vinhos do Piemonte, mais fáceis de serem bebidos. É uma uva que amadurece cedo, mesmo em locais menos favoráveis, incluindo os de face norte, diferente da Nebbiolo, que exige muitos cuidados e amadurece tarde. O Dolcetto é muitas vezes comparado ao Beaujolais francês, já que ambos são relativamente pouco ácidos, não muito tânicos e devem ser bebidos jovens e refrescados, mas não muito frios. É o vinho favorito para o cotidiano no Piemonte, e os melhores vêm das proximidades de Alba (DOC Dolcetto d'Alba) e da pequena aldeia de Dogliani (DOC Dolcetto di Dogliani).

Os principais produtores de Barolo, Barbaresco e Barbera têm procurado oferecer vinhos com taninos mais macios e acidez relativamente baixa. A garantia para se adquirir uma boa garrafa desses vinhos não está no destaque de seus nomes no rótulo, mas sim no nome do produtor, que vem em letras menores na parte inferior do rótulo.

O Piemonte oferece algumas uvas brancas locais, que originam vinhos secos e aromáticos. A uva nativa Cortese é a responsável pelo vinho branco da DOC Gavi, na província de Alessandria. Trata-se de um branco refrescante, seco, cremoso e com sabor de maçã, e que rapidamente se tornou caro. A uva branca Arneis é cultivada em Roero, a noroeste de Alba, e a Erbaluce é plantada em Caluso, a sudoeste de Turim. Originam vinhos fáceis de ser bebidos, ligeiramente ácidos.

Vários produtores do Piemonte plantam uvas internacionais, como a Chardonnay e a Sauvignon Blanc. Recentemente foi criada a DOC Piemonte para agrupar os pequenos produtores que classificavam, no passado, seus vinhos como *vini di tavola*, e outros que usavam as castas não tradicionais da região, caso principalmente da Chardonnay.

Principais produtores	
Aldo Coterno	Luigi Coppo
Ângelo Gaja	Marchesi di Gresy
Batasiolo	Michele Chiarlo
Bava	Moccagatta
Braida	Pio Cesare
Bruno Giacosa	Prunotto
Ca' Bianca	Renato Ratti
Castello di Neive	Rivetto
Fontanafredda	Scavino
Giacomo Conterno	Vietti
La Spinona	Voerzio
Luciano Sandrone	Walter Musso

Lombardia

Tem a grande cidade industrial de Milão como capital, onde vinhos de toda a Itália estão disponíveis. Porém, a Lombardia não é reconhecida como região de vinhos famosos. Ao sul de Milão, margeando o rio Pó, encontra-se a DOC Oltrepò Pavese, onde são produzidos tintos bastante ácidos das uvas Barbera e Bonarda. Entre Bergamo e Brescia, na DOC di Franciacorta, produzem-se bons cortes de tintos das uvas Barbera, Nebbiolo, Cabernet Franc e Merlot. Nas proximidades de Brescia e do lago de Garda, região turística badalada do norte da Itália, são elaborados interessantes vinhos brancos secos, principalmente de Pinot Bianco e Chardonnay. A região DOCG Franciacorta Spumante produz o espumante que os especialistas consideram o melhor da Itália.

Trentino e Alto Adige

São duas regiões vinícolas vizinhas. O Trentino é a parte inferior, mais ao sul do vale do rio Adige, ao redor da cidade de Trento. A DOC Trentino engloba uma ampla série de vinhos varietais, na qual, além das variedades internacionais, encontram-se surpreendentes uvas nativas. Entre os tintos, têm-se as uvas Teroldego, que originam um tinto saboroso, e a Schiava, que dá um tinto leve, algo adocicado. Existem ótimos brancos de Pinot Bianco e Traminer e alguns bons Chardonnay, de alta altitude e fermentados em barris.

O Alto Adige é uma região montanhosa muito fria, na fronteira com a Áustria, conhecida como SüdTirol, onde a língua alemã é comum, encontrando-se, por isso, muitos vinhos com nome alemão. Os rótulos do Alto Adige são repletos, pois trazem, em geral, designações em alemão e italiano. É uma região cujos vinhedos se beneficiam dos grandes contrastes entre verões quentes e invernos muito frios.

A grande maioria dos vinhos pertence à DOC Alto Adige Süd Tirol. Os tintos são produzidos, principalmente, da uva Schiava, chamada Vernatsch, perto de Bolzano, a principal cidade. As subDOC Lago di Caldaro (em alemão, Kalterersee) e Santa Maddalena (em alemão, St. Magdalener) oferecem tintos leves, para serem bebidos jovens. Outra tinta muito plantada ao redor de Bolzano é a Lagrein, responsável por vinhos de consumo rápido.

Embora plantadas em menor proporção, as uvas brancas são as responsáveis por grande parte dos vinhos do Alto Adige que se destacam na Itália. Suas brancas são Chardonnay, Pinot Bianco (Weissburgunder), Pinot Grigio (Ruländer), Sauvignon Blanc e Traminer (Gewürztraminer). A Riesling Renano (Rheinriesling) de lá é considerada a melhor da Itália, originando vinhos secos, refrescantes e com pouco condimento. Também a uva Moscato (Muskateller) pode originar bons vinhos secos e, principalmente, excelentes vinhos doces e leves, como o Goldmuskateller e o Rosenmuskateller.

Vêneto

O Vêneto, centrado em Verona, é uma das capitais do vinho na Itália, onde se realiza a famosa feira Vinitaly, e abrange vasta região. É considerado a linha de produção de vinhos na Itália, onde lagos dos tintos Valpolicella e Bardolino e do branco Soave são drenados para milhões de garrafas. Estas são despachadas para restaurantes italianos ou italianados no mundo todo, onde, se presume, serão bebidos por um público não muito perspicaz em relação a vinhos.

O principal tinto do Vêneto, o Valpolicella, é um dos nomes mais explorados da Itália. Nos anos 1970, o governo permitiu que uma enorme área de vinhedos planos e tipicamente férteis passasse a produzir um excesso de vinhos sem caráter, que podiam ser classificados como Valpolicella DOC.

O Valpolicella é produzido a partir de um corte em que predominam as uvas nativas Corvina, Molinara e Rondinella; a Corvina é a uva de

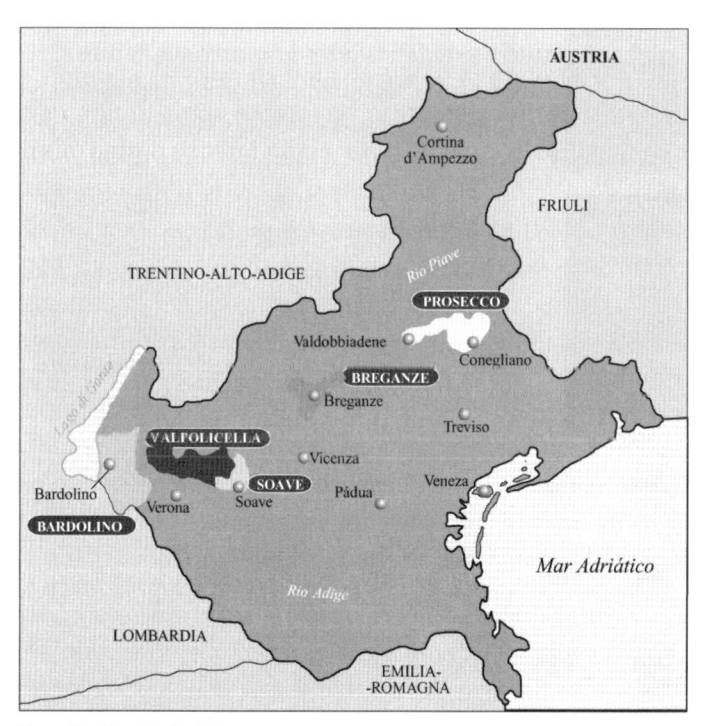

Mapa 20. Região do Vêneto.

maior personalidade, a Molinara tem maior acidez, mas tende a originar vinhos ralos, e a Rondinella acrescenta algum sabor. Apesar do excesso de produção, existem produtores que elaboram um Valpolicella sério, com sabor de ameixa e cereja e um fascinante toque amargo. São os vinhos descritos como *Classico*, produzidos com uvas cultivadas na zona central original e não nas regiões expandidas. Esses produtores procuram focalizar a atenção dos apreciadores sobre o nome do vinhedo e não sobre o nome da região. O Valpolicella básico pode ter teor alcoólico de 11% vol. e sua elaboração pode ser apressada. Já o Valpolicella descrito como *Superiore* deve ter teor alcoólico de 12% vol. e ser envelhecido, pelo menos por um ano, antes de ser engarrafado. Outro indicador é o preço: um Valpolicella de cor vermelha vivaz e com aromas de cereja só pode vir de uvas de vinhedos em aclives, onde as produções são baixas e o custo é alto, ao contrário das uvas que provêm de vinhedos planos, férteis e mecanizados.

Existem ótimos Valpolicellas produzidos em pequenas quantidades: o Recioto della Valpolicella e o Amarone.

"Orelha" em italiano é *orecchie*; no dialeto veronês, é *recie*; esta é a mais popular explicação de como o Recioto obteve o nome. O cacho de uvas, frequentemente, tem um grande cacho no centro e dois menores pendurados de cada lado. Essas "orelhas" recebem mais sol, estão menos sujeitas a apodrecer e, de acordo com a sabedoria veronense, são as de melhor qualidade. O Recioto costumava ser feito só das orelhas, mas atualmente é feito de qualquer parte, desde que as uvas sejam de qualidade superior, o que exige grande trabalho de seleção. Elas passam pelo processo *passito*, no qual são cuidadosamente arrumadas em engradados rasos, empilhados uns sobre os outros, com bastante espaço para o ar circular. Secam por quatro meses ou mais, até ficar enrugadas como uva-passa. São, então, prensadas e fermentadas muito lentamente, para produzir um vinho natural fortíssimo. Se a fermentação parar, naturalmente ou por interferência externa, o vinho tinto e forte permanecerá doce. Ao ser provado, constatam-se sabores intensos de cereja, ameixa e defumado, com um final amargo, concluindo-se que se extraiu de um ótimo Valpolicella a essência de seus sabores.

Por outro lado, se o mosto for fermentado até que todo o açúcar da uva se transforme em álcool, tomará o nome de Amarone. *Amaro* quer dizer "amargo", e *amarone*, "fortemente amargo". Ao se abrir uma garrafa, tem-se a impressão de que se vai experimentar algo muito doce. Inicialmente, verifica-se um sabor frutado, seguido de um doce amargo, para, finalmente, chegar-se a um sabor fortemente seco, com toque de chocolate amargo. O Amarone é um vinho encorpado, com teor alcoólico entre 14% vol. e 16% vol., altíssimo para um vinho de mesa. Nenhum dos dois, Recioto e Amarone, é próprio para acompanhar uma refeição, mas ambos são ideais para ser tomados de gole em gole, de preferência depois de uma refeição – os italianos os chamam *vini da meditazione*.

Existe outro Valpolicella de qualidade superior, elaborado pelo processo *ripasso* ("repassar" ou "passar de novo", em italiano). Um Valpolicella recém-fermentado é colocado num tonel com as borras de semente e cascas do Amarone. Fica em contato por algumas semanas, ganhando cor, tanino, sabor e estrutura.

O Bardolino recebe esse nome devido à comuna de Bardolino, na parte sul do Lago di Garda, província de Verona, próximo da região de Valpolicella. É um vinho mais rosado que tinto, bem pouco encorpado, com leves sabores de cereja e característico travo amargo. Os melhores têm no rótulo a palavra Classico, e são feitos com uvas que cercam a cidade. Integram agora a DOCG Bardolino Superiore, e devem ser envelhecidos por pelo menos um ano e possuir um teor alcoólico de 12% vol.

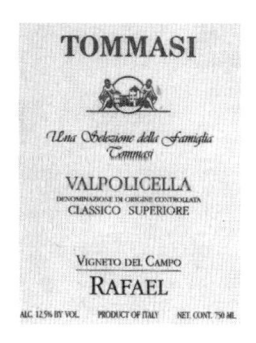

Um dos brancos italianos mais produzido é o Soave, que provém da cidade italiana de mesmo nome, a leste de Verona. Baseado na uva Garganega, cortada com pequena parcela da uva Trebbiano de Soave (vários tipos de Trebbiano são comuns na Itália), era seco, tinha um frutado crocante e ia muito bem com peixes. Após a criação da DOC Soave nos anos 1970, houve um excesso de produção, o que piorou a qualidade a ponto de ele ser considerado um insípido lava-bocas. Atualmente, estão sendo elaborados bons Soaves de cor palha e sabores que lembram maçã e limão. Os vinhos feitos com uvas que provêm de um único vinhedo pertencem agora à DOCG Soave Superiore, que prevê as especificações Classico para os feitos com uvas da antiga zona original; e Riserva, os envelhecidos por pelo menos dois anos. As melhores uvas, que seguem o processo recioto, originam um vinho de sobremesa, bom e caro, classificado na DOCG como Recioto di Soave.

A parte central do Vêneto, que inclui Vicenza e Pádua, é fonte de diversos vinhos, feitos de Cabernet Sauvignon, Merlot, Pinot Bianco e Pinot Grigio, fáceis de ser bebidos, nas DOC Calli Berici e Calli Euganei. A DOC Breganze, na província de Vicenza, tem produzido interessantes vinhos varietais de Cabernet Sauvignon e Pinots Bianco e Grigio.

Principais produtores

Adriano Adami	Mais
Allegrini	Michele Castellani
Anselmi	Poggi e Armani
Boscaini	Portaluppi
Lamberti	Roberto Anselmi
Le Ragose	Serègo Alighieri
Maculan	Tedeschi

Friuli

Situado na ponta nordeste da Itália, o Friuli, cujo nome completo é Friuli-Venezia-Giulia, é uma região montanhosa entre o Vêneto, a Eslovênia e o sul da Áustria, cuja principal cidade é Udine.

Na Itália, terra predominante de vinhos tintos, é o Friuli que produz admirados vinhos brancos, leves e aromáticos. Os vinhos são rotulados simplesmente com a variedade de uva e a área em que são elaborados e se caracterizam por algo que tem sido procurado nos vinhos italianos: o caráter frutado. Entre as brancas, são cultivadas as internacionais Chardonnay, Sauvignon Blanc e Pinot Bianco, que, no resto do país, na maioria das vezes, originam vinhos comuns, mas no Friuli conseguem um toque de limão acompanhado de um ligeiro defumado. Entre as uvas nativas, destacam-se a Tocai Friuliano, ou simplesmente Tocai, que origina vinhos meio encorpados e cremosos, com toques de ervas; a Verduzzo, usada para vinhos doces; assim como a Picolit, responsável por caros vinhos de sobremesa. As uvas dessas últimas variedades são colhidas tardiamente, supermaduras.

Apesar da fama de seus vinhos brancos, quase metade da produção do Friuli é de vinhos tintos, feitos de Merlot, Cabernet Franc e de uvas nativas, como a Refosco e a Schioppettino, muito populares na região.

O padrão de produção de vinhos é geralmente muito alto e as produções são relativamente baixas. As mais respeitadas áreas DOCs do Friuli são o Collio e o Colli Orientali del Friuli. Essa última oferece a maior variedade de estilo e elabora os melhores vinhos. Outras áreas DOCs, como Friuli Isonzo, e especialmente a prolífera Friuli Grave, ficam em terrenos planos e oferecem vinhos menos interessantes.

Principais produtores

Josko Gravner	Schiopetto
Livio Felluga	Vinnaioli Jermann
Plozner	Volpe Pasini

ITÁLIA CENTRAL

Toscana

De todas as maneiras, a Toscana é a terra da Renascença. As cidades, as vilas, as casas com telhados de terracota e as colinas com grandes ondulações pouco mudaram desde os tempos em que foram pintadas por Leonardo da Vinci. É também uma região importante para os apreciadores de vinho, pois na Toscana está a maior concentração de competentes, cuidadosos e ambiciosos produtores de vinho da Itália.

A paisagem sempre montanhosa e o clima temperado tornam a Toscana o lugar ideal para produzir vinho tinto com teor alcoólico entre 12% vol. e 13% vol. e com potencial de envelhecimento. A principal uva é a Sangiovese Piccolo, simplesmente chamada Sangiovese, de bagos pequenos, e a qualidade do vinho depende muito da exposição ao sol e da altitude na qual a uva é plantada.

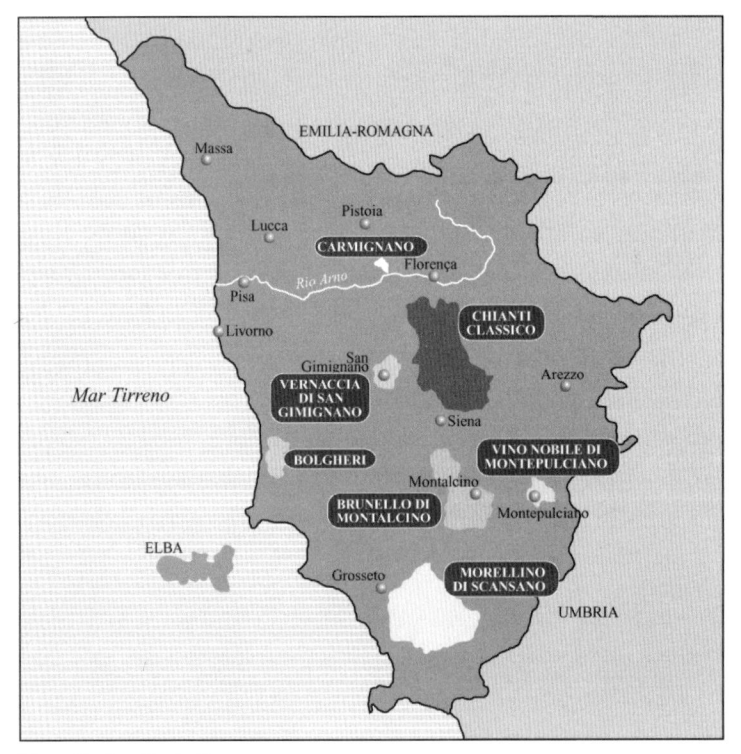

Mapa 21. Região da Toscana.

A região vinícola mais importante da Toscana, e talvez da Itália, é o Chianti. O principal componente de seu vinho era a Sangiovese; tinha cor púrpura, era ligeiramente áspero, com gosto de ervas e com um pouco de acidez. Há mais de cem anos, o barão de Ricasoli idealizou o "uvaggio di vigneto" (mistura de variedades nos vinhedos) para amaciar os taninos com fracas uvas brancas, como a Trebbiano e a Malvasia, resultando um vinho ralo, com pouca fruta e nenhum sabor.

No final dos anos 1970, houve uma reavaliação de como o Chianti poderia e deveria ser, porque se encontravam todos os níveis de qualidade, do horrível ao sublime, que não era necessariamente mais caro que o horrível. Como havia crescido muito, a região foi dividida em sub-regiões, das quais a mais importante é a do Chianti Classico, na zona montanhosa entre Florença e Siena. A leste e a oeste de Florença encontram-se, respectivamente, o Chianti Rufina e o Chianti Montalbano. Existem outras sub-regiões ao redor de Arezzo, Siena, Pistoia e Prato que produzem o Chianti básico, leve e fácil de ser bebido, que geralmente não traz o nome da região no rótulo.

Em termos de qualidade e durabilidade, o Chianti Classico é a mais importante sub-região: pode-se mesmo afirmar que é um dos vinhos mais benfeitos do mundo. As regras introduzidas na metade dos anos 1980 elevaram o Chianti Classico ao *status* de DOCG (o Chianti básico é só DOC) e insistiram em produções adequadamente pequenas e na desqualificação de uvas vindas de vinhedos com menos de cinco anos de idade. Para qualificar esses vinhos, foram introduzidas garrafas no estilo bordalês e o emblema do Gallo Nero, selo do consórcio que controla a qualidade dos vinhos da região.

Foto 51. Rótulo "Gallo Nero" para vinhos Chianti Classico.

Embora a Sangiovese continue a ser a espinha dorsal do Chianti Classico, os produtores podem ignorar as variedades de uvas brancas especificadas na fórmula do básico e acrescentar até 10% de uvas internacionais, como Cabernet Sauvignon, Merlot e Syrah. Por outro lado, os produtores substituíram os grandes e velhos tonéis de carva-

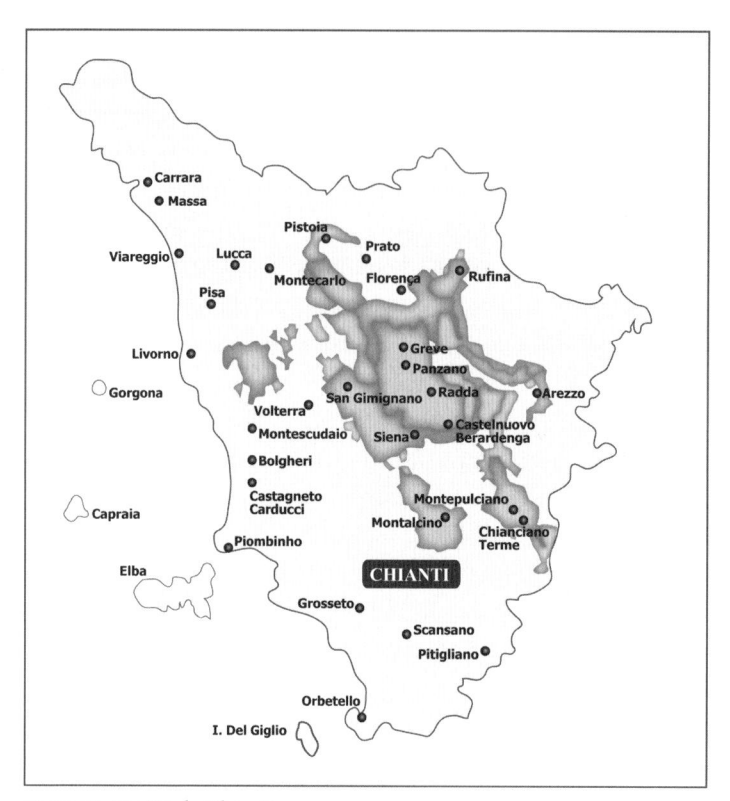

Mapa 22. Região do Chianti.

lho esloveno por barricas de carvalho francês novo, concentrando e amaciando os sabores, originando Chianti surpreendentes. Os Riserva são os Chianti DOCG de alta classe, bem estruturados e que exigem de dois a quatro anos de adega.

Quando se pensou em acrescentar a Cabernet Sauvignon à fórmula do Chianti, o único problema era que o vinho assim elaborado, se levasse o rótulo Chianti, iria contra as regras da DOC. No início dos anos 1970, vários produtores sustentaram que, apesar de seus vinhos poderem ser vendidos com o rótulo de *vino da tavola*, poderiam ganhar reputação própria e ser vendidos por um preço maior que os de rótulo DOC. Assim, nasceram os "supertoscanos", que colocaram o vinho italiano nas manchetes de todo o mundo. Da longa lista de produtores que elaboram esses vinhos, o mais famoso foi Piero Antinori. O corte Sangiovese/Cabernet Sauvignon de Antinori, denominado Tignanello, foi imediatamente reconhecido como um dos vinhos mais finos da Itália e provou que se poderia vender um *vino da tavola* por um preço mais alto que o de uma DOC. O mesmo Antinori fez, a seguir, um corte de Cabernet Sauvignon e Cabernet Franc com 20% de Sangiovese e lançou o Solaia, outro topo supertoscano. Muitos outros produtores seguiram esse caminho, usando também a Merlot, a Syrah ou a pura Sangiovese, e envelhecendo os vinhos em barricas de carvalho francês novo.

A Lei Goria, em 1992, previu que esses vinhos poderiam ter uma *denominazione* própria, fora das regras da DOC, mas poucos proprietários se interessaram. Atualmente, muitas vinícolas do Chianti Classico produzem esse tipo de vinho com nomes especialmente escolhidos para eles. Descobrir qual supertoscano pertence a qual propriedade do Chianti Classico requer uma minuciosa observação na parte inferior do rótulo do vinho. Isso porque alguns podem estar entre os melhores tintos do mundo, enquanto outros podem ser impostores vergonhosamente caros, em embalagens impecáveis.

Ao sul de Siena, ao redor da cidade de Montalcino, encontra-se a DOCG Brunello di Montalcino. A uva usada é a Sangiovese de bagos grandes (Sangiovese Grosso), de pele marrom, chamada localmente de Brunello. É a responsável por um tinto escuro, concentrado, com aromas e sabores de amora, cereja, chocolate, violeta e couro, que exige mais de quatro anos de carvalho. O Brunello di Montalcino é um vinho que pode evoluir por uma década, às vezes duas. É, sem dúvida, um dos melhores vinhos da Itália, embora seu preço seja muito alto.

Os vinhos mais leves da região pertencem à DOC Rosso di Montalcino. Amadurecidos por apenas um ano, são uma versão mais jovem, macia e frutada e podem ser uma boa compra.

Das colinas de Montepulciano vem o Vino Nobile di Montepulciano. É um tinto feito de um clone da Sangiovese Grosso, chamado de Prugnolo ("ameixa", em italiano, em referência à cor e ao aroma da uva, semelhantes ao da fruta). Elevado ao *status* de DOCG na mesma época em que o Brunello, teve grande melhoria, exatamente como ocorreu com o Chianti Classico.

Existe também uma versão de bom preço, um vinho ligeiramente mais leve e que amadurece mais cedo, pertencente à DOC Rosso di Montepulciano.

A oeste de Florença encontra-se a pequena mas interessante DOCG de Carmignano, onde a Cabernet Sauvignon é plantada desde o século XVIII. É produzido um tinto excepcionalmente bom, geralmente de corte de Sangiovese e Cabernet Sauvignon.

O vinho branco da região do Chianti é o Galestro. Ligeiramente leve como o Muscadet francês, o Galestro é o resultado comercial de um grupo de produtores do Chianti que buscava uma alternativa para utilizar suas uvas brancas. A uva Trebbiano, que produz enormes quantidades, é a base do Galestro, atualmente cortada com Malvasia e um pouco de Chardonnay. Vinificada de maneira moderna, produz vinhos leves e refrescantes, mas a qualidade raramente ultrapassa o nível básico.

O mais interessante branco da Toscana pertencem à DOCG Vernaccia di San Gimignano, elaborado a partir da uva Vernaccia, cultivada ao redor da maravilhosa vila de San Gimignano, que fica no alto de uma colina, onde torres medievais dominam a paisagem. É um dos vinhos mais antigos da Itália e era exportado para toda a Europa na Antiguidade. Sua elevação a DOCG em 1993 teve o mérito de levar os produtos a buscar uma qualidade sempre maior. É seco, com gosto de noz, mel e limão e deve ser bebido jovem.

E ainda há o Vin Santo, elaborado em diversas DOC, sendo a Toscana a responsável pelos exemplos clássicos. Diferente da maioria dos vinhos *passito*, o Vin Santo é feito de uvas Trebbiano e Malvasia, que são deixadas nos cachos até secar ou, então, no plano, em prateleiras de palha, até o Natal. São, então, prensadas e deixadas fermentando em pequenos barris (50 litros é o mais tradicional), chamados *caratelli*, juntamente com a *madre* (um pouco do vinho que restou do ano anterior), que, por sua vez, contém pequenas quantidades do outro ano, e assim por diante. Os *caratelli* são lacrados por, pelo menos, três anos. O vinho branco resultante adquire a cor dourada, podendo até chegar à cor âmbar. Esse processo de elaboração, porém, varia de produtor para produtor, por ser quase artesanal. O vinho pode ser doce ou (menos impressionante) seco. É famoso como aperitivo ou sobremesa: alguns são sublimes (a Avignonesi produz um especialmente bom, com sabores que variam entre laranja, damasco e figo seco); outros são verdadeiras fraudes (versões baratas que parecem xaropes, servidas em alguns restaurantes).

Finalmente, deve-se destacar que, por toda a Toscana, existem várias regiões vinícolas, cujo solo e clima são excelentes para a boa produção de vinhos tintos. Atualmente, a região que revela maior potencial é a DOC Bolgheri. Ao sul de Livorno, ao redor da pequena comuna de Bolgheri, fica junto às encostas que levam ao mar Mediterrâneo, o que lhe proporciona um clima ameno. Na Tenuta San Guido, foi mostrado pela primeira vez que a área poderia produzir tintos de classe mundial na forma do supertoscano Sassicaia. Esse vinho fez muito sucesso e, seguindo a Lei Goria, a partir da colheita de 1994, foi rotulado DOC Sassicaia di Bolgheri.

Principais produtores

Altesino	Frescobaldi
Angelini	Isole e Olena
Avignonesi	Luigi Cecchi
Badia a Coltibuono	Marchesi Antinori
Barone Ricasoli	Piave
Biondi-Santi	Rocca Delle Macie
Caparzo	Ruffino
Caprili	San Fabiano Calcinaia
Castello di Ama	San Quirico
Castello Vicchiomaggio	Tenuta dell Ornellaia
Col d'Orcia	Tenuta di Cappezzana
Fattoria di Felsina	Tenuta di Valgiana
Fontaleoni	Tenuta San Guido
Fontodi	

Emilia-Romagna

Centralizada em Bolonha, cidade frequentemente descrita como o estômago da Itália, é atravessada pela fértil bacia do rio Pó. A comida é rica (molho à bolonhesa, queijo parmesão, presunto de Parma, aceto balsâmico de Modena, *tortellini* e *cappelleti*), os apetites são grandes e o principal vinho da região é para consumidores não muito exigentes, um mata-sede por excelência: o Lambrusco. Feito de uvas Lambrusco, às vezes cortado com outras variedades locais, o Lambrusco teve grande sucesso na Itália no século XX. É levemente efervescente, o que os italianos chamam de *frizzante* (em português: picante), não o bastante para ser considerado um espumante. Obtém a ligeira efervescência ao ser colocado em tanques pressurizados, bem diferente do processo de fabricação de um espumante. Muitos produtores e grandes cooperativas transformaram o Lambrusco em um drinque doce, com alguma efervescência, de baixo teor alcoólico, com praticamente qualquer cor, pouca semelhança com um vinho, mais próxima de um refrigerante. A maioria é produzida na região da Emilia, a oeste de Bolonha até a cidade de Parma. O verdadeiro Lambrusco vem da DOC Lambrusco di Sorbara, na região de Modena. É um vinho seco, algo picante, de um vermelho forte, aroma de cereja e toque ácido; o principal produtor é Cavicchioli.

O primeiro branco italiano elevado à categoria DOCG é feito na região da Romagna, que vai dos Apeninos em direção ao mar e engloba as cidades de Bologna, Forli e Ravenna. Utiliza a variedade Albana e pertence à DOCG Albana di Romagna. A versão *dolce* é muito boa, sobretudo a *passito*, vinho de notável finesse e elegância, que deve envelhecer obrigatoriamente seis meses. A Zerbini, melhor produtora da Emilia-Romagna, elabora o Scacco Matto Passito, um dos grandes vinhos de sobremesa do país.

Na Romagna, um clone da Sangiovese, conhecido como Sangiovese di Romagna, elabora um vinho muito popular na DOC Sangiovese di Romagna. É um bom tinto, leve, para ser bebido jovem.

Umbria

Vizinha da Toscana, uma das mais famosas regiões produtoras de vinho da Itália, a Umbria, tem procurado oferecer bons vinhos.

Os tintos mais conhecidos da Umbria são produzidos com uvas cultivadas nas colinas que cercam a cidade de Perugia. A DOC Torgiano, a poucos quilômetros da capital, oferece tintos feitos a partir das mesmas uvas do Chianti: Sangiovese, Canaiolo e Trebbiano. O Torgiano Rosso Riserva é DOCG. Outra região de tintos intensos é a das colinas de Montefalco, ao sul de Perugia. Os tintos feitos da uva local Sagrantino têm características particulares e pertencem à DOCG Sagrantino de Montefalco. Os principais produtores são Lungarotti e Cardetto.

O vinho mais famoso da Umbria é o Orvieto, um branco produzido em torno da cidade medieval de mesmo nome, situada na parte sul da região. É feito com uvas Grechetto e Trebbiano Toscano (lá chama-se Procanico), às vezes cortadas com Verdello ou Malvasia. É geralmente seco, muito suave, ligeiramente frutado, com gosto de pêssego e noz, para ser bebido jovem. Às vezes encontram-se exemplares ligeiramente doces (Amabile) ou mais doces (Dolce). Vários produtores da Toscana produzem lá Orvietos secos.

A Falesco, baseada no Lazio, elabora na Umbria dois tintos excelentes: Montiano e Vitiano; e o branco Grechetto dell'Umbria.

Na Umbria, o Vin Santo é chamado também Vino Santo e as uvas são deixadas em prateleiras até a Semana Santa.

Marche

O Marche produz um branco famoso no mundo, o Verdicchio, feito a partir da uva Verdicchio, cortada com um pouco de Trebbiano e Malvasia. Entre os brancos secos da Itália, somente o Soave produz mais vinhos; no entanto, o padrão do Verdicchio é muito superior ao Soave. É um vinho leve, seco e, acima de tudo, bastante adequado para acompanhar peixes e mariscos. Há duas zonas DOC: Castelli di Jesi e Matellica. A área de produção de Castelli di Jesi fica nas proximidades do Porto de Ancona, e a área antiga ao redor da cidade de Jesi, com vinhedos mais bem localizados, tem a denominação Classico. Em Matellica, mais para o interior, as uvas vêm de vinhedos de baixa produção.

Menos conhecidos, mas interessantes, são os dois tintos do Marche: Rosso Conero e Rosso Piceno, elaborados com uvas Sangiovese e Montepulciano. A DOC Rosso Conero é uma área restrita encostada no monte Conero, não muito longe de Ancona. A DOC Rosso Piceno abrange a maior área vinícola de todo o Marche e pode incluir também a Trebbiano no corte. Os vinhos dessas DOC são bem elaborados, redondos, frutados e com bastante suco.

Principais produtores	
Boccadigabbia	Umani Ronchi
La Monacesca	

Lazio

A região do Lazio tradicionalmente dedicada à vinicultura se concentra nas atraentes colinas Albânicas, cujo solo é, em grande parte, de origem vulcânica. Elas vão desde o lago Bolsena, passando pelo entorno de Roma, até as cidades de Frascati e Marino. Quase todo vinho de lá é branco, produzido com uvas cultivadas nas colinas ao redor das cidades de Frascati e Marino.

O mais conhecido desses vinhos pertence à DOC Frascati, cuja zona de produção compreende as comunas de Frascati, Grottaferrata, parte de Montecompatri e a própria Roma. Na capital é o "vinho da casa" das *trattorias* e acompanha as refeições desde o *antipasto* até os *piattos*. Elaborado com uvas Trebbiano Toscano e Malvasia di Candia, é um branco claro, que deveria ter um agradável toque de frescor, mas a maioria dos vinhos é tão leve que mais parece água. Atualmente novos produtores, com consciência das exigências do mercado internacional, passaram a empregar modernas tecnologias de vinhedo e cantina objetivando que o Frascati de qualquer ano seja um branco sinônimo da boa relação qualidade/preço.

Esqueça o vinho da DOC Est! Est!! Est!!!, de Montefiascone, ao norte do Lazio, ao redor do lago Bolsena. Raramente é bom, e o único interesse a respeito desse vinho é seu nome tolo. Diz a lenda que um bispo alemão, no século XII, ao viajar para Roma, teria mandado um criado na frente para assinalar com o verbo latino *est* os locais em que servissem bons vinhos. Ao passar por Montefiascone, o criado teria se entusiasmado e escrito Est! Est!! Est!!!.

ITÁLIA DO SUL

Abruzzo

É uma região montanhosa ao lado do mar Adriático, com condições climáticas e de solo para produzir vinhos de qualidade. O principal tinto é feito da uva Montepulciano. Essa uva não tem nenhuma ligação com a do Vino Nobile de Montepulciano, da Toscana, que é feito principalmente de uvas Sangiovese. Os vinhos da DOC Montepulciano d'Abruzzo são encorpados e conseguem oferecer um frescor cítrico. No interior dessa região foi estabelecida a DOCG Montepulciano d'Abruzzo Colline Teramane, ao redor da cidade de Teramano. As condições climáticas e de solo permitem produzir vinhos de qualidade, envelhecidos ao menos um ano em *botti*, oferecendo um delicioso sabor de ameixa. É bastante exportado e situa-se entre os vinhos italianos de bom preço.

Para os brancos, a principal uva é a Trebbiano. Os vinhos da DOC Trebbiano d'Abruzzo são brancos secos, macios e fáceis de beber, combinando com muitos pratos de peixe da região. Atualmente admite-se a adição de 15% de uvas internacionais, como Chardonnay ou Sauvignon Blanc, com resultados interessantes.

Principais produtores	
Fattoria La Valentina	Filomusi Guelfi

Campania

É uma região muito bonita, baseada ao redor da baía de Nápoles, de Sorrento e o do monte Vesúvio. As frias brisas marítimas, a grande quantidade de solo vulcânico e as colinas Apeninos fornecem as condições ótimas para o cultivo de uvas de qualidade. A uva tinta Aglianico, que tem se destacado como a principal uva do sul da Itália, é a base dos vinhos da DOCG Taurasi, único tinto da região na categoria. O vinho leva o nome da principal cidade da região. É estruturado e tânico, apto a um longo envelhecimento. Suas uvas vêm de um local onde a altitude, o solo e o clima são, por alguns aspectos, similares aos do Langhe, no Piemonte, e por isso costuma ser chamado "o Barolo do sul". Seco e tânico, com os anos apresenta aromas ricos e complexos, adquirindo suavidade, persistência e grande elegância.

Por ser a Campania uma região quente e a produção de vinhos brancos exigir caros equipamentos de controle de temperatura, por lá só existem dois vinhos brancos destacados. São produzidos ao redor da cidade de Avellino, atrás do monte Vesúvio, mais para o interior, e considerados dos melhores do sul da Itália. A DOCG Fiano di Avellino elabora um branco bastante aromático com a uva nativa Fiano. Por outro lado, a nativa Greco é uma das mais antigas da Itália, e elabora um branco com personalidade e sabor de alcaçuz na DOCG Greco di Tufo.

Principais produtores	
Feudi di San Gregorio	Villa Matilde
Mastroberardino	

Puglia

Situada no salto da bota da Itália, e tendo Bari por capital, ainda é uma das principais fontes de vinho barato para misturas, tinto ou branco, desde o básico espumante até o vermute.

As DOCs situadas no norte, ao redor de Foggia, geralmente são produtores que se preocupam com grande rendimento no vinhedo. Usam o sistema *alberello*, em que as videiras ficam sem sustentação ou guia, com aspecto de arbusto.

O sul da Puglia, ao redor da cidade de Lecce, é o local de alguns vinhos tintos muito bons. As principais variedades de uva são a Negroamaro e a Primitivo. A Negroamaro é uma variedade que se caracteriza por produzir vinhos suculentos e saborosos, com final amargo. A DOC Brindisi usa exclusivamente a Negroamaro, nas versões tinto e rosado. Já na DOC Copertino a uva é cortada com Sangiovese e Montepulciano. Os vinhos rosados dessa uva feitos na DOC Salice Salentino são bastante conhecidos na Itália.

A uva Primitiva produz tintos com bastante cor, secos e com elevado teor alcoólico na DOC Primitivo di Manduria.

A única DOC de vinhos brancos da Puglia é a Locorotondo, que usa as uvas nativas Verdeca e Bianco d'Alessuno; ela era fornecedora dos produtores de vermute do norte.

Principais produtores	
Pervini	Taurino

Basilicata

É interessante notar que Potenza, a capital de Basilicata, quase no extremo sul da Itália, regularmente apresenta temperaturas mais baixas que Bolzano, a capital do Alto Adige, muito próxima dos Dolomitas, no extremo norte. A isso se soma uma paisagem quase desértica, cheia de pedras, constituindo talvez a região mais pobre da Itália. Porém, o único vinho DOC de Basilicata vale a pena. É o tinto Aglianico Del Vulture, cujas uvas Aglianico são plantadas próximas do monte Vulture, um extinto vulcão onde a terra é bastante ácida, sem nenhum trecho de solo fértil ao redor. Além de estar numa região fria, a Aglianico é uma uva que amadurece tarde, beneficiando-se de um longo e vagaroso amadurecimento, colhida no final de outubro, com potencial para produzir ótimo vinho. Além de não serem caros, são vinhos de cor profunda, com bastante tanino e que devem ser consumidos a partir do terceiro ano de garrafa. Admitem mais anos de envelhecimento, quando então se mostram harmoniosos e aveludados.

Principais produtores	
Fratelli d'Angelo	Paternoster

Calabria

A região que ocupa a ponta da bota da Itália é praticamente montanhosa, com solo árido, o que torna o cultivo de uvas um desafio. No entanto, existem bons vinhos, como os tintos da DOC Cirò, elaborados quase exclusivamente com uma antiga variedade, a Gaglioppo. O Cirò é o vinho calabrês mais conhecido no exterior. É chamado Classico quando as uvas vêm dos vinhedos da cidade de Cirò Marina; os vinhos simplesmente DOC vem das regiões de Cerucoli e Melissa.

Na região em torno da cidade balneária de Bianco (na província de Reggio Calabria) é produzido um vinho de sobremesa bastante conhecido no país, que pertence à DOC Grecco di Bianco. Elaborado com a uva nativa Greco, apresenta-se cheio de aromas de ervas e frutas cítricas, principalmente casca de laranja.

Sicília

Essa grande ilha montanhosa, não longe da costa de África, produz regularmente vinho tanto quanto a Austrália e o Chile juntos e, no entanto, exporta muito pouco sob sua própria bandeira. É um fornecedor-chave para misturadores do norte e contribui para vinhos feitos em grandes quantidades na Europa.

As pesquisas vinícolas da ilha são feitas nos arredores da capital Palermo, onde se tem trabalhado no aproveitamento do potencial das uvas locais, como as tintas Nero d'Avola e Perricone e as brancas Inzolia e Catarratto. Essa última é tão amplamente plantada que só perde em quantidade para a Sangiovese, no conjunto das variedades de uvas italianas. Alguns vinhos tintos podem ser surpreendentes, principalmente os baseados na Nero d'Avola, de cor quase escura e bastante frutados.

Muitos vinhos sicilianos de qualidade até agora não pertencem a nenhuma DOC – são classificados como Vini da Tavola ou IGT. A eles se deve o sucesso atual da enologia siciliana, como o Corvo e o Regaleali, dois dos mais famosos brancos da região que até hoje não pertencem a nenhuma DOC.

Durante anos, o vinho símbolo da ilha foi o Marsala, produzido no oeste da Sicília. É elaborado a partir da Catarratto e da Inzolia, colhidas muito maduras, às quais são acrescentados mostos aquecidos ou cozidos e álcool vínico, antes do envelhecimento nos armazéns quentes do porto de Marsala. Teve grande aceitação até a metade do século XX e, depois, a qualidade caiu a ponto de ser relegado mais à cozinha que às adegas. Foram aplicadas regras mais rígidas na DOC Marsala, de forma que ainda existe o básico Marsala para cozinhar e o esquisito xarope com gosto de ovo, o *zabaglione*, mas também existem alguns vinhos verdadeiramente bons, que são DOC, como os elaborados por De Bártoli. O maior produtor de Marsala é Florio & Co., da multinacional Cinzano. Existe o vinho seco, o Marsala Vergine, próprio para ser bebido antes das refeições, e o Marsala Superiore, vinho de sobremesa, surpreendentemente refrescante.

Pantelleria é uma incrível ilha junto à costa sudoeste da Sicília, mais próxima da Tunísia, na África, do que da própria Sicília. É pequena, rochosa, com uma parte verde coberta de pinheiros. O vento sempre sopra, seja proveniente do sul (insuportavelmente quente), do norte (que dá arrepios, mesmo num mês de agosto africano), do leste ou do oeste. Daí o nome Pantelleria, do dialeto siciliano, "ilha dos ventos". Entre tudo isso, existem os vinhedos trançados bem embaixo, para suportar o golpe dos ventos que fazem parte da DOC Moscato di Pantelleria. Usa-se principalmente a Moscato Bianco, mas também a variedade Zibibbo, que é a Muscat de Alexandria. O mais típico Moscato di Pantelleria é *passito*: as uvas são postas a secar no tempo, tão rapidamente quanto a intensidade do sol permitir.

Principais produtores

Conte Tasca d'Almerita	Nuova Agricoltura
Donnafugata	Planeta
Duca di Salaparuta (faz o Corvo)	Spadafora
Morgante	

Sardenha

A ilha de Sardenha é bem isolada da Itália. A região já foi motivo de estudos associados à longevidade de seus habitantes graças aos seus vinhos, em especial os tintos. A maior parte de sua produção vinícola foi influenciada pela Espanha, incluindo suas principais uvas tintas: Carignano (a Cariñena ou Carignan) e a Cannonau (a Garnacha).

Embora no século XX produzisse vinhos doces, a Cannonau moderna é responsável por bons tintos secos.

Os brancos da Sardenha são baseados na uva nativa, a Vermentino, que produz vinhos com bastante suco.

Existem duas extensas regiões classificadas: a DOC Cannonau di Sardegna, para tintos, e a DOC Vermentino di Sardegna, para brancos. A Gallura é considerada a região Classico da Vermentino, com vinhedos na parte alta da província de Nuoro. Seus vinhos Vermentino di Gallura pertencem à única DOCG da Sardenha e têm boa relação qualidade/preço.

A Carignano é muito plantada no sul da ilha e é responsável pelos tintos sumarentos da DOC Carignano Del Sulcis.

Principais produtores

Argiolas	Tenuta Sella&Mosca
Santadi	

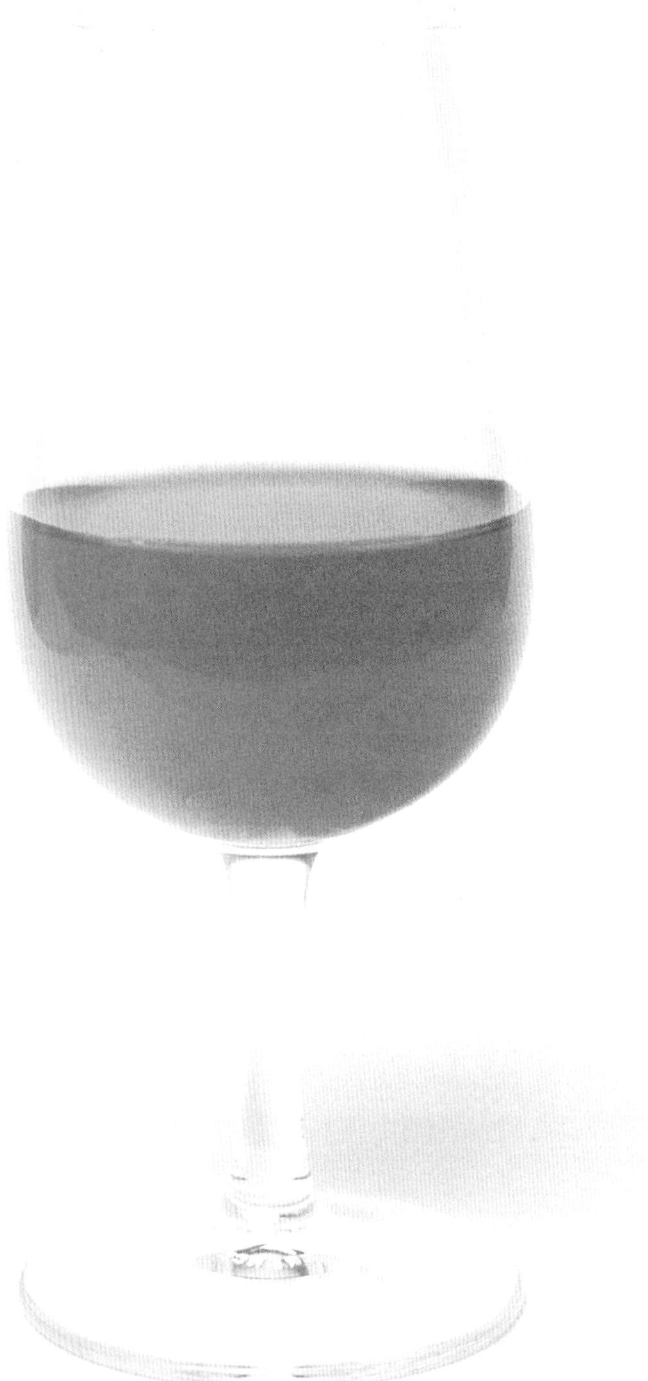

Espanha

17

A Espanha tem uma área de vinhedos maior que a de qualquer outro país. É o terceiro produtor mundial, atrás da Itália (1º) e França (2º), com um consumo *per capita* de 34 litros/ano. Ela oferece todos os tipos de vinhos: tintos robustos e brancos refrescantes, com boa relação qualidade/preço; vinhos fortificados que despertam a curiosidade do consumidor e espumantes feitos de acordo com o método tradicional. Entre os tintos, Rioja e Ribera del Duero têm a liderança, com vinhos baseados na uva Tempranillo, enquanto a Catalunha mantém

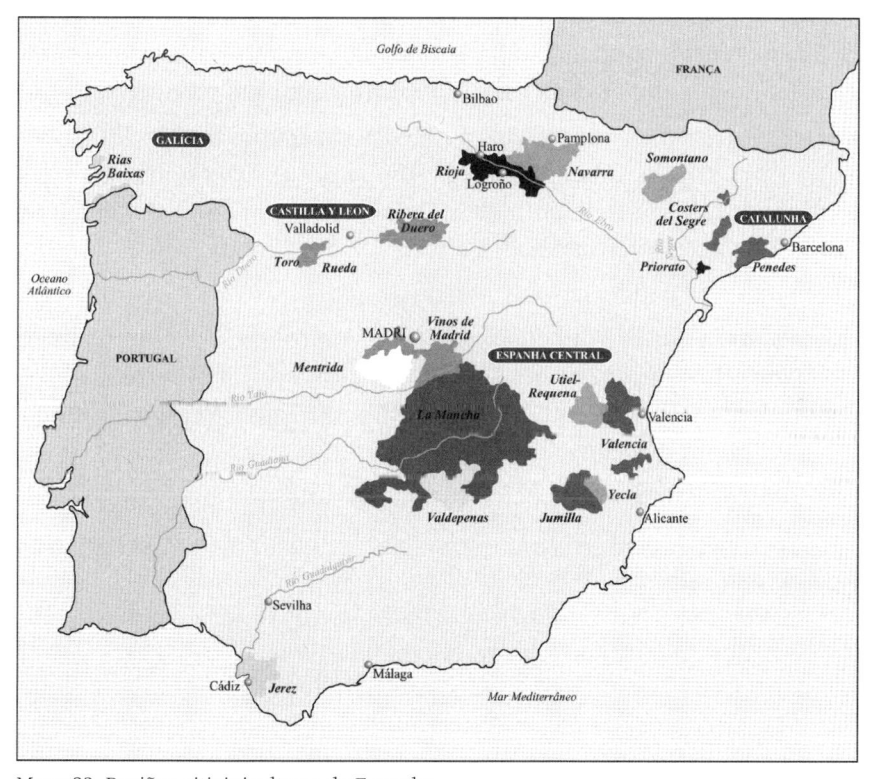

Mapa 23. Regiões vitivinicultoras da Espanha.

surpreendente posição com vinhos potentes, baseados em Garnacha. Para os brancos, brilham Rueda, na região de Castilla y Leon, com a uva Verdejo, e Rías Baixas, com seus vinhos límpidos, aromáticos e condimentados, feitos da uva Albariño.

CLASSIFICAÇÃO

Os vinhos espanhóis foram classificados a partir de 2003 em:
- *Vino de mesa*, o vinho básico, não declara safra nem uva;
- *Vino de la tierra*, equivalente ao *vin de pays* francês, tem nível de exigência pouco acima do *vino de mesa*, sem muita pretensão de qualidade;
- *Denominación de Origen* (DO), equivalente à *Appellation Contrôlée* francesa, engloba a maior parte dos vinhedos de qualidade do país, quase sessenta *denominaciones*;
- *Denominación de Origen Calificada* (DOCa), reservada aos vinhos que alcançaram reconhecida alta qualidade, durante um longo tempo. Até o momento, apenas Rioja e Priorato têm esse privilégio;
- *Denominación de origen de pago* (DOP), criada por legislação recente. *Pago*, em espanhol, significa "sítio rural". A DOP foi criada para vinhedos fora de determinada DO ou que acham que a DO que têm direito de declarar não está à altura de seus vinhos.

Quanto ao nível, os vinhos podem ser:
- *Crianza*: "criado", em espanhol. São vinhos tintos com período de envelhecimento de pelo menos um ano em barril de carvalho e seis meses em garrafa. Para brancos e rosados, o período mínimo é dezoito meses;
- *Reserva*: tintos com pelo menos três anos de envelhecimento, dos quais um ano em barril de carvalho. Para brancos e rosados, dezoito meses, com um mínimo de seis meses em barril;
- *Gran reserva*: é o topo da classificação e os tintos devem ter pelo menos cinco anos de envelhecimento (dois anos de barril). Para brancos e rosados, 48 meses, seis deles em carvalho.

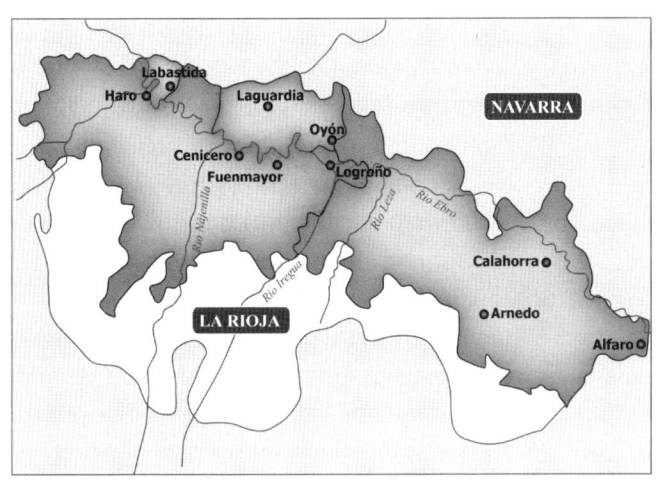

Mapa 24. Região de Rioja.

RIOJA

A região de Rioja fica no norte da Espanha, na parte alta do vale do rio Ebro. É a grande responsável pelo prestígio dos vinhos da península Ibérica. Foi durante muito tempo a única região vinícola importante da Espanha, e desde 1991 tem o *status* de DOCa.

No final do século XIX, a filoxera começou a destruir os vinhedos de Bordeaux como uma praga. Foi a sorte de Rioja, que ainda não era afetada. Os produtores de vinhos de Bordeaux deslocaram-se para além dos Pireneus, levando suas técnicas e seu dinheiro, passando a produzir vinhos semelhantes para se abastecer. Essa é uma das razões pelas quais antigas *bodegas* (casas produtoras) começaram a centralizar-se na cidade de Haro, que tinha boas ligações ferroviárias, embora Logroño, no centro da região, fosse a capital administrativa. Quando a filoxera foi derrotada, os franceses voltaram para casa, mas deixaram seus métodos, principalmente o envelhecimento em carvalho, que conferia aos vinhos um gosto de baunilha e que se tornou uma de suas principais características.

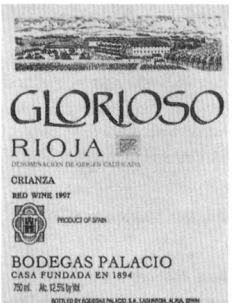

A Rioja tem mais de 60 mil hectares de vinhedos, que se estendem desde a Sierra Cantabria, pelo norte, até a Sierra Demanda, pelo sul. É dividida em três sub-regiões: a Rioja Alta, que fica no extremo nordeste montanhoso de La Rioja e tem um clima tão frio que as uvas são regularmente colhidas no final de outubro. A parte da região que fica dentro da província de Alava, ao norte, no País Basco, é conhecida como Rioja Alavesa. A leste de Logroño, a Rioja Baja é grande, quente e bastante plana, e os vinhos não têm muito aroma, mas são bastante alcoólicos. Eles são usados no corte para dar corpo aos vinhos mais leves das outras duas regiões.

Focados na uva Tempranillo, uma variedade que, com outros nomes e mutações, se expande por grande parte da Espanha, os vinhos riojanos estabeleceram um parâmetro de qualidade com nomes clássicos como Marquês de Riscal, Faustino, Marquês de Murrieta ou a famosíssima Cooperativa Vinícola del Norte de España, mais conhecida pela sigla CVNE. A fama de Rioja apoia-se nos tintos, em grande parte porque as uvas utilizadas têm, em geral, sucesso no envelhecimento em carvalho americano, especialmente quando o carvalho é novo, o que confere ao vinho um suave aroma de baunilha, considerado típico de um Rioja.

A Tempranillo não tem cor intensa, mas dá o frutado de morango, que distingue os melhores vinhos; as outras uvas tintas são

Garnacha, Graciano e Mazuelo. A Garnacha é a sólida e alcoólica Grenache, encontrada em todo o sul da França, e é usada no corte para aumentar o teor alcoólico; é cultivada na Rioja Baja. A Graciano dá boa cor e acidez aos vinhos; e a Mazuelo tem bastante tanino e, no corte, ajuda o Rioja a envelhecer.

A classificação dos vinhos espanhóis até hoje leva em conta o tempo que o líquido permanece nos barris de carvalho, como se a qualidade dependesse exclusivamente disso. Consideram-se hierarquicamente superiores os vinhos que ficam mais tempo em carvalho. Aumentar o estágio em madeira, para ter direito à classificação, pode fazer que o vinho se oxide e não mostre as qualidades da uva. Nos anos 1980, para piorar, utilizavam-se velhos barris de carvalho americano, que já não transferiam o gosto de baunilha e, por isso, Rioja perdeu muito. Além disso, houve um aumento da produção e a qualidade de Rioja deixou a desejar.

No final dos anos 1980, apareceram novos produtores focados na madureza da fruta, com extração de sabores e de baixa produção nos vinhedos, para obter maior profundidade. Nomes como Artadi (Grandes Añadas, El Pison, Pagos Viejos) ou Benjamin Romeo (ex-enólogo de Artadi), com seu caríssimo Contador, deram um novo sentido à fruta da Tempranillo na Rioja. Esses vinhos foram denominados de *Alta Expresión*, muito mais estruturados, com teor alcoólico superior a 14% vol., e, apesar do tempo de carvalho, tais vinhos não parecem ser de Rioja. Muitos antigos produtores de Rioja, que acreditam no equilíbrio, não entendem um tinto com teor alcoólico que ultrapasse os 12,5% vol., em que predomina a Tempranillo.

Casas tradicionais de Rioja, graças ao sucesso alcançado pelas novas bodegas, decidiram reajustar o processo de elaboração de seus vinhos trocando carvalho americano por francês e privilegiando o frescor da Tempranillo para evitar a oxidação.

Foto 52. Bodega de Marqués de Riscal, projetada por Frank O'Gehry.

- Marqués de Riscal, a mais antiga vinícola espanhola, hoje possui uma moderna *bodega* projetada pelo prêmio Nobel de arquitetura Frank O'Gehry. Foi a primeira a selecionar à mão todas as suas uvas, uma novidade para a região de alta produção de Rioja. Ela também introduziu tanques de aço inoxidável para a fermentação e foi a primeira vinícola de Rioja a insistir em práticas modernas de viticultura, como a poda severa, para limitar a produção dos vinhedos. Essas práticas ajudaram a Riscal a sair do declínio que afetou grande parte de Rioja, e sua preocupação com a qualidade levou ao lançamento, em 1990, do vinho Barón de Chirel Reserva, que causou sensação. Fugindo dos padrões de Rioja, esse vinho contém uma porcentagem muito maior de Cabernet Sauvignon do que o corte comum da *bodega*, que enfatiza as uvas Tempranillo e Garnacha. Seu rótulo aponta diplomaticamente 60% de Tempranillo e 40% de "outras variedades" (isto é, de Cabernet Sauvignon). Embora o Barón de Chirel Reserva conserve atributos de um tradicional Rioja, serve como um equivalente espanhol dos supertoscanos da Itália.

Os brancos de Rioja devem também ser considerados. Todos são baseados na uva Viura, a Macabeo do sul da França, que desenvolve um gosto pronunciado de fruta e que, por se adaptar ao carvalho, pode desenvolver o sabor cremoso. Ótimo exemplo é o Viña Gravonia de Lopez de Heredia, enquanto, em estilo mais moderno, o Conde de Valdemar de Martinez Bujanda é cortado com Chardonnay e fermentado em barril de carvalho.

Principais produtores	
Artadi	Marqués de Riscal
Benjamin Romeo	Martínez Bujanda
Beronia	Muga
Compañia Vinicola del Norte de España (CVNE)	Palacio
	Paternina
Faustino	Ramirez de Ganusa
Finca Allende	Remelluri
LAN	Rioja Alta
López de Heredia	Riojanas
Marqués de Arienzo	Roda
Marqués de Murrieta	

NAVARRA E SOMONTANO

- Navarra é a região a nordeste de Rioja e está centralizada em Pamplona, cidade famosa pelas touradas e pelo Festival de Sanfermines. Como Rioja, Navarra beneficiou-se dos problemas de Bordeaux no final do século XIX e, também como Rioja, suas uvas tendem a ser cultivadas por pequenos produtores, que as vendem a grandes negociantes, que engarrafam os vinhos. Durante muito tempo, a Garnacha foi a uva mais plantada na DO Navarra, pois, com a introdução do controle de temperatura, as *bodegas* de Navarra passaram a produzir grandes quantidades de rosados limpos, frutados e secos, que se tornaram muito apreciados pelos espanhóis. A fama dos rosados deve-se à adequação da Garnacha, de cor suave, à produção desse tipo de vinho. Um dos melhores exemplares é o Gran Feudo de

Bodegas Julián Chivite, disponível em qualquer bom restaurante espanhol.

Para que sua produção não dependesse somente dos rosados, a DO Navarra desenvolveu pesquisas para a implantação das uvas Tempranillo, Cabernet Sauvignon e Merlot em seus vinhedos. Atualmente, produzem-se tintos concentrados, tipicamente envelhecidos em carvalho americano, que rivalizam com os de seu vizinho Rioja, cujos preços são frequentemente mais altos. Devem-se observar inovadores cortes de Cabernet Sauvignon e Tempranillo, produzidos pelas principais *bodegas*.

Principais produtores	
Asensio Sanz	Palacio de la Vega
Guelbenzu	Principe de Viana
Julián Chivite	Senorio de Sarria
Nekeas	

ARAGÓN

A comunidade autônoma de Aragon, a nordeste da Espanha, até há pouco desconhecida no mundo do vinho, é uma região em ascensão na Espanha. Passou a oferecer tintos, em sua maioria, com boa relação qualidade/preço.

- A DO Somontano, como o nome diz, situa-se aos pés dos Pireneus. Em terrenos montanhosos, os vinhedos, protegidos dos ventos setentrionais, permitem obter vinhos encorpados, equilibrados por um frescor natural. Cultiva as uvas tradicionais espanholas, como Tempranillo e Garnacha, mas as internacionais (Cabernet Sauvignon, Merlot e Chardonnay) também se deram muito bem lá.
- A DO Campo de Borja tem obtido ótimos resultados com Garnacha, cujos tintos são bastante frutados e equilibrados por interessante acidez. Também a DO Catalayud, com solos calcáreo-argilosos e clima mais frio, está oferecendo vinhos tintos leves e refrescantes.

A uva Carignan, provavelmente, vem da DO Cariñena. Durante muitos anos esquecida, essa uva, de fácil cultivo, tem se revelado na Espanha a base para garantir o envelhecimento dos tintos, com resultados magníficos no Priorato.

Principais produtores

Bodegas Enate   Bodegas de Pirineus
Viñas del Vero

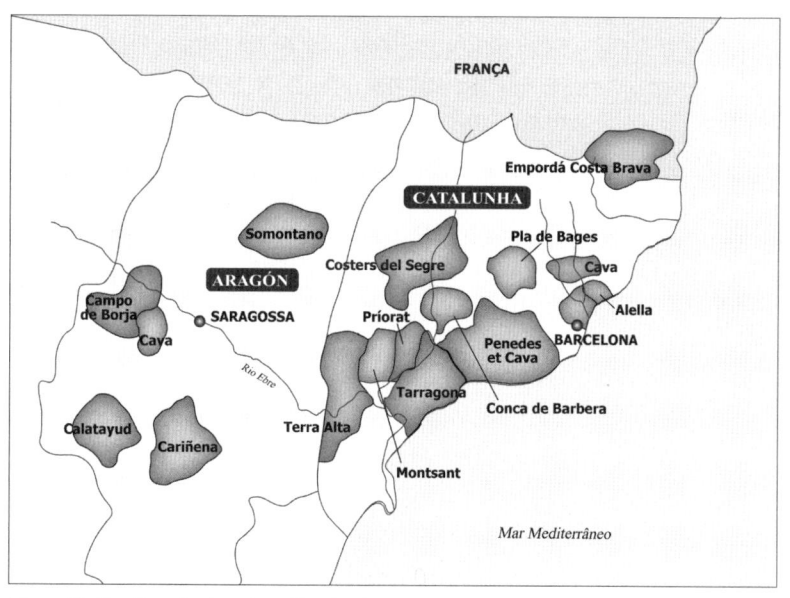

Mapa 25. Regiões de Aragón e Catalunha.

CATALUNHA

A Catalunha está para a Espanha como a Toscana para a Itália: paisagens belíssimas, rodeadas de cultura e *savoir vivre* são atributos dessa região. Situada mais ao nordeste da Espanha, possui as seguintes regiões:

- Priorato é o pioneiro entre as novas regiões que se projetaram na Espanha nas últimas três décadas. Em 2002, recebeu a distinção máxima DOCa, a segunda do país. Situada no sopé da Sierra del Montsant, seu clima continental é muito influenciado pelos ventos quentes do Mediterrâneo; os verões são secos e ensolarados. Os vinhedos são plantados em encostas íngremes, num solo pobre em calcário e rico em *licorella*, uma mistura de rocha vulcânica, xisto, ardósia e argila. Em meados dos anos 1980, alguns enólogos se instalaram na região, encantados com os sabores que escondiam a Garnacha e a Cariñena, variedades que estão lá há séculos. Com sua cor intensa, elevado teor alcoólico e corpo, serviram historicamente para ajudar outros vinhos da Espanha, inclusive outros da Europa, até os de Bordeaux. Em 1989, dessas parreiras muito velhas foram lançados vinhos de corte das uvas e, a partir daí, o sucesso foi constante. Hoje, seus vinhos potentes, com intensa mineralidade associada ao solo de *licorella,* seus aromas quentes, próprios dos vinhos do Mediterrâneo, e um caráter firme e definido tornaram suas produções imperdíveis na enologia mundial. Os vinhos têm corpo e taninos maduros. Ocasionalmente superalcoólicos, com mínimo de 13,5% vol. e podendo chegar até os 16% vol., têm uma incrível concentração de frutas. A Garnacha responde pela complexidade e a Cariñena destaca seu lado frutado; atualmente, entram em menor proporção no corte a Cabernet Sauvignon, a Merlot e a Syrah. Aos pioneiros agora se somam mais de quarenta *bodegas*, confirmando o encanto provocado pela região. A única crítica que se pode fazer aos vinhos do Priorato é em relação ao seu elevado preço.

- A DO Penedés, abaixo de Barcelona, é a maior da Catalunha. Oferece uma gama excelente de microclimas naturais que propiciam condições ótimas para o cultivo de uvas, oferecendo bons tintos, rosados e brancos. A maior parte das uvas vai para a produção do Cava – o vinho espumante.

- Costers del Segre, região ao longo do rio Segre, tem um clima quase desértico e, por isso, é a única DO espanhola em que é permitida a irrigação. A maioria das uvas brancas é matéria-prima para as Cavas. Também as uvas cultivadas em Conca de Barbera são, principalmente, destinadas à produção do espumante espanhol.

- A DO Tarragona, situada ao sul da Catalunha, tem mais de 24 mil hectares de vinhedos e se beneficia de um clima tipicamente mediterrâneo. É formada pelas sub-regiões de El Camp, de solo calcáreo e com pouca chuva, Ribera d'Ebre, favorecida pela proximidade do rio Ebro, e Falset, na parte montanhosa, com clima frio. Já a DO Terra Alta é a mais meridional da Catalunha; a qualidade de seus vinhos melhorou bastante depois que obteve a denominação. As duas DOs reúnem todas as condições para elaborar bons vinhos.

- A DO Montsant é a mais recente da Catalunha, desmembrada da sub-região de Falset da DO Tarragona. Foi criada por desfrutar do mesmo *terroir* do Priorato. Sua posição geográfica sobre as alturas da Sierra del Montsant, seu clima mediterrâneo, a amplitude térmica nos vinhedos, as brisas marítimas compensando as dificuldades hídricas no verão, e seu solo, predominantemente calcáreo, oferecem as condições ideais para originar vinhos com personalidades diferentes, que podem rivalizar com os excelentes do Priorato.

- A DO Ampurdán-Costa Brava (em catalão: Empordá Costa Brava) se estende do norte da cidade de Girona até a fronteira francesa nos Pireneus. Região de nascimento dos gênios espanhóis Picasso e Dali, é montanhosa, com solo granítico e clima marítimo. Tem usado uvas autóctones da região, que originam vinhos brancos ligeiramente aromáticos, florais e frutados, e tintos bastante leves.

Principais produtores

Alvaro Palácios (L'Ermita, Les Terraces)	Juan Raventos Rosell
Can Rafols del Cals	Mas Igneus
Cellers Scala Dei	Mas Martinet
Costers del Siurana	Miguel Torres
Jane Ventura	Raïmat
	René Barbier (Clos Morgador)

GALÍCIA

Costuma-se dizer que, se está chovendo na Espanha, então deve ser na Galícia. Essa região é muito úmida, cercada de um verde exuberante, e tem muito mais em comum com o norte de Portugal do que com qualquer outra parte da Espanha. Até seu dialeto, o *gallego*, é uma mistura de português e espanhol.

Esse canto da costa atlântica do país, com alto índice pluviométrico, em média, todos os anos predispõe a produção de vinhos brancos. Foi onde a Albariño encontrou seu lugar ideal. A Albariño é também encontrada na região fronteiriça de Portugal, a dos Vinhos Verdes, com o nome de Alvarinho. A DO Rías Baixas é a principal da Galícia, estando seus brancos entre os melhores do país. São vinhos aromáticos e ligeiramente condimentados, com sabores de maçã e pêssego, e acidez que dá água na boca. Modernamente são elaborados Albariños fermentados em carvalho.

Principais produtores	
Adegas Galegas	Palacio de Fefiñanes
Granja Fillaboa	Pazo de Barrantes
Martin Códax (o maior exportador de Albariño)	Pazo de Señorans

CASTILLA Y LEÓN

A comunidade autônoma de Castilla y León fica num platô, a Meseta do Norte, com pequenas regiões vinícolas espalhadas, e tem oferecido atualmente alguns dos melhores vinhos espanhóis.

- A DO Ribeira del Duero, principal região produtora, fica em um platô sem vegetação, entre Valladolid e Aranda, às margens do rio Duero. Esse rio é o mesmo Douro ao longo do qual, do outro lado

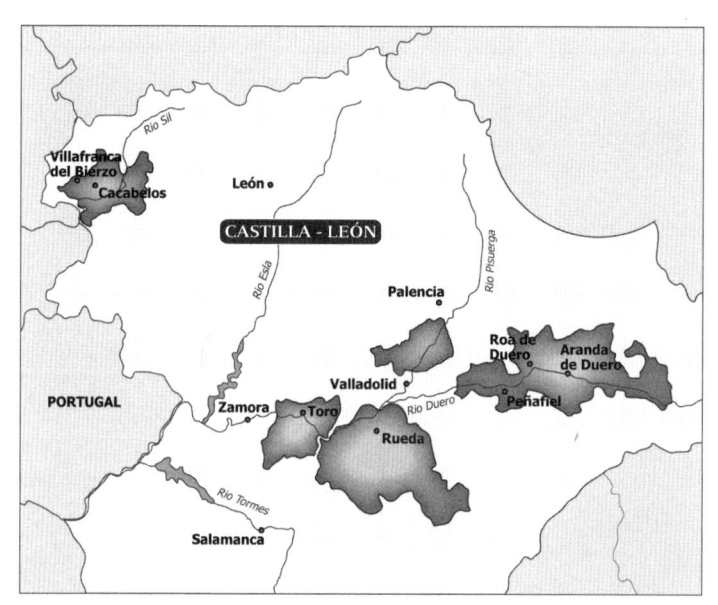

Mapa 26. Região de Castilla y León.

da fronteira com Portugal, são produzidos os vinhos do Douro e do Porto. O solo de Ribera del Duero é uma mistura de calcário, argila e ferro, e seu clima é moderado. Além disso, a altitude de mais ou menos 650 metros mantém as uvas frias à noite, prolongando o processo de amadurecimento até outubro, às vezes até novembro em anos particularmente frios, o que permite a colheita de uvas com bastante cor e sabor.

A maioria dos vinhedos cultiva a Tempranillo, tão comum na região que é frequentemente chamada de Tinto Fino ou Tinto del País. A Cabernet Sauvignon é também plantada há muito tempo, assim como a Merlot e a Malbec.

- Vega Sicilia, o mais ilustre e caro vinho espanhol, é um nobre integrante da seleta galeria dos melhores vinhos do planeta. A Bodega Vega Sicilia foi fundada em 1864, quando os espanhóis procuravam se espelhar em Bordeaux. O proprietário das terras trouxe barris e videiras de Cabernet Sauvignon, Merlot e Malbec e as implantou ao lado de castas nativas em Valbuena del Duero, na província de Valladolid. A sábia natureza privilegiou a variedade da região, a excelente Tinto Fino, apesar de as outras castas se adaptarem às condições naturais do local. A origem do nome da bodega talvez tenha que ver com "vega", que significa margem (do rio) no distrito da família Sicilia. O primeiro vinho foi lançado em 1917, valendo-se de longos períodos de amadurecimento em tonéis e barricas de carvalho. Fez muito sucesso entre a alta burguesia da época e passou à condição de mito ao ganhar o Gran Premio na Exposição Internacional de Barcelona em 1929. A área dos vinhedos aumentou de 80 hectares para os atuais 250 hectares. Após a seleção de cachos, as uvas fermentam em grandes tonéis de carvalho. Seguem depois à conversão malolática em cubas de concreto e depois se inicia um longo período de contato com a madeira, que pode chegar a oito anos. No primeiro ano, o estágio se dá em grandes recipientes, passando depois para barricas menores, de 600 litros e 225 litros. No final da fase de amadurecimento, após mudanças ao longo do tempo, é que se define a composição do vinho. Até meados dos anos 1980, o vinho continha, em média, 10% de Merlot e Malbec. Desde então entram no corte apenas a sempre majoritária Tinto Fino (80%) e a Cabernet Sauvignon. Com todo esse cuidado, não por acaso o principal vinho da Bodegas Vega Sicilia ostenta no rótulo a menção "Único". Nenhum vinho é produzido assim e nem se parece com ele. As condições do seu particular vinhedo e os cuidados de elaboração lhe conferem taninos sedosos e uma sensação exuberante de frutas, reunidos com muita classe. Seu toque diferente se traduz por um aroma penetrante e um paladar aguçado. O Valbuena, um Vega Sicilia de cinco anos de envelhecimento, também é considerado ótimo. Recentemente, a empresa criou outra *bodega*, a Alion, que faz outro estilo de vinho, de maturação mais rápida e, consequentemente, um pouco mais barato.

- A posição da Vega Sicilia como a melhor *bodega* da região foi desafiada pela Bodega Alejandro Fernandez, que conferiu a seu vinho

Pesquera um estilo exuberante e maduro, com menor envelhecimento, encontrando grande receptividade. Feito também da uva Tinto Fino, o Pesquera tornou-se um vinho *cult* na Espanha e nos Estados Unidos. No final da década de 1990, Alejandro Fernandez lançou vinhos feitos com uvas cultivadas em vinhedos de grande altitude e solo rochoso, na área chamada Roa del Duero. Com o rótulo Condado de Haza, são vinhos com excelente relação qualidade/preço.

Outras *bodegas* surgidas mais recentemente têm enobrecido a região.

- A Abadia Retuerta, situada a 15 quilômetros de Vega Sicilia, na área de Sardon del Duero, é um exemplo. Pertence ao grupo farmacêutico Novartis e fica numa área de 700 hectares onde existiram plantações de vinhedos alguns séculos atrás. Na propriedade, encontrou-se uma velha abadia semidestruída, que havia sido o Monastério de Retuerta. Para desenvolver a antiga vocação vinícola da área, foram plantados 200 hectares de uvas como Tinto Fino, Cabernet Sauvignon e Merlot, e foi construída uma moderna *bodega* com área de 10 mil metros quadrados, onde há um rigoroso controle e tudo funciona por gravidade. Seus vinhos oferecem excelente relação qualidade/preço.

- Na DO Toro, situada logo a sudoeste, na província de Zamora, seus hectares apenas passam dos 5 mil. Em meados dos anos 1990, aproveitando velhos vinhedos da uva Tinta de Toro, parente da Tinto Fino de Ribera, os enólogos procuraram uma nova cara para a Tempranillo, de acordo com um clima mais seco, mais ensolarado e mais quente. Atualmente, os vinhos de Toro são pura força: velhíssimas parreiras maduram uvas em climas extremos, o que se traduz em vinhos potentes, concentrados, escuros, vinhos para o inverno. O uso de até 25% da uva Garnacha tem conferido aos tintos de Toro um estilo mais macio, mas ele continua alcoólico.

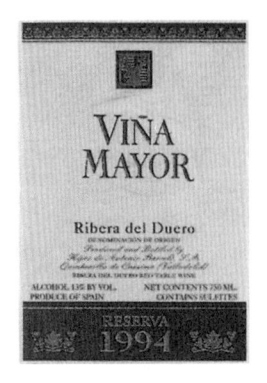

- A DO Rueda, ao sul de Valladolid, é uma *denominación* de vinhos brancos secos. Tem um clima frio e sua principal uva é a Verdejo, que produz vinhos aromáticos a preços razoáveis. O sucesso da região foi devido, inicialmente, à Marqués de Cáceres, de Rioja, que transferiu a produção de seus vinhos brancos para Rueda.

- A DO Bierzo fica a noroeste da província de Léon, com algo mais que 4 mil hectares de vinhedos. Bierzo tem um clima continental com influência do oceano Atlântico, que se manifesta em brisas frescas ao entardecer. Essas brisas provocam forte amplitude térmica que, em meses de maturação das uvas, pode oscilar entre 35 ºC à tarde e 12 ºC de noite. A topografia de Bierzo se assemelha a um vale rodeado de montanhas. Os terrenos da parte plana têm sido historicamente usados para cultivos destinados à alimentação, enquanto as ladeiras e colinas, com solo mais pobre dominado por ardósia, são usadas para vinhedos. A uva tinta Mencia, que ocupa praticamente 90% dos vinhedos, adaptou-se muito bem ao clima e à topografia da região, oferecendo vinhos de singular elegância e complexidade. Mencia é uma uva delicada, com pele delgada e ciclo de maturação mais curto que o da Tempranillo. O *terroir* de Bierzo lhe confere um certo caráter de tinto de clima frio. Seus aromas de frutas vermelhas, de ervas e de acentuada mineralidade, relacionada com os solos de ardósia, transformaram-na numa ave rara em Castilla y Léon.

Principais produtores	
Abadia Retuerta	Peñascal
Alejandro Fernandez	Pérez Pascuas
Alion	Protos
Cillar de Silos	Real Sítio de Ventosillo
Estancia Fariña	Reyes
Hacienda Monasterio	Rodero
Hermanos Lurton	Telmo Rodriguez
Ismael Arroyo	Vega Sicilia
Marqués de Griñon	Vega Sauco
Marqués de Riscal	Viña Bajoz
Numantia Termes	

ESPANHA CENTRAL

A faixa central de vinhedos que se estende desde o sudoeste de Madri até Alicante, no leste, compreende as regiões de Castilla La Mancha, Valencia e Murcia. É um importante centro de produção de vinhos, a maioria deles de grandes cooperativas que, com sofisticados equipamentos de aço inoxidável, podem transformar brancos que teriam oxidado em vinhos com frescor, e tintos sem fruta do ano anterior em vinhos jovens. Como o que interessa é o preço e não a marca do produtor, tais vinhos são cotidianamente consumidos nas tascas de Madri.

A maioria dos vinhedos fica nas planícies de La Mancha e produz a maior parte dos *vinos de mesa* do país. O vinho básico é branco, seco, elaborado a partir da prolixa uva Airén, muito comum nessa região e, provavelmente, a variedade mais plantada no mundo. La Mancha, a maior DO da Espanha, abrangendo 160 mil hectares, é, porém, uma região de baixa produtividade. É tão inóspita que os mouros lhe deram o nome de *manxa* (terra ressecada).

Valdepeñas ("Vale das Pedras") é um enclave seco e quente ao sul de La Mancha. Apesar de cultivar a branca Airén, sua reputação foi obtida pelos vinhos tintos e rosados, feitos a partir da uva Cencibel, nome local da onipresente Tempranillo. São vinhos bem equilibrados, suculentos e baratos.

Valencia, uma região seca, ao sul da Catalunha, muito preferida pelos turistas, produz alguns bons vinhos interessantes de conhecer. Suas três DOs, Utiel Requena, Valencia e Alicante, fazem vinhos de uvas internacionais, como Cabernet Sauvignon e Syrah, mas os mais interessantes são as uvas autóctones Monastrell (a francesa Mouvèdre) e a Bobal, que originam tintos encorpados, equilibrados por uma bela acidez.

As DOs da região de Murcia são Jumilla, Yecla e Bulla. O *terroir* de Jumilla é ensolarado e árido, permitindo boa maturação das uvas; seus 45 mil hectares de vinhedos são plantados quase exclusivamente com a escura Monastrell. A maioria dos 5 mil hectares de vinhedos de Yecla também cultiva Monastrell, originando vinhos com estrutura tânica, aptos a longo envelhecimento. A pequena DO Bullas vende, majoritariamente, seus vinhos para cortes.

Portugal

18

Nesse pequeno retângulo no canto da Europa, o vinho é focado como um complemento para as refeições. Na costa oeste de Portugal, o oceano Atlântico esfria e umedece o clima; na costa leste, a terra seca esquenta à medida que se aproxima da fronteira com a Espanha. Ao norte estão os famosos vinhos do Douro e Vinho Verde. No centro de Portugal têm-se bons vinhos no Dão e Bairrada, e nas proximidades de Lisboa, em Estremadura, Ribatejo e na península de Setúbal. No Alentejo, são produzidos vinhos que estão firmando reputação internacional.

Com o *boom* dos anos 1990, houve alguma concentração de produção de vinhos em torno de algumas variedades ditas internacionais – Cabernet Sauvignon, Merlot, entre as tintas, e Chardonnay e Sauvignon Blanc, entre as brancas. Isso levou a uma tendência de padronização do gosto dos vinhos. Os produtores portugueses não ficaram incólumes à influência globalizante, pois vários plantaram uvas da moda, alguns com resultados surpreendentes. Mas, em Portugal, há uma cornucópia de variedades de uvas nativas, muitas delas únicas, com nomes simpáticos e aromas peculiares. Os produtores descobriram que elas representam seu trunfo, dando personalidade aos vinhos portugueses, que vêm conquistando cada vez mais consumidores em todo o mundo.

CLASSIFICAÇÃO

O sistema de classificação de vinhos em Portugal ainda se encontra em evolução. Atualmente, é o seguinte:

- *Denominação de Origem Controlada (DOC)*: É a categoria topo dos vinhos portugueses, associada a uma região delimitada e com regras próprias, fazendo restrições às castas estrangeiras. Têm esse *status* as mais antigas regiões produtoras de vinho do país.

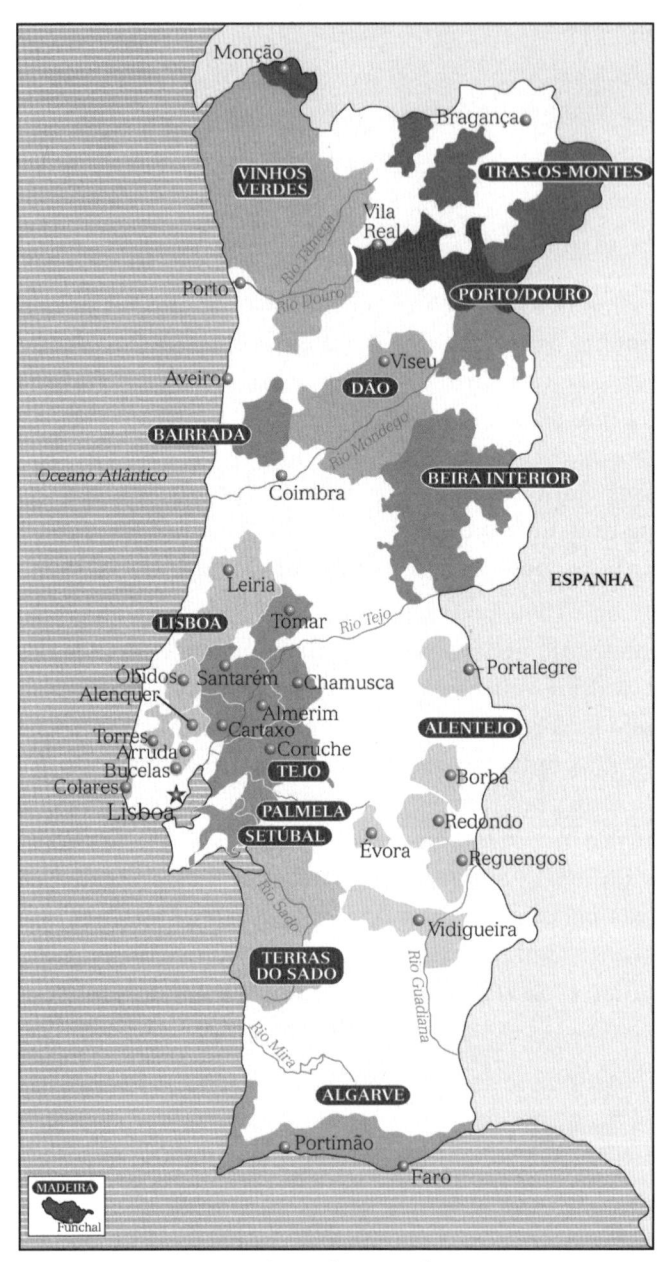

Mapa 27. Regiões vitivinicultoras de Portugal.

- *Indicação de Proveniência Regulamentada (IPR)*: É o segundo degrau na classificação, exigindo indicação da variedade de uva, colheita e envelhecimento.
- *Vinho Regional (VR)*: É um nível de qualidade acima do vinho básico português. Exige a indicação geográfica das uvas que entram na sua elaboração. Como na Itália, não há restrições ao uso de uvas internacionais.
- *Vinho de Mesa*: É o nível do vinho básico.

Existem classificações complementares:

- *Garrafeira*: É a classificação dos vinhos de qualidade superior, com indicação de colheita, que, obrigatoriamente, envelhecem dois anos em barris ou tonéis, seguidos de um ano em garrafa para os tintos e seis meses para os brancos. É uma designação tradicional em Portugal que, antes, significava envelhecida na adega em boas condições. Agora, só a DOC e IPR podem colocar a palavra "garrafeira" no rótulo.
- *Reserva*: É um garrafeira com 0,5% a mais de álcool que o teor mínimo exigido.

Atualmente, alguns produtores da região do Douro estão acrescentando a palavra "Grande Escolha" a seus vinhos Premium. Outros designativos de qualidade que podem ser usados são: "Colheita Seleccionada" e "Vinhas Velhas".

VINHOS VERDES

É a maior região vinícola de Portugal, com 35 mil hectares, correspondendo a 15% dos vinhedos do país. A área demarcada, reconhecida em 1908, começa um pouco abaixo da cidade do Porto e vai até o extremo norte de Portugal, onde o rio Minho delimita a fronteira com a Espanha. A oeste, o oceano Atlântico atua como moderador do clima, e a leste ficam diversas serras, como a do Marão, a de Alvão e a da Peneda.

Uma característica da região é sua riqueza hidrográfica, com alguns dos mais importantes rios portugueses, como o Minho, o Lima, o Cavado, o Ave e o Douro, que nessa região recebe as águas do Sousa, do Tâmega e do Paiva. No horizonte descortina-se uma imensa paisagem vegetal verde, que é a hipótese mais aceita para explicar a origem do nome da região. Como outras regiões, em Vinhos Verdes utilizavam-se as práticas tradicionais que priorizavam mais a quantidade do que a qualidade. No passado as videiras eram plantadas junto às árvores, e cresciam livremente para o alto, enroscando-se em seus galhos. Eram chamados de "vinhas de enforcado" e ainda hoje podem ser vistas nas beiras das estradas. Embora econômico, pois exigia poucos cuidados, o sistema não favorecia a maturação das uvas, resultando em vinhos de qualidade inferior. Passou-se depois ao sistema de "ramada", que é a nossa conhecida latada (pergolado).

Com a entrada de Portugal na Comunidade Europeia foram feitos grandes investimentos em diferentes setores da economia. Na região de Vinhos Verdes houve a reconversão dos vinhedos, adotando-se modernos sistemas de condução, como o cordão simples e a espaldeira. Antes os vinhedos ocupavam apenas as partes baixas dos vales; hoje são plantados em encostas, onde há melhor exposição ao sol e boas drenagens. Os equipamentos das adegas foram atualizados.

As principais uvas brancas são as nativas Alvarinho, Arinto (chamada localmente de Pedernã), Trajadura, Loureiro, Azal e Avesso. As principais tintas são Alvarelhão, Espadeiro e Vinhão. Os vinhos mais conhecidos são os brancos; os tintos são consumidos na própria região, e pouco exportados.

A DOC Vinhos Verdes possui regiões com suas uvas brancas e particularidades:

- Baião (onde predominam Avesso e Pedernã);
- Amarante (Azal e Pedernã);
- Sousa (Pedernã e Trajadura);
- Ave (Loureiro e Trajadura);
- Cavado (Loureiro e Pedernã);
- Lima (Loureiro); e
- Monção (Alvarinho e Trajadura).

Em geral os vinhos têm baixo teor alcoólico, entre 7% vol. e 11% vol., alta acidez e um pouco de gás, que dá a sensação de "agulha" na boca. Devem ser bebidos no ano em que são elaborados, pois oxidam à medida que o tempo passa. Esses vinhos são produzidos pelas cooperativas e também pelas grandes companhias. Nos melhores a "agulha" pode ser obtida de maneira natural: engarrafa-se mais cedo, em seguida à colheita, a fermentação termina na garrafa e um pouco de gás carbônico permanece no vinho. Nos mais populares, a agulha é obtida com microaplicações de gás carbônico. Já existe na região DOC os denominados Vinhos Verdes Classico, feitos com as castas tradicionais, mas com teor alcoólico superior a 11,5% vol. e igual ou inferior a 14% vol. As uvas vêm de vinhedos de baixo rendimento, podem passar por estágio em carvalho, praticamente sem gás carbônico residual.

Na parte superior da região tem-se a DOC Vinhos Verdes Alvarinho, em que a Alvarinho deve fazer parte do vinho com um mínimo de 85%. Ela é exclusiva da sub-região de Monção, cujos vinhedos se estendem pelos municípios de Monção e Melgaço. Em Monção, elas são cultivadas em terrenos de pedregulho ao longo do rio Minho, enquanto em Melgaço são cultivadas em solos rochosos. Resulta que os vinhos de Monção são mais suaves e macios e os de Melgaço, mais ácidos. Elas compartilham um clima mais seco e mais quente que o resto do Minho e os vinhos são mais alcoólicos, e, por isso, mais longevos. São vinhos caros que costumam declarar a safra, e as uvas são de uma única propriedade. O vinho Regional Minho é produzido em toda a região dos Vinhos Verdes, mas não segue as especificações da DOC com relação às castas utilizadas, ao teor alcoólico, ao rendimento do vinhedo, etc.

- Sogrape, a gigante do vinho português, elabora com uvas da região o Gazola, para consumo diário. Com uvas Loureiro e Pedernã (Arinto) de seu vinhedo em Barcelos (Cavado), faz o Quinta de Azevedo, um típico vinho verde.

- Quinta da Aveleda, situada em Penafiel (Sousa), é uma propriedade-modelo que fica num dos mais bonitos parques portugueses. Suas marcas mundiais são Casal Garcia, cujo rótulo azul lembra um azulejo português, e o Quinta de Aveleda. A empresa atua em outras regiões vinícolas de Portugal, como o Douro, onde elabora o tinto Charamba, e na Bairrada, onde faz o Quinta D'Aguieira.
- Anselmo Mendes, reputado enólogo, em Melgaço, elabora seus próprios vinhos. O Muros de Melgaço, considerado um dos melhores Alvarinho de Portugal, é vinificado integralmente em barris de carvalho francês; é um branco de classe internacional que mostra o caráter típico da uva nativa. O segundo vinho é o Muros Antigos, em que a Alvarinho é fermentada em cubas de inox.
- A Adega Cooperativa Regional de Monção produz dois vinhos de Alvarinho bastante conhecidos no Brasil, o confiável Deu la Deu e o popular Muralhas de Monção.

Principais produtores	
Adega Cooperativa Regional de Monção	Quinta de Aveleda
Anselmo Mendes	Quinta de Lixa
Palácio de Brejoeira	Quinta do Ameal
Provam	Quinta do Soalheiro
Quinta da Covela	Sogrape

TRÁS-OS-MONTES

Abrange os vinhedos da região nordeste de Portugal, compreendendo as DOCs Douro e Porto e os vinhos de indicação geográfica Terras Durienses.

A região vinícola do Douro ocupa uma área demarcada de 250 mil hectares. Começa perto da cidade de Mesão Frio, a 70 quilômetros da cidade do Porto, e segue o rio Douro e seus afluentes até a fronteira com a Espanha. Montanhas elevam-se nas duas margens do rio, onde os

Foto 53. Vinhedos e margens do Rio Douro.

vinhedos plantados nessas encostas oferecem um magnífico visual. A partir de Mesão Frio, o Douro é dividido em três regiões: o Baixo Corgo, nome de um afluente do Douro, Cima Corgo e o Douro Superior (foto 53). Antigamente, o Baixo Corgo e o Cima Corgo constituíam o "Alto Douro Vinhateiro", com uma área de 26 mil hectares; essa área foi classificada em 2001 pela Unesco como patrimônio da humanidade, na categoria "paisagem cultural".

O Douro é a mais antiga região demarcada do mundo. Isso foi feito em 1757 por influência do marquês de Pombal. Suas uvas eram usadas para a elaboração do Porto, o mais famoso e prestigiado vinho fortificado do mundo. Com o tempo, o excesso das uvas que sobravam da venda para a elaboração do Porto começou a ser usado na fabricação de vinhos de mesa. Recentemente, apareceram várias vinícolas que, em vez de competir com as tradicionais casas produtoras de Porto, apostaram na produção de tintos e brancos de grande qualidade.

As duas DOCs: "Douro", para vinhos de mesa, e "Porto", para vinhos fortificados, são supervisionadas pelo Instituto dos Vinhos do Douro e Porto (IVDP), que, por decisão do governo português, uniu o antigo Instituto do Vinho do Porto (IVP) e a Casa do Douro. O IVDP também supervisiona os vinhos de indicação geográfica Terras Durienses.

Cinco uvas tintas são consideradas as mais importantes nas duas denominações. A principal é a Touriga Nacional, componente essencial da maioria dos vinhos. Possui muita fruta e taninos, que enchem a boca e fornecem o corpo e a profundidade necessários à robustez e longevidade do vinho. É porém uma uva de baixa produção. As outras, em termos de qualidade, são a Tinta Roriz (a Tempranillo espanhola), a Touriga Franca, a Tinta Cão e a Tinta Barroca. A produção de vinhos brancos é pequena se comparada à dos tintos. Entre as uvas utilizadas, destacam-se a Gouveio, a Rabigato ("rabo de gato" – o nome não tem nada que ver com os aromas, e sim com o formato dos cachos), a Viosinho e a Codega.

Um grande problema dos vinhos do Douro é o custo caríssimo da produção; em muitos lugares, a colheita mecânica é impraticável, já que as máquinas não podem entrar no vinhedo, por causa da grande inclinação.

- A Sogrape adquiriu a Casa Ferreira, uma das mais tradicionais do país. Em 1952, seu respeitado enólogo, Fernando Nicolau de Almeida, criou o emblemático tinto Barca Velha. É elaborado segundo os padrões de Bordeaux, com as uvas Touriga Nacional, Tinta Roriz, Touriga Franca e Tinta Barroca, da mais alta qualidade, hoje provindo de vinhedos do Douro Superior, como o da

Quinta de Leda e o da Quinta de Seixo. O Barca Velha ocupa posição correspondente à do Vega Sicília, na Espanha, e à do Penfolds Granges, na Austrália.

- A Real Companhia Velha, uma das mais antigas do Douro, possui vinhedos em diversos locais ao longo do famoso rio. O Evel Grande Escolha (corte de Touriga Nacional e Touriga Franca, que amadurece dezoito meses em carvalho francês novo) é o seu melhor vinho.

- A Symington, família produtora de prestigiados Portos, associou-se ao enólogo Bruno Prats, do Château Cos d'Estournel, para lançar um vinho de mesa: o Chryseia (nome que significa "de ouro", em grego), um tinto que está entre os melhores de Portugal e que é muito disputado no mercado brasileiro. De uma histórica propriedade que possui no Cima Corgo, a Quinta do Roriz, saem as uvas clássicas do Douro para outro excelente tinto.

- Adriano Ramos Pinto, também tradicional produtor de Portos, elabora excelentes vinhos de mesa, como o Duas Quintas, corte de Touriga Nacional e Tinta Barroca, elaborado com uvas dos vinhedos de Quintas de Ervamoira e de Bons Ares.

- A Quinta do Crasto, situada em Cima Corgo, entre Régua e Pinhão, possui uma adega, construída na encosta, que proporciona uma magnífica vista do rio. São conservados até hoje na Quinta dois marcos de pedra utilizados na demarcação da primeira região vinícola do mundo. Por tradição, suas uvas eram vendidas a granel a importantes casas produtoras de Porto. Seu vinho básico, Quinta do Crasto, é um tinto que não passa por madeira, e é leve, macio e agradável. Elabora dois vinhos topo: Vinha Maria Tereza e Vinha da Ponte, com uvas de pequenos vinhedos, de velhas videiras; as uvas não são separadas por castas e o vinho passa longo tempo em barricas de carvalho.

- Situada em Vilarinho dos Freires, perto de Peso da Régua, no Baixo Corgo, a Quinta do Vallado é um nome ligado à história do Douro. Fundada em 1716, no século seguinte a propriedade passou às mãos de dona Antonia Ferreira, figura mítica do Douro, e pertence à família até hoje. Possui 63 hectares com vinhedos nas duas margens do rio Corgo, perto de onde ele deságua no rio Douro. Cerca de 20 hectares são plantados com videiras com mais de sessenta anos. O enólogo da casa é Francisco Olazabal, também responsável pela Quinta do Vale do Meão. A linha mais premiada é a Reserva Tinto, onde predominam uvas de vinhas velhas; o vinho *premium* é o Adelaide.
- A Quinta do Vale Meão situa-se no Douro Superior. Seu proprietário, Francisco Javier de Olazabal, foi presidente da Casa Ferreira. Durante anos, vendeu suas uvas à empresa, onde elas faziam parte do corte do famoso Barca Velha. Quando resolveu fazer seu próprio vinho, desligou-se da Sogrape. Após longa preparação, lançou o tinto Quinta do Vale Meão, que, logo na primeira safra, ganhou enorme prestígio em Portugal. Corte das uvas Touriga Nacional e Franca, Tinta Roriz e Tinta Barroca, é fermentado em lagar, depois transferido para tanques de aço inox e, então, envelhecido em barris de carvalho francês novo. Como herdou as uvas de seu ilustre antecessor, a imprensa portuguesa batizou-o de "Barca Nova".

No Douro são também encontrados outros vinhos de mesa, em estilo moderno e elegante, chamados "vinhos de garagem". A produção é de 2 mil, 3 mil, no máximo 4 mil garrafas/ano, e são vinhos caros, cobiçados e difíceis de adquirir, só conhecidos de nome. É o caso dos tintos Pintas e Poeira.

Principais produtores	
Adriano Ramos Pinto	Quinta do Crasto
Bago de Touriga	Quinta do Passadouro
Burmester	Quinta do Roriz
Domingos Alves de Souza	Quinta do Vale D. Maria
Fojo	Quinta do Vale Meão
Lavradores de Feitoria	Quinta do Ventozello
Muxagat	Real Companhia Velha
Niepoort	Sogrape
Prats & Symington	Vallado
Quinta do Cotto	

BEIRAS

Engloba os vinhedos da região central de Portugal. A faixa atlântica do centro norte de Portugal definida pelas cidades de Aveiro e Coimbra e pelos rios Mondego e Vouga possui a DOC Bairrada, enquanto a Beiras Interior, que abrange a região DOC Dão, e as sub-regiões de Pinhel, Castelo Rodrigo e Cova da Beira, produzem os vinhos de indicação geográfica Beiras Interior.

Bairrada

Com clima influenciado pelo oceano Atlântico e caracterizado por verões com dias quentes e noites frescas, a Bairrada é uma região de colinas suaves, cujos limites são as areias da orla marítima e as serras do Buçaco e do Caramulo. As principais cidades da DOC são Anadia, Mealhada e Cantanhede e seus concelhos, situados mais ao sul, próximos a Coimbra.

De maneira incomum para uma região de vinhos portugueses, em Bairrada existe a supremacia de uma uva, a tinta Baga, pequena, de casca grossa, com aromas de frutas negras (amoras e framboesas) e de bosque; é incrivelmente tânica e ácida. Um vinho para ostentar a DOC Bairrada deveria ter grande percentagem dessa uva em sua composição. Recentemente, essa restrição foi alterada, tendo sido permitido ao produtor usar as uvas que achar melhor e denominar seu vinho de Bairrada. Foi criada a denominação Bairrada Classico para vinhos em que entrem 85% de uvas tradicionais portuguesas (Baga, Alfrocheiro, Touriga Nacional, Tinta Roriz, Camarate e Rufete), sendo obrigatórios 50% de Baga. Os 15% restantes podem ser de quaisquer uvas que constem de uma lista aprovada pela Câmara de Provadores da Bairrada.

A aspereza da Baga favorece a elaboração de rosados, tanto que a Sogrape transferiu para essa região, em Anadia, a produção do Mateus Rose, ainda seu mais bem-sucedido vinho. Criado em 1942, seu nome foi inspirado no famoso Palácio de Mateus, do século XVIII, cujo desenho aparece no rótulo. Mateus Rose foi meu primeiro amor; aquela garrafa peculiar, baixinha e bojuda, e seu conteúdo fácil de beber despertaram-me para os vinhos em geral. É um vinho simples, sem pretensões; recomenda-se bebê-lo gelado, o que o torna agradável ao clima quente do Brasil, podendo ser servido como aperitivo ou acompanhando pratos leves.

- Caves Aliança é uma das mais tradicionais vinícolas portuguesas com forte presença no mercado internacional, incluindo o Brasil, onde está há muitos anos. Tem sede em Sangalhos, onde possui um moderno centro de vinificação e uma magnífica adega para envelhecimento de seus vinhos. Seu vinho topo é o Quinta da Dona, em que predomina a Baga, com permanência de catorze meses em carvalho francês. Elabora também grandes tintos com uvas do Douro (como o Quinta dos Quatro Ventos) e do Alentejo (o Quinta da Terrugem).
- Luis Pato é um dos mais conhecidos produtores da Bairrada. Ele nomeia seus vinhos principais pelo nome do vinhedo de onde vêm as uvas; neles a produção é reduzida em busca da melhor qualidade possível. Destacam-se as vinhas Formal, Barrosa, Pan e Pé Franco. Para ter mais liberdade na elaboração, adota para seus vinhos a denominação Regional Beiras.

Foto 54. Lagares robotizados.

- A Sociedade Agrícola Campolargo possui 170 hectares em duas propriedades – Quinta de Vale de Azar e Quinta de São Matheus – no centro da Bairrada, onde cultiva 25 castas diferentes de uvas. Construiu uma adega arrojada, perto de Mogofores, concelho de Anadia, equipada com lagares robotizados e voltada ao enoturismo. A Campolargo apostou em misturar a Baga com uvas internacionais e nativas para fazer vinhos diferentes dos tradicionais bairradinos; tem conseguido seu intento, oferecendo um leque respeitável de vinhos de qualidade (como Calda Bordaleza, o Termeão e o branco Bical).

Principais produtores	
Adega Cooperativa de Cantanhede	Caves do Freixo
Campolargo	Luis Pato
Caves Acácio	Quinta das Bageiras
Caves Aliança	Sogrape

Dão

Localizado no centro-norte de Portugal, o Dão é uma região de planalto, rodeada por várias serras e cortada pelos rios Dão e Mondego. A oeste estão as serras do Buçaco e do Caramulo, que protegem a região da influência do oceano Atlântico; ao norte, a serra da Nave, e a leste, a da Estrela (de onde vem o famoso queijo Serra da Estrela) servem de obstáculo aos ventos do continente. A atual região, que foi demarcada em 1908, fica na província de Beira Alta, e sua principal cidade é Viseu. A DOC é uma área de vinhedos de cerca de 20 mil hectares, onde são produzidos 50 milhões de litros de vinho/ano, dos quais 80% são tintos e 20%, brancos.

No norte e no centro da região, os solos são de origem granítica pobre e, ao sul, são de xisto. O clima do Dão é quente e seco no verão, frio e chuvoso no inverno e, frequentemente, chove durante a colheita. O que define a qualidade das uvas no Dão é exatamente a época da chuva; e, quando a natureza ajuda, podem ser originados vinhos excelentes.

A entrada da gigante portuguesa Sogrape na região foi o marco das mudanças nos vinhos do Dão. As adegas cooperativas dominavam o setor e sua preocupação era a produção de grandes quantidades, sem priorizar a qualidade. Um detalhe a ser destacado é que, devido à interpretação errônea de uma lei, os produtores independentes não podiam produzir seus próprios vinhos, sendo obrigados a vender suas uvas às cooperativas. Como os vinhos das cooperativas vendiam bem, elas se acomodaram e só se importavam com quantidades. A Revolução de 1974 revogou a lei, permitindo a liberação do setor, com a consequente entrada de ótimos produtores.

Foi quando ocorreu a redescoberta da Touriga Nacional. Essa grande uva portuguesa, plantada atualmente em todo o país, é originária do Dão. No século XIX, representava 90% dos vinhedos e quase desapareceu depois da tragédia da filoxera. Com as inovações tecnológicas, especialmente na seleção de clones, a Touriga Nacional voltou a ser importante em todo o país, mas é no Dão que melhor se expressa. No Douro, por exemplo, onde o clima é mais quente, ela amadurece mais, tendo notas frutadas. No Dão, onde a temperatura é mais amena, o amadurecimento é mais lento, as uvas têm maior acidez e os vinhos caracterizam-se pelos aromas precisos de violeta.

Outras uvas tintas de destaque no Dão são a Alfrocheiro, a Aragonês (Tinta Roriz), a Jaen e a Rufete.

Para os brancos, a melhor é a Encruzado, cujos vinhos oferecem sabores frutados (maçã e pera); podem passar um pouco em carvalho novo e envelhecem bem na garrafa. Destaca-se ainda a branca Bical, conhecida no Dão como Borrado das Moscas ("merda de mosquito"), por causa de sua pele salpicada.

- A Sogrape foi a pioneira no Dão, montando a primeira vinícola independente na região, depois que as cooperativas perderam seu monopólio. De sua adega *high-tech* na Quinta dos Carvalhais sai a linha de vinhos que marcou a nova era do Dão. Também lá elaboram tintos e brancos de ótima relação qualidade/preço na linha Duque de Viseu e na popular Grão Vasco.

- A Quinta dos Roques, situada ao sul da cidade de Viseu, produz vinhos há mais de um século. Tradicional fornecedora das cooperativas, a partir de 1990 decidiu fazer seus próprios vinhos. Com rótulo Quinta dos Roques faz o branco Encruzado, de ótima qualidade, e com as uvas básicas do Dão, um garrafeira tinto. É proprietária da Quinta dos Maias, situada ao pé da serra da Estrela, cujos vinhos são elaborados na Quinta dos Roques.

- Quinta do Perdigão é uma vinícola relativamente nova, de pequeno porte, mas já é uma das mais premiadas do Dão. Fica na sub-região de Silgueiras, possuindo 7 hectares com foco na Touriga Nacional e mais uma pequena parte experimental em pé franco. Sua adega foi construída aproveitando um armazém de granito.

- Dão Sul, fundada em 1990 em Carregal do Sal, acreditou no potencial do Dão. Começou com a Quinta do Cabriz, de 34 hectares, mas já incorporou diversas outras quintas, tendo se associado à Sociedade Agrícola de Santar na produção do tinto Conde de Santar (corte de Touriga Nacional, Tinta Roriz, Afroucheiro e Tinta Cão), sobejamente conhecido em Portugal e no exterior. Possui também quintas no Douro, Bairrada e Alentejo, totalizando 900 hectares. No Brasil faz vinhos no Vale do São Francisco.

Principais produtores	
Caves Messias	Quinta do Perdigão
Caves São João	Quinta dos Roques
Dão Sul	Quinta Vale das Escadinhas
Quinta da Pellada	Sogrape
Quinta do Cerrado	Vinhos Borges

Vinhos de Lisboa

É uma região que se estende ao longo de 150 quilômetros para o norte de Lisboa, subindo pela costa Atlântica até Leiria; é ainda uma grande produtora de vinhos a granel do país.

Por ser banhada pelo oceano Atlântico, a região tem forte influência marítima, principalmente nas sub-regiões de Colares e Bucelas. Colares fica na extremidade sul de Estremadura. É uma extensa faixa de areia na ventosa costa Atlântica, que se apresenta imune à filoxera. Nas dunas de areia o cultivo é difícil, pois a profundidade das raízes pode chegar até 5 metros. Essa areia dificulta o movimento do inseto, que não consegue chegar às raízes. A uva Ramisco, que faz os Colares tintos, é a única variedade portuguesa pé-franco.

Situada a 25 quilômetros ao norte de Lisboa, Bucelas dedica-se à elaboração de vinhos brancos baseados na uva Arinto, aromática e de marcada acidez, que origina, em anos bons, um vinho do mesmo nível que um Chardonnay francês.

A Quinta da Romeira, que pertence à Companhia das Quintas, é o principal produtor de Bucelas; elabora com a Arinto os conhecidos brancos Prova Régia e o topo Morgado de Santa Catherina, feito de suas melhores uvas Arinto, e que passa por carvalho.

A influência marítima é interrompida pela serra do Montejunto, cadeia de montanhas que atravessa a região na diagonal e determina sensíveis diferenças climáticas nas sub-regiões. Alenquer, protegida das brisas marítimas, tem um clima mais quente que as demais sub-regiões, e, por isso, a uva Syrah tem dado ótimos resultados lá, onde se encontram os principais produtores de Vinhos de Lisboa.

A Quinta do Monte D'Oiro foi o produtor que, além de uvas nativas, apostou em plantar na região videiras de Syrah e de outras uvas do Rhône, como a Cinsault. A Quinta da Chocapalha é uma antiga e tradicional produtora do Alenquer, que nos anos 1980 mudou de proprietário. Passou por uma remodelação com a introdução de novas técnicas de cultivo e vinificação, oferecendo bons vinhos.

A noroeste da serra de Montejunto, sob os efeitos das brisas marítimas, em Óbidos, são produzidos vinhos aromáticos e com frescor, como os da Companhia Agrícola Sanguinhal. Entre esses extremos existem outras regiões de vinhos regionais, com diferentes características.

Principais produtores	
Adega Regional de Colares	DFJ Vinhos
Agrovitis	Quinta da Cortezia
Casa Santos Lima	Quinta do Chacopalha
Caves Velhas	Quinta do Monte D'Oiro
Companhia das Quintas	Sanguinhal

Tejo

É uma região que se esparrama pelas margens do rio Tejo, a nordeste de Lisboa. Ao percorrer o Tejo distinguem-se de imediato três tipos de solo:

- "Campo" (ou "leziria"), nas margens do rio, terreno de aluvião alagado pelas cheias periódicas do rio Tejo. Solo bastante fértil onde se cultivam uvas, cereais, tomate a arroz. Produz vinhos em quantidade, mas sem qualidade.
- "Bairro", margem direita ao norte do campo, mais afastado do rio, com solos de calcário e argila.
- "Charneca", margem esquerda ao sul do campo, com solos pobres e arenosos.

Nos terrenos de bairro e charneca tem havido a produção de boas uvas viníferas, a qual tem ajudado a região do Tejo na busca de mais qualidade para seus vinhos; ela possui cerca de 20 mil hectares de vinhedos e a maioria dos vinhos produzidos é declarado de "Mesa".

A DOC Tejo está delimitada por seis sub-regiões: Almerim, Cartaxo, Chamusca Tomar, Santarém e Coruxe. Os vinhos podem ser feitos das tradicionais uvas tintas: Aragonês, Camarate, Castelão, Tourigas Nacional e Franca e Trincadeira; e das brancas Arinto, Fernão Pires (ou Maria Gomes) e Rabo de Ovelha. Foi permitida a inclusão de uvas internacionais no corte das tradicionais portuguesas.

Ao contrário do que ocorre em Portugal, o Tejo tem produzido mais vinho branco que tinto. Tem a tradição de quantidade, pois grande parte do seu vinho era destilada para fazer aguardente vínica, usada no Porto; existia uma lei, já revogada, determinando que toda a aguardente vínica do país deveria vir do Tejo. É interessante ainda notar que a umidade e os nevoeiros matinais, devido à grande massa de água, seguidos de um dia ensolarado, têm permitido fazer vinhos brancos doces a partir de uvas atacadas pela "podridão nobre".

Cooperativas como a de Almeirim e a de Cartuxa dominam amplamente a produção.

O maior grupo graneleiro português reuniu suas quintas sob a designação Enoport. Inclui a conceituada Caves Dom Teodósio, grande propriedade baseada na cidade de Rio Maior, a 80 quilômetros de Lisboa, perto de Santarém; e também a Quinta de São João Batista, de 110 hectares, em Tomar, proprietária da marca de Vinhos Verdes Calamares, que já vendeu muito no Brasil.

Principais produtores	
Adega Cooperativa de Almerin	Fiúza & Bright
Casa Cadaval	Herdade dos Cabouços
Companhia das Lezirias	Quinta da Lagoalva de Cima
DFJ Vinhos	Quinta do Casal Branco
Enoport	Vale d'Algarves
Falua (João Portugal Ramos)	

Terras do Sado

Pela famosa ponte 25 de Abril, sobre o rio Tejo, ao sul de Lisboa, chega-se à Península de Setúbal, que faz parte do majestoso Parque Natural de Arrábida e que produz vinhos em duas DOCs: Palmela, para vinhos de mesa, e Setúbal, para vinhos fortificados. Do outro lado da Península de Setúbal começa o rio Sado, e a denominação comum aos vinhos da região é Regional Terras do Sado.

A DOC Palmela tem uma área de 10 mil hectares, abrangendo os cancelhos de Palmela, Setúbal e Sesimbra. O clima de Palmela é quente e seco, protegido pela serra da Arrábida. O restante da região tem, de início, a influência marítima e da bacia do rio Sado e, depois, da secura alentejana.

Comparada a outras, a região tem poucos produtores, mas é sustentada por duas marcas fortes no vinho português. As instalações são de alta tecnologia e nelas são feitas experiências com uvas internacionais. Os tintos são predominantemente da uva Castelão, que encontrou na região seu hábitat e que, como outras uvas nativas portuguesas, ficou conhecida na região por outros nomes confusos, como Periquita e João de Santarém.

- A José Maria Fonseca é a segunda maior produtora de vinhos de Portugal. Sua sede fica em Azeitão, na Península de Setúbal, onde convivem harmoniosamente o antigo e o moderno (foto 55). Seu sucesso nos vinhos começou com o Periquita. Era feito da uva Castelão, que crescia num pequeno vinhedo chamado Cova de Periquita (cova = "vale"), onde ainda existem periquitos selvagens. No fim do século XIX, a filoxera atingiu esse vinhedo e, basicamente, arrasou tudo. A Fonseca trouxe a Castelão de outra região para reparar o dano e a variedade passou a dominar o vinhedo. Com o tempo, a própria uva passou a ser chamada de Periquita e espalhou-se por outras regiões. Após longas discussões na Comunidade Europeia, desfez-se a ambiguidade entre o nome do vinho e a uva: Periquita é marca exclusiva da José Maria Fonseca e a uva deve ser chamada simplesmente Castelão. O Periquita

Foto 55. Sede da José Maria Fonseca.

básico é um dos vinhos mais vendidos no Brasil. Antes feito exclusivamente com a uva Castelão, leva agora 20% de Trincadeira e Aragonês, para ficar mais frutado. O Periquita Clássico só é elaborado em anos excelentes, tendo grande capacidade de envelhecimento. A empresa é famosa por engarrafar o Lancers, o grande rival rosado do Mateus. Recentemente lançou um vinho topo, o Hexagon, elaborado com seis uvas (Tourigas Nacional e Franca, Tinta Cão, Trincadeira, Syrah e Tannat), com estágio de doze meses em carvalho francês novo. Faz também vinhos no Douro, Dão e Alentejo.

- A Bacalhôa (antiga J. P. Vinhos) é a outra enorme vinícola, cuja adega fica em Azeitão. Do patrimônio da empresa destacam-se o Palácio e a Quinta da Bacalhôa, importante monumento nacional da época do Renascimento. Seu tinto, o Quinta da Bacalhôa, lançado nos anos 1970, foi o primeiro feito com uvas Cabernet Sauvignon de um antigo e pequeno vinhedo; o vinho é envelhecido em barris de carvalho francês novo e considerado um marco na enologia portuguesa. O Má Partilha, 100% Merlot, é muito bom, assim como o Só Syrah e o Só Touriga Nacional. Entre os brancos destacam-se o Cova da Ursa – 100% Chardonnay, fermentado em carvalho – e o Catarina – corte de Fernão Pires e Chardonnay.

Principais produtores

Bacalhôa	Herdade da Comporta
Casa Ermelinda Freitas	José Maria da Fonseca
Cooperativa Agrícola Santo Isidro de Pegões	

Alentejo

É uma planície que se estende pelo sudeste de Portugal e chega até a fronteira com a Espanha. O Alentejo, por razões políticas, foi impedido, por longo tempo, de desenvolver a vitivinicultura. Até a Revolução dos Cravos, sua única função era abastecer Portugal de cereais. Começando do zero, seus vinhos foram influenciados pela Austrália, França e Piemonte, notando-se três correntes: 1) vinhos encorpados, poderosos (Novo Mundo); 2) vinhos elegantes, em que se notam aromas terciários (Velho Mundo); e 3) vinhos que refletem o *terroir*, em que se procura fazer a menor intervenção no vinhedo e no vinho. No Alentejo, então, temos enorme diversidade de vinhos, diversos processos de vinificação e, sem dúvida, grandes resultados. Atualmente, de cada duas garrafas de vinho consumidas em Portugal, uma é de vinho alentejano.

O solo é rochoso, com predominância de granito e um pouco de xisto. O clima é quente e seco e os vinhedos são dotados de irrigação artificial, indispensável nas áreas quentes da região. As condições para a produção de tintos são excelentes. Entre as uvas tintas, a Trincadeira é a mais plantada; ela resiste à seca e ao calor do Alentejo e mostra um aroma vegetal maduro e um floral típico. A Aragonês (a Tinta Roriz no norte de Portugal) é a base dos grandes vinhos da região, geralmente cortada com Alicante Bouchet, que produz vinhos com bastante cor. Essa uva se deu muito bem no Alentejo, em que parece nativa, depois de ter sido abandonada na França, onde a consideraram originar vinho ordinário. A Castelão sofre estresse hídrico e tem sido abandonada. A Touriga Nacional aclimatou-se bem, assim como as uvas internacionais Cabernet Sauvignon e Syrah.

Entre as uvas brancas, a principal é a Antão Vaz, que enfrenta admiravelmente o calor do Alentejo; sua colheita prematura ajuda a conservar sua acidez. A Roupeiro é a branca capaz de conferir aos vinhos frescor e sabor de mel. Planta-se também a Arinto, lá valorizada como estimuladora da acidez, e a Perrum.

Évora é a capital do Alto Alentejo; uma pequena cidade cujo centro antigo é cercado de muralhas construídas pelos romanos, é Patrimônio Mundial.

- A Fundação Eugênio de Almeida, situada em Évora, durante os últimos anos, foi a que mais influenciou o desenvolvimento dos vinhos na região. As uvas são processadas na Adega de Cartuxa, antigo porto jesuíta, que já no século XVII possuía um lagar de vinho. Seu vinho topo é o Pera Manca, citado em crônicas quinhentistas e que teria vindo com Cabral na viagem do descobrimento do Brasil. Teve sua produção interrompida por séculos e a marca foi ressuscitada a partir de 1990 pela fundação, que tem trabalhado para elevar seu *status*. Corte de Aragonês e Trincadeira, é um dos tintos mais caros de Portugal, só feito nos anos excepcionais, quando mostra aromas de frutas vermelhas misturadas com figo, com fundo de couro e uma boca estruturada e elegante. O Pêra Manca branco é um corte de Antão Vaz e Perrum. Outro vinho de grande prestígio da fundação é o Cartuxa, tinto ou branco, elaborado com as uvas alentejanas típicas.

Portalegre é a região mais ao norte do Alentejo, com influência da serra de São Mamede, maciço predominantemente granítico.

- Herdade do Mouchão, situada lá, representa para os vinhos do Alentejo o que eles têm de mais tradicional, preservando as mesmas técnicas ancestrais de vinificação e combinando-as com modernas tecnologias de produção. Possui 38 hectares onde as castas Alicante Bouschet e Trincadeira dominam. As melhores uvas, fermentadas exclusivamente em lagares com pisa-a-pé, passam depois por tonéis de madeira (mistura de carvalho, macaúba e mogno). As dos tonéis 3 e 4 ficam dois anos e são usadas na elaboração de seu vinho topo Mouchão, Tonel 3-4, que depois fica 24 meses em garrafa. Mostram frutas negras, com notas de pêssego e amêndoas torradas, grande equilíbrio entre tanino e acidez e boca untuosa: um vinho *cult*.

Indo-se para o sul, encontram-se as regiões de Borba, Redondo, Reguengos, Vidigueira e Moura.

- A Adega Cooperativa de Borba, com cerca de trezentos associados, é uma das mais modernas e bem equipadas do Alentejo. Trabalha com enormes quantidades de vinho, procurando manter um padrão de qualidade em todas as suas linhas. Seu tinto topo, Borba Reserva, é facilmente reconhecido pelo rótulo de cortiça.

- Em Estremoz, a região dos famosos mármores portugueses de solos xistosos, fica a João Portugal Ramos, que tem grande prestígio internacional. Com uvas cultivadas em vinhedos nas colinas ao redor da cidade, elabora o tradicional tinto Marquês de Borba, um vinho excelente e harmonioso. Também faz o Vila Santa, tinto de grande classe, corte de Trincadeira, Aragonês, Cabernet Sauvignon e Alicante Bouschet.

- Em Redondo, a principal vinícola é Roquevale, cujos vinhos têm obtido grande aceitação no Brasil. Sua moderna adega incorpora lagares mecânicos e utiliza talhas de barro para vinificar uma pequena parte de seus vinhos.

- A Herdade do Esporão é uma das maiores referências do Alentejo em vinhos. De propriedade do gigantesco grupo Finagra, com modernas instalações em Reguengos, seu vinho tinto Esporão, corte de Trincadeira e Aragonês, com 20% de Cabernet Sauvignon, lançado em 1989, é considerado um dos pioneiros da modernidade dos vinhos portugueses. A linha Monte Velho, de tintos e brancos para consumo diário, tem boa relação qualidade/preço.

A sub-região de Vidigueira possui o clima mais temperado do Baixo Alentejo e solos com predominância de argila.

- A Cortes de Cima, fundada pelo dinamarquês Hans Kristian Joegensen, é a mais conhecida vinícola da região de Vidigueira. Possui 100 hectares de vinhedo em duas propriedades: Cortes de Cima, onde fica a adega, e Chaminé. Apostou nas castas Aragonês e na internacional Syrah, obtendo grandes resultados. O Incógnito, 100% Syrah, é bem conhecido no Brasil – um vinho moderno ao estilo do Novo Mundo. Agrada pelo aroma de frutas maduras, eucalipto e tostado, e pela fruta e madeira bem integrados na boca.

- Herdade do Peso foi adquirida pela gigante Sogrape, que a transformou na mais importante de Vidigueira. O Vinha do Monte, elaborado com o trio alentejano tinto, tem tido grande aceitação por seu aroma intenso de frutas vermelhas e por apresentar taninos macios.

Principais produtores

Adega Cooperativa de Borba	Herdade do Rocim
Adega Cooperativa de Redondo	Herdade de Grous
Cooperativa Agrícola de Reguengos de Monsaraz (Carmim)	Herdade do Peso (Sogrape)
	João Portugal Ramos
Cortes de Cima	Paulo Laureano Vinus
Francisco Nunes Garcia	Quinta do Carmo
Fundação Eugenio de Almeida	Roquevale
Herdade do Esporão (Finagra)	Tapada de Chaves
Herdade do Mouchão (Vinhos da Cavaca Dourada)	

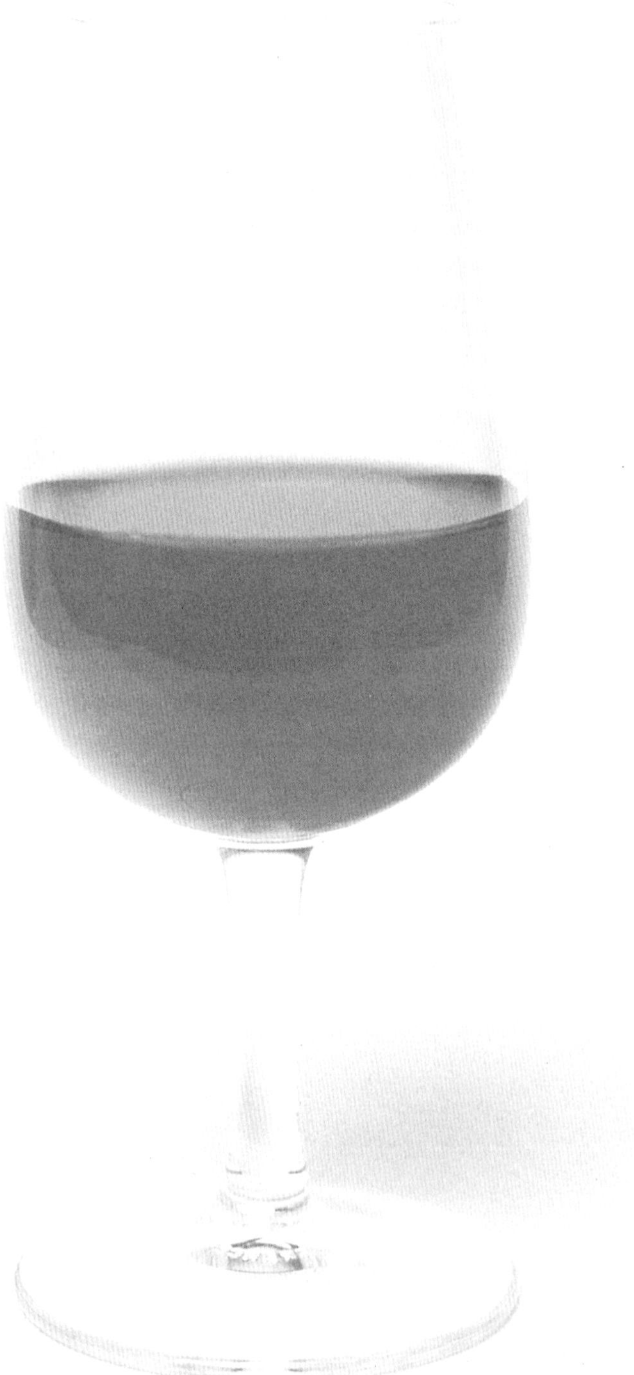

Estados Unidos e África do Sul

ESTADOS UNIDOS

A história da indústria vinícola dos Estados Unidos é cheia de sobressaltos. Após um *boom* na produção de vinhos por volta de 1880, houve uma parada causada pela filoxera, no final do século XIX. Quando o crescimento parecia se reativar, a Lei Seca parou a produção entre 1918 e 1933. Somente no final dos anos 1960 a produção de vinhos começou a se desenvolver rapidamente e a aumentar o número de regiões e de produtores.

Atualmente, os Estados Unidos são a quarta potência mundial em volume de produção, só superada pela Itália, França e Espanha. A produção está concentrada na Califórnia, no noroeste do Pacífico (Oregon e Washington) e no estado de Nova York.

A Califórnia é a maior região produtora dos Estados Unidos, com cerca de 90% do total. Foi lá que se demonstrou que a produção de grandes vinhos não era exclusividade da Europa, em particular da França. O interessante é que a vinicultura na França dá ênfase ao *terroir*, priorizando o solo, enquanto, para os Estados Unidos, o importante é o clima. Por outro lado, enquanto cada vinho francês é definido por leis rigorosas das *appellations contrôlées*, que indica o que se pode plantar numa região, o Estados Unidos têm um sistema de denominações amplo, chamado American Viticultural Areas (AVA), que define apenas as regiões, podendo o produtor plantar a uva que quiser.

A maioria dos vinhedos da Califórnia é de Cabernet Sauvignon e de Chardonnay; em quantidades menores, encontram-se: Merlot, Pinot Noir, Sauvignon Blanc e Riesling, algumas com casos de sucesso. Outras variedades desaparecem em vinhos baratos, chamados *jug wine* (vinhos de jarra). No Oregon, tem-se destacado a Pinot Noir e, no estado de Washington, a Merlot.

A Califórnia tem uma casta tipicamente americana, a Zinfandel. Inicialmente era tida como a uva primitiva da Puglia; mais tarde, estudos sugerem que é originária da Croácia. Suas uvas, vindas de velhas videiras de baixo rendimento, podem originar tintos deliciosos e intensos. Lá costuma-se elaborar com elas também um rosado (*blush*), que mais se assemelha a um refrigerante, chamado *white zinfandel*.

Califórnia

De todas as regiões vinícolas do mundo, a Califórnia é a mais interessante de se visitar. O clima é bom, as pessoas são hospitaleiras e, em

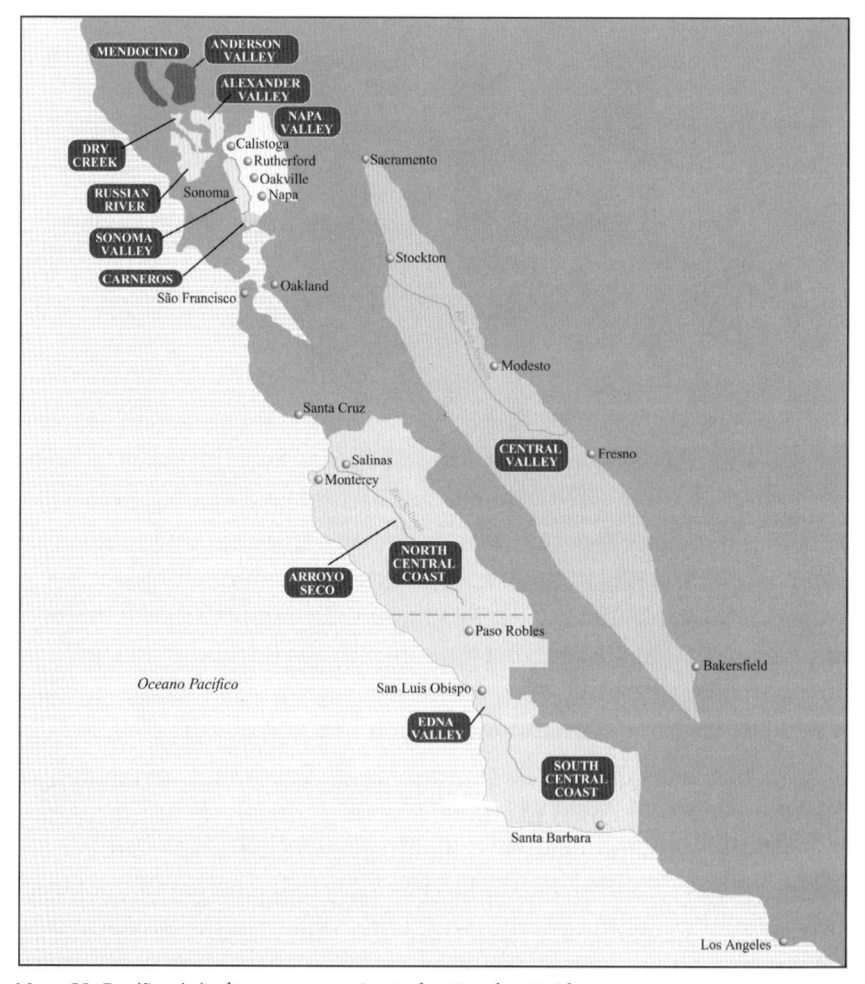

Mapa 28. Região vinicultora na costa Oeste dos Estados Unidos.

total contraste com Bordeaux e Borgonha, por exemplo, as vinícolas parecem operar para os turistas, em vez de "apesar" dos turistas.

Ao contrário da maioria dos produtores de vinho do mundo, como Austrália, Chile, Argentina e muitos da Europa, que dependem da exportação a qualquer preço, a Califórnia possui um mercado consumidor interno enorme. Ocorre que, das mais de oitocentas vinícolas existentes na Califórnia, menos de cem elaboram vinhos de nível internacional, frequentemente caros. Porém, centenas delas produzem vinhos de nível médio e cobram por eles preços altos, não compatíveis com o seu nível, por causa da demanda local.

Uma das características da Califórnia, provavelmente a mais importante no que diz respeito à viticultura, é a maneira pela qual o clima pode mudar de quente para frio no espaço de alguns quilômetros. A razão é topográfica: névoas frias do oceano Pacífico chegam através de fendas nas montanhas das cordilheiras Costeiras e resfriam os vales que alcançam. Porém, onde as montanhas são muito fechadas e não há vales de rios para permitir sua passagem, as névoas ficam retidas, e os vinhedos são bastante quentes.

As principais regiões da Califórnia são:

Napa Valley

Fica a menos de duas horas de carro ao norte de São Francisco, cortada pela Highway 29. Possui ótimas vinícolas, algumas elegantes, outras folclóricas, cada uma empenhada em atrair os visitantes para sua sala de degustação e *tours* pela vinícola. É uma faixa de 56 quilômetros de comprimento com apenas 8 quilômetros de largura média, onde ficam alguns dos mais valiosos terrenos de vinhedos do mundo. Em alguns lugares, tem menos de 2 quilômetros de largura, e foi essa faixa de terreno que forjou a moderna indústria vinícola americana.

O Napa Valley é um local plano, rodeado de montanhas. A partir de 1970, muitos produtores começaram a plantar seus vinhedos nas encostas das montanhas, onde o solo não era tão bom como na parte plana, e as videiras tinham de lutar para sobreviver. Mas foi aí que conseguiram as uvas para seus melhores vinhos. A extremidade sul do vale é fria, atingida pela neblina do Pacífico dia após dia, abaixando sua temperatura, enquanto a extremidade norte, não alcançada pela neblina, é quente. Entre esses extremos, o Napa produz uma série de vinhos.

A reputação do Napa é baseada em Cabernet Sauvignon e Chardonnay, mas também se cultivam Merlot, Cabernet Franc e Sauvignon Blanc (frequentemente chamada Fumé Blanc). A Pinot Noir cultivada no sul do Napa origina vinhos de um frutado muito vivo. Mas a Cabernet Sauvignon está em todos os lugares e seus estilos variam de acordo com o produtor, em parte por causa do clima de onde é cultivada. Muitos vinhos são feitos para serem bebidos jovens e têm bastante fruta madura; outros, inicialmente duros e tânicos, suavizam-se em quatro ou cinco anos para um frutado perfumado com gosto de carvalho. Muitos dos vinhos de Chardonnay oferecem uma salada de fruta de sabores, como figos, melões ou pêssegos, lutando para sobressair em meio ao gosto de carvalho amanteigado. Mas os melhores Chardonnay do Napa são os mais secos, com um toque defumado proveniente de barris de carvalho, de tostado médio, onde foram amadurecidos e frequentemente fermentados. A Cabernet Sauvignon costuma ser cortada com a Merlot ou Cabernet Franc, o corte clássico de Bordeaux, mas os estilos de vinho do Napa são bem diferentes dos de Bordeaux. Não estão ligados à delicadeza e refinamento, mas à potência, exuberância e fruta madura. Essas características justificam o alto teor alcoólico de seus vinhos, o que não significa ausência de equilíbrio com a acidez e o corpo.

A confiança dos produtores no uso do carvalho para fermentar e amadurecer vinhos de ambas as cores tem sido tanta que o Napa abriga várias tanoarias (fábricas de barris), muito bem-sucedidas.

Indo-se para o norte, a partir da extremidade sul do Napa, encontra-se a área de Stags Leap, onde foi elaborado o Stag's Leap Cask 23, o tinto que projetou a Califórnia no mundo do vinho, em 1976, ao derrotar, numa prova às cegas, realizada em Paris, vários châteaux famosos de Bordeaux. A seguir, vem Oakville, onde foi construída, em 1960, a vinícola Robert Mondavi, um dos marcos da indústria vinícola da Califórnia, e a importante área de Rutherford, onde existem videiras de Cabernet Sauvignon com mais de cem anos de idade. Em continuação, encontram-se as áreas de Sta. Helena e Calistoga.

A maioria das vinícolas compra uvas de uma variedade muito grande de fontes, muitas delas fora do vale, embora qualquer vinho com o rótulo de Napa Valley precise ter 85% de uvas cultivadas no vale. Há pouca correlação entre a localização da vinícola e o estilo de vinho que ela produz.

Principais produtores	
Araujo	Kendall Jackson
Beaulieu Vineyard	Niebaum-Copolla
Beringer	Opus One (*joint joint-venture* Mondavi/ Mouton Rothschild)
Caymus Vineyards	
Château Montelena	Robert Mondavi
Clos du Val	Shafer
Diamond Creek	Silver Oak
Dominus (do Château Pétrus)	Silverado
Duckhorn	Spottswoode
Far Niente	Stag's Leap Wine Cellars
Heitz	Suter Home
Joseph Phelps	

Sonoma

Foram os missionários franciscanos os primeiros a plantar a uva americana Mission na região, em 1825. As variedades de uvas europeias foram introduzidas em 1851 perto da velha cidade espanhola de Missões em Sonoma, pelo húngaro Agostin Harazty.

A região de Sonoma é muito maior que a do Napa e abrange uma variedade mais ampla de áreas de cultivo. Como é usual, o clima é o fator decisivo no estilo de vinho, influenciado pela topografia. Depende de as neblinas frias do Pacífico conseguirem atravessar as Costeiras para esfriar os vinhedos; onde elas conseguem, a área produz variedades de uvas de climas frios, geralmente vinhos mais leves; onde não conseguem, o vinho é típico de clima quente, robusto. As partes mais frias de Sonoma estão no sul, com a baía de San Pablo trazendo a neblina. Subindo o vale, em direção ao norte, o clima esquenta à medida que a influência da baía desaparece.

A área de Russian River Valley é fria em consequência de uma falha na cordilheira, e o rio Russian, que corre mais ou menos a leste, em direção ao Pacífico, corta as cadeias protetoras nessa falha. A região oferece ótimas uvas Chardonnay e Pinot Noir, e, no Green Valley, são elaborados alguns dos melhores espumantes da Califórnia. Grande parte do terreno é terra de vale e o cultivo de uvas é feito para abastecer o tradicional mercado de *jug wine*. Porém, a gigantesca vinícola Gallo of Sonoma tem feito bons vinhos em seus extensos vinhedos na região.

A área de Alexander Valley é mais quente e tem originado, além de bons Cabernet Sauvignon, outras variedades tintas, como Syrah, Grenache e Sangiovese.

Fazendo divisa com Alexander Valley, encontra-se a região de Dry Creek Valley, que é quente e seca, própria para Cabernet Sauvignon e Zinfandel.

Principais produtores	
Château St. Jean	Korbel
Clos du Bois	Lauren Glen
Fisher	Marimar Torres
Gallo of Sonoma	Ridge
Iron Horse	Simi
Kenwood	Willians Selyem
Kistler	

Carneros

Acompanhando as extremidades sul de Napa e de Sonoma, a região de Carneros beneficia-se da neblina que chega todos os dias da baía de San Pablo. Era uma grande área de pastagem para ovelhas e carneiros, daí o seu nome.

A Chardonnay e a Pinot Noir de lá permitem elaborar vinhos com classe e elegância. Os vinhos de Pinot Noir de Carneros são diferentes dos da Borgonha, sem a qualidade vegetal e o sabor de caça madura dos borgonheses; eles têm um frutado de morango, cerejas e especiarias, com fundo de chocolate e um ótimo equilíbrio.

Lá localizam-se gigantes de espumantes, como Domaine Carneros (da Taittinger), Codorníu Napa e Gloria Ferrer. Há também bons produtores de vinhos tranquilos, como o Buena Vista.

Grande parte da região de Carneros é plantada por vinícolas de outras regiões, principalmente do Napa, cujas uvas não sobreviveriam em suas regiões.

Outras regiões

Ao norte de Napa e Sonoma fica a fria região de Anderson Valley, ocupada por companhias de vinhos espumantes, como a Roederer. Essa importante *maison* francesa, ao decidir estabelecer uma operação americana, procurou um lugar tão frio quanto Champagne e encontrou o Anderson Valley. Já em Mendocino, nos locais onde as colinas se elevam acima da linha de neblina, ocorre o inverso e têm-se bons tintos, como os da Vinícola Fetzer.

Ao sul da baía de São Francisco inicia-se a região denominada Central Coast, dividida em duas partes. A parte norte abrange a área de Monterey, onde há bons vinhos como os de Bonterra e os de Arroyo Seco. No início da parte sul tem-se a área de Paso Robles (J. Lohr é um ótimo produtor). Em seguida encontram-se as áreas de San Luis Obispo e o Edna Valley, onde a vinícola Seven Peaks oferece bons vinhos. Em direção a Los Angeles vem Santa Barbara, onde são elaborados bons vinhos, mas sem o mesmo prestígio dos anteriores.

O Central Valley espalha-se pela parte central da Califórnia, por mais ou menos oitocentos quilômetros, indo de Sacramento, a capital do estado, até quase Los Angeles. É uma região bastante quente, com solo rico de aluvião e água abundante, fornecida por um vasto sistema de aquedutos. Conseguem-se grandes colheitas, diferenciadas mais pelo volume do que pela qualidade do vinho. A maioria das uvas é destinada aos *jug wine*; as melhores são usadas nos *fighting varietals* (bons varietais e que não custam caro). A cidade de Modesto é a base da E. & J. Gallo, a maior vinícola do mundo.

Noroeste do Pacífico

É integrado pelas regiões do Oregon, estado de Washington, as mais importantes, e Idaho. A principal razão do sucesso do noroeste do Pacífico, nas últimas três décadas, é produzir vinhos diferentes dos da Califórnia. O sucesso comercial dos vinhos californianos de qualidade é baseado nas uvas Cabernet Sauvignon e Chardonnay, enquanto no Noroeste baseiam-se na Pinot Noir, Merlot e Riesling.

Enquanto os vinhedos do Oregon são frios e úmidos, a maior parte dos vinhedos do estado de Washington é quente no verão e gelada no inverno. À medida que se vai para o norte encontram-se temperaturas cada vez mais frias, mas, deslocando-se para o leste e passando pela cordilheira Cascades, que atravessa esses dois estados, a situação é diferente.

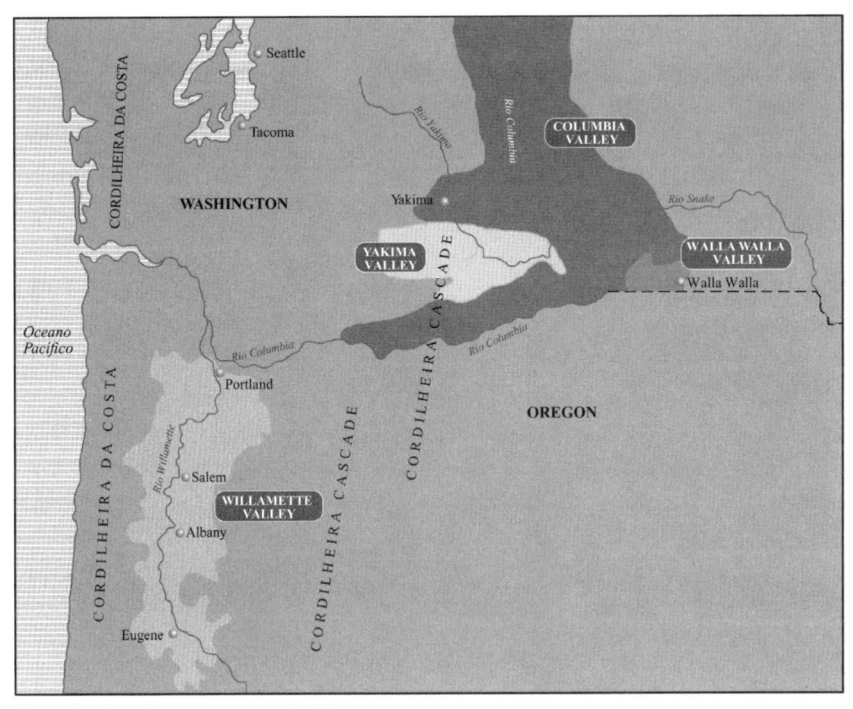

Mapa 29. Região noroeste do Pacífico.

A principal região vinícola do Oregon é área de Willamette Valley, onde a cordilheira Costeira a isola da influência do Pacífico e as Cascades impedem a predominância de um clima continental. Fica ao sul da capital Portland, onde se localizam a maioria das vinícolas. Cortada pelo paralelo 45°, o mesmo de Bordeaux, é mais comparada à Borgonha pelo seu sucesso com a Pinot Noir, cujo padrão de amadurecimento combina muito bem com o clima de Willamette. O produtor Robert Drouhin, da Côte d'Or, instalou lá a vinícola Domaine Drouhin e tem produzido excelentes tintos no estilo borgonhês.

No estado de Washington, os vinhedos localizam-se na área de Columbia Valley, a leste das Cascades, com verões quentes e secos e invernos gelados. Como é um clima

ESTADOS UNIDOS E ÁFRICA DO SUL | 283

continental extremo, os vinhedos são plantados nas margens dos rios Columbia, Yakima e Snake. A principal área é Yakima Valley, zona úmida, que representa mais de 40% dos vinhedos. Em seguida, vem Walla Walla Valley, que tem um índice pluviométrico maior. O sabor dos vinhos depende de noites frias, que preservam a acidez natural das uvas, e, por isso, os vinhedos ficam em encostas voltadas para o sul e sudoeste. Entre as uvas tintas, a Merlot tem-se revelado muito boa, devido ao clima. Entre as brancas, além da Chardonnay, estão aparecendo vinhos cada vez melhores de Riesling, Gewürztraminer, Sauvignon Blanc e Sémillon. A grande vinícola do estado de Washington é Stimson Lane, cujos rótulos como Château Ste. Michelle, Domaine Ste. Michelle, Columbia Crest e Snoquiline são encontrados na metade dos vinhos produzidos.

Estado de Nova York

Na Costa Leste dos Estados Unidos, quando se vai para o extremo norte, o clima rapidamente se torna frio demais para as uvas europeias; indo para o interior, os invernos são longos demais e muito frios. Para estabelecer vinhedos nessas condições, é necessário ter bastante água nas proximidades, porque lagos e mares – até mesmo rios – moderam os extremos de temperatura, amenizando o frio do inverno e fornecendo umidade nos verões quentes e secos. Os vinhedos do estado de Nova York têm o apoio do oceano Atlântico e dos Grandes Lagos, que separam os Estados Unidos do Canadá.

A uva nativa americana Vitis Labrusca ainda é cultivada e até implementada porque produz sucos e geleias melhores que vinhos de mesa. Muitos vinhedos são de uvas híbridas, cruzamento da Vitis Labrusca com outras americanas, como a Vitis Ripara, resultando uvas conhecidas, como a Concord, Niagara, Isabella, etc., comuns também no Brasil para vinhos de garrafão. Foi desenvolvida lá uma nova geração de uvas híbridas, cruzando a Vitis Labrusca com uvas viníferas europeias, resultando uvas como a Seyval Blanc, Vidal, Vignoles, Baco Noir e outras.

Mas essas uvas estão sendo deixadas de lado à medida que os produtores estão desenvolvendo técnicas de cultivo de uvas viníferas europeias em locais muito frios. Assim, no estado de Nova York, já estão disponíveis bons vinhos de Chardonnay, Cabernet Sauvignon e

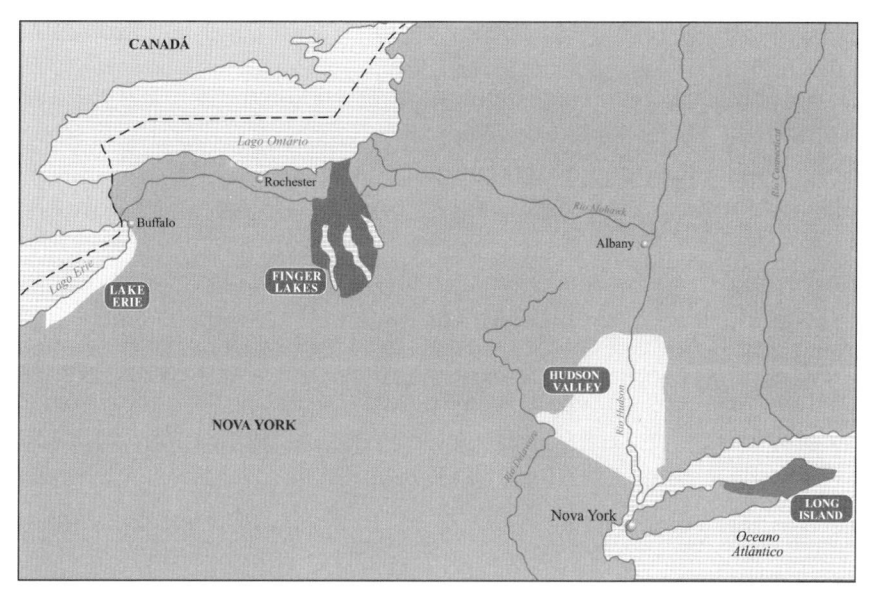

Mapa 30. Região de Long Island.

Cabernet Franc, Merlot, Pinot Noir, Riesling, Gewürztraminer e Sauvignon Blanc, cultivadas na região.

A área de Long Island, próxima à cidade de Nova York, recebe a influência moderada do oceano Atlântico e possui os melhores vinhedos de toda a costa Leste. É dividida em North Fork, com o melhor solo e clima, e South Fork, mais conhecida pelas Hamptons, elegantes locais de fins de semana dos novaiorquinos.

Outras regiões produtoras de vinhos há bastante tempo são Lake Erie, que elabora basicamente vinhos de mesa; Hudson Valley, ao longo do rio Hudson, que se vangloria de ter os mais antigos vinhedos do estado; e Finger Lake, responsável pela maioria dos vinhos finos da região. Em Finger Lake, são elaborados desde saborosos Chardonnay, Riesling e Gewürztraminer até o principal vinho *kosher* dos Estados Unidos, baseado na uva Concord. Também em Finger Lake existem alguns dos melhores vinhos doces do país, principalmente a partir de uvas Riesling (às vezes rotulada com o nome antigo Johannisberg Riesling), de colheita tardia, ou os chamados *ice wines*, elaborados com uvas deixadas para congelar na própria videira.

ÁFRICA DO SUL

A África do Sul é o sétimo produtor mundial em volume e tem um consumo de vinho *per capita* de cerca de 8 litros/ano. Apesar de situada no continente africano, geralmente associado ao calor, suas regiões vinícolas têm clima mediterrâneo. É imprensado por dois oceanos, o Atlântico e o Índico, cujas águas frias determinam diferentes microclimas e solos diversos, que permitem que seus vinhedos originem uvas capazes de elaborar vinhos com personalidade e complexidade.

Os primeiros colonizadores europeus da África do Sul foram os holandeses. Há três séculos e meio, eles vinificaram uvas encontradas no sudoeste do continente africano. Foi, porém, com a introdução de uvas Muscat que se produziu o vinho doce simplesmente chamado Constantia, que se tornou reconhecido pela corte de Luís XIV. A produção vinícola do país começou a se desenvolver com a chegada de

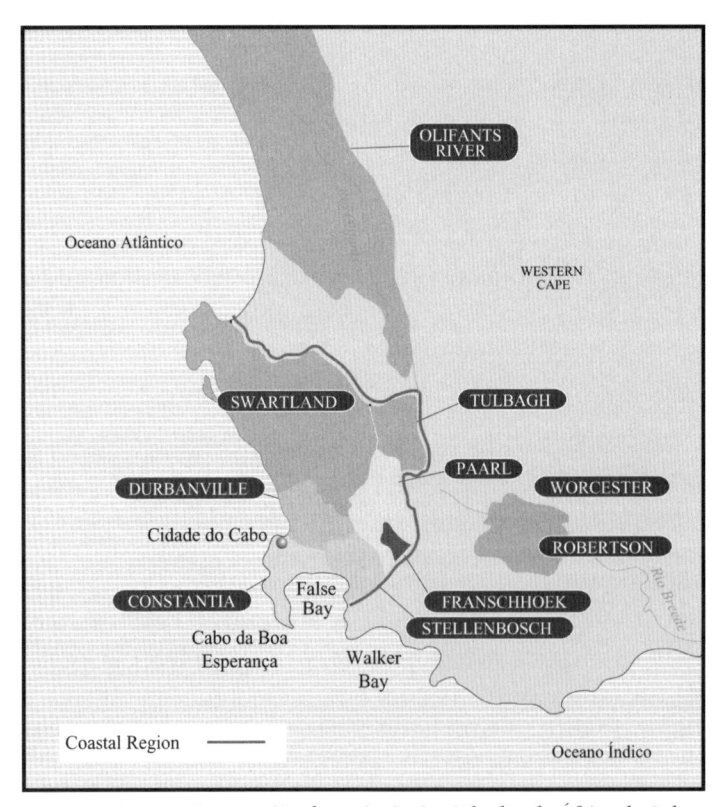

Mapa 31. Western Cape, região dos principais vinhedos da África do Sul.

protestantes huguenotes da França, vítimas de perseguição religiosa, no final do século XVII. Eles trouxeram em sua bagagem o conhecimento necessário para a elaboração de bons vinhos. No século XIX, guerras como a dos Bôeres e pragas como a filoxera quase destruíram todos os vinhedos. No final da década de 1910, para desenvolver a indústria vinícola, controlar a produção e estabilizar os preços, foi criada pelo governo a Kooperatieve Wijnbuwers Vereniging (KWV), que até hoje controla boa parte da produção de vinhos na África do Sul, estando atualmente privatizada.

No início dos anos 1990, foi permitida a produção independente de vinhos, o que deu grande impulso ao desenvolvimento da indústria. Com o fim do *apartheid*, os vinhos da África do Sul puderam tornar-se conhecidos em todo o mundo, passando a receber investimentos estrangeiros, atraídos pelo potencial vinícola da região.

Na África do Sul existem duas unidades geográficas bem definidas, chamadas Western Cape e Northern Cape. Os principais vinhedos da África do Sul estão situados na Western Cape, próximo à costa.

Em 1972, foi estabelecido um sistema de classificação, designando as regiões produtoras, que se dividem em distritos, que, por sua vez, se subdividem em *wards*. O sisema enfatiza a origem, a variedade de uva, a colheita e a inclusão no rótulo da expressão *wine of origin* (WO, semelhante ao sistema francês de *appellation contrôlée*), uma garantia de qualidade. Esse sistema foi aperfeiçoado em 1992, estabelecendo que vinhos feitos com misturas de uvas de diferentes regiões não poderiam ter esse *status*, podendo-se indicar apenas a unidade geográfica em que eram produzidos. Para poder ostentar no rótulo a palavra *estate*, o vinho precisa ter as uvas colhidas e ser vinificado na própria propriedade (*estate*).

Uvas e vinhedos

As principais uvas tintas da África do Sul constituem 46% de seus vinhedos. São elas Cabernet, Pinotage, Pinot Noir e Shiraz.

As uvas brancas ocupam 54% dos vinhedos, e dessas a Chenin Blanc é de longe a mais popular. É o branco básico do país: frutado, limpo e elaborado em todos os estilos, desde o mais seco até o ultradoce. A Chenin Blanc é conhecida localmente como *Steen* e raramente atinge alta qualidade, mas pode fornecer uma bebida boa, confiável e acessível. Os vinhos de Chardonnay estão cada vez melhores, com o uso balanceado do carvalho e boa fruta amanteigada; os dois extremos de estilos são disponíveis – o leve, diluído e com superprodução, e o encorpado, com bastante carvalho. A Sauvignon Blanc tem produzido versões com sabores de maracujá, que servem de referência. Estão disponíveis também versões mais suaves e com mais fruta tropical, e, às vezes, envelhecidas em carvalho novo. Existem também vinhos feitos da Colombard, que originam brancos mais simples e comerciais. A Riesling tem produzido, na África do Sul, alguns vinhos doces muito bons, mas existem alguns excelentes feitos da uva Muscat; uns são feitos da Muscat de Alexandria (localmente chamada Hanepoot) e outros da Muscadelle, que pode ser tinta ou branca, mas que sempre dá um vinho muito doce, de qualidade. Os vinhos doces podem ser Late Harvest, com uvas de colheita tardia, ou Noble Late Harvest, com uvas botrytizadas.

Os vinhos brancos em geral têm certa margem de qualidade sobre os tintos, mas na África do Sul também existem tintos muito bons. A Cabernet Sauvignon é frequentemente cortada com a Cabernet Franc e Merlot, no clássico estilo bordalês; encontram-se, porém, varietais de Cabernet Sauvignon. A Pinotage é a especialidade da África do Sul; trata-se de um cruzamento da Pinot Noir com a Cinsault (chamada lá de Hermitage), usado praticamente para todos os estilos de tintos, do rosado para cima. Elabora melhor o tinto, que é rico, condimentado, com perfume de ameixa escura, e melhora com uma pequena passagem por carvalho. Quase todos podem ser bebidos jovens, mas os melhores podem envelhecer. Há também alguns Shiraz, que poderão assumir papel maior, e vários vinhos de Cinsault, a maioria deles leve e simples, mas alguns podem surpreender.

Inicialmente, o modo tradicional de cultura dos vinhedos foi plantar muitas variedades em uma mesma propriedade, frequentemente em terrenos planos e fáceis de trabalhar. Atualmente, efetuam-se plantações de acordo com o solo, um para cada variedade de uva, principalmente em locais altos, como em colinas, à procura de climas mais frios. Em geral, os solos das planícies costeiras variam de arenítico, a oeste, a granítico, a leste. No interior, predominam os solos xistosos, e nos vales, onde fica a maioria dos vinhedos, as encostas são pedregosas e o fundo do vale é de aluvião.

Regiões vinícolas

As principais regiões vinícolas da África do Sul ficam na parte oeste do país, próxima à costa, conhecida como Western Cape.

A Coast Region WO é formada por:

Constantia e Cape Point

Ao sul de Cape Town fica Constantia, o primeiro vinhedo sul-africano; essa pequena área é atualmente considerada a primeira *ward* do país. O antigo vinho está sendo produzido novamente, com o nome de Vin de Constance, por Klein Constantia, que ficou com uma das partes do vinhedo. A *ward* produz alguns tintos e brancos, mas é mais conhecida como produtora dos famosos vinhos de sobremesa da África do Sul.

Cape Point, mais ao sul, é um distrito de clima frio, com vinhedos em encostas, sendo reconhecido por seus brancos de Sauvignon Blanc, Chardonnay e Sémillon.

Durbanville

Situada a nordeste de Cape Town, produz vinhos há mais de 250 anos e tem sólida reputação em Sauvignon Blanc, de clima frio, e tintos de Merlot.

Paarl

Cidade histórica da região da costa, é um dos distritos de vinho de qualidade mais bem estabelecidos da África do Sul, possuindo a segunda maior area de vinhedos do país. É sede da grande cooperativa KWV.

Paarl ("perola") nao tem saida para o mar e, sendo basicamente uma área quente, é fonte de bons estilos de vinho fortificado. Desde 1980, seus vinhos tipo Porto tiveram bastante aceitação na Europa e na América do Norte; atualmente, por um acordo com a União Europeia, eles são designados com a palavra *cape*, nos estilos *cape ruby, cape tawny, cape vintage e cape dated tawny*.

A topografia de Paarl e a variedade de solos permitem produzir uvas para elaborar outros estilos de vinhos, incluindo os espumantes; os elaborados pelo método tradicional são chamados *cap classique*.

Na faixa leste de Paarl, fica uma área menor (*ward*), denominada Franschhoek ("canto francês" em africâner). É a região onde os refugiados huguenotes franceses estabeleceram-se depois de deixar a França, no século XVII. É um vale estreito, rodeado de altas montanhas, onde nasce o rio Berg, que vai desaguar no oceano Atlântico. As áreas das encostas estão amplamente plantadas com vinhedos que produzem uvas de ótima qualidade. Deve-se notar que a *ward* possui vinhedos seculares de Sémillon produtivos.

Perto de Paarl, em direção à costa, fica outra *ward*, denominada Wellington, que se estende entre fendas de montanhas até o outro lado do rio Berg. Apesar de ser um local produtor de bons vinhos fortificados e brancos de Chenin Blanc, tem oferecido tintos encorpados, tanto em varietais como em cortes de Shiraz, Cabernet Sauvignon, Merlot e Pinotage.

Stellenbosch

Considerado o núcleo da indústria vinícola da África do Sul, seus vinhos sempre estiveram focados na qualidade. Ali se localiza um grande número de vinícolas particulares e a matriz da Distell, a maior produtora de vinhos e destilados da África do Sul. A área de vinhedos de Stellenbosch é menor que a de Paarl, mas, como se beneficia de variados mesoclimas, tipos de solo e topografias, com a vantagem de ficar em frente à False Bay, onde o mágico vento de verão (chamado localmente de "Cape Doctor"), mantém os vinhedos frios, favorecendo a maturação das uvas. É considerada a mais importante produtora de vinhos tintos da região nas castas Cabernet Sauvignon, Merlot, Shiraz e Pinotage. Vindas de vinhedos plantados em locais cuja face fica oposta à luz do sol ou em colinas, as uvas têm produzido brancos de Sauvignon Blanc e Chenin Blanc com *finesse* e elegância, ao estilo do Loire francês.

Swartland

Com colinas cobertas por vegetação escura, Swartland ("terra preta"), na parte interior, é quente e seca, com vinhedos de baixa produção. A baixa produtividade tem originado tintos encorpados e potentes, sendo o Pinotage seu melhor exemplar. Os locais que recebem as brisas do oceano Atlântico originam tintos mais leves, de consumo rápido, devendo-se destacar a qualidade dos brancos de Chenin Blanc, Colombard e Sauvignon Blanc.

Tulbagh

Situada a leste de Swartland, tem um clima quente e seco, graças à proteção das montanhas Winterhoek. É considerada local de potencial para as uvas tintas da África do Sul.

Principais produtores

Constantia e Durbanville
Diemersdal
Durbanville Hills
Klein Constance
Steenberg

Paarl
Glen Carlou
KWV
Nederburg
Rupert & Rotschild

Stellenbosch
Alto
Bergkelder (Fleur du Cap)
Beyerskloof
Clos Malverne
JC Le Roux
Kaapzicht
Kanonkop
Le Bonheur
Meerlust
Morgenhof
Muulderbosch
Neethlingshof
Neil Elis
Rust em Vrede
Rustenberg
Saxemburg
Stellenzicht
Thelema
Vergelegen
Warwick

Franschhoek
Boekenhoutskloof
La Motte
Móreson
Plaisir de Merle

A Breede River Valley WO fica ao longo da margem esquerda do rio Breede, próximo à represa de Brandvlei, fonte de água para irrigação. Compreende:

Worcester

É a maior área de vinhedos do país, com cerca de 18.200 hectares (20%), tendo sido os vinhedos plantados inicialmente pela KWV ao longo das margens férteis do rio para produzir grandes quantidades de vinhos para destilação. Atualmente, em vinhedos nas encostas de colinas, os rendimentos são menores e as uvas melhores, originando vinhos interessantes. Aduelas e lascas de carvalho, às vezes, são usadas para dar mais sabor aos vinhos de consumo imediato. Muitos de seus vinhos são adaptados para venda em supermercados ingleses ou por negociantes locais de vinhos fortificados.

Robertson

Os vinhos desse distrito são bem melhores, principalmente porque seu solo tem muito calcário, ideal, principalmente, para a Chardonnay, seja em vinhos tranquilos ou em espumantes Cap Classique. Apesar do predomínio das uvas brancas, a Shiraz e a Cabernet Sauvignon têm originado bons vinhos.

Principais produtores	
Bon Courage	Grahan Beck
De Wetshof	Springfield

A Klein Karro WO é uma região do interior do país, de natureza semidesértica e cujo clima quente e seco torna a irrigação imprescindível. A reputação da região está baseada na produção de vinhos fortificados no distrito de Calizdorp, considerado a sede não oficial desse tipo de vinho na África do Sul.

A Olifants River WO é a região que tem o nome do maior rio que a atravessa. Os vinhedos situados em terras planas nas férteis margens do rio atingem facilmente alto rendimento, o que explica ser a região associada à produção de vinhos em larga escala. Com as modernas práticas vinícolas, os produtores têm conseguido colheitas menores de uvas de qualidade. Em 1990, as principias uvas cultivadas eram brancas, lideradas pela Chenin Blanc e pela Colombard; atualmente, as principais uvas são tintas (Shiraz e Pinotage).

O distrito de Overberg, situado ao sul de Paarl e Stellenbosch, consta de duas *wards*: Elgin e Walker Bay, que, atualmente, são as que mais investem em vinhos de qualidade no país. Apesar de pequena, a *ward* de Elgin, na altitude, atrai pelo clima mais frio e pelo longo período de amadurecimento que permite às uvas; já em Walker Bay, o clima é um pouco mais temperado. Nas duas, as uvas que têm originado os melhores vinhos são as Pinot Noir, entre as tintas, e as Sauvignon Blanc, entre as brancas.

Principais produtores
Hamilton Russel
Bouchard Finlayson

Na África do Sul, grandes empresas elaboram vinhos apenas rotulados como Western Cape, cortes de uma varietal proveniente de diferentes regiões. Marcas conhecidas, de bons produtores, são Obikwa, Out of Africa, Oracle, Tribal e Two Oceans.

Austrália e Nova Zelândia

AUSTRÁLIA

Até os anos 1970, os vinhos produzidos na Austrália não tinham prestígio internacional. O problema era que, em muitos lugares onde se produzia vinho, o padrão de chuvas não favorecia o cultivo das uvas: seco na primavera, quando as uvas necessitam de umidade, e chuvas fortes no verão, exatamente quando as uvas estão amadurecendo e podem ficar encharcadas. A estação de amadurecimento ou era quente demais ou úmida demais.

Um intenso trabalho de pesquisa permitiu aos produtores australianos selecionar regiões onde poderiam, como ocorre atualmente, obter vinhos de padrão internacional. Elas se situam no Sudoeste da Austrália (South-Eastern Australia), incorporando as regiões vinícolas de Nova Gales do Sul (New South Wales), Victoria e Austrália do Sul (South Australia) e na Austrália Ocidental (Western Australia).

O estilo de vinhos australianos pode ser definido com fruta e potência. Isso significa um tinto espesso e frutado, lembrando frutas vermelhas com alto teor alcoólico. Esse era mais ou menos o estilo dos vinhos da Califórnia, a que os produtores australianos procuraram se assemelhar. Contudo, os terrenos nem sempre são iguais: se, no solo australiano, a Cabernet Sauvignon e a Chardonnay se adaptaram muito bem, foi uma outra uva, também de origem europeia, que transformou ainda mais a Austrália. É a Syrah, aqui grafada Shiraz, originária do Rhône, que permitiu elaborar o mais famoso vinho australiano – posição que dura décadas –, pela empresa Penfolds. Essa uva se caracteriza por sua fruta potente e seu sabor macio e, na Austrália, tem permitido elaborar excelentes tintos, que somente foram descobertos pelo mercado vinícola mundial nas duas últimas décadas. Outro fator interessante é que os australianos, fugindo da mesmice varietal dos americanos, estão elaborando cortes de uvas como Shiraz e Cabernet Sauvignon, chegando

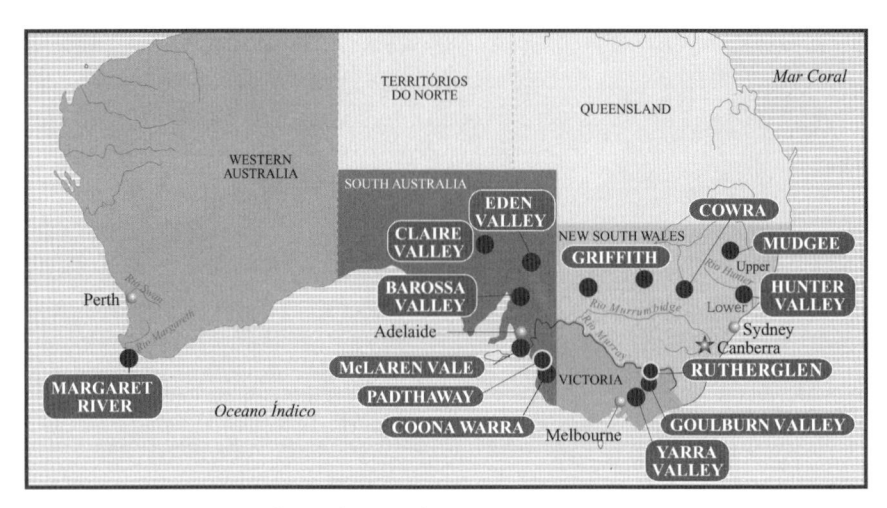

Mapa 32. Regiões vitivinicultoras da Austrália.

a grandes vinhos. Tem-se trabalhado com ótimos resultados com uvas também do sul da França, como Mourvèdre e Grenache. Atualmente muitos produtores estão fazendo um uso mais racional dos barris de carvalho. Há grande número de vinhos elegantes que abandonaram o excesso de carvalho, que impressiona à primeira vista mas depois revelam-se vinhos pesados e enjoativos. E as uvas brancas também têm se adaptado muito bem à Austrália, não somente a Chardonnay, mas a Riesling, a Sauvignon Blanc e a Sémillon. O corte Sémillon/Chardonnay está se tornando tradicional na Austrália.

New South Wales

Em New South Wales fica o Hunter Valley, perto de Sydney, que foi muito importante para a indústria vinícola australiana. É dividido em Lower Hunter, uma região quente e úmida, a duas horas ao norte de Sydney, e o Upper Hunter, com clima menos úmido, onde grandes companhias preocupam-se em produzir altas colheitas de vinhos agradáveis.

No Lower Hunter as principais uvas são Shiraz e Cabernet Sauvignon. Mas seu vinho mais original é feito de Sémillon. É um vinho de bom corpo, seco, com interessante aroma mineral, que envelhece bem. Devido à umidade, a Sémillon do Lower tende a desenvolver o *Botrytis*, originando excelentes vinhos doces. No Upper Hunter são produzidos alguns dos melhores Chardonnay da região, como o Roxburgh, de Rosemount.

A oeste está Mudgee (que significa "barro"), uma das regiões de vinhedos de alta altitude nas encostas dos Alpes Australianos. Oferece Chardonnay encorpados e ótimos Cabernet e Shiraz.

Em Cowra, a oeste de Sydney, a Chardonnay é a principal aposta dos produtores.

Como outras regiões vinícolas da Austrália, New South Wales tem gigantescos produtores de vinho que dependem de um rio (neste caso, o Murrumbidgee). As principais cidades são Riverina e Griffith, em cujos vinhedos se destacam as variedades Shiraz, entre as tintas, e Sémillon, entre as brancas. Riverina é uma região de atacado, vendendo vinho bom e barato. Griffith oferece uma pequena produção de Sémillons doces e botrytizados, frequentemente excelentes.

Principais produtores	
Arrowfield	Montrose
Four Winds	Peper Tree
Lindemans	Rosemount
McWillians	Rothbury
Milford Grove	Tyrrel's

Victoria

O grosso da produção de Victoria vem dos vinhedos de área irrigada, ao longo do rio Murray, onde algumas das maiores vinícolas do país processam enormes quantidades de uvas.

Na metade sul de Victoria, que é a parte mais fria do continente australiano, encontram-se importantes vinhedos, destacando-se o Yarra Valley, exatamente a nordeste de Melbourne. É frio o suficiente para ser uma fonte básica de bons Pinot Noir e de uvas para espumantes. Mas também é quente o suficiente para originar intensos Shiraz e Cabernet. O segredo é que apresenta relevo acidentado. Oferece locais em diferentes altitudes e exposições ao sol. O Yarra Valley vem produzindo vinhos de alta qualidade há muito tempo e ganhou reputação por seus Pinot Noir.

O Goulburn Valley é um pouco mais quente e as vinícolas produzem uma larga série de varietais.

Outro elemento importante de Victoria fica na sua parte nordeste, em Rutherglen, na divisa com New South Wales. É onde se produzem estilos únicos de vinho fortificado, a partir de uma versão de pele escura da uva Muscat e da uva Muscadelle.

Principais produtores	
Chambers	Redbank
Coldstream Hills	St. Huberts
Domaine Chandon	Yarra Yering

South Australia

South Australia fica no mesmo sistema de grandes rios das duas regiões anteriores, e é ultrapassada pelo rio Murray, quando ele vai para oeste a caminho do mar. South Australia não foi atingida pela filoxera, por ser protegida pelo deserto e pelo mar e por possuir um solo chamado *terra rossa*. É uma camada de terra vermelha, assentada sobre calcário poroso endurecido.

Produz bem mais que a metade dos vinhos da Austrália, tanto que é chamada Wine State ("estado do vinho"), e sua capital, Adelaide, é a sede da maioria das grandes vinícolas, de muitas das pequenas e de todas as organizações oficiais do comércio de vinho.

É composta das seguintes regiões vinícolas:

Barossa

É reconhecida como a principal região vinícola na Austrália. Foi povoada por famílias de ascendência prussiana que imigraram na década de 1940. Fundaram uma modesta e trabalhadora comunidade agrícola luterana, que continua com suas tradições até hoje. Esses colonos, conhecidos como "alemães de Barossa", são mais plantadores de uvas, e a maior parte deles vende suas uvas em vez de vinificá--las. Em 1950, Max Schubert, da vinícola Penfolds, estudou a capacidade de envelhecimento dos grandes tintos franceses para tentar produzir algo na Austrália. A partir da Shiraz, ele empenhou-se na produção de um tinto que, após alguns anos, começou a ser notado e elogiado. O vinho foi denominado Grange e conquistou, por bons motivos, o título de "o mais fino tinto da Austrália", tornando-se protótipo para uma geração de tintos australianos. Costumava ser chamado de Grange Hermitage, sendo a segunda parte do nome uma reverência à região no Vale do Rhône onde é produzido alguns dos melhores exemplos no mundo da uva Shiraz. Com a Chardonnay, após muitas tentativas para obter o vinho branco equivalente, a Penfolds conseguiu recentemente lançá-lo com o nome Yattarna.

Outras importantes vinícolas de Barossa, como a Yalumba, a mais antiga vinícola familiar do país, trabalham no estilo especialmente ousado da Shiraz, que passou a ser a assinatura do vale. Conceituados produtores possuem velhos vinhedos, não irrigados, no lado oeste de Barossa, o mais frio do vale, de onde têm oferecido uma série crescente de vinhos de reconhecida alta qualidade.

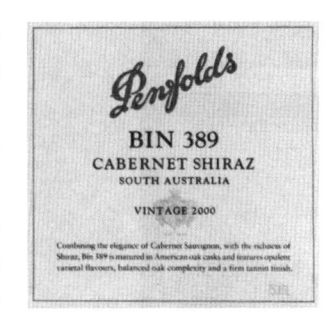

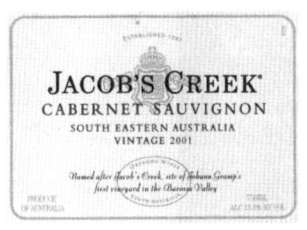

Clare Valley e Eden Valley

É uma extensão de Barossa ao norte, com grandes diferenças de temperatura entre o dia e a noite. Isso permite que Clare Valley forneça tanto tintos como brancos de alta qualidade. Shiraz e Riesling são as variedades que melhor se adaptam em climas opostos e aqui convivem harmoniosamente. Nos locais frios a Riesling domina: seus vinhos tem muito mais corpo (de 12% vol. a 13% vol.), são um pouco menos ácidos e envelhecem muito bem.

Mais alto e mais frio que Claire, o Eden Valley, a leste de Barossa, é a outra região de Riesling da Austrália. Esses Riesling tendem a ser menos alcoólicos, obviamente frutados, com caráter mais floral que cítrico.

A grande vinícola do Eden Valley é Henschke. Ela possui vinhedos de uvas tintas tão boas que produz alguns dos mais finos tintos da Austrália, como o Shiraz Hill of Grace.

McLaren Vale

Um pouco ao sul de Adelaide encontra-se uma região de vales. No seu centro, o McLaren Vale possui mesoclimas que variam de acordo com a altitude e a exposição às brisas frescas do mar. Atualmente, é mais conhecido pela Shiraz e pela Cabernet Sauvignon, embora, um pouco mais ao sul, os vinhedos recebam brisas marítimas frias para bons Chardonnay e Sauvignon Blanc.

Coonawara e Padthaway

Coonawara é uma área predominantemente de tintos, onde domina a Cabernet Sauvignon. O Cabernet de Coonawara é imediatamente reconhecido: tem um frutado de menta intenso, com toda a estrutura e densidade de um tinto de alto nível de Bordeaux.

Mais ao sul fica Padthaway, cujo ponto forte é o vinho branco, especialmente de Chardonnay, com um fino toque de acidez natural e boa fruta. Padthaway é, de muitas maneiras, o equivalente branco de Coonawara.

Principais produtores	
Angove's	Penfolds
Basedow	Petaluna
Château Reynella	Peter Lehmann
Elderton	Rockford
Hardy's	Wirra Wirra
Henschke	Wolf Blass
Jim Barry	Wynn's
Orlando (faz o Jacob's Creek)	Yalumba

Western Australia

A oeste de Adelaide, em South Australia, não se encontram mais vinhedos. Somente depois de cerca de quatro horas de avião, sobrevoando o deserto e o mar, chega-se a uma região de vinhedos, no lado extremo de Western Australia, com localização próxima à capital, Perth. Enquanto no sudoeste (New South Wales e Victoria) os vinhedos têm sua irrigação garantida por um sistema de rios (Murray e Murrunbigdee), inicialmente isso não ocorreu na Austrália Ocidental. Os vinhedos foram desenvolvidos no começo do século XX na quente região do vale de Swan. Eles forneciam, principalmente, vinhos fortificados, um mercado que começou a ficar restrito e, para se adaptar, os produtores da região tornaram-se fornecedores de interessantes vinhos brancos. Outras regiões frias começaram a se destacar, contando com locais de fornecimento de água, principalmente as águas do rio Margareth, ao sul de Perth.

Contrariando o que se deveria esperar, os vinhos brancos frequentemente têm tido maior sucesso no vale de Swan, apesar de ser uma região quente. As variedades brancas que dominam são Chenin Blanc, Verdelho e Sémillon, embora também se encontrem Chardonnay e Riesling. Os tintos de Shiraz, Cabernet Sauvignon e Merlot podem ser bons.

A região de Margareth River ficou em evidência a partir do final dos anos 1970, quando os enólogos perceberam que ela possuía condições ideais para o cultivo de uvas: fria, mas ensolarada, com longos outonos quentes, sem geadas e sem chuvas na época da colheita. A única desvantagem é o vento, que às vezes pode ser muito forte. Tem originado vinhos concentrados e ao mesmo tempo frutados, entre os quais se destacam: Pinot Noir, Shiraz, Cabernet Sauvignon, Merlot, Chardonnay, Sémillon, Sauvignon Blanc e Riesling.

Principais produtores	
Cape Mentelle	Howard Park
Cape Vale	Sandalford
Evans & Tate	Vasse Felix
Houghton	

Observações

1) Muitas vinícolas australianas vendem seus vinhos com um número chamado Barrel Identification Number (BIN). Por exemplo, o Chardonnay da Lindemans, um dos mais vendidos no mundo, é simplesmente chamado BIN 65. Esses números são usados na Austrália desde 1930. Inicialmente, indicavam o lugar na vinícola onde um vinho costumava ser armazenado: a maneira de manter separados lotes de vinho de determinada uva. O número indicava que elas vinham de um mesmo vinhedo e que o vinho era feito só com essas uvas. Atualmente, a produção está em escala muito maior e, por isso, as uvas não vêm mais de um único vinhedo. O número BIN pretende, como em Champagne, agrupar uvas de características semelhantes para se obter um sabor de vinho consistente, de ano para ano.

2) A Austrália, juntamente com a Nova Zelândia, foi pioneira no uso industrial de tampas de rosca em seus vinhos.

NOVA ZELÂNDIA

A Nova Zelândia é a capital mundial do clima frio e ele se tornou a chave para a vitivinicultura do país. Situada a 1.600 quilômetros a sudeste da Austrália, a Nova Zelândia é o país mais meridional do mundo, entre os paralelos 35° e 47° da latitude Sul. Com 1.700 quilômetros de extensão por 240 quilômetros na parte mais larga, é dividido em duas ilhas: a Ilha do Norte (North Island) e a Ilha do Sul (South Island). Com forte influência marítima, a maioria dos vinhedos fica na planície litorânea a leste, no oceano Pacífico, protegidos dos ventos predominantes do oeste (*westerlies*), que vêm do mar da Tasmânia por cadeias de montanhas. O solo dos vinhedos é formado de antigos leitos de rios, onde os depósitos de aluvião criaram camadas de pedregulho, cascalho e lodo muito bem drenadas, que permitem o aprofundamento das raízes. Os vinhedos são aquecidos por intensa luz solar durante o dia e resfriados à noite pelas brisas marítimas. Seu

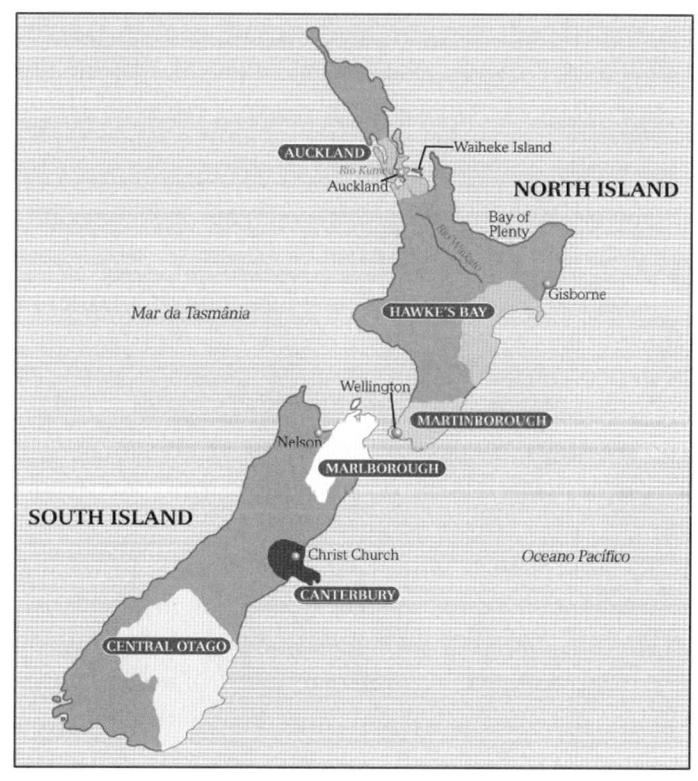

Mapa 33. Vinhedos da Nova Zelândia.

clima frio e estável favorece o amadurecimento suave e por igual das uvas, durante um longo período, já que a colheita geralmente é a mais tardia no hemisfério Sul (entre abril e maio), permitindo obter uvas com boa dose de acidez. No caso dos vinhos brancos, isso se traduz num grande diferencial.

A Nova Zelândia possui uma área plantada de 17 mil hectares, sendo atualmente o 29º produtor mundial. Ela explodiu no mercado internacional do vinho em meados dos anos 1990, quando apostou na uva Sauvignon Blanc.

North Island

North Island tem muitos lugares suficientemente quentes para amadurecer uvas tintas. É bastante chuvoso em alguns locais, o que pode arruinar colheitas, e isso obrigou seus enólogos a desenvolver técnicas de cultivo que agora têm sido implantadas em todo o mundo.

A maior cidade do país é Auckland, no extremo norte, onde se concentram as vinícolas. Geralmente as uvas são trazidas de caminhão de toda a Nova Zelândia. Nas suas vizinhanças, existem vinhedos reputados, como os da vinícola Kumeu River. À distância de uma viagem de *ferry boat* da cidade fica Waiheke Island, considerada o local dos vinhos estilo butique, como o tinto Larose, de Stonyridge. Entre Auckland e Gisborne está a região de Waikato/Bay of Plenty, que abriga várias vinícolas importantes do país.

Gisborne fica perto do Cabo Leste e da linha internacional de mudança de data. A região é considerada o jardim da Chardonnay na Nova Zelândia (cerca de 60% da produção de todo o país); seus vinhos têm um frutado macio e maduro, lembrando melões e pêssegos. Algumas de suas vinícolas são precursoras do biodinamismo. A segunda uva plantada é Müller-Thurgau, seguida da aromática Gewürztraminer, que tem mostrado ótimos resultados.

Na costa leste de North Island, Hawkes Bay é uma região que possui áreas quentes e bem drenadas. É a melhor área de Cabernet Sauvignon da Nova Zelândia. Quando há bastante sol para que as uvas amadureçam com facilidade e, principalmente, outonos secos, elas originam vinhos com um frutado concentrado de groselha preta e perfume de cedro. A Merlot também se dá bem na região, e é geralmente cortada com a Cabernet Sauvignon.

Perto da capital, Wellington, a leste fica a região de Martinborough, onde as variedades tintas são as mais importantes. Está sendo associada como apropriada à tinta Pinot Noir, uma uva reconhecidamente difícil e exigente. Especialistas afirmam que esse é um dos poucos lugares no mundo capazes de produzir um Pinot Noir verdadeiramente de qualidade.

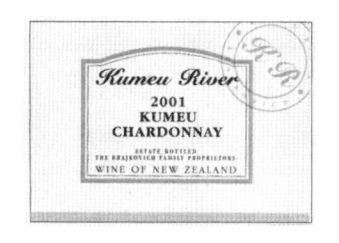

South Island

South Island é a parte fria do país, e o mais surpreendente é que seus vinhedos são bastante recentes. Até 1973, havia muito pasto para ovelhas em South Island, e plantavam-se cerejeiras e alho. Em várias ocasiões foram plantadas uvas, que não foram além de um primeiro momento de entusiasmo.

Em 1973, a enorme vinícola Montana, que rotula seus principais vinhos com o nome Brancott, procurando terras para expandir seus vinhedos, chegou a South Island. Procurava terrenos baratos e fáceis de trabalhar, e o lugar óbvio foi Marlborough: um local plano e que recebia forte influência marítima, mantendo afastadas as geadas e as altas temperaturas do verão. Como a Sauvignon Blanc era plantada em outros locais da Nova Zelândia, resolveu-se iniciar com ela os vinhedos.

Foi um lance inspirado!

A Sauvignon Blanc de Marlborough é hoje comprovadamente uma das melhores do mundo e uma referência para todos os apreciadores dessa uva no mundo. Marlborough, agora a maior região vinícola da Nova Zelândia, com quase 8 mil hectares plantados, é um vale largo e plano entre duas cordilheiras de colinas. Contraria tudo o que se diz sobre a importância de plantar em encostas, para obter sol extra, calor e melhor drenagem. Em Marlborough, o solo é o mais pobre que se possa imaginar: quase pedregulho puro em certos lugares, com mais drenagem quanto se poderia desejar e longas horas de exposição ao sol.

A Sauvignon Blanc de Marlborough seduziu o paladar de milhares de consumidores de vinho fora do país quando, no início dos anos 1990, as primeiras garrafas da vinícola Cloudy Bay chegaram aos mercados europeu e americano. Seus aromas marcantes, com notas de frutas tropicais, cítricas, groselha, ervas frescas e sabores exuberantes colocaram os Sauvignon Blanc de Marlborough no mapa-múndi dos vinhos. Hoje são considerados o estilo de referência definitiva para essa variedade.

A maioria dos vinicultores vende suas uvas para as grandes vinícolas, mas existem os que vendem algum vinho com seus próprios rótulos, elaborados pela Vintech, uma vinícola de terceirização, estabelecida em North Island.

Planta-se também a Chardonnay: seus vinhos mais maduros beneficiam-se de algum envelhecimento em barricas de carvalho, o que os torna amanteigados, e os mais leves são usados para a elaboração de espumantes, feitos pelo método clássico. Também é plantada a Riesling, que origina brancos cortantes, embora os mais interessantes exemplos até hoje tenham sido vinhos doces, intensamente refrescantes, elaborados com uvas de colheita tardia.

A noroeste de Marlborough, a região de Nelson cultiva a maioria das uvas plantadas na Nova Zelândia; o clima, porém, pode ser tão variável que poucas de suas vinícolas conseguem garantir a qualidade de seus vinhos a cada ano.

Com seu clima frio e árido, Canterbury tem oferecido Chardonnay de alta classe e alguns bons Pinot Noir.

No sul de South Island encontra-se Central Otago, considerada a região vinícola mais meridional do mundo, muito árida, onde se precisa realmente plantar nas encostas leves para usufruir do sol e reduzir o risco de geadas. Lá, as brancas tradicionais no país originam vinhos leves e florais, mas é a Pinot Noir que tem surpreendido, elaborando os melhores vinhos no Novo Mundo.

O clima adequadamente frio de Central Otago e de Martinborough favorece a maturação e a preservação do frescor da Pinot Noir. Ainda que guardem diferenças em relação aos da Borgonha – solo, clones das videiras e peculiaridades do *terroir* –, seus vinhos são os que mais se assemelham aos borgonheses. O reconhecimento tem acelerado bastante a implantação de novos vinhedos dessa variedade – á área plantada subiu de 800 hectares em 1998 para 4 mil hectares em 2007. Central Otago, que é a zona mais prestigiada do país em termos de Pinot Noir, tem cerca de 700 hectares. Nessa região afastada do mar e rodeada de montanhas com picos nevados, os vinhedos da Rippon ao lado do lago Wanaka são considerados dos mais bonitos do planeta.

Principais produtores

Ata Rangi	Matua Valley
Brookfield	Montana
Cloudy Bay	Nautilus Estate
Coopers Creek	Neudorf
Dry River	Palliser Estate
Fairhall Mill	Rippon
Fenton Road	Sacred Hills
Forrest	Seresin
Framingham (Sogrape)	Stonyridge
Goldwater	Te Motu
Grove	Tinpot Hut
Hunter's	Trinity Hill
Jackson Estate	Villa Maria Estate
Kumeu	Wairau River
Matariki	Wither Hills

Chile

21

Diz um ditado que quando Deus fez o mundo, juntou um pouquinho de tudo o que havia sobrado – montanhas, desertos, mar, geleiras, vulcões – e amontoou numa faixa de terra longa e estreita da América do Sul. Assim, o Chile, com sua cabeça no deserto e seus pés enfiados no gelo a 5 mil quilômetros de distância, tem uma das mais diversificadas extensões de terra do mundo. É uma ilha cercada de barreiras naturais: ao leste, a imponente cordilheira dos Andes; a oeste, o oceano Pacífico; ao sul, as geleiras da Patagônia e ao norte o deserto de Atacama, o mais árido do planeta. Com extensão de 5 mil quilômetros, tem uma largura máxima de 220 quilômetros.

O Chile é um dos raros países onde não há registro do inseto filoxera, que mastiga as raízes de vinhedos. Assim, diferentemente do que ocorre em outras regiões do mundo, os vinhedos chilenos são plantados sem que haja necessidade de enxertia com as raízes americanas, resistentes à praga. Existem algumas explicações para o não aparecimento da filoxera no Chile, além das barreiras naturais de defesa (deserto árido, a cordilheira, as geleiras e o frio oceano). São elas a alta porcentagem de areia no solo, vinhedos irrigados por rios que correm das geleiras dos Andes e, principalmente, certa concentração de cobre no solo, componente usado como prevenção contra pragas e que é muito abundante no Chile.

No final do século XIX, o resto do mundo foi devastado pela filoxera e o Chile ficou isolado, fornecendo grandes quantidades de vinho saudável, feito de uvas clássicas de vinhedos franceses, que tinham sido importadas no início daquele século. Nos cem anos seguintes houve poucas mudanças na vitivinicultura do Chile. No final da década de 1980, a entrada de investimentos estrangeiros trouxe junto técnicos e *expertises*, levando a indústria vinícola chilena a participar do mundo moderno. Os velhos e grandes tonéis de rauli (madeira semelhante ao pinheiro) foram substituídos por barris de carvalho importado da França e dos Estados Unidos. A refrigeração passou a ser usada tanto na fermentação como no amadurecimento. A preguiçosa e arriscada técnica de irrigação, feita simplesmente deixando inundar o vinhedo e esperar que a água drene por canais especialmente cavados, foi substituída pelo sistema de irrigação por gotejamento, que fornece quantidades de água definidas para plantas individuais. Esse tipo de irrigação também permite que vinhedos possam ser plantados nas encostas dos morros, fugindo do assoalho do vale e buscando um microclima melhor para determinado tipo de uva.

O atual *boom* do vinho no Chile é devido a uma mudança na mentalidade dos vinicultores, que não fazem mais colheitas excessivas, que comprometem a qualidade da uva. Até o final dos anos 1980, parreiras que poderiam ter produzido vinhos deliciosos foram irrigadas em excesso e as uvas foram extremamente prensadas para fornecer o máximo possível de suco. Agora, sistemas de irrigação permitem controlar as produções excessivas. Para obter uva de ótima qualidade, analisa-se cuidadosamente o local em que ela deve ser plantada (*terroir*) e são introduzidos os sistemas de cultivo por espaldeira (alta e baixa). É comum ouvir-se que os vinhos chilenos são todos iguais. Isso só é válido, mesmo assim com reservas, para uma série de rótulos comerciais, de grande volume, caso em que as grandes vinícolas do Chile compram uvas, ou vinhos, de produtores dispersos, elabora e comercializa. Isso também é comum em países dominados por negociantes de porte, caso da Austrália, no *ranking* dos vinhos despretensiosos, para o dia a dia.

Muitos vinicultores franceses de grande nome viram nos terrenos do Chile o local ideal para uma expansão natural de suas empresas, que precisavam lançar vinhos de qualidade a preços aceitáveis para o mercado internacional, já que poucas pessoas podem pagar os preços de Bordeaux. O Chile é hoje um país cujos vinhos topo disputam com quaisquer vinhos de nível no seletivo mercado internacional, sejam franceses ou americanos, italianos ou espanhóis.

UVAS DO CHILE

As primeiras castas de uvas trazidas ao Chile vieram, principalmente, da região de Bordeaux. Dessas, a Cabernet Sauvignon destacou-se desde o início; outras tintas que se adaptaram foram a Merlot e a Syrah e, entre as brancas, a Chardonnay, a Sauvignon Blanc e a Sémillon. Embora não se soubesse na época, as primeiras uvas plantadas chegaram alguns anos antes que a terrível filoxera atacasse os vinhedos de Bordeaux.

A Carmenère era parte do sucesso de Bordeaux na época pré-filoxera. Quando houve o replantio na França, a uva deixou de ser preferida porque reagiu mal ao enxerto. Sua baixa produção fez que ela não fosse reaproveitada no vinho Bordeaux.

No Chile, a Carmenère havia sido plantada aleatoriamente entre as uvas Merlot e só foi identificada na metade dos anos 1990. Verificou-se que sua folha tinha formação mais espessa e que o bago da uva era maior. Feita a separação, a Merlot chilena melhorou bastante e a Carmenère passou a ser apreciada por sua própria individualidade. A característica principal da Carmenère é o amadurecimento tardio, de forma que exige a colheita pelo menos três semanas mais tarde que a Merlot. Assim, num vinhedo misto, tinham-se ou uvas maduras e não maduras ou uvas muito maduras e uvas maduras, nenhuma delas originando um corte satisfatório. Deixando a Carmenère amadurecer totalmente, seus próprios sabores originais acabam aparecendo. A Carmenère é uma uva complexa, que, cultivada em local apropriado, produz vinhos muito bons.

Inicialmente, a Syrah deu bons resultados plantada em climas quentes; agora há no Chile uma nova geração de vinhos dessa uva, vindos de climas frios, com ótimos exemplares.

CLIMA

As regiões vinícolas do Chile situam-se numa área central entre os paralelos 32° e 38°, e a capital Santiago, na latitude de 33,5°, é quase seu ponto médio.

Duas grandes cadeias de montanhas, a cordilheira dos Andes e a cordilheira da Costa, atravessam o seu território de norte a sul (esquema 5).

Existem enormes vales que se estendem, de leste para oeste, acompanhando os rios formados pelas águas do degelo dos Andes. Esses vales dividem-se em mesoclimas, pequenos bolsões onde o clima pode ser diferente e frequentemente melhor para o cultivo de uma variedade de uva. Em muitos desses vales, a influência do oceano Pacífico é fundamental.

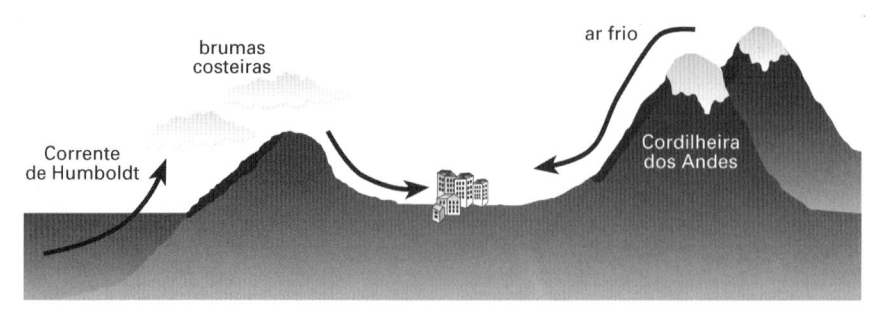

Esquema 5. Como o clima dos vales chilenos é influenciado.

As condições climáticas nos vales são relativamente regulares. Às vezes, ocorrem algumas irregularidades que interferem diretamente nos vinhos. Em 1998 o fenômeno do El Niño (alteração nas correntes frias das águas do oceano Pacífico) causou chuvas intensas em todas as regiões.

REGIÕES VINÍCOLAS

Em 1995, as autoridades chilenas resolveram demarcar áreas geográficas escolhidas entre os enormes vales e onde se produzem vinhos.

Foram demarcadas cinco regiões vinícolas, designadas por Atacama e Coquimbo, Aconcágua, Vale Central e Região Sul (mapa 34).

Em 2012 foi homologada por órgãos oficiais chilenos, após estudos desenvolvidos em conjunto com a Wines of Chile (entidade que promove a qualidade e a imagem do vinho chileno pelo mundo), a proposta de dividir a região em zonas. Com base nas significativas influências que exercem o oceano Pacífico de um lado e a Cordilheira dos Andes de outro, as regiões foram divididas de leste a oeste em três zonas:

- COSTA: recebe a influência do oceano Pacifico, sendo marcada por temperaturas médias mais baixas e grande amplitude térmica;
- ENTRE CORDILHEIRAS: equidistante do mar e dos Andes, e protegida das brisas marítimas pela Cordilheira da Costa, apresenta temperatura média anual superior às outras duas.
- ANDES: situada no pé dos Andes, com alguns vinhedos em encosta ou em altitudes mais elevadas, tem clima fresco e diversificado.

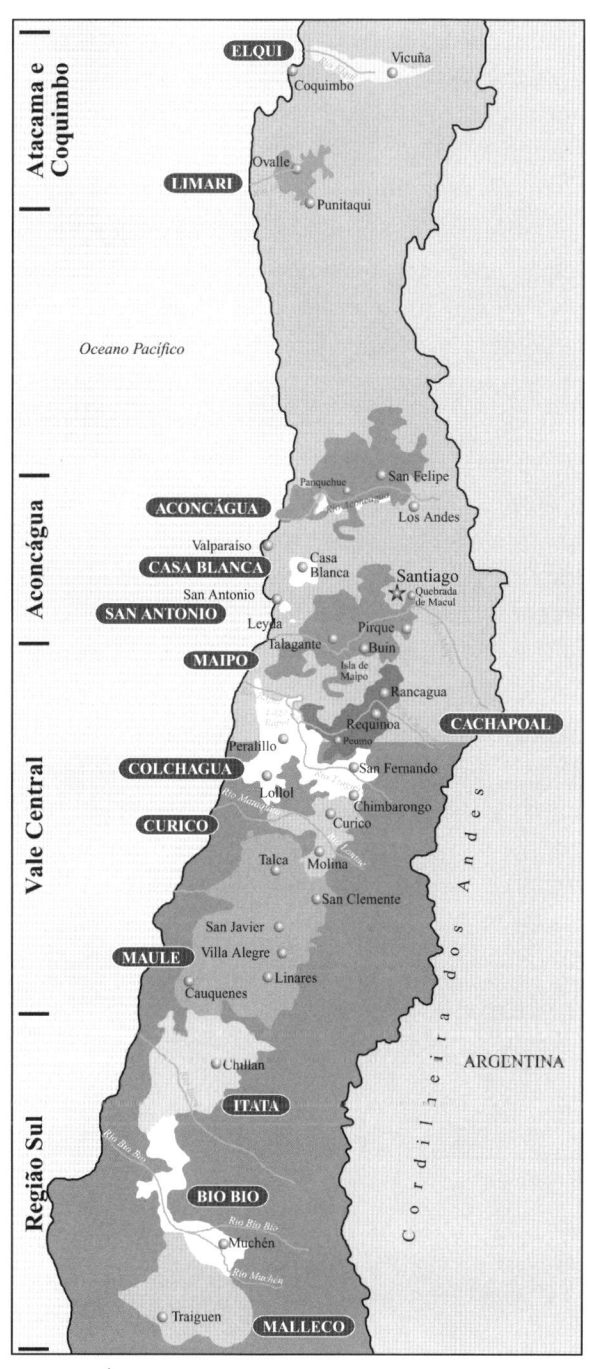

Mapa 34. Áreas geográficas produtoras de vinho no Chile, demarcadas pelo governo.

Atacama e Coquimbo

A região de Atacama é quente demais para uvas que possam originar bons vinhos e dedica-se a produzir uvas americanas para sucos e a plantar a variedade Muscat, cujo vinho-base é utilizado na elaboração do destilado chileno Pisco, que também é feito no Peru.

Já em Coquimbo, existem dois vales que estão mostrando que a região pode oferecer muito mais que uvas para produção do Pisco. São o vale de Elqui e o vale de Limari, situados, respectivamente, a 450 quilômetros e 400 quilômetros de Santiago.

O solo de aluvião, com muito boa drenagem, ótima iluminação e baixa fertilidade, permite uvas com grande concentração. A grande quantidade de argila e de pedras no solo permite que as raízes sejam profundas e consigam elevados níveis de carbonato de cálcio. O clima é bem moderado, sem extremos de temperaturas. Há grande influência fria do mar, já que os vinhedos se localizam a somente 25 quilômetros do oceano. Além disso, o nível pluviométrico, quase nulo durante os meses de outono e verão, permite uma completa maturação das uvas.

Os vinhos brancos se destacam entre os produzidos na região. Além da acidez, que aporta frescor, oferecem notas salinas e minerais, sendo o destaque para os Chardonnay e Sauvignon Blanc, que, em relação aos de outras regiões chilenas, têm menos notas de ervas e mais aromas de frutas brancas. Os tintos têm começado a dar bons resultados, principalmente o Shiraz e o Pinot Noir.

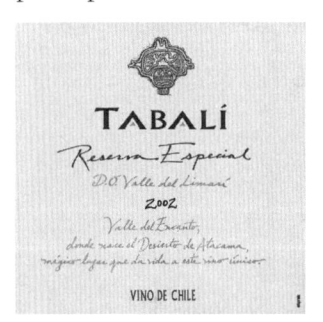

Várias bodegas importantes estão lá instaladas, como a Tabali, pertencente à San Pedro, o segundo maior grupo vinícola do Chile, e a Casa Tamaya, que possui uma gama interessante de vinhos. Nomes de peso do vinho chileno já têm vinhedos na região, como a Concha y Toro (que faz lá a linha Maycas del Limari) e a De Martino (com o Single Vineyard Chardonnay).

Principais produtores
Casa Tamaya
Falernia
Tabalí

Aconcágua

É a próxima região, indo para o sul. Os vinhedos do Aconcágua estão ligados somente pela proximidade geográfica e produzem estilos de vinhos tão diversos que devem ser considerados separadamente. Existem três vales:

Vale do Aconcágua

O vale do Aconcágua estende-se desde os pés da cordilheira dos Andes na divisa com a Argentina, no monte Aconcágua, seguindo o rio em direção ao oceano. As margens do rio Aconcágua apresentam solos de origem fluvial constituídos de pedras arrastadas desde a cordilheira. Sua textura restringe a retenção de água pelo solo, evitando o excesso de vigor e favorecendo a concentração de aromas e taninos das uvas.

É um dos poucos vales não protegidos pela cordilheira da Costa e está aberto aos ventos frios que vêm do mar. Esses ventos têm um efeito temperado sob o sol do verão, enquanto os ventos que vêm dos

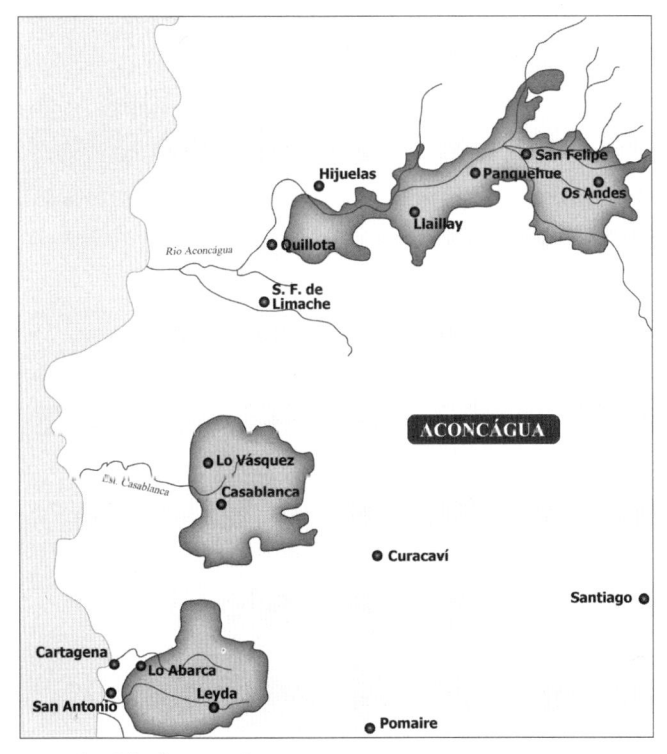

Mapa 35. Vale do Aconcágua.

Andes reduzem a temperatura noturna, retardando o amadurecimento das uvas. Como prevalece o clima semidesértico, quente e ensolarado, cerca de 85% das uvas cultivadas são tintas, principalmente Cabernet Sauvignon, Merlot e Carmenère.

- A Errazuriz produz vinhos lá há mais de um século. Foi fundada por Maximiano Errazuriz, que plantou um vinhedo na região, contrastando, na época, com muitas famílias, que preferiam plantar nos arredores de Santiago. Ele instalou-se em Panquehue e, hoje, a vinícola é administrada por seus descendentes, a família Chadwick. Como todas as grandes vinícolas do Chile, possui vinhedos em outras regiões do país. A Errazuriz foi a primeira vinícola chilena a plantar vinhedos em encostas, quando teve de ampliar seu histórico vinhedo Don Maximiano, em Panquehue. Desse vinhedo vêm as uvas de seu vinho topo Don Maximiano Founder's Reserve, elaborado no estilo de Bordeaux somente nos bons anos e considerado um dos grandes tintos do Chile.

   Na metade dos anos 1990 os Chadwick associaram-se à, na época, famosa Robert Mondavi para elaborar, no Chile um tinto topo internacional, o Seña. Com o término do grupo Mondavi, a sociedade foi desfeita,

Foto 56. Vinhedo da Vinícola Errazuriz, no vale do Aconcágua, Chile.

ficando os Chadwick com o controle das operações. O Seña representa a melhor expressão do Aconcágua, elaborado com Cabernet Sauvignon, Merlot, Carmenère, Malbec e Petit Verdot, resultado de uma condução biodinâmica do vinhedo (foto 56).

Principais produtores
Errazuriz
San Esteban
Von Siebenthal

Vale de Casablanca

Localizada a 80 quilômetros de Santiago e a 40 quilômetros do importante porto de Valparaíso, é uma das regiões mais comentadas no Chile. O vale de Casablanca beneficia-se de uma interrupção na cordilheira da Costa, assegurando que a região fique exposta à influência refrescante do oceano Pacífico. Isso tornou óbvia a escolha da região para o cultivo de uvas brancas ou tintas, de clima frio. O início do cultivo começou com Pablo Morandé em 1986 e a região foi extensivamente plantada na década de 1990, predominando a Chardonnay, com 50% dos vinhedos. Antes, só alguns exemplares de Chardonnay no Chile justificavam as razões que deram a essa uva o *status* de rainha das brancas. Os recursos tecnológicos tornaram a Chardonnay chilena igual à maioria das do resto do mundo, constituindo um exemplo clássico de padronização de sabor. Submetida à fermentação malolática e com excesso de madeira, a fruta ficava escondida sob o tostado dos barris e os Chardonnay pareciam ser produzidos em série. Depois que o vale de Casablanca permitiu à uva Chardonnay atingir correta maturidade associada à acidez, têm-se produzido vinhos com muito sabor, ressaltando a pureza da fruta.

Em seguida, 20% correspondem à Sauvignon Blanc, enquanto o cultivo de Pinot Noir e Merlot ganhou importância recentemente.

Casablanca também rapidamente ganhou nome como ótimo local no Chile da Sauvignon Blanc, por duas razões: a primeira, sua condição climática naturalmente fria, que permitia um longo amadurecimento da uva; a segunda é que a uva plantada era 100% Sauvignon Blanc, em vez da de menor qualidade Sauvignonasse, que ainda está misturada em muitas plantações de Sauvignon Blanc, em outras regiões. Outro fator de sucesso do vinho de Sauvignon Blanc de lá foi que se conseguem vinhos aromáticos, com melhor acidez natural e estrutura de fruta. As principais vinícolas são baseadas lá, mas grandes produtores possuem vinhedos ou compram uvas da região para produzir seus brancos de qualidade.

Principais produtores

Casas del Bosque	Kingston
Casablanca	Veramonte
Loma Larga	Villard
Indômita	William Cole
Quintay	

Vale de San Antonio

Fica ao sul de Casablanca, em direção à costa, bem na cordilheira da Costa e apenas alguns quilômetros para dentro. É uma nova região que tem demonstrado que as brisas marítimas e as colinas da costa chilenas são perfeitas aliadas da Sauvignon Blanc. Antes Casablanca já havia conseguido excelentes vinhos dessa uva e, hoje, não há mais dúvidas de que os Sauvignon Blanc das costas do litoral chileno estão entre os melhores brancos produzidos no Chile.

A paisagem de San Antonio é árida, arenosa, pontilhada de eucaliptos e cactos, e existem dois vales. O mais importante é o vale de Leyda, cujos vinhedos foram plantados em 1998, confiando no seu potencial para variedades de climas frios. Os produtores lá instalados têm focado esforços também na tinta Pinot Noir e já colocaram no mercado uma série de bons tintos dessa variedade.

Principais produtores	
Viña Leyda	Matetic
Casa Marin	Garcês

Vale Central

A região do vale Central começa ladeando o extremo sul de Santiago e é formada pelas sub-regiões que trataremos a seguir.

Vale do Maipo

O vale do Maipo é a região mais importante historicamente e, provavelmente, a mais conhecida. As principais vinícolas estão baseadas lá, englobando a área imediatamente ao redor de Santiago; uma parte dos vinhedos parece estar no perímetro urbano da cidade. Banhada pelos rios Maipo e Mapocho, é reconhecida pela qualidade de seus vinhos, especialmente os grandes Cabernet Sauvignon do país.

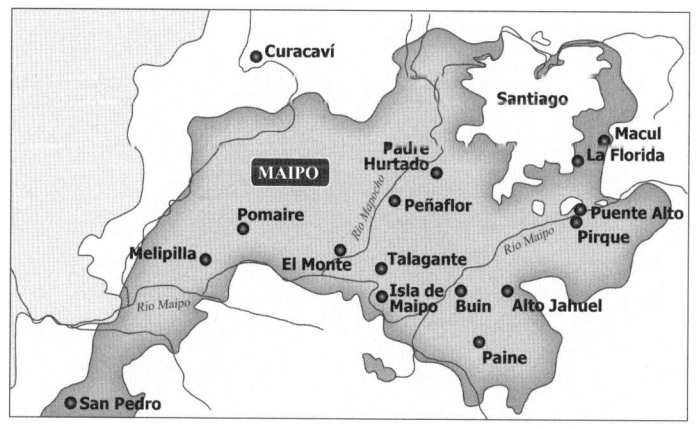

Mapa 36. Vale do Maipo.

O setor mais próximo da cordilheira é denominado Alto Maipo, e é dividido em duas zonas. Uma fica em frente à quebrada de Macul e a outra se localiza em ambas as margens do rio Maipo, em Puente Alto, Pirque, Buin e Alto Jahuel. A influência da cordilheira é grande em Macul, Puente Alto e Pirque e menor em Buin e Alto Jahuel.

O Maipo Médio fica ao sul de Santiago, em direção ao leste, nas zonas de Isla del Maipo e Talagante. Sobre solos pedregosos e com alta porcentagem de areia, os vinhedos ficam em terreno plano e bem irrigado, oferecendo também boas condições de cultivo de uvas, só que mais quente. O Maipo Costa engloba as zonas próximas de Melipilla, em direção ao oceano, e San Pedro. Recebe mais influência das brisas marítimas no verão e à noite as temperaturas são mais baixas. Esse clima mais frio que o de outras regiões do Maipo, mas nem tanto como em Casablanca, tem originado ótimos Merlot.

Importantes vinícolas chilenas estão instaladas nesse vale:

- *Cousiño Macul*: Situada praticamente nos subúrbios de Santiago, seus vinhedos foram plantados no período colonial do Chile. Durante muito tempo foi um produtor tradicional, destacando-se, na década de 1970, seu Antiguas Reservas, um dos melhores vinhos chilenos que chegavam ao Brasil. Mas nos anos 1990 não acompanhou a evolução vinícola que ocorreu no Chile. A partir de 2000, uma parte de seus vinhedos começou a dar lugar a loteamento de casas, já que suas terras nas proximidades de Santiago ficaram valorizadas com o crescimento da cidade. Desenvolveu, então, uma moderna vinícola em Buin e adquiriu novos vinhedos. A região que hoje é densamente povoada foi adquirida pela família Cousiño na metade do século XIX. Inicialmente foi plantada com uvas Pais e, em 1932, foi replantada com clones importados de Bordeaux, o mesmo que, após sucessivas seleções, está presente no setor plantado com Cabernet Sauvignon, que atualmente sobrevive à pressão imobiliária. Conhecido como "viña vieja", esse Cabernet é a base de seu vinho topo, o Lota.

Na região de Macul existem mais duas bodegas: Aquitania e Clos Quebrada de Macul.

- Nessa última, seus vinhedos estão numa altitude de 700 metros, os solos têm mais pedras e menos retenção de água, o que concentra os sabores. Até meados dos anos 1990, suas uvas eram disputadas pelas grandes vinícolas chilenas; seu Cabernet Sauvignon era legendário. Em 1996, decidiram fazer seu próprio vinho: Domus Áurea. O vinho apresenta notas balsâmicas de mentol, ervas e eucalipto. Eles vêm da flora presente no vinhedo, especialmente árvores de eucalipto que, em alguma época, rodearam a propriedade. É interessante notar que as árvores foram cortadas e as notas ainda permanecem no vinho. Talvez o vento da cordilheira, além de retardar a colheita, traga os aromas de eucalipto da pré-cordilheira. Domus Áurea é, sem dúvida, o Cabernet com mais personalidade do país, situado entre os melhores vinhos do Chile.

- Próximo a Clos e Cousiño está Aquitania, que elabora um tinto de classe internacional: o Lazuli (nome tirado da pedra preciosa chilena lápis-lazuli). Essa vinícola oferece o Sol a Sol Chardonnay, um espetacular branco elaborado com uvas plantadas em Traiguén, distante 650 quilômetros de Santiago ao sul, a região mais austral do Chile.

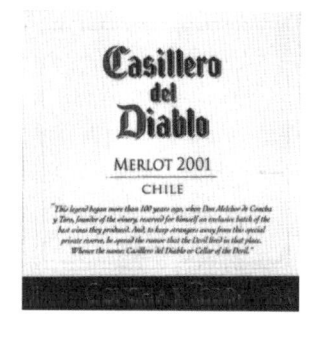

- *Concha y Toro*: maior vinícola da América do Sul e líder em exportações do Chile, tem sua sede em Pirque e possui vinhedos em todas as principais regiões do Chile. É proprietária de outras vinícolas, como Cono Sur e Vinhedos Emiliana, que operam separadamente, e está associada em partes iguais com o grupo Rothschild, na Vinícola Almaviva. Sua extensa linha de rótulos oferece alguns bastante interessantes, como o Casillero del Diablo, talvez o vinho chileno mais vendido e distribuído no mundo. Diz a lenda que, há um século, Don Melchor de Concha y Toro, o fundador, fez uma reserva pessoal dos melhores vinhos que elaborava e, para manter essa adega protegida, espalhou o boato de que lá habitava o diabo. O Casillero tinto é elaborado com uvas Cabernet Sauvignon do Maipo, e o branco, com Chardonnay de Casablanca. A linha Marqués da Casa Concha é elaborada com uvas de um único vinhedo, como o de Puente Alto, no Alto Maipo, e seus vinhos apresentam muito bom equilíbrio entre a fruta e a madeira. A linha Terrunyo parte do conceito da linha Marqués, e é elaborado somente com uvas de determinada parte do vinhedo. Apesar de mais caros, são vinhos com ótima relação qualidade/preço. O vinho topo de Concha y Toro é o Don Melchor Cabernet Sauvignon, cujas uvas vêm do vinhedo San José de Tocornal, área de Puente Alto.

- *Almaviva*: É uma vinícola que resultou da associação entre a famosa casa francesa Château Mouton-Rothschild e a Concha y Toro. Feito em pequenas quantidades, esse belíssimo tinto, lançado a partir de 1996, situa-se entre os melhores do Chile. Ele tira seu nome do principal personagem (o conde Almaviva) de uma peça de teatro francesa do século XVIII, *As bodas de Fígaro*, que mais tarde foi convertida em ópera por Mozart. O rótulo do vinho mostra um símbolo do período pré-colombiano do Chile. É um corte de Cabernet Sauvignon, Carmenère e Cabernet Franc, oriundas do vinhedo San José de Tocornal.

Foto 57. *Bodega* do Almaviva, cuja belíssima arquitetura se inspira nas ondulações dos Andes.

A belíssima *bodega* do Almaviva tem uma arquitetura inspirada nas ondulações dos Andes (foto 57). É um projeto moderno que minimiza o emprego de bombas; as uvas são recebidas em um mezanino e, por gravidade, vão para os tanques de fermentação, onde são esmagadas.

- *Santa Rita*: É outra das gigantes vinícolas do Chile, com vinhedos em todas as regiões, mas baseada em Buin, onde fica sua histórica *bodega*. Em 1814, o herói nacional chileno Bernardo O'Higgins escondeu-se com 120 soldados nessa *bodega*, fugindo dos espanhóis. Em honra a esse fato, a Santa Rita deu o nome de "120" à sua linha de varietais básicos, bastante conhecidos no Brasil. A linha Medalla Real pertence a outro nível: são varietais de um único vinhedo, apresentando fruta intensa e moderada influência de carvalho. Com uvas Carmenère de Apalta faz o Pehuén, outro de seus grandes vinhos. Seu vinho topo é o Casa Real, elaborado com uvas Cabernet Sauvignon de um lote de 8 hectares, num dos lados de sua sede tradicional, chamado Carneros Viejo, porque são as mais antigas parreiras de Santa Rita. Lançado em 1984, tornou-se um clássico entre os grandes tintos do Chile.

- A Carmen, fundada em 1850, é a mais antiga *bodega* chilena e pertence ao grupo que controla a Santa Rita. Trabalhando de forma independente, consolidou-se como um dos nomes mais conceituados no cenário vinícola do país. Hoje, além de Buin, possui vinhedos em outras regiões. Seu vinho topo Gold Reserve pertence ao *ranking* dos grandes tintos chilenos.

Saindo de Santiago e passando à cidade de San Bernardo, em direção a Puente Alto, encontram-se os vinhedos de San José de Tocornal, um dos enclaves mais tradicionais do vinho chileno e um dos que mais ganhou fama por causa de seus vinhos. Tocornal encontra-se em um terreno de aluvião que foi preenchido por material proveniente do *canyon* do rio Maipo. Os solos tipicamente de aluvião têm uma capa de argila e, abaixo, areia e pedras redondas. É um solo altamente permeável, onde o excesso de água escorre facilmente, e também pouco fértil, o que colabora para baixos rendimentos naturais. O terreno foi comprado pela família Chadwick, de Errazuriz do Aconcágua, e posteriormente parte dele foi vendida para a Concha y Toro. Essa subdivisão foi a origem de três vinhos emblemáticos da zona: Don Melchor, Almaviva e Viñedo Chadwick. Além dos solos permeáveis, é um lugar ventilado, recebendo livremente os ventos da cordilheira.

Ao sul do rio Maipo, a cordilheira dos Andes estende um enorme e grosso braço que contém a zona de Pirque e, entre outras, o Alto Jahuel. Enquanto Pirque se encontra a 700 metros, Alto Jahuel fica quase 200 metros mais abaixo.

Pirque é considerada a zona mais fria do Alto Maipo. Sua localização fechada e seus solos sem pedras, que irradiam calor e são ricos em argila, retardam a maturação das uvas em relação a Alto Jahuel. Em Haras de Pirque, os vinhedos mais velhos de Cabernet são a base de Elegance, seu vinho topo.

Do outro lado das montanhas do vale de Pirque a situação é completamente diferente. Alto Jahuel, o berço de Casa Real, onde se encontram alguns dos melhores vinhedos de Santa Rita e Carmen, é composto por montanhas em forma de ferradura, que se abrem completamente para o sol da tarde. Os solos onde foram plantados, há mais de quarenta anos, os vinhedos que dão as uvas para Casa Real estão sobre um terreno aluvial do rio Maipo. São solos com pedras arredondadas pela erosão; elas ajudam a água a escoar livremente, irradiam calor e, portanto, resultam em um estilo mais musculoso de vinho.

Além das áreas tradicionais, uma nova área está se destacando no Alto Maipo: Huelquén. Situada ao sul de Alto Jahuel, também nos pés da pré-cordilheira, seus vinhos têm mostrado notas balsâmicas, frutas vermelhas, taninos delicados e potente acidez; os vinhos que têm se destacado são os de Perez Cruz.

- A Santa Carolina, fundada em 1875, é uma das quatro gigantes do Chile, possuindo vinhedos em todo o vale Central e em Casablanca, onde é proprietária da Viña Casablanca. Sua antiga vinícola, próxima ao Estádio Nacional do Chile, em Santiago, é um monumento histórico. Seu vinho topo é o VSC, um corte da Cabernet Sauvignon, de velhos vinhedos, com a Syrah e a Merlot.

- A De Martino, fundada em 1934 por imigrantes italianos, está localizada em Isla del Maipo, no Médio Maipo, e também possui vinhedos em outros vales do país. Já conquistou um lugar de destaque no topo da viticultura do Chile. Sua linha Single Vineyard é resultado de anos de pesquisas sobre os diferentes *terroirs* chilenos, em que se destacam o Carmenère de Isla del Maipo, o Chardonnay de Limari e o Sauvignon Blanc de Casablanca.

No Maipo Médio ainda se destacam a Undurraga, antiga *bodega* fundada em 1882 em Talagante, e Tarapaca, ainda mais antiga, que mudou de suas instalações em Santiago para o vinhedo El Rosário.

- A Ventisqueiro possui uma magnífica *bodega* em San Pedro, no Maipo Costa. Fica na lateral de uma ladeira de vinhedos, incrustada harmonicamente no terreno e, valendo-se de seu desnível, permite uma ampla visão sobre os vinhedos e um fluxo gravitacional no processo produtivo. Com mais de 1.500 hectares de vinhedos nos principais vales do Chile, possui um sistema integral de gestão, com controle de qualidade de todas as etapas da produção. Seus vinhos formam um conjunto confiável com as linhas Clasico, Reserva, Queulat (Gran Reserva) e Grey (Premium), disponíveis no Brasil. Seu vinho topo é o Pangea, elaborado com uvas Syrah cultivadas num vinhedo de Apalta, o coração do vale de Colchagua.

Principais produtores

Almaviva	Concha y Toro
Antiyal	Cousiño Macul
Aquitania	De Martino
Baron Philippe	El Principal
Canepa	Haras de Pirque
Carmen	Odfjell
Casa Rivas	Perez Cruz
Chocolan	Santa Carolina
Clos Quebrada de Macul	Santa Ema

Santa Rita	Ventisqueiro
Tarapacá	Viñedo de Chadwick
Terramater	William Fevre
Undurraga	

Vale de Rapel

A região tira seu nome de um lago onde desembocam os dois rios mais importantes da região: o Cachapoal e o Tinguiririca. É a maior região do vale Central e os rios a dividem em duas partes desiguais e bastante contrastantes. Ao norte, o vale de Cachapoal e, ao sul e leste, o grande vale de Colchagua.

O vale de Cachapoal deve seu nome ao rio que o atravessa, localmente chamado de *rio loco*, devido ao grande volume de água de suas correntezas durante o degelo na primavera.

Esse vale possui uma faixa de vinhedos situados quase aos pés dos Andes, chamada Alto Cachapoal. É relativamente fria e com baixo índice pluviométrico, e nela está instalada a maioria das *bodegas* da área. Há certa semelhança de estilos e preferências por Cabernet Sauvignon e Merlot. Um pouco mais para o centro, onde ficam Peumo e Las Cabras,

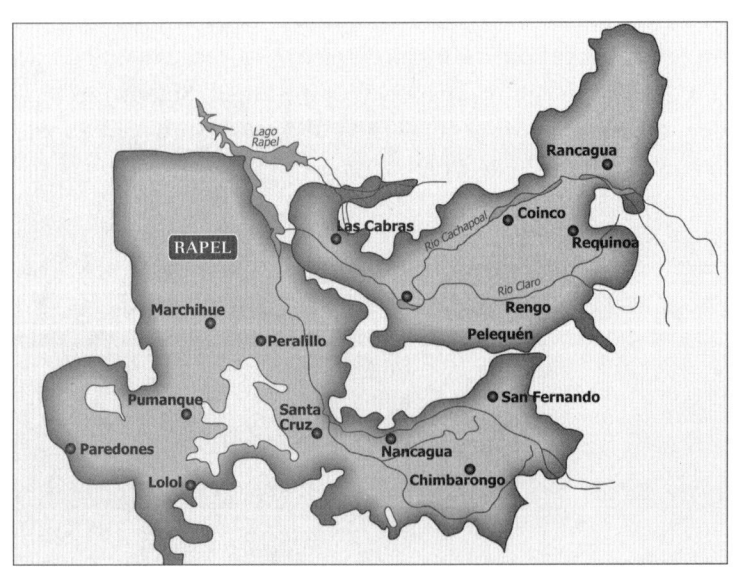

Mapa 37. Área do vale de Rapel.

as temperaturas são mais altas e privilegiam a Carmenère. Peumo, aliás, é considerada uma das regiões de ponta para a Carmenère.

- A Altair, *joint-venture* entre o Château Dassault de Saint-Émilion e a San Pedro, fica numa das partes mais altas do Alto Cachapoal. Sua *bodega* é magnífica, de formas puras, linhas retas, com esculturas de símbolos indígenas na entrada. Tem 72 hectares de vinhedos simétricos, onde predomina a Cabernet Sauvignon e se seguem as normas de biodinâmica. Seus dois ótimos tintos, Altair e Sideral, retratam a influência do clima frio da região, apresentando elevada acidez natural.
- A Anakema, vinícola fundada em 1999, tem sua *bodega* em estilo colonial em Requinoa, e possui vinhedos também em Las Cabras, Ninquén e Leyda. Tem elaborado vinhos muito bons. Destacam-se os da linha Premium ONA.

Principais produtores	
Altair	Missiones de Rengo
Anakema	Morande
Casas del Toqui	Porta e Garcia
Château Los Boldos/Sogrape	La Rosa

O vale de Colchagua fica mais ou menos a 150 quilômetros a sudoeste de Santiago e as *bodegas* ficam mais espalhadas; daí uma diversificação maior dos vinhos. Existem desde *bodegas* próximas à cordilheira dos Andes, como Santa Helena e Cono Sur, até as mais a oeste, nas proximidades de Marchihue e Lolol, que recebem as brisas do mar, caso de Los

Vascos e Errazuriz Ovalle. Na parte central, mais quente, destacam-se os produtores localizados na região mais valorizada de Colchagua, a área de Apalta (em língua indígena, "solo malo"). Apalta é uma área em forma de ferradura, ladeada pelo rio Tinguiririca, com vinhedos em anfiteatro, em um solo rochoso, que retém muito pouca água. Localizam-se aí as bodegas Casa Lapostolle, Montes e Neyen; outros produtores de renome, como Santa Rita e Ventisqueiro, têm parcelas na área.

- A Santa Helena, baseada em San Fernando, faz parte do grupo San Pedro, mas é totalmente independente, especializando-se em vinhos de boa qualidade e acessíveis, caso da linha Selección Del Diretório. Ao adquirir uma *bodega* antiga, com velhos vinhedos, fez a restauração e começou um projeto de vinhos sofisticados, com as linhas Vernus, Notas de Guarda e o vinho topo D.O.N. (iniciais de De Origen Noble).

- *Cono Sur*: Subsidiária da gigante Concha y Toro, atua com total independência. Tem sua sede em Chimbarongo, mas possui vinhedos em vários locais do país. Desde o início tem procurado reduzir a produção naturalmente, num esforço para melhorar o sabor e a concentração da fruta, e, em 2003, lançou seu primeiro vinho orgânico, e está continuamente acrescentando novos vinhos a essa categoria. Também está ampliando sua linha La Bicicleta, uma série de vinhos de excelente qualidade/preço. Seus vinhos topos pertencem às linhas 20 Barrels e Ocio.

- A Casa Lapostolle foi fundada em 1994 com a participação da família francesa Manier-Lapostolle, proprietária de vinhedos e destilarias na França (licor Grand Marnier). Iniciou com uma vinícola em Cunaco e, depois, construiu imponente *bodega* no centro da área de Apalta, rodeada por 180 hectares de vinhedos, alguns de 1920; possui vinhedos também em Casablanca e Cachapoal, todos conduzidos organicamente. Seu vinho topo Clos Apalta, com boa base de Carmenère, figura sistematicamente entre os melhores do Chile. Elabora também bons Chardonnay e Merlot.

- A Montes é outra conceituada *bodega* do Chile que se situa na famosa área de Apalta. Um de seus vinhos topo é o Montes Alpha M, em que predomina a Cabernet Sauvignon. Tem cultivado com sucesso a uva Syrah em Apalta, com a qual elabora outro topo, Folly Syrah, vinho com bastante corpo. Usando partes iguais de uvas Camenère cultivadas em Marchihue (que lhe dão frescor) e de Apalta (o corpo), elabora o topo Purple Angel, posicionado entre os melhores Carmenère do Chile.

- A Viu Manent está estabelecida em Cunaco desde 1936 e agora possui vinhedos também em Peralillo e Casablanca. É uma das especialistas em Malbec no Chile e, de uma parcela especial de seu vinhedo, conhecida como "cuartel no 4", com videiras que têm entre sessenta e oitenta anos, tira as uvas de seu topo Viu 1. Uma comparação com os Malbecs argentinos permite perceber que uma mesma casta plantada em lugares diferentes dá vinhos distintos. Suas diversas linhas têm bons Carmenère, mais que recomendados Cabernet Sauvignon e até Sauvignon Blanc de clima frio.

- Fundada em 1986 com o nome Santa Emiliana, a *bodega* mudou o nome para Viñedos Emiliana e também seus objetivos. Possui 1.500 hectares de vinhedos espalhados pelas melhores regiões do Chile e faz um excelente trabalho desde a linha básica, os Nova Orgânico, até o topo Coyan, com certificado orgânico IMO, e o G, novo ícone da *bodega*, biodinâmico pelo rigoroso organismo Demetero.

Principais produtores	
Apaltagua	Montes
Bisquertt	Montgras
Caliterra	Neyen de Apalta
Casa Lapostolle	Ravanal
Casa Silva	Santa Emiliana
Cono Sur	Santa Helena
Dallas Conte	Santa Laura
Errazuriz Ovalle	Siegel
Estampa	Sutil
Los Vascos	Torreon de Paredes
Luis Felipe Edwards	Viñedos Emiliana
Lurton	Viu Manent

Vale de Curicó

Indo para o sul, a próxima sub-região é o vale de Curicó, com vastos trechos planos, onde a plantação de uvas se desenvolveu graças ao clima propício na parte central e à disponibilidade de irrigação graças aos rios Mataquito, Lontué, Teno e Claro. Como em outros vales, existem diferenças entre as uvas cultivadas nas proximidades da cordilheira dos Andes e as cultivadas mais perto da cordilheira da Costa, o que acarreta maturações diferentes, e, portanto vinhos diferentes.

Mapa 38. Vale de Curicó e a chamada Capital del Vino, a cidade de Lontué.

- *Miguel Torres*: Vinícola da Catalunha, uma das mais importantes da Espanha, foi a primeira estrangeira a se instalar no Chile. Em 1979 adquiriu terras no Fundo Maquehua em Curicó, próximo à cordilheira dos Andes. Hoje, possui outros vinhedos em Curicó e na região de Maule, próxima à costa. Seu antigo topo, o Manso de Velasco, é um 100% Cabernet Sauvignon de um vinhedo cujas parreiras foram plantadas há mais de 110 anos. Agora tem a companhia do Conde Superunda, que juntou as raízes chilenas com as espanholas da *bodega*, já que em seu corte, além da Cabernet Sauvignon e da Carmenère, entram a Tempranillo e a Monastrel, típicas da Espanha.
- *San Pedro*: Outra das grandes vinícolas chilenas, está baseada na região com uma imponente *bodega* em Molina. A linha Gato, de varietais de vinhos jovens e para consumo diário, é muito conhecida

no Brasil. A 35 Sur, cujo nome vem da latitude em que os vinhedos estão localizados, é formada pelos mesmos varietais da linha Gato, só que com aromas e sabores intensos de fruta. Na linha Castillo de Molina, as uvas provêm de vinhedos únicos e são cuidadosamente selecionadas e vinificadas. O vinho topo da San Pedro é o Cabo de Hornos, um espetacular Cabernet Sauvignon, de produção limitada.

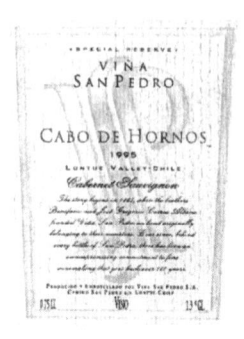

- *Valdivieso*: Fundada em 1879, em Lontué, com o objetivo de ser a primeira casa produtora de espumantes da América Latina. Hoje, a empresa é líder na produção de espumantes do Chile. No setor de vinhos tranquilos, com a marca Valdivieso, oferece os varietais básicos chilenos, a bom preço. Seu vinho topo é o Caballo Loco, que foi concebido a partir de uma série de barris desenvolvidos na adega. Alguns foram refrescados com vinhos de diferentes colheitas; por isso não é possível declarar uma safra. A companhia não divulga o nome das uvas que entram no corte nem a idade dos vinhos. São, contudo, muito benfeitos e têm condições de envelhecer.

Principais produtores

Aresti	Echeverria
Miguel Torres	San Pedro
Valdivieso	

Vale do Maule

É a última região do vale Central, situada a 250 quilômetros ao sul de Santiago, entre as cordilheiras. Tem de 40 quilômetros a 50 quilômetros de largura, o que lhe proporciona grande diversidade de climas e solos, permitindo, em consequência, a cultura de diversas uvas. A região é cortada pelo rio Maule, com significativo caudal e diversos afluentes, entre eles o rio Loncomilla.

O Maule foi escolhido pelos jesuítas no final do século XVI como o lugar ideal para vinhedos no Chile. Com cerca de 42% dos vinhedos do país, o Maule é, de certa maneira, a maior região vinícola do Chile. Ao redor de um terço das parreiras é da uva americana Pais, base para a elaboração do *pipeño* (o vinho de garrafão dos chilenos). Nas últimas décadas, um grupo cada vez maior de produtores a vem substituindo por uvas internacionais, aproveitando a grande diversidade de mesoclimas e procurando fazer vinhos com identidade. Apesar de sua importância para a indústria vinícola, o Maule ainda tem pouca identidade. As grandes *bodegas* chilenas possuem lá enormes áreas de vinhedos, cujas uvas acabam em marcas anônimas, nas quais o nome do vale não aparece no rótulo.

Um grupo de vinícolas da região se uniu sob o nome Ruta del Viño para dar mais evidência ao Maule. São doze vinícolas, principalmente oriundas de negócios familiares, que, no passado, contentavam-se em abastecer as grandes vinícolas com vinhos a granel.

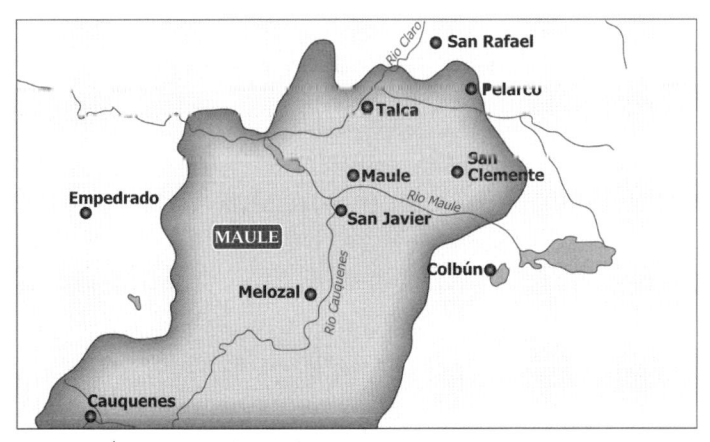

Mapa 39. Área do vale do Maule.

A rota divide-se em quatro áreas principais.

Em San Clemente, a leste da capital Talca, ficam as vinícolas Calina, Domaine Oriental, Hugo Casanova e Terranoble.

Um pouco mais ao sul, Balduzzi e Cremaschi Furlotti estão centradas na movimentada cidade rural de San Javier.

A oeste de San Javier, em direção ao Pacífico, temos Vinos del Sur, Tabontinaja (Gillmore) e J. Buchon, enquanto, mais ao sul, na área ao redor de Villa Alegre, estão Segú, El Aromo e Carta Vieja.

Ao percorrer o Maule, o conde Marone Cinzano, proprietário do afamado Col d'Orcia na Toscana, observou, no oeste da região, os solos de aluvião, a boa iluminação, os ventos secos e a chuva suficiente. Adquiriu uma *bodega* desativada em Caliboro, sobre terraços aluviais do rio Perquilauquén, e plantou variedades de Bordeaux. Em 2004, lançou o Erasmo, um corte de Cabernet Sauvignon/Merlot, que definiu como um Bordeaux do Chile, com toques italianos. É um vinho excelente, que já entrou para a categoria dos ícones dos chilenos e, o que é mais importante, a preço razoável.

Principais produtores	
Balduzzi	El Aromo
Botalcura	Gillmore Estate
Calina	J. Bouchon
Carta Vieja	Reserva de Caliboro
Casa Donoso	Segú
Casa Patronales	Terranoble
Cremashi Furlotti	Via Wine Group

Región Sur

É formada pelos vales do Itata, de Bío-Bío e Malleco. É uma região muito mais chuvosa que as do norte e as uvas podem ser cultivadas sem irrigação; as geadas podem eventualmente arrasar as colheitas.

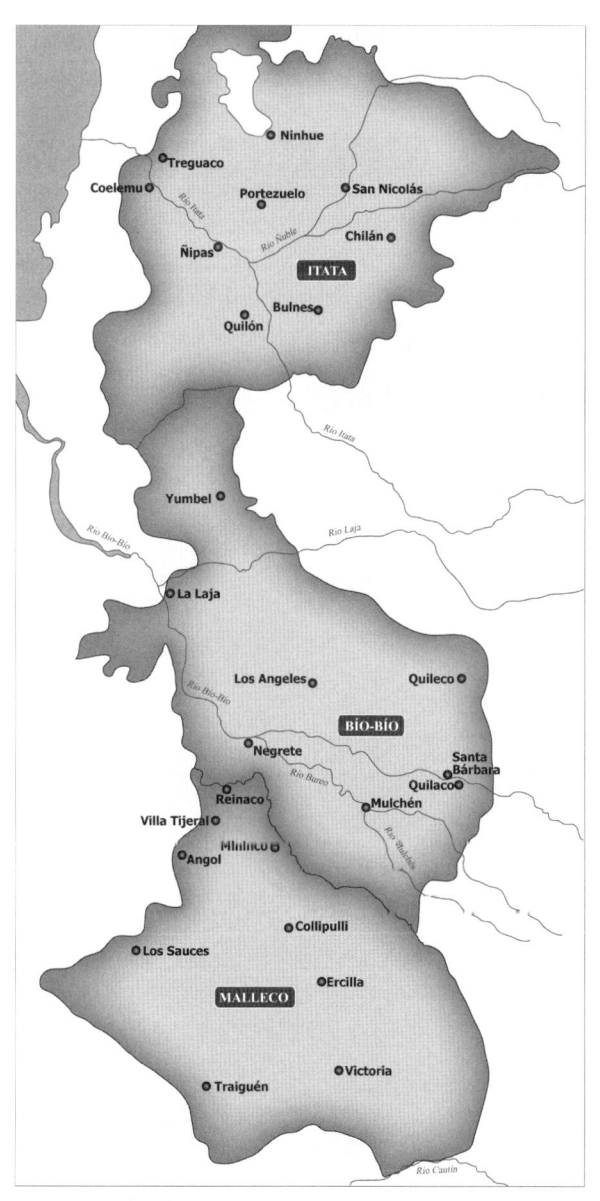

Mapa 40. Vales do Itata, Bío-Bío e Malleco.

A vitivinicultura de Itata se concentra ao redor da cidade de Chillán, com grandes plantações da uva Pais e da Moscatel de Alejandria. Existem grandes plantações da Cabernet Sauvignon e da Chardonnay.

No vale de Bío-Bío, apesar de ele ser fonte de muitos vinhos da uva Pais, têm sido plantadas variedades de climas frios, como a Pinot Noir, a Gewürztraminer e a Riesling, principalmente na área de Mulchen.

O vale do Malleco, onde o cultivo de uvas começou em 1995, é a região vinícola mais austral do Chile. Apesar de seu clima frio, tem calor suficiente para amadurecer a uva Chardonnay, principalmente em Traiguén.

Argentina e Uruguai
22

ARGENTINA

A Argentina é o quinto maior produtor de vinho do mundo. O mapa vitivinícola do país compreende uma vasta faixa a oeste, na fronteira com o Chile, desde a remota região de Salta, bem ao norte, até Rio Negro, ao sul, na Patagônia. Compreende cerca de 210 mil hectares de vinhedos, em regiões de clima e solo adequados para a viticultura (mapa 41).

Mapa 41. Produção de vinho argentino, em região que vai de Salta até Rio Negro.

Até algumas décadas, pouco vinho deixava o país; os enormes volumes produzidos eram para saciar o consumidor local: tintos fortes, meio sedosos e brancos muito suaves. A maioria dos vinhedos era plantada com uvas de origem espanhola, a tinta Criolla e a branca Cereza, ambas originando vinhos simples e baratos, que os argentinos chamavam de *vinos gruesos*, atualmente *damajuana*.

A crise econômica, que começou na década de 1980, afetou o poder aquisitivo argentino e provocou uma queda drástica no consumo interno da bebida. Isso obrigou os produtores a pensar em modernizar sua indústria, introduzindo uvas clássicas internacionais, e a se preocupar com a exportação de seus vinhos. Mais importante que o retorno econômico, porém, foi a oportunidade que a Argentina teve de melhorar seus vinhos, que teriam de competir com os de outros países. No início da década de 1990, a Argentina efetuou mudanças radicais nas práticas vitivinícolas. Foram feitos investimentos, muitos deles estrangeiros, para aproveitar o grande potencial de suas regiões vinícolas. Nessas regiões tem-se a eterna luta entre os moradores e o deserto; na luta está presente o uso da água, chave para entender alguns elementos cruciais da paisagem, como as *acéquias* (canais), que cruzam diferentes cidades e povoados. A água continua chegando aos vinhedos via canais de irrigação construídos no século XIX, aproveitando o degelo dos Andes (fotos 58 e 59). O sistema de irrigação dos vinhedos é que mudou; a irrigação por inundação foi substituída pelo gotejamento, regulando o vigor da planta. Com o passar do tempo, a intervenção do homem foi moldando o deserto, até torná-lo privilegiado em certos lugares (fotos 58 e 59).

O grande impulso para a produção de vinhos de qualidade ocorreu quando se começou a explorar a altitude. Iniciou-se o cultivo de videiras em terraços inclinados de até 2%, em altitudes que iam de 300 metros até 2 mil metros acima do nível do mar. Em regiões quase desérticas, naturalmente muito quentes, ao se cultivar um vinhedo em altitudes maiores, encontra-se um clima mais fresco, com maiores amplitudes térmicas. Prolonga-se o amadurecimento das uvas, permitindo o desenvolvimento dos componentes fenólicos, antocianos e taninos, e maior equilíbrio entre o açúcar e a acidez.

Outra condição natural dos vinhedos argentinos é o clima seco, em que as doenças na videira são pouco frequentes, exigindo apenas tratamento preventivo.

Foto 58. Degelo nos Andes. Foto 59. Irrigação por inundação.

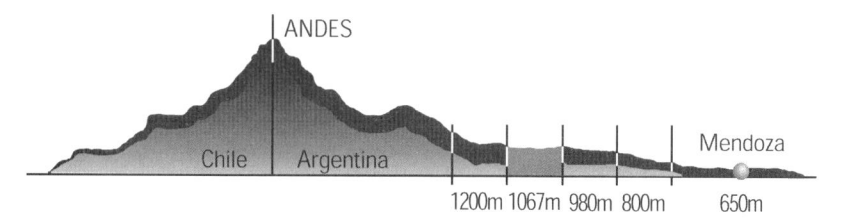

Esquema 6. Situação geográfica da Argentina, com largas diferenças de altitude.

Uma grande vantagem que a Argentina tem sobre outros produtores do Novo Mundo é a série de uvas que podem ser plantadas com sucesso em seu território. Não apenas a Cabernet Sauvignon, Merlot e Syrah, mas também Bonarda, Sangiovese, Tempranillo e, principalmente, Malbec. Entre as brancas, produz-se uma oleosa Chardonnay, uma cítrica Sauvignon Blanc e, principalmente, a aromática Torrontés.

As diversas regiões vinícolas da Argentina elaboram atualmente vinhos que não são apenas muito bons, mas têm um caráter que revela as particularidades do clima e do solo onde as uvas foram cultivadas. Isso é muito importante quando se compete no mercado internacional, que procura diferenciações e não padronização de gostos. Por isso existem na Argentina projetos vinícolas focados na qualidade, com produções pequenas.

Uvas "argentinas": Malbec e Torrontés

Entre as uvas tintas, a Malbec tem o *status* de trunfo na Argentina. Ela desempenha razoavelmente, na sua terra natal, a França, uma variedade permitida de Bordeaux (embora pouco usada), sendo mais utilizada nos vinhedos de Cahors, no sudoeste. É plantada em vários lugares no mundo, mas é somente na Argentina que atinge alturas estelares. Lá a Malbec oferece um frescor que nunca apresentou, graças à boa utilização da altitude nas novas plantações, assim como das técnicas de campo e de vinificação. Até os anos 1990, era usada em cortes, garantindo a qualidade, mas agora seu potencial para grandes vinhos varietais foi reconhecido. Ela tem uma cor violeta escura e sabores complexos. A Malbec não é apenas outra uva tinta na Argentina, ela é a sua alma. Mais do que as outras uvas tintas, a Malbec serve para definir a Argentina para o consumidor internacional, e a ideia é ligá-la à carne de vaca e ao tango, na tradição.

A uva branca Torrontés chegou à Argentina junto com as Missões Jesuítas ou com os conquistadores espanhóis, por volta de 1500; hoje se reconhece como a única uva autóctone da Argentina. Essa uva começou a aparecer quando o controle de qualidade alcançou os vinhedos e as *bodegas* argentinas. Descobriu-se que ela necessita de fermentação a baixa temperatura para preservar seus incríveis aromas e, que, vinda de vinhedos de alto rendimento, seu vinho resultava ralo e suave. Ela é cultivada em grande parte das regiões argentinas e a qualidade melhora à medida que se vai do sul para o norte. Teve especial êxito no norte, em locais muito altos, de muito sol, cujo efeito se acentua pelos solos arenosos e pelos muitos ventos. Torrontés é um vinho branco, encorpado, filho da altura e do sol, com bastante cor, aromas de flores, frutas brancas e especiarias.

Salta

Situada no noroeste da Argentina, a região vinícola de Salta é a mais setentrional do país, em direção à Bolívia: está no paralelo 22º da latitude Sul, pouco abaixo de São Paulo. A latitude teoricamente desfavorável é compensada por sua altitude, cujo clima tem uma larga faixa de temperaturas, longos verões e uma temperatura média anual de 15 °C.

A zona produtora de vinhos de Salta é o vale Calchaquí (apesar do plural é um único vale), com cerca de 1.700 hectares de vinhedos

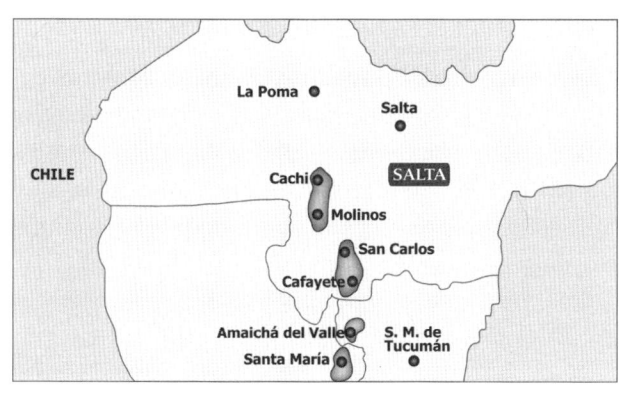

Mapa 42. Região vinícola de Salta.

plantados. Esse vale, próximo à cordilheira dos Andes, é irrigado pelos rios Calchaquí e de Las Conchas, que percorrem o vale. O solo é do tipo arenoso, com excelentes condições de drenagem.

A altitude em que os vinhedos são plantados é um dos diferenciais da região. Varia de 1.700 metros no nível do mar em Cafayete até 200 metros em San Pedro de Yacochuya e 2.300 metros em Colomé. É um local de clima propício à cultura da videira: extremamente seco e ensolarado, com chuvas escassas, solos arenosos e irrigados com água do degelo dos Andes. O sistema de condução é o pergolado, que permite suportar o calor e manter a umidade. A temperatura à noite pode chegar a -12 °C, o que garante importante amplitude térmica, mas nunca neva, pois o ar é extremamente seco. Essa condição exige que as *bodegas* tenham sistemas de umidificação para as barricas não ressecarem.

Nas uvas brancas, a principal variedade cultivada é a Torrontés, produzindo um vinho seco, destacadamente aromático, com frescor e cheio de sabor. Entre os tintos, têm sido produzidos excelentes Malbec e Cabernet Sauvignon, de coloração profunda, encorpados, devido a uvas mais resistentes e com bagos pequenos.

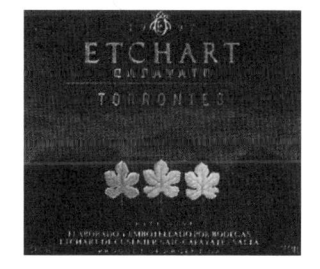

Principais produtores

Colomé	Michel Torino
Etchart	San Pedro de Yacochuya
Felix Lavaque	

San Juan

A próxima região é a província de San Juan, localizada entre os paralelos 31° e 32° da latitude Sul. Os vinhedos plantados às margens dos rios Jachal e San Juan, em solos férteis de aluvião, permitem grandes produções e são geralmente adequados para os *damajuanas*. Feitos de uvas Criolla e Cereza, são regularmente doces e vendidos no país a preços baixos, em embalagens tetrapak.

Existem, contudo, regiões com solo calcáreo-arenoso e pedras ocasionais, cortadas pelo rio San Juan, que permitem o cultivo de uvas clássicas europeias e originam vinhos de alta qualidade. São elas os vales de Tulum, de Zonda e Ullum, entre a cordilheira e a serra de Pie de Palo, 780 metros acima do nível do mar. São áreas dominadas por dias de 40 °C, um clima quase desértico, em que a água é um elemento precioso. Ela provém do degelo dos Andes, segue o rio San Juan, passando por canais e diques. Os vinhedos compartilham essa água, cujo uso é regulado pelo governo, conforme o tamanho do vinhedo. Para aproveitar a água, as *bodegas* constroem reservatórios, de onde dosam a quantidade de água necessária para cada videira usando o sistema de gotejamento. Usa-se também água de poços, formados por lençóis subterrâneos, devidos à infiltração da água do degelo. Existem outros vales com microclimas mais frescos devido à atitude, como Pedernal (1.330 m) e Calingasta (1.350 m), que têm originado ótimas uvas.

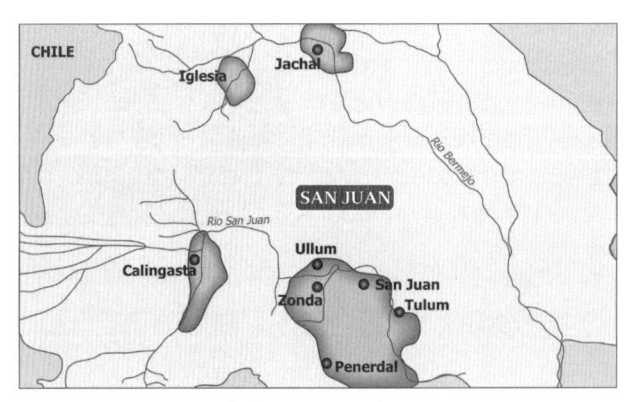

Mapa 43. Região vinícola da província de San Juan.

A uva Syrah encontrou nesse vale seu hábitat ideal: baixa umidade, grande exposição solar, amplitude térmica adequada (cerca de 15 °C) e solos arenosos, condições semelhantes às da Austrália, um dos expoentes do mundo nessa uva. Apesar da predominância da Syrah, são também plantadas as tintas Bonarda, Cabernet Sauvignon e Malbec, e as brancas Chardonnay, Sauvignon Blanc e Viognier.

Principais produtores	
Augusto Polenta	Finca Las Moras
Callia	Santiago Graffigna
Cavas de Santos	Xumek

Mendoza

É a principal região vinícola da Argentina. A província de Mendoza abriga mais de 140 mil hectares de vinhedos, elabora 70% da produção vinícola Argentina e conta com setecentas *bodegas*, várias delas de classe internacional.

A cidade de Mendoza, a maior do oeste argentino, fica a 1.100 quilômetros da capital federal Buenos Aires, perto da fronteira com o Chile. Dominando a paisagem, a cordilheira dos Andes, a leste, avança sobre o céu. Coberta de neve o ano inteiro, além de ser um espetacular pano de fundo para os vinhedos da região, a cordilheira controla o clima do vale abaixo, abastecendo-o com a água do degelo e, na sua base, desce em suaves degraus, que são a base da viticultura de altitude. Algumas partes de Mendoza continuam desérticas, mas outras transformaram-se num oásis pelo desvio engenhoso dos rios de montanha para canais de irrigação, idealizado pelos Incas, realizados através de séculos pelos índios huarpes e agora complementado por seus atuais habitantes.

Mendoza possui um clima continental, refletindo sua distância de qualquer oceano e a ausência de influência marítima. É mais quente no verão, mais fria no inverno e ensolarada e seca o ano inteiro. Os Andes bloqueiam o ar úmido do Pacífico, resultando em poucas chuvas e um índice pluviométrico de 200 milímetros por ano.

Um grande problema para a viticultura em Mendoza são as chuvas de granizo, formadas por pedras de gelo. A maioria dos vinhedos utiliza redes de proteção antigranizo.

Existem radares que controlam as nuvens que vêm dos Andes. Quando elas estão muito carregadas de gelo, aviões sobem até a sua altura e as bombardeiam com produtos químicos especiais. Eles dissolvem o gelo, convertendo-o em chuva muito forte.

Infindáveis horas de sol, baixa umidade e praticamente ausência de doenças criam condições ideais para o cultivo de uvas. As principais variedades incluem: Malbec, Cabernet Sauvignon, Merlot, Syrah, Pinot Noir, Bonarda, Tempranillo, Chardonnay, Sauvignon Blanc, Chenin Blanc e Torrontés.

Percorrendo a província de Mendoza de norte a sul, pela Rota 40, uma autoestrada que atravessa o país, encontram-se suas cinco sub-regiões vinícolas, conforme o mapa 44.

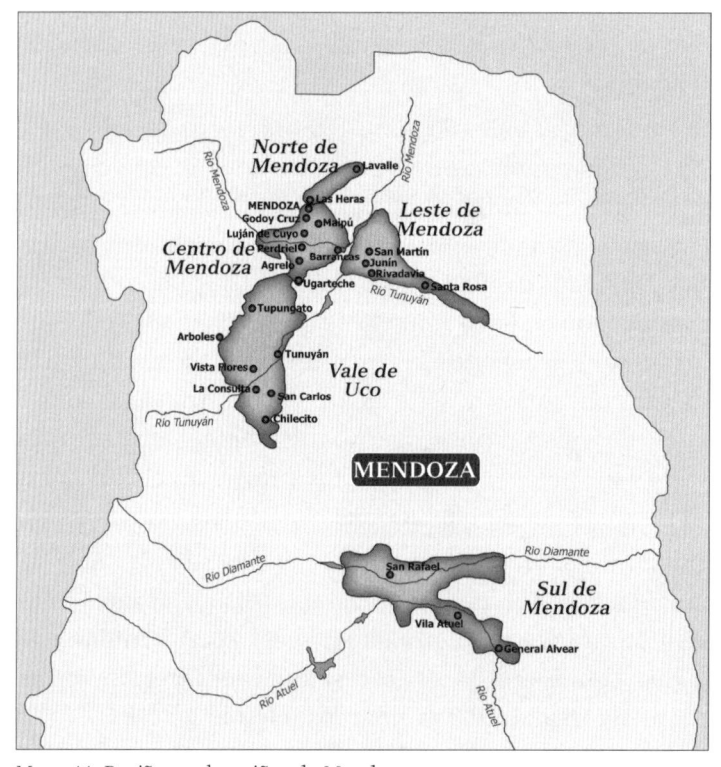

Mapa 44. Região e sub-regiões de Mendoza.

Norte e leste de Mendoza

É uma planície desértica com vinhedos em menor altitude, entre 600 metros e 750 metros acima do nível do mar. O clima é quente e o solo, arenoso, algo salino, pouco profundo. No norte têm-se os departamentos de Las Heras e Lavalle, onde são produzidos vinhos de consumo diário, em grandes quantidades.

O leste inclui os departamentos de San Martín, Junín, Rivadavia e Santa Rosa. Como é uma região muito quente, o sistema de condução é a pérgula tradicional (*parral*) e não em espaldeira, opção de muitas *bodegas* em vinhedos em outras áreas. Em muitos vinhedos, é praticado o cultivo orgânico, sem a interferência de produtos químicos.

Principais produtores	
Esmeralda	Família Zuccardi
Llaver	Tittarelli

Centro de Mendoza

Reconhecido como a primeira zona de produção de vinhos do país, compreende os departamentos de Luján de Cuyo e Maipú. Suas excelentes condições climáticas e de solo foram fatores determinantes na opção para dezenas de *bodegas* de lá se instalar. Região situada no paralelo 3º da latitude Sul, permite a implantação de vinhedos em altitudes desde 750 metros até 1.100 metros acima o nível do mar. Tem clima continental seco, chuvas escassas (índice pluviométrico de 200 milímetros por ano), ventos, umidade moderada e um subsolo pedregoso que se assenta em sedimentos arenosos e argilosos, de grande pobreza orgânica, o que garante a qualidade das uvas. Existem 30 mil hectares de vinhedo, e a Malbec é a uva típica; também se cultivam Cabernet Sauvignon, Merlot, Syrah, Bonarda, Tempranillo e Sangiovese. Entre as brancas, se destacam Chardonnay e Sauvignon Blanc.

Sub-região centro: Maipú

Conhecida como a zona do Alto Rio Mendoza, engloba os distritos de Godoy Cruz, Coquimbito, Lunlunta, Cruz de Piedra e Las Barrancas. Encontram-se aqui vinhedos plantados no início do século XX e, como o clima é mais quente e a altitude menor, os vinhos são mais maduros, as vezes mais potentes.

- Em Godoy Cruz, nas vizinhanças de Mendonza, encontra-se a Bodega Escorihuela Gascón, controlada pelo grupo Catena e cuja localização acessível tornou-a uma atração para os turistas interessados em vinho que vão a Mendoza. Junto a ela localiza-se a Bodega Caro, *joint-venture* entre a Catena e o grupo francês do Domaine de Barons Rothschild (Lafite), onde é elaborado o Caro, um tinto topo, corte de Cabernet Sauvignon e Malbec.

- Em Coquimbito, a Bodega La Rural possui em seu interior um museu vinícola, com a história do vinho argentino. Foi batizado de San Felipe, em homenagem à tradicional linha de vinhos da *bodega*, presente em todas as mesas argentinas.

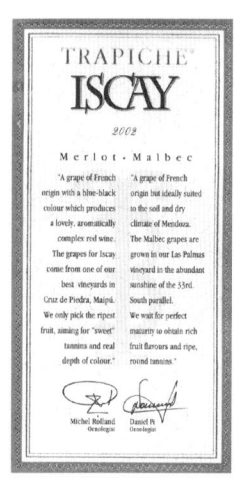

- Também em Coquimbito fica a Trapiche, líder na exportação de vinhos finos argentinos para mais de quarenta países. Foi fundada em 1883 por Don Tiburcio Benegas, então governador da província de Mendoza, que adotou o nome *trapiche* ("moinho" em espanhol) para a *bodega*. Ele foi uma figura-chave nos vinhos do país e da América do Sul por ser o introdutor do cultivo das uvas clássicas europeias e das técnicas de vinificação. A Trapiche conta com a assessoria do enólogo francês Michel Rolland, que ajuda e elabora o tinto topo Iscay, corte de Malbec e Merlot.

- Em Cruz de Piedra, encontra-se a Bodegas San Telmo, introdutora do conceito de vinho varietal na Argentina.

Principais produtores	
Caro	Navarro Correas
Escorihuela	San Telmo
Finca Flichman (Sogrape)	Trapiche
La Rural	Trivento (Concha y Toro Argentina)
Lopez	

Sub-região centro: Luján de Cuyo

O departamento de Luján de Cuyo é formado por inúmeros distritos, onde se encontram *bodegas* de nível internacional. Os principais distritos são: Chacras de Coria, Mayor Drumond, Carrodilla, Las Compuertas, Perdriel, Vistalba, Agrelo e Ugarteche.

- Em Perdriel localiza-se a tradicional Bodega Norton, uma das marcas carro-chefe da Argentina, com ótima imagem internacional e grandes números de exportação. Fundada em 1895 por um engenheiro inglês, que trabalhou na construção da ferrovia de Mendoza a Buenos Aires, foi adquirida pela companhia de cristais suíços Swarovski. A companhia investiu em novas tecnologias e nos vinhedos, e foi a introdutora no país da irrigação por gotejamento.
- Também em Perdriel fica a Bodega Terrazas de los Andes, investimento do grupo LVMH que se concentrou em terrenos em direção à cordilheira, onde cada altitude influi na temperatura e na insolação. Em Perdriel, a 980 metros, planta-se Cabernet Sauvignon; em Vistalba, a Malbec, a 1.067 metros; a Syrah vem de Cruz de Piedras, a 800 metros; e a Chardonnay é plantada em Tupungato, mais ao sul, a 1.200 metros: com elas faz seus varietais. Produz um *premium*, resultado da associação com o Château Cheval, de Saint-Émilion, o Cheval des Andes, corte de Cabernet

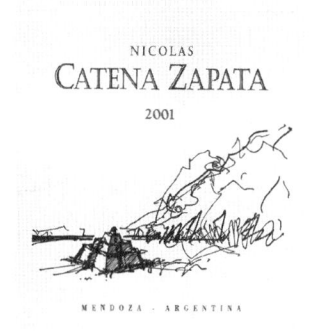

Sauvignon, Malbec e Petit Verdot, definido como um corte bordalês com tipicidade mendocina.

- A moderna *bodega* de Catena Zapata está localizada em Agrelo. Projetada nos moldes de uma pirâmide maia (povo pré-colombiano que ainda vive na América Central), é dotada de um belíssimo local para as barricas, dispostas em fileiras curvas e que podem ser observadas de uma sala de degustação dotada de grandes janelas. Propriedade da família Catena, produtora de vinhos em Mendoza há mais de cem anos, até 1980 era o maior produtor de vinho engarrafado para o mercado interno. Em 1982, o proprietário Nicolas Catena visitou a Califórnia, numa viagem que mudou sua filosofia de produção de vinho. Com a pretensão de produzir vinhos de classe mundial, determinou a pesquisa detalhada dos microclimas da região, procurando locais adequados para cada variedade de uva. Essas pesquisas, apoiadas em investimentos e cuidados na elaboração dos vinhos, foram reconhecidas, tanto que Catena é considerado, em grande parte, o responsável pelo ingresso da Argentina no mapa dos vinhos finos do mundo. Seus vinhos, tanto tintos como brancos, têm muita reputação e estão entre os melhores da Argentina.

- A *bodega* Domínio del Plata, em Agrelo, começou a operar em 2001 tendo como conceitos fundamentais: vitivultura de precisão, agricultura sustentável e a melhor tecnologia na elaboração de seus vinhos. Pertence à enóloga argentina Susana Balbo, reconhecida internacionalmente por desenvolver vinhos de caráter e qualidade. A *bodega* se posicionou no mercado com uma produção diversificada. A linha Crios é de vinhos jovens com frescor, que ressaltam a fruta. O expressivo Benmarco e o Susana Balbo Brioso são vinhos mais concentrados; o *premium* é o Nosotros Malbec.

- Finca La Anita, também em Agrelo, apesar de ser uma *bodega* jovem, pois começou no início dos anos 1990, decidiu fazer seu vinho topo baseado no passado de Mendoza, antes do período atual, em que a variedade predomina. Faz um corte bordalês, que foi comum aos tintos mendocinos, em que a Malbec tem o papel principal, mas é cortada com Cabernet Sauvignon e uma pequena porcentagem de Merlot. Sua passagem por barris de carvalho novo dura apenas três meses, mas passa alguns anos em garrafa antes de ser colocado no mercado. Seus vinhos brancos, principalmente de Chardonnay e Sémillon, não passam por madeira e ganham complexidade com a guarda.

Principais produtores	
Achaval Ferrer	Mendel
Alta Vista	Nieto Senetiner
Catena Zapata	Norton
Cavas de Weinert	Pulenta
Chakana	Ruca Malen
Dolium	Septima (Codorníu Argentina)
Dominio del Plata	Tapiz
Doña Paula	Terrazas de los Andes
Fabre Montmayou (Domaine Vistalba)	Tierras Altas (Varga Arizu)
Família Cassone	Viña Alicia
Finca La Anita	Viñas Cobos
Lagarde	Viniterra
Luigi Bosca	Vinos Chandon

Vale de Uco

Situado nos pés dos Andes no paralelo 34° da latitude Sul, a sudoeste da cidade de Mendoza, é a zona de maior desenvolvimento vitivinicola nos últimos anos. Seus vinhedos estão em altitudes que variam de 900 metros a 1.700 metros, e o solo é pedregoso e com boa drenagem, irrigado com as águas puras do degelo. As temperaturas mais baixas à noite permitem o repouso das uvas, resultando um melhor equilíbrio entre o açúcar e a acidez da fruta. As variedades mais destacadas são as de ciclo curto ou médio, como as tintas Merlot, Pinot Noir e Malbec, e as brancas Sauvignon Blanc e Chardonnay.

O Vale de Uco inclui os departamentos de Tupungato, Tunuyan e San Carlos, ainda que haja locais menores que, graças a excelentes vinhos, têm fama própria, como Vistaflores e El Cepillo. Tornou-se o preferido dos investidores estrangeiros, por estar perto de Mendoza e pelas suas condições climáticas, ideais para uvas de qualidade.

- Com sua sede social em Tunuyan, a cerca de 100 quilômetros de Mendoza, a magnífica *bodega* de Salentein, de capital holandês, fica em uma vasta planície aos pés da Cordilheira. Construída em forma de cruz, consta de dois desníveis que permitem o correto manuseio das uvas. Possui atualmente 550 hectares de vinhedos em três *fincas* (El Portillo, La Pampa e San Pablo), com solos diversos, diferentes exposições e alturas. As tintas Merlot e Pinot Noir são as duas variedades mais associadas à *bodega*, que também elabora Malbec e Chardonnay muito bons. Atualmente está se fixando em vinhos *premium,* separando-os de sua reconhecida linha básica El Portillo, que têm adega própria (foto 60).

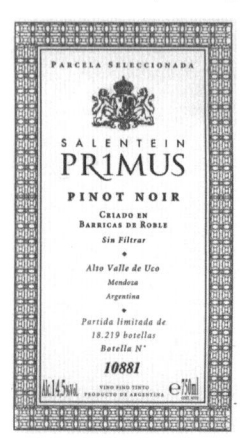

Foto 60. Sede da Salentein, em Tupungato.

- A figura carismática e influente do enólogo francês Michel Rolland idealizou um projeto arrojado e pioneiro no vale de Uco. Reuniu um grupo de sete afamados produtores franceses, que se aliaram para adquirir um terreno de 850 hectares na promissora zona de Vista Flores. O terreno foi dividido em sete parcelas, recebendo por isso o nome de Clos de los Siete. Quando os vinhedos atingirem a idade mínima para a produção, cada um elaborará seu vinho particular; e, todos juntos, contribuem para produzir um vinho comunitário, o Clos de los Siete. A primeira versão do Clos foi lançada em 2002, um corte de Malbec e Merlot, e as colheitas mais recentes já estão mostrando sua qualidade. A primeira *bodega* a se instalar foi a Monteviejo, de propriedade dos châteaux Le Gay e Montviel, de Pomerol, cujos vinhos são surpreendentemente bons, já que as uvas provêm de videiras bastante jovens. Gradualmente, a partir de 2004, surgiram a Cuvelier de los Andes (do Château Leoville Poyferré, de Bordeaux) e a Flecha de Los Andes, uma sociedade entre as famílias Dassault, de Saint-Émilion, e Benjamin de Rothschild (do Lafite). A próxima é Diam Andes (do Château Malartic-Lagravière, de Pessac-Léognan).

Principais produtores	
Clos de los Siete	Luca
Família Reina	O. Furnier
Finca La Célia	Salentein
Finca Sophenia	Tikal
J. & F. Lurton	

Sul de Mendoza

O Sul de Mendoza é a sub-região de Mendoza mais ao sul, onde se encontra o departamento de San Rafael, uma das zonas mais tradicionais. Seus vinhedos estão localizados em menor altitude do que os do resto da região, descendo suavemente desde a altitude de 800 metros até 450 metros do nível do mar. Irrigado pelas águas dos rios Atuel e Diamante, produz grandes quantidades de uvas para vinhos de mesa.

Em regiões onde o solo possui grande quantidade calcárea, ou em terrenos arenosos e pedregosos, as uvas são próprias para a elaboração de vinhos finos. O clima mais frio que o das vizinhanças de Mendoza (San Rafael situa-se a cerca de 240 quilômetros da capital da província) permite que as uvas amadureçam lentamente e a grande amplitude térmica da região também favorece a produção de antocianos (responsáveis pela cor dos vinhos). As variedades mais destacadas são a tinta Cabernet Sauvignon e branca Chenin Blanc.

Principais produtores	
Balbi	Roca
Goyenechea	Suter
Jean River	Valentin Bianchi
Lavaque	

Patagônia

Situada no paralelo 39° da latitude Sul, é a região vinícola argentina mais austral da América do Sul. É também a de menor altitude da Argentina (300 metros acima do nível do mar).

Compreende áreas bem delimitadas nas províncias de La Pampa (Colônia 25 de Mayo), Neuquén (San Patrício del Chañar e El Añelo) e Rio Negro (Alto Valle e Valle Médio).

A paisagem é de uma planície desértica, árida – o verde só aparece nas áreas irrigadas pelos rios Colorado e Negro, este formado pelos rios Neuquén e Limay, que vêm da cordilheira. Também notamos na paisagem algumas videiras quase centenárias que convivem agora com novas plantas, cultivadas com muito cuidado.

Tem-se revelado uma região ideal para o cultivo de videiras: clima árido, escassas chuvas, baixo nível de umidade (30%) e temperatura média anual de 10° C.

A atmosfera limpa favorece a luminosidade solar e, em consequência, a fotossíntese das plantas. O verão é prolongado, amadurecendo as uvas lentamente. A escassa umidade relativa do ar limita o

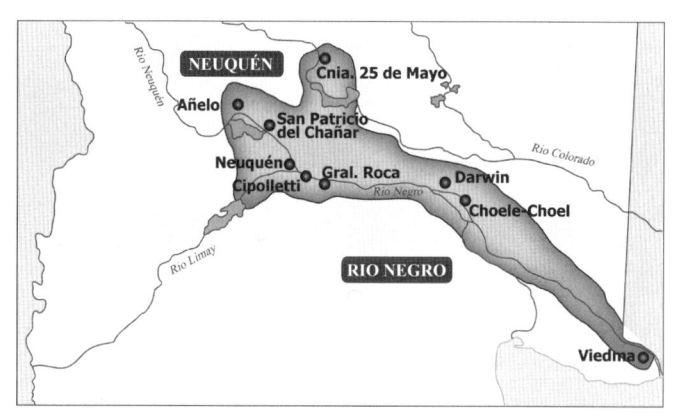

Mapa 45. Região produtora da Patagônia, e as sub-regiões de Neuquén e Rio Negro.

desenvolvimento de enfermidades, favorece a sanidade do vinhedo e permite a produção de uvas sem o uso de pesticidas.

Tem originado brancos aromáticos de Chardonnay, Sémillon, Viognier e Torrontés. A Chardonnay e a Sauvignon Blanc caracterizam-se por um aroma defumado, difícil de encontrar em outras regiões. Mas seu sucesso tem sido a tinta Merlot, que aqui parece particularmente à vontade. Colhida tardiamente e macerada por bastante tempo, desenvolve surpreendente equilíbrio, estrutura e complexidade. Têm-se obtido, também, bons tintos de Malbec e Pinot Noir.

Deve-se destacar que o vinho da Patagônia apresenta uma acidez natural maior que seus equivalentes de Mendoza e Salto.

Principais produtores	
Bodega del Fin del Mundo	Humberto Canale
Bodegas Infinitus (Domaine Vistalba)	Noemia
Familia Schroeder	NQN – Viñedos de la Patagônia

URUGUAI

Com uma superfície de vinhedos que apenas ultrapassa os 11 mil hectares – o Chile tem 160 mil, a Argentina tem 210 mil, o Brasil, 60 mil –, o Uruguai é considerado o irmão menor da viticultura do Cone Sul. Seu desenvolvimento como país produtor foi mais lento que o de seus vizinhos. O Uruguai possui vinhedos muito fragmentados – 90% são menores que 5 hectares.

Sem a necessidade de exportar grandes volumes e com alto consumo interno (na metade do século XX, o consumo *per capita* era de 30 litros anuais), o Uruguai preocupava-se em agradar seu consumidor interno. No final do século XX, os problemas econômicos determinaram uma queda no poder aquisitivo do país e as pessoas passaram a consumir cerveja e outras bebidas mais baratas. Só podendo vender vinhos a preços baixos em um mercado praticamente saturado, a indústria vinícola uruguaia foi obrigada a renovar consideravelmente sua estrutura e modernizar suas instalações, priorizando a exportação. Graças às suas condições de clima e solo, o país recebeu uma série de investimentos estrangeiros e nacionais, que impulsionaram um grande desenvolvimento no setor.

O Instituto Nacional de Vitivinicultura (Inavi) do Uruguai, formado por representantes do governo, dos produtores e das cooperativas, é o responsável pela política vinícola do país. O vinho mais consumido internamente no país é o *vino común*, em cuja elaboração podem entrar uvas de mesa, americanas, híbridas e viníferas europeias. O Inavi instituiu nos rótulos dos vinhos feitos exclusivamente de uvas viníferas europeias nobres a sigla VCP (Vino de Calidad Preferente), para distingui-los dos comuns.

Atualmente, metade da produção uruguaia tem o Brasil como seu principal comprador.

O Uruguai não chega a ser um paraíso da tecnologia vinícola, mas, junto com velhas *bodegas* e métodos tradicionais, têm ocorrido iniciativas que apontam para uma ótima vitivinicultura.

Clima e solo

A posição geográfica do Uruguai determina um ótimo clima para a produção de vinhos de qualidade. Está situado entre os paralelos 30° e

35° da latitude Sul, aproximadamente o mesmo em que se encontram regiões de vinhedos do Chile, Argentina, África do Sul, Austrália e Nova Zelândia, países muito bem posicionados no cenário vinícola mundial. Apesar de estar na mesma latitude que Mendoza, na Argentina, e do vale Central chileno, as semelhanças param aí.

O Uruguai tem uma grande bacia hidrográfica; ao sul está o grande rio de la Plata; de leste para oeste, o rio Negro atravessa todo o território; e a oeste, na fronteira com a Argentina, fica o grandioso rio Uruguai, que dá nome ao país. Uruguai significa, em guarani, "rio dos pássaros pintados".

A localização acarreta em todo o sul e o leste do país um clima temperado, mais úmido e com maior índice pluviométrico do que no lado andino da América do Sul. Os verões quentes e secos com noites frescas, devido à influência dos rios e dos ventos que vêm do mar à noite, favorecem um longo amadurecimento das uvas, alcançando seus tintos e brancos naturalmente uma equilibrada acidez.

A topografia é suavemente ondulada, com boa drenagem natural. Os vinhedos estão implantados em colinas suaves, com solos argilosos pouco profundos, e muitas áreas possuem alta porcentagem de calcário, condições excelentes para se obterem vinhos de qualidade.

Tannat: uva emblemática do Uruguai

A viticultura uruguaia remonta ao final do século XIX, quando parreiras foram introduzidas na região de Montevidéu. As condições climáticas do Uruguai explicam os ótimos resultados obtidos com a Tannat, que se tornou sua uva emblemática.

Era famosa por ser a componente majoritária dos vinhos de Madiran, do Sudoeste da França, apesar de apresentar uma adstringência inerente (que "amarra" a boca), devido à grande quantidade de tanino. Por um capricho da natureza, a Tannat encontrou seu hábitat no Uruguai, pois o clima lhe era favorável na fase de maturação das uvas, e seus vinhos não deixam na boca uma desagradável sensação de aspereza.

A Tannat é quase certamente de origem basca francesa. Foi trazida para o Uruguai pela colonização basca, no século XIX, e plantada pela primeira vez no noroeste do Uruguai, perto da cidade de Salto, em 1870, pelo basco Pascual Harriague, razão pela qual é localmente conhecida como Harriague.

Os imigrantes italianos que vieram para o Uruguai no início do século XX trouxeram uvas como a Nebbiolo e a Trebbiano, mas logo perceberam que a Tannat, assim como outras variedades francesas, se adaptava melhor do que as italianas; mas os italianos tiveram grande influência nas técnicas de produção do vinho.

Com mais ou menos 2.900 hectares ocupados por essa uva, o Uruguai planta muito mais dela que a França. A Tannat representa aproximadamente 36% dos 11 mil hectares de vinhedos do país. Os Tannat uruguaios, com bastante corpo e tanino, são adequados para acompanhar carnes de boi, porco e carneiro, fibrosas e vermelhas. Essas carnes, produzidas em grandes quantidades e com reconhecida qualidade, são a base da alimentação no país, onde os churrascos predominam.

Os Tannat também têm afinidade com um dos pratos típicos do Brasil: a feijoada. Há um fato a considerar: em sua origem, no Madiran, sudoeste da França, o Tannat é recomendado para acompanhar o *cassoulet*, prato clássico da cozinha francesa. Tirando o fato de que os franceses utilizam feijão branco em seu preparo, e nós o feijão preto, são pratos consistentes e gordurosos que pedem um vinho com bons taninos e ótimo frescor, características dos Tannat.

Além da Tannat, outra uva que também se beneficia do clima uruguaio é a Merlot, que de início era cortada com a Tannat para amaciá-la, mas atualmente é elaborada como varietal. A Cabernet Sauvignon, por ser uma variedade tardia, não amadurece por completo, deixando uma sensação de aspereza no final de boca. São cultivadas com sucesso a Cabernet Franc, a Syrah e a Tempranillo.

As condições naturais do Uruguai são bastante favoráveis à elaboração de brancos com atraentes índices de acidez. Seus Chardonnay e Sauvignon Blanc mostram frescor, assim como os brancos feitos de Viognier.

Regiões vinícolas

O Uruguai produz cerca de 110 milhões de litros/ano, em média, 25% dos quais recebem a denominação Vino de Calidad Preferente (VCP).

Os principais vinhedos estão situados no sul do país, nas imediações de Montevidéu. Há vinhedos de qualidade no noroeste, às margens do rio Uruguai, como em Paysandú, Salto e Artigas, e em Rivera, na fronteira com o Brasil.

As principais regiões vinícolas, conforme o mapa 46, são:
- Sul (Canelones e Montevidéu), ocupando 79% do total dos vinhedos;
- Sudoeste (Colônia e San José), com 15% dos vinhedos;
- Noroeste (Paysandú, Salto e Artigas), com 4% dos vinhedos.

Algumas *bodegas* uruguaias

- *Bouza*: É uma pequena *bodega*, que, por filosofia e estrutura tecnológica, poderia estar em qualquer parte do moderno mundo do vinho, mas localiza-se em Melilla, a 13 quilômetros de Montevidéu. Possui também vinhedos em Las Violetas, próxima ao rio Santa

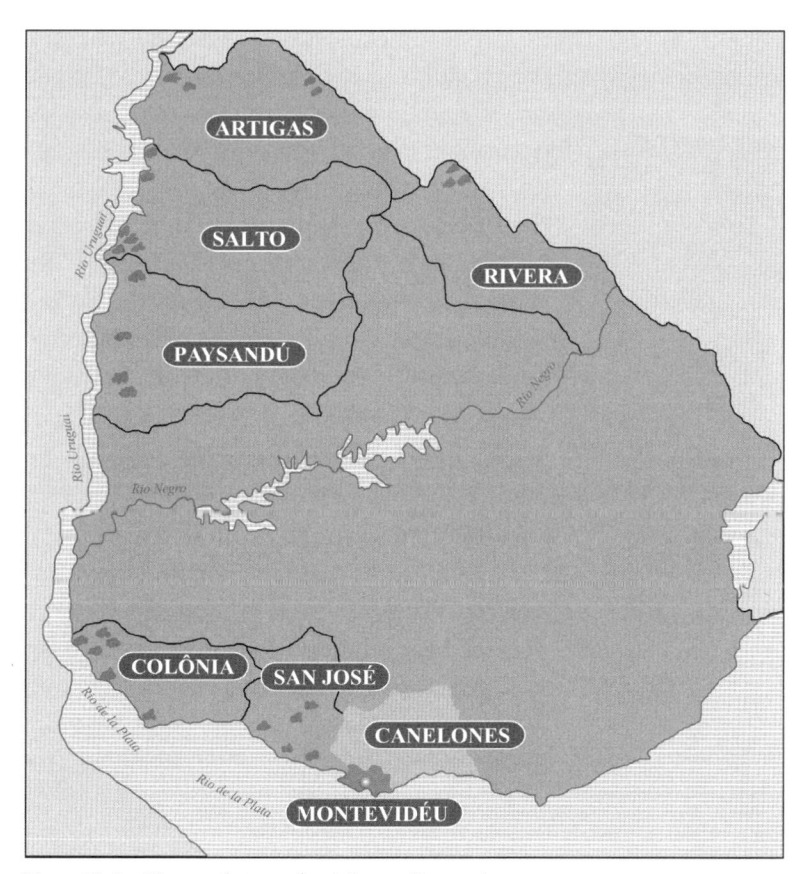

Mapa 46. Regiões produtoras de vinho no Uruguai.

Luzia, onde existem videiras de Tannat, Merlot e Chardonnay com idade entre 30 e 50 anos. Foi construída sobre a base de uma que existia na região desde 1942. Nela convivem o antigo e a tecnologia necessária a uma excelente vinificação. O conceito de Bouza é misturar tecnologia com produção artesanal. Destaca-se sua preocupação em manter a baixa produtividade de seus vinhedos.

- *Carrau*: Fundada pelo patriarca Juan Carrau Pujol, vindo da Catalunha, na Espanha, a Bodegas Carrau é uma das pioneiras, possuindo instalações em Colón, Montevidéu e no nordeste do país. Sua *bodega* no nordeste, em Cerro Chapéu, Rivera, é umas das mais modernas. Está encravada no interior de um morro, tem a forma hexagonal e as operações são feitas por gravidade. Os vinhedos de Cerro Chapéu são os mais altos do Uruguai, cerca de 320 metros acima do nível do mar. Seu vinho topo é o Amat, elaborado com as melhores uvas Tannat de Cerro Chapéu, e envelhecido vinte meses (50% em carvalho americano e 50% em carvalho francês novo); não é filtrado. Carrau é a mesma família que atua no Brasil, onde construiu um castelo e plantou vinhedos em Caxias do Sul, na Serra Gaúcha.

- *Establecimiento Juanicó*: Fundado em 1840 no pueblo de Juanicó, em Canelones, o Establecimiento Juanicó é hoje uma moderna *bodega*, com presença em mais de vinte países. É líder no mercado interno em vinhos do nível VCP. Seu vinho topo, o Preludio Barrel Select, foi o primeiro Gran Vino de Guarda uruguaio. É corte de Tannat, Merlot, Cabernet Sauvignon, Cabernet Franc e Petit Verdot), e é considerado um dos grandes tintos da América do Sul.

- *Pisano*: Situada em Progresso, Canelones, a Bodegas Pisano elabora artesanalmente pequenas quantidades de vinhos de qualidade. Seu vinho topo, o Arretxea, é um balanceado corte de Tannat, Merlot e Cabernet Franc. O RPF Chardonnay tem uma deliciosa acidez, que ressalta os aromas da uva.
- *Filgueira*: Localizada em Cuchilla Verde, no departamento de Canelones, Bodegas Filgueira é outra butique vinícola. Seus vinhedos estão dispostos em torno da *bodega* e são cuidados como um jardim, à moda de um bom *cru* francês. A produção é máxima de 8 toneladas/hectare. Para manter essa baixa produtividade, chega, às vezes, na época da poda, a aproveitar apenas 30% das uvas. 
- *Los Cerros de San Juan*: É uma das *bodegas* mais antigas do país, fundada por imigrantes alemães. A *bodega* e o vinhedo localizam-se no meio do caminho entre o porto de Colônia del Sacramento, considerada patrimônio histórico da humanidade, e a cidade de Carmelo, no departamento de Colônia. Suas parreiras ocupam suaves colinas próximas aos rios San Juán e De la Plata.  
- *Dante Irurtia*: Fundada por imigrantes bascos, é outra antiga *bodega* uruguaia. É também a que possui a maior extensão de vinhedos do país: 340 hectares, onde planta as principais uvas que lá se adaptaram. Situa-se na zona privilegiada de Carmelo, em Colônia, num microclima particular, onde se encontram as águas dos rios Paraná e Uruguai, que se juntam ao estuário do rio de la Plata. As uvas, então, beneficiam-se de noites muito frias e dias bem quentes, condição ideal para uma boa maturação.

Principais produtores

- H. Stagnari
- Ariano
- Bella Unión (Calvinor)
- Bouza
- Carlos Pizzorno
- Carrau (Castel Pujol)
- Castillo Viejo
- Dante Irurtia
- De Lucca
- Establecimiento Juanicó
- Filgueira
- Juan Toscanini
- Los Cerros de San Juan
- Marichal
- Montes Toscanini
- Pisano
- Viñedos de los Vientos

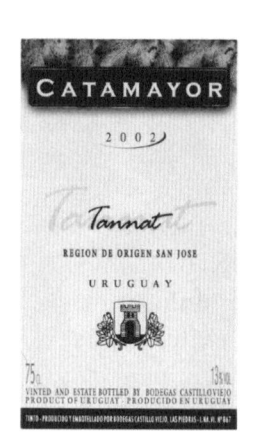

Vinhos do Brasil
23

A vitivinicultura brasileira evoluiu bastante nos últimos anos. As vinícolas nacionais dispõem de tecnologia moderna e estão fazendo muitos investimentos para melhorar os vinhedos e, consequentemente, as uvas. Em alguns locais de produção, o clima nem sempre ajuda, pois costuma chover bastante na época de maturação dos cachos, mas pesquisas de clones, redução de rendimentos na vinha e o desenvolvimento na formação dos enólogos resultam em tintos e brancos de melhor qualidade.

O Rio Grande do Sul, que sempre concentrou a maior parte da produção brasileira, já divide espaço com novas regiões. O país ampliou sua fronteira vinícola e hoje os parreirais ocupam áreas na divisa do Brasil com o Uruguai, em outros estados do Sul, Sudoeste e Nordeste.

HISTÓRIA

As primeiras videiras foram plantadas no Brasil em 1532 por Brás Cubas, um fidalgo português que chegou ao Brasil com Martim Afonso de Souza, donatário da Capitania de São Vicente. Foi nessa região, que corresponde ao atual litoral da Baixada Santista, que começou a ocupação portuguesa no Brasil.

O incremento da vitivinicultura no Brasil, porém, só aconteceria séculos depois. Para desenvolver certas regiões, o governo imperial iniciou uma campanha de doação de terras para atrair colonos europeus. Naquela época, a instabilidade política e o início da industrialização, que acarretavam desemprego na Europa, estimularam a imigração.

Os italianos, vindos de regiões vinícolas como o Vêneto e o Trentino, chegaram por volta de 1870 e instalaram-se na região nordeste do Rio Grande do Sul, hoje conhecida como Serra Gaúcha. As videiras por eles trazidas sobreviveram às agruras da travessia do Atlântico, mas não se deram bem na região. Da primeira colheita originaram-se vinhos pouco alcoólicos. Não tinham as características às quais eles estavam acostumados. O clima era completamente diferente. Havia chuvas na época do amadurecimento e da colheita e, como se isso não bastasse, esbarraram na filoxera.

Para se adaptarem ao clima, foram incrementados vinhedos das variedades americanas e suas híbridas, especialmente as uvas tintas Isabel, Bordô e Concord, e as brancas Niágara e Couderc, que forneciam vinhos comuns, chamados "vinhos de mesa". A partir de 1930, as vinícolas, chamadas "cantinas", foram assumindo dimensões maiores para a elaboração desse vinho, com instalações providas de filtros, prensas, cubas de madeira e outros equipamentos. Isso levou à comercialização do vinho em barris de 100 litros e em garrafões. A partir de 1970, houve um incremento do plantio de uvas viníferas europeias das castas que se aclimataram na região.

CLASSIFICAÇÃO

Na classificação dos vinhos no Brasil é importante diferenciar os níveis de qualidade:
- vinhos de mesa
- vinhos finos

No Brasil, o vinho de mesa, que em muitos países é um vinho básico, mas elaborado a partir de uvas viníferas europeias, se caracteriza por ser feito com uvas americanas ou híbridas. Somente os vinhos finos são feitos a partir de uvas viníferas europeias.

A preocupação das vinícolas brasileiras com a busca da qualidade dos vinhos finos foi atendida pelo Instituto Nacional de Propriedade Industrial (Inpi), que estabeleceu duas classificações de "indicação geográfica", a exemplo do que ocorre há cerca um século nos países europeus de larga tradição vinícola. Essa delimitação geográfica, apesar de ser uma opção voluntária para o produtor, reduz a liberdade de cada cantina fazer o que bem entende.

As indicações geográficas são as seguintes:
- *Indicação de Procedência*: É uma área geográfica da região da produção delimitada. A primeira região vitivinícola demarcada brasileira

foi o Vale dos Vinhedos, na Serra Gaúcha. Seu conselho regulador decidiu que, para receber o selo de procedência, um vinho deve ser produzido com pelo menos 85% de uvas cultivadas na própria região, e cada hectare de vinhedo não pode produzir mais de 150 hectolitros. Para merecer a indicação, o vinho deve ser avaliado uma vez (no próprio ano da colheita, caso dos vinhos brancos jovens) ou duas (também no ano da colheita e antes de ficar disponível para o mercado, no caso de tintos e espumantes – método tradicional) por um comitê de degustação formado por especialistas que não tenham ligação com as vinícolas.

- *Denominação de Origem*: É o nível de qualidade que deve designar os vinhos cujas características ou qualidades se devam exclusiva

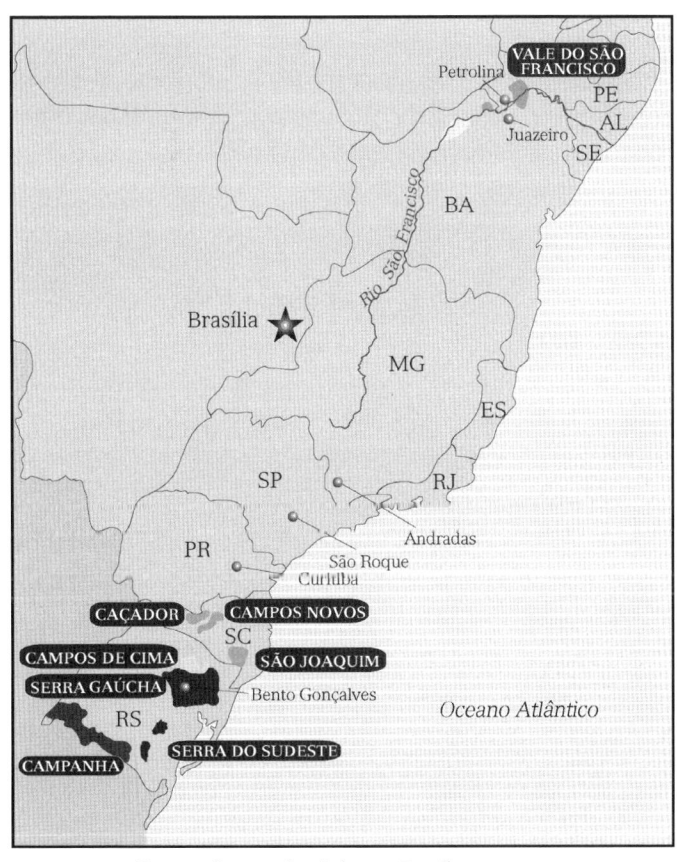

Mapa 47. Regiões produtoras de vinho no Brasil.

ou essencialmente às particularidades do meio geográfico. Vale dos Vinhedos é a primeira região brasileira a obter essa classificação.

Os vinhos de mesa são vendidos em supermercados a preços mais baixos que os praticados com os vinhos finos. Eles são disponibilizados para consumo logo após a vinificação. O Rio Grande do Sul ainda é o maior produtor desses vinhos: os tintos são meio frutados e os brancos, muito suaves. Santa Catarina também tem um polo de produção e os estados do Paraná, São Paulo e Minas Gerais praticamente são engarrafadores desses vinhos.

UVAS DO BRASIL

Das uvas europeias, a tinta Cabernet Sauvignon plantada no Rio Grande do Sul tem sido a responsável por alguns tintos que podem melhorar com o tempo (chamados "vinhos de guarda"). Mas isso depende, principalmente, da contribuição do clima. Para atingir maturação correta (bons níveis de açúcar e maior qualidade dos componentes fenólicos), uma uva tinta de ciclo longo, como a Cabernet Sauvignon, precisa de mais tempo na videira.

A Merlot, embora mais sensível, está perfeitamente adaptada à Serra Gaúcha, porque apresenta um ciclo vegetativo mais curto, podendo ser colhida antes da época das chuvas. Tem grande potencial. Alguns dos melhores tintos do país são feitos com essa casta. Os vinhos da Merlot normalmente têm taninos mais macios e menor caráter vegetal, sendo bastante versáteis à mesa. Pode se tornar a uva símbolo da região, como a Malbec é para a Argentina, a Carmenère para o Chile e a Tannat para o Uruguai.

A Ancellota, variedade que entra no corte dos lambruscos italianos, tem recebido atenção na Serra Gaúcha; também a Cabernet Franc e a Teroldego, uva do Trentino, norte da Itália.

Na fronteira do Rio Grande do Sul com o Uruguai, na região da Campanha, plantam-se castas ibéricas, como Tempranillo, Touriga Nacional e Alfrocheiro.

A branca Chardonnay adapta-se bem à Serra Gaúcha, mas é sensível à condição climática; pode atingir bons níveis de açúcar nos anos favoráveis; na Campanha, onde as condições são mais favoráveis, tem originado bons brancos. Na Serra Catarinense, região de maior altitude, a Chardonnay encontrou seu hábitat no Brasil; também a Sauvignon Blanc começa a mostrar bons resultados naquelas condições.

A branca mais cultivada na Serra Gaúcha é a Riesling Itálica, originária do Norte da Itália. No rótulo, é simplesmente indicada Riesling, e é diferente da dos vinhos alsacianos e alemães. Tem originado vinhos que constituem uma boa base para os espumantes nacionais.

A Sauvignon Blanc é também cultivada com sucesso na Campanha. Outras brancas que se adaptaram relativamente bem à Campanha foram a Gewürztraminer e a Pinot Grigio.

As uvas Shiraz e Moscatel foram as que mais bem se adaptaram às características climáticas do Nordeste brasileiro. A Moscatel tem-se revelado ideal para a produção de vinhos doces de colheita tardia e de espumantes do tipo Asti; têm-se conseguido também boas uvas tintas de Cabernet Sauvignon e brancas de Chenin Blanc.

Serra Gaúcha

A Serra Gaúcha é cortada pelo paralelo 29º da latitude Sul, com altitudes ao redor de 600 metros e vinhedos plantados em terrenos normalmente acidentados.

Na composição do solo predomina argila compacta com muita pedra, o que permite escoamento das águas de chuva.

Historicamente, os vinhedos da região foram plantados em "latada" (pérgula), sistema bastante usado na Itália na época. Formam-se parreiras cobertas que protegem os cachos e propiciam colheitas abundantes. O acesso do sol às uvas é dificultado, a uva concentra pouco açúcar para fermentação, originando vinhos fracos. Hoje, nos principais vinhedos, o sistema de condução é a "espaldeira". As videiras são plantadas em fileiras e os galhos são sustentados por arames; as uvas tomam mais sol e concentram mais açúcar. Em alguns vinhedos, é utilizada também uma variação da espaldeira, a "lira", na qual a videira desdobra-se em duas. Muitos vinhedos foram reconvertidos: videiras antigas foram substituídas por outras novas, com mudas de melhor qualidade.

A chuva em excesso nos meses da colheita é um dos principais problemas enfrentados na Serra Gaúcha. Uma semana de chuvas estraga o trabalho de meses. A umidade exagerada alonga o ciclo, dificulta o amadurecimento das uvas e favorece o desenvolvimento de doenças.

O ideal seria que chovesse pouco nos meses de dezembro e janeiro e que o índice pluviométrico continuasse baixo até a colheita. Quando ocorrem essas condições, são originados vinhos de qualidade.

A Serra Gaúcha abrange principalmente as regiões de Bento Gonçalves, Vale dos Vinhedos, Garibaldi, Farroupilha, Flores da Cunha e Caxias do Sul.

O Vale dos Vinhedos é uma microrregião encravada entre os municípios de Bento Gonçalves, Garibaldi e Monte Belo do Sul, situada a uma altitude de 650 metros. Com estações bem definidas, apresenta formação de geadas intensas no inverno e períodos quentes no verão. A topografia é semelhante à do Norte da Itália, caracterizando-se pela presença de colinas e vales constantes. Durante o inverno, temperaturas próximas de 0° C proporcionam repouso à parreira e, no verão, a ótima incidência de raios solares é favorável à perfeita maturação das uvas.

Quando as vinícolas brasileiras passaram a buscar qualidade, ganhou corpo a tese de que os nomes representativos devem ser usados para indicar a origem do vinho. No Vale dos Vinhedos, a Associação dos Pro-

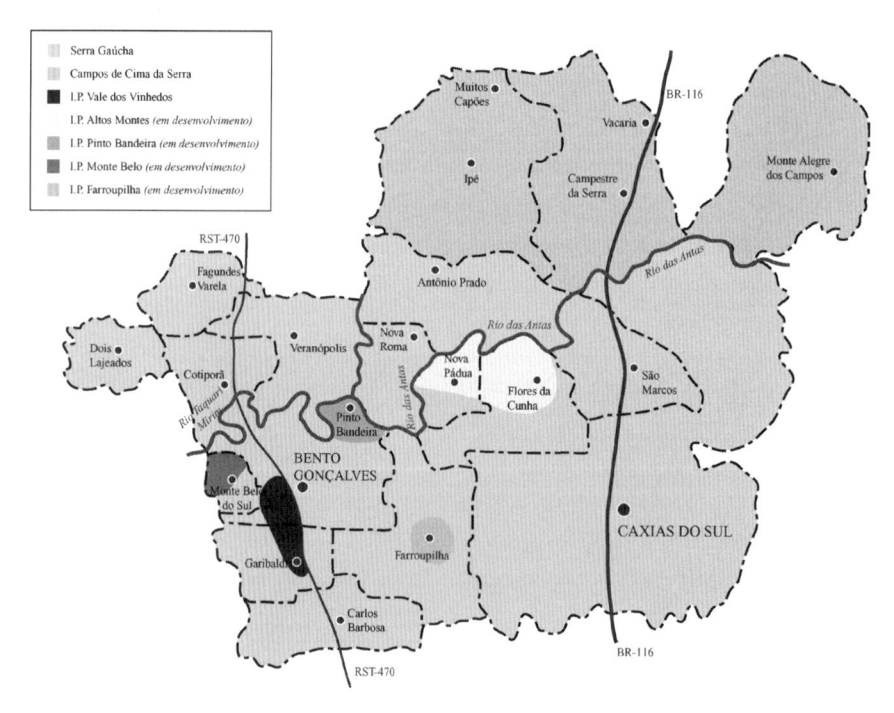

Mapa 48. Regiões produtoras da Serra Gaúcha.

dutores de Vinhos Finos do Vale dos Vinhedos (Aprovale), preocupada com a qualidade de seus vinhos, estabeleceu normas rigorosas para um vinho ser indicado como procedente da região. A partir de 2001, inúmeras cantinas se enquadraram nas normas e, em 2002, a região recebeu o *status* de Indicação de Procedência (IP) para os vinhos que estavam de acordo com as regras da classificação do Inpi. Em 2007 foi rconhecida pela Comissão de Agricultura da União Europeia como indicação geográfica. Os vinhos que ostentam o selo IPVV (Indicação de Procedência Vale dos Vinhedos) passaram a ter entrada livre nos países que fazem parte do bloco econômico da União Europeia. Em 2012, foi a primeira a receber a Denominação de Origem (DO). Para pertencer à DO Vale dos Vinhedos, as uvas devem ser processadas e vinificadas na região. Nos tintos deve predominar a uva Merlot (85% nos varietais e no mínimo 60% nos cortes, que podem ser com Cabernet Sauvignon, Cabernet Franc ou Tannat). Os brancos devem ter 85% de Chardonnay ou 60% dela cortada com Riesling Itálico. Não é permitida a chaptalização, nem o uso de "chips".

As terras altas no município de Pinto Bandeira, distrito de Bento Gonçalves, oferecem boa amplitude térmica. A temperatura, muito quente durante o dia, cai no final da tarde e começo da noite. Essa diferença cria um período mais longo de amadurecimento, o que resulta em vinhos com mais caráter, maior concentração de fruta e mais corpo. A Associação de Produtores de Vinho de Pinto Bandeira (Asprovinhos) cuida da qualidade dos vinhos e já conseguiu o *status* da Indicação de Procedência Pinto Bandeira, pelo Inpi.

Garibaldi é considerada a capital do espumante brasileiro, enquanto Caxias do Sul é a maior cidade da Serra Gaúcha. Em Farroupilha a associação de produtores está empenhada na busca da qualidade para seus vinhos, e a certificação de IP.

Entre Nova Pádua e Flores da Cunha, no alto das encostas do rio das Antas, tem-se uma região com invernos rigorosos, o que garante eficaz repouso à videira e prolongados períodos de sol no verão, resultando em boa maturação das uvas. Os vinhos dessa região são denominados Vinhos dos Altos Montes. A Apromontes é a entidade que reúne as principais vinícolas da região e está trabalhando para a criação de IP Altos Montes.

Campos de Cima da Serra

Um pouco mais ao norte da Serra Gaúcha, na verdade um pouco mais acima, tanto em localização geográfica quanto em altitude, desenvolveu-se um novo polo vinícola nos Campos de Cima da Serra.

Tradicionais produtores de uvas híbridas e americanas, as cidades de Campestre da Serra, Monte Alegre dos Campos e Ipê passaram a cultivar uvas viníferas europeias.

Sua amplitude térmica pode chegar a 15º C nos meses de maturação das uvas, ótimo para concentração de cor e aromas nas uvas; e a altitude, entre 950 metros e 1.050 metros, permite um ciclo de maturação mais longo (a Cabernet Sauvignon, por exemplo, é colhida no início de abril) e dá ao vinho maior estrutura, mais tanino e potencial de longevidade. A altitude também é benéfica porque o vento constante no período da colheita ajuda a secar o vinhedo, que, portanto, apresenta um baixíssimo índice de podridão.

Além da Cabernet Sauvignon, adaptaram-se muito bem à região a Merlot, a Chardonnay, a Pinot Noir e a Petit Verdot.

Serra do Sudeste

Na Serra do Sudeste, o solo é de origem granítica, de fácil drenagem. Um inverno rigoroso e longo garante um ótimo repouso hibernal à videira. Os vinhedos estão situados a uma altitude de 400 metros, o que proporciona razoável amplitude térmica e boa maturação das uvas. O maior diferencial da Serra do Sudeste, além do solo, é o clima seco na primavera/verão. É onde menos chove no Rio Grande do Sul nessa época do ano.

A Serra do Sudeste abrange os vinhedos das regiões de Encruzilhada do Sul e de Pinheiro Machado. Embora nenhum centro de vinificação esteja construído, as uvas são levadas para a Serra Gaúcha, onde há importantes cantinas com foco em qualidade apostando em seus vinhedos.

Campanha

A Campanha Gaúcha é uma larga faixa de terra na fronteira do Brasil com o Uruguai. Situada no paralelo 31º da latitude Sul, o mesmo do Chile, Argentina, África do Sul, Austrália e Nova Zelândia, seu potencial é bastante interessante.

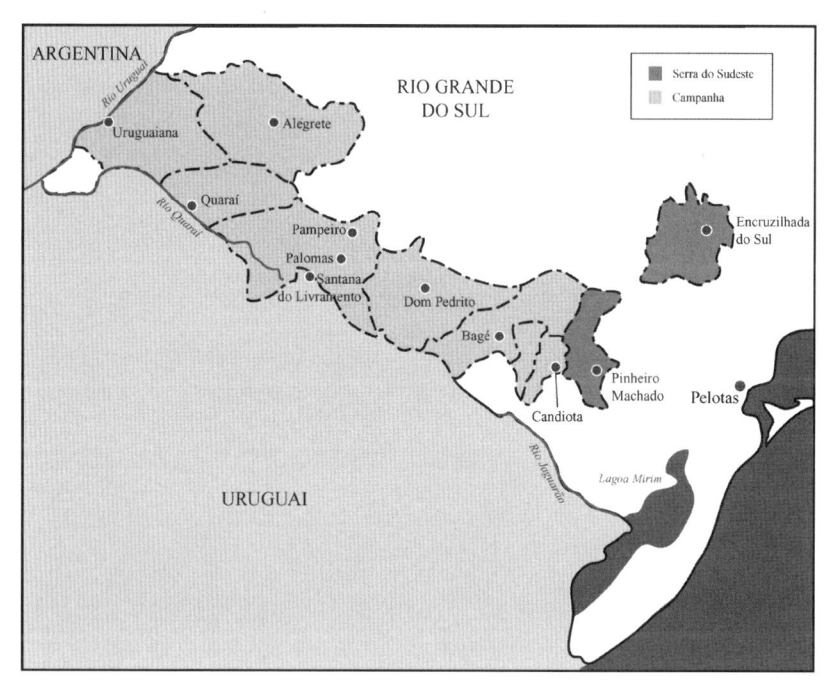

Mapa 49. Região produtora da Campanha Gaúcha.

Está a uma altitude de 300 metros, tem solo arenoso com pedras (ideal para aeração e drenagem da videira) e com um pouco de argila (que fornece os nutrientes). As condições climáticas são mais estáveis do que na Serra Gaúcha: o clima é mais continental e menos tropical; o forte inverno possibilita o repouso vegetativo e o quente verão favorece a maturação. As uvas são cultivadas em vinhedos simetricamente dispostos em espaldeiras.

A Campanha Gaúcha pode ser dividida em Campanha Oriental, que vai de Itaqui a Santana do Livramento (quente e com solos mais arenosos), e Campanha Meridional, cujo núcleo de produção é Bagé/Candiota/Dom Pedrito, com solos variáveis, com boa distribuição de argila, silte e areia, altitudes variáveis e microclimas, que só agora começam a ser descobertos e mais bem avaliados.

Serra Catarinense

Santa Catarina está se tornando uma referência no cenário vinícola nacional. Com vinhedos em regiões altas e frias, o binômio altitude e

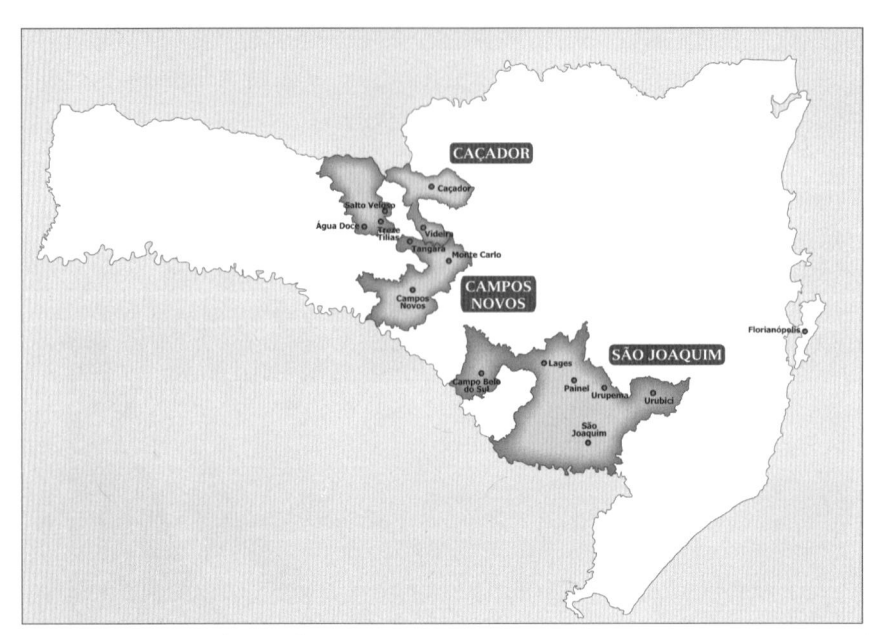

Mapa 50. Regiões produtoras da Serra Catarinense.

amplitude térmica favorece a qualidade das uvas. Além disso, a colheita na Serra Catarinense é geralmente mais tardia do que em outras regiões; enquanto no Rio Grande do Sul ocorre entre fevereiro e março, em Santa Catarina vai de fins de março até fins de abril, evitando as chuvas de verão. Comparada com a Serra Gaúcha, a maturação é mais completa porque o ciclo é mais longo em função da temperatura. Alguns vinhos, dependendo da variedade e do local de cultivo, podem adquirir aromas típicos da variedade e maturação fenólica completa, mostrando taninos macios e volume de boca.

Distinguem-se três regiões vinícolas:

- São Joaquim, no sudeste do Estado, incluindo São Joaquim, a mais fria região de Santa Catarina, e as áreas vizinhas, chamada de Planalto Catarinense;
- Caçador, região do município de Água Doce e arredores, no noroeste, com topografia encapelada que permite a escolha de meias encostas nas ondulações do relevo, denominada Planalto de Palmas;
- Campos Novos, no centro, zona de Campos Novos e arredores, conhecida como Serra do Marari.

Essas regiões totalizam mais de 300 hectares de vinhedos em altitude que varia entre 900 metros e 1.400 metros acima do nível do mar. Emprega-se o sistema de espaldeira alta (a mais de 1,20 m do solo), o que evita a umidade do solo e as pragas.

Os vinhos são chamados "de altitude", e a Associação Catarinense de Produtores de Vinhos Finos de Altitude (Acavitis), que representa as três regiões produtoras, cuida da qualidade dos produtos.

Vale do São Francisco

Localiza-se no vale do submédio São Francisco, próximo ao conglomerado urbano formado pelas cidades geminadas de Petrolina (PE) e Juazeiro (BA). Os vinhedos encontram-se em municípios pernambucanos e baianos situados nas margens do rio São Francisco.

As uvas são cultivadas entre os paralelos 8° e 9° de latitude sul, com altitude média de 400 m.

Como durante o ano praticamente não há inverno, a fase de descanso da videira é promovida pela interrupção parcial da irrigação. Sem o estímulo da água, a videira entra em dormência, podendo permanecer assim por um ou vários meses, conforme o que se pretender. O controle do ciclo vegetativo permite a divisão do vinhedo em distintas parcelas, cada uma com videiras diferentes, em estágios fenológicos diferentes. Como a videira é uma planta que necessita das quatro estações do ano, a ausência do inverno, às margens do rio, permite-lhe produzir mais

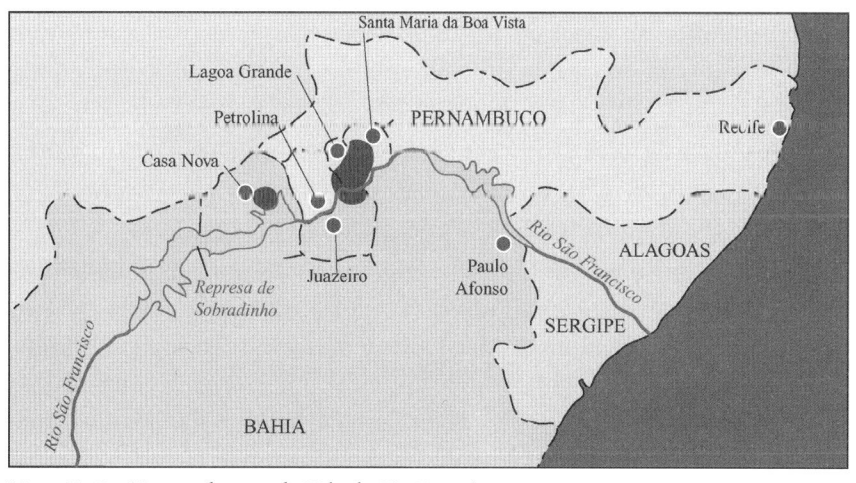

Mapa 51. Regiões produtoras do Vale do São Francisco.

de duas vezes ao ano e não apenas uma, como nas regiões tradicionais. Como as estações se confundem, podem-se produzir uvas continuamente, colhendo-as de 100-140 dias após a poda, dependendo da variedade. Podem-se notar, lado a lado, videiras em diferentes estágios, algumas na fase de poda, outras brotando, algumas na fase de mudança de cor e outras carregadas de cachos maduros, prontas para a colheita.

O alto grau de insolação, por causa do baixo índice de nebulosidade, permite a obtenção de uvas de elevado grau de açúcar, principalmente nas colheitas realizadas entre outubro e janeiro. Já para as uvas colhidas entre maio e agosto, ocorrem amplitudes térmicas interessantes, que promovem uma maturação mais lenta, com aromas mais finos, quando comparados com as uvas do final do ano. Os sistemas de condução utilizados são a latada, que, apesar de possibilitar maior rendimento – que pode ser reduzido pela poda –, favorece menor insolação direta nos bagos, e a espaldeira, principalmente para as uvas tintas, sendo grande parte do manejo mecanizado.

Apesar de a água do São Francisco e o sol facilitarem o manejo dos vinhedos, o clima quente da região apresenta desvantagens para a produção de vinhos de qualidade superior, na safra do segundo semestre. Neste período, pode ocorrer uma oxidação precoce, acarretando em problemas de estabilidade na cor, tanto de brancos quanto de tintos. Os tintos podem rapidamente adquirir um tom amarronzado, e os brancos, em apenas oito meses, uma coloração amarelo-escura. Pesquisas têm sido feitas para que as uvas amadureçam um pouco mais lentamente, principalmente na safra do primeiro semestre. Bons resultados têm sido obtidos com os vinhos tintos Syrah, de guarda, bem como cortes de Syrah com Tempranillo, Alicante Bouschet e Cabernet Sauvignon.

A ausência de dormência da planta tem como consequência uma vida útil menor, ao redor de 15-20 anos, ao passo que em outras regiões e países a videira alcança 60 anos em plena produção.

É interessante observar que, com tantos vinhos sendo produzidos hoje no mundo, os vinhos do Vale do São Francisco destacam-se no exterior por seu diferencial de produção. Outros países que produzem vinhos tropicais no mundo são a Índia e a Tailândia, mas somente uma safra é possível, pelo fato dessas regiões serem muito mais úmidas do que o Vale do São Francisco, tendo cerca de oito meses de chuvas e quatro de seca, contrariamente ao nordeste do Brasil, onde se consegue duas safras anuais.

OUTROS PONTOS DE PRODUÇÃO

Há ainda áreas espalhadas por outros pontos do território nacional que não são caracterizados como polos de produção por não formarem um *cluster* (palavra em inglês que significa "grupo") característico, mas onde há pequenos núcleos de produção de uvas e vinhos finos de qualidade, podendo no futuro tornar-se polos. Por exemplo, no sul de Minas, em Cordislândia e Três Corações; em São Carlos, interior paulista; no Paraná; e em Goiás.

AS VINÍCOLAS BRASILEIRAS

Serra Gaúcha

- Aurora, em Bento Gonçalves, é a maior produtora de vinhos do Brasil. Dirigida como empresa, a cooperativa tem mais de 1.300 associados fornecedores de uvas. É possível visitá-la e conhecer o processo de elaboração do vinho. Passa-se por antigos porões com enormes pipas de madeira, atualmente em desuso, mas que foram tombadas pelo patrimônio histórico. A seguir, encontramos tanques de aço inoxidável, que conservam grandes quantidades de vinho, e, depois, barris de carvalho, que envelhecem seus principais vinhos. O trajeto da visita é interligado por túneis. Possui também um centro de pesquisas em Pinto Bandeira.

- Salton, fundada em 1910, ainda é uma empresa familiar, que completou um século de existência e nos últimos anos conseguiu consolidar seu nome como produtora de vinhos de qualidade. A necessidade de se expandir levou a Salton a construir uma moderna vinícola no distrito de Tuiuty, a 10 quilômetros de Bento Gonçalves, no Vale do Rio das Antas. Denominada Villa Salton, com 29 mil metros quadrados, incorpora um Parque Temático da Uva e do Vinho, onde os visitantes podem acompanhar, de forma didática, todas as operações de elaboração do vinho sem interferir nas áreas de produção. Recentemente adquiriu vinhedos na Campanha. Sua linha básica

Foto 61. Vinícola Salton em Tuiuty.

é a dos varietais Salton Classic. Outra linha que tem revelado boa estrutura, e em cujos rótulos há um toque de brasilidade, é a Volpi, em que se destacam o Cabernet Sauvignon e o Chardonnay. Entre os *premium*, há o Talento, um corte de Cabernet Sauvignon, Merlot e Tannat, que estagia quinze meses em barris de carvalho francês e só é liberado depois de as garrafas repousarem um ano na adega; e o Desejo Merlot, resultado das melhores Merlot de vinhedos que a empresa possui no Vale dos Vinhedos. O Salton Virtude é um branco elaborado com 100% Chardonnay. Destaquem-se ainda os espumantes Evidence, Reserva Ouro, Moscatel e Prosecco Brut.

- A Vinícola Miolo pertence à família que se estabeleceu no Vale dos Vinhedos desde 1897, com cerca de 30 hectares. Até 1989, foi fornecedora de uvas e, mais tarde, de vinhos a granel para outras cantinas. A partir daquele ano, graças à qualidade de uvas obtidas, passou a elaborar seus vinhos e, de ano para ano, tem obtido bons resultados com investimentos em equipamentos, pessoal técnico e cuidados na seleção das uvas. Sua cantina incorpora alta tecnologia e suas técnicas de adega igualam-se à dos principais produtores do mundo. Para consolidar sua posição entre as vinícolas do Brasil, a

Foto 62. Vinícola Miolo em Vale dos Vinhedos.

Miolo tem a consultoria do enólogo francês Michel Rolland, com a tarefa de aperfeiçoar seus vinhos. Seu topo é o Lote 43, corte de Cabernet Sauvignon e Merlot, somente produzido nos anos em que a safra é ótima. Seu Merlot Terroir é o tinto que pretende mostrar essa uva do Vale dos Vinhedos como emblemática da região. Com uvas do vinhedo da família Randon, em Muitos Capões, Campos de Cima da Serra, elabora o RAR, corte de Cabernet Sauvignon e Merlot, com estágio em carvalho americano (foto 62).

A Miolo também supervisiona a produção dos vinhos da Lovara na Serra Gaúcha, uma das vinícolas mais antigas do Brasil.

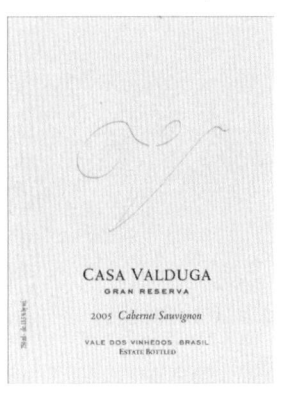

- A história da Casa Valduga começou com o imigrante italiano Luigi Valduga, que se estabeleceu na região em 1875 com a produção artesanal de vinhos. Possui 40 hectares no Vale dos Vinhedos e implantou 50 hectares de vinhedos em espaldeira em Encruzilhada do Sul, na Serra do Sudoeste. No Vale dos Vinhedos, oferece ao público um complexo enoturístico, que integra cantina, pousada, restaurante e varejo. Dessa região vem o *premium* Storia, 100% Merlot, com amadurecimento de doze meses em barricas de carvalho francês. O Cabernet Sauvignon Gran Reserva mostra boa fruta e equilíbrio de boca. Entre os brancos brilha o Chardonnay Gran Reserva. A Valduga também oferece espumantes, destacando-se o Extra Brut Gran Reserva e o Brut 130, ambos elaborados pelo método clássico, com a segunda fermentação na garrafa. O Extra Brut amadurece por sessenta meses em contato com as borras, e o 130, por 36 meses.

- A Pizzato, inicialmente, fornecia uvas para as grandes cantinas, mas desde 1998 passou a comercializar seus vinhos diretamente. Com sede no Vale dos Vinhedos, onde tem 26 hectares, possui vinhedos também em Dr. Fausto de Castro, município de Dois Lajeados, onde venta mais e, consequentemente, há menor umidade. Seu Merlot Reserva safra 1999 foi considerado o melhor vinho brasileiro do ano e hoje, usando as uvas do mesmo vinhedo, o vinho leva o rótulo DNA 99 e mantém a fama de qualidade.

- Lídio Carraro, com 5,2 hectares no Vale dos Vinhedos, tem procurado produzir tintos bem cuidados e vinificados com rigor, com destaque para o Merlot Grande Vindima. Possui 30 hectares de vinhedos em Encruzilhada do Sul, de onde vêm as uvas da linha Dádivas, com destaque para o Chardonnay. Desponta cada vez mais no mercado, já que seus vinhos evidenciam bastante a fruta, mostrando-se, principalmente, sem a maquiagem da madeira.  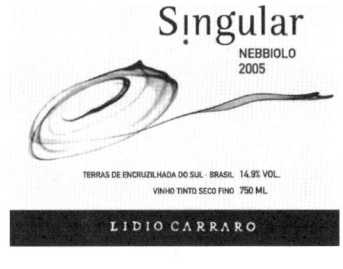
- Chandon, pertencente ao renomado grupo francês LVMH, dedica-se exclusivamente à produção de espumantes em Garibaldi, na Serra Gaúcha. Adota o método Charmat, em que a segunda fermentação ocorre em tanques de inox fechados. Os vinhos base são feitos a partir das brancas Chardonnay e Riesling Itálica e da tinta Pinot Noir. O Réserve Brut apresenta aromas limpos e grande frescor. Mais complexo, o Excellence traz no corte apenas Chardonnay e Pinot Noir.
- Vinícola Geisse, localiza-se na linha Jansen, área de Pinto Bandeira. Em seus vinhedos, com baixa produtividade, cultiva basicamente Chardonnay e Pinot Noir, para a elaboração de seus espumantes, que se situam entre os melhores do país, seja na linha topo Cave Geisse seja na básica Cave Amadeu. Foi a pioneira na adoção do sistema *Thermal Pest Control* (TPC), que dispensa o uso de agrotóxicos no vinhedo (foto 63). Um trator conduz o equipamento que injeta calor nas parreiras, obtido por queima de gás; o ar quente insuflado afasta os micróbios.

Foto 63. Sistema TPC, que dispensa o uso de agrotóxicos no vinhedo.

- Dal Pizzol, tradicional família de vinicultores da Serra Gaúcha, tem vinhedos em Farias Lemos, distrito de Bento Gonçalves. Além de vinhos com as conhecidas castas Cabernet Sauvignon e Merlot, apresenta tintos a partir de uvas menos usuais no país, como Ancellotta, Tannat e a portuguesa Touriga Nacional. Também merece destaque o espumante Dal Pizzol Brut Champenoise.

- A Don Laurindo foi fundada em 1991 pela família Brandelli em Linha Graciema, Vale dos Vinhedos. A produção é pequena e bem cuidada. Seus melhores vinhos têm como característica a boa fruta, envolvida pelo toque de madeira. Nos tintos sobressai a linha Reserva, como Cabernet Sauvignon, Merlot, Ancellotta e Tannat, cepa que a vinícola cultiva há quase vinte anos com bons resultados.

- A Boscato tem vinhedos no alto do Vale do Rio das Antas, em Nova Pádua. Em seus vinhedos as condições de solo/clima/videira são controladas por uma estação meteorológica própria, que permite a irrigação automática. Suas técnicas de adega, como vinificação e utilização de barricas de carvalho, estão no nível dos melhores produtores da Europa. A linha Gran Reserva inclui vinhos topo de Cabernet Sauvignon e Merlot. Seu *premium* atual é o Anima Vitis, um corte de Cabernet Sauvignon, Merlot, Ancelotta, Refosco e Alicante Bouschet, cultivadas em vinhedos próprios; o vinho passa mais de um ano em barricas de carvalho e mais de dois anos em garrafa antes de ser colocado no mercado.

Outros produtores	
Adega Cavalleri	Larentis
Almaúnica	Marco Luigi
Aliprandini	Mioranza
Angheben	Monte Reale
Calza Júnior	Panizzon
Casa Graciema	Perini (Farroupilha)
Cave de Pedra	Peterlongo
Château Lacave	Ravanello
Cooperativa Aliança	Sinuelo (São Marcos)
Cooperativa Pompeia	Sozo
Cordelier	Sulvin
Dom Cândido	Terrasul
Don Giovani	Vallontano
George Aubert	Valmarino
Giocomin	Velho Museu

CAMPANHA

- A grande vinícola da Campanha é a Almadén, implantada por uma multinacional americana, em Palomas, município de Santana do Livramento; hoje, é propriedade do Grupo Miolo.

- Outro grupo multinacional que se instalou na mesma época da Almadén foi o japonês Hombo, que fez a Livramento Vinícola, em Passo de Guedes; até ser vendida, produziu o vinho Santa Colina exclusivamente para exportar para o Japão. Em 2005, a Cooperativa Aliança, de Caxias do Sul, adquiriu dos japoneses os vinhedos e a cantina da Livramento, passando a disponibilizar seus vinhos para o mercado nacional.

- Vinícola Cordilheira de Santana, na região de Palomas, é um projeto mais recente que tem se destacado no mercado nacional. Seus vinhedos possuem topografia com suaves ondulações, que permite boa exposição dos cachos à luz solar; e o solo arenoso permite muito boa drenagem.

Com produtividade baixa, consegue uvas com boa concentração de aromas, açúcar e polifenóis.

- A Salton, na região de Bagé, estabeleceu parceria em 150 hectares de vinhedos de vários proprietários. Ela fornece assistência técnica, mudas e insumos, enquanto os plantadores entram com a mão de obra e os terrenos. A empresa acompanha, passo a passo, o desenvolvimento das uvas para se certificar da qualidade final. Adquiriu recentemente uma grande área na região de Santana do Livramento, onde pretende, em cinco anos, instalar 500 hectares de vinhedos, principalmente para a produção de Chardonnay e Pinot Noir para vinho-base de espumantes.

- Em Candiota, na Estância do Seival, a Miolo desenvolveu a Vinícola Seival Estate, com vinhedos em espaldeiras e cantina com o que há de mais avançado em tecnologia. Como o clima da Campanha é mais estável e seco, o aumento da qualidade do vinho está ocorrendo com o envelhecimento dos vinhedos. Os rótulos Quinta do Seival Castas Portuguesas e Fortaleza do Seival têm-se destacado entre os consumidores. Com uma seleção das melhores uvas produz o vinho *premium* Sesmarias, corte de várias castas tintas.

Outros produtores	
Vinhedos Campos de Cima (Itaqui)	Peruzzo
Estância Guatambu	Rigo
Dunamis	

Serra Catarinense

- Villa Francioni, a maior cantina da região, com vinhedos em São Joaquim (1.300 metros de altitude) e na vizinha Bom Retiro (960 metros), tem oferecido ao mercado bons tintos e brancos, que já ganharam destaque. A região de

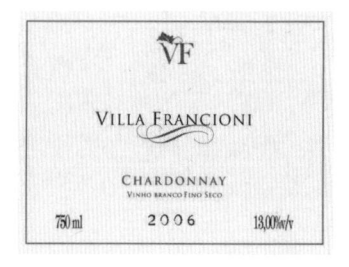

Foto 64. Vinhedo com proteção contra granizo em Villa Francioni.

Foto 65. Vinícola Villa Francioni, construída em desníveis.

Bom Retiro parece ser ideal para a uva Chardonnay, fermentada em barricas de carvalho francês, com *batonage* e conversão malolática. Seu outro branco é um Sauvignon Blanc, mantendo-se fiel às características da fruta e frescor. Devido ao clima de São Joaquim, os vinhedos de Villa Francioni possuem proteção contra granizo. Sua cantina foi construída em vários níveis para que uvas e vinhos sejam movimentados pela gravidade, sem o uso de máquinas, para não influir no produto final (fotos 64 e 65).

- A Quinta Santa Maria tem 20 hectares de vinhedos em São Joaquim, cultivados em terraços nas encostas do rio Lava Tudo. Além de uvas internacionais, cultiva variedades portuguesas, como a Touriga Nacional e a Aragonês. Além do bom tinto, lançou um vinho fortificado.

- A Quinta da Neve foi a primeira a apostar e investir na produção de vinhos finos de altitude em São Joaquim, na Serra Catarinense. Possui 15 hectares de vinhedos, com destaque para as uvas Pinot Noir e Cabernet Sauvignon, entre as tintas, e Chardonnay e Sauvignon Blanc, entre as brancas. Conta com a assessoria do enólogo português Anselmo Mendes.
- A Cooperativa Agrícola de São Joaquim (Sanjo) é referência em fruticultura (maçãs), na Serra Catarinense. Em 2002 implantou vinhedos das uvas Cabernet Sauvignon, Merlot, Chardonnay e Sauvignon Blanc, todos numa altitude mínima de 1.000 metros. Com a construção de uma moderna cantina, tem oferecido vinhos que mostram o potencial vinícola da região.
- A Villagio Grando, situada em Água Doce, possui vinhedos em uma altitude de 1.350 metros, com campos cortados por rios de águas cristalinas e cercado por araucárias. A condução no vinhedo é do tipo espaldeira, com linhas dispostas no sentido norte–sul, que permite ao sol passar pelos cachos de uvas desde o amanhecer e que, depois do meio-dia, os cachos fiquem protegidos pela folhagem. O clima permite longa maturação dos cachos, resultando boas uvas tanto para tintos como para brancos. Sua moderna vinícola, construída totalmente de madeira e vidro, utiliza os desníveis do terreno para a movimentação do vinho por gravidade e tem uma cave totalmente subterrânea. Seu vinho Innominabile é resultado de um corte de diferentes safras das uvas Cabernet Sauvignon, Merlot, Malbec e Pinot Noir; o Chardonnay, que não estagia em barris de carvalho, evidencia bastante a fruta. Com uma seleção de suas melhores uvas e assessoria do enólogo português Antonio Saramago, elabora o vinho *premium* Além Mar.
- A Kranz localiza-se em Treze Tílias, cidade considerada o Tirol brasileiro, na região de Caçador. Possui uma moderna vinícola, com equipamentos importados da Itália e adaptados pela própria

vinícola para melhorar a eficiência e influir na qualidade do vinho elaborado. Processa uvas oriundas dos melhores vinhedos da Serra Catarinense. Seu Merlot é feito com uvas cultivadas a 1.200 metros de altitude.

Outros produtores

Pericó	Villagio Bassetti
Panceri	Vinícola Santa Augusta
Pisani	Vinícola Santo Emílio
Suzin	

Vale do São Francisco

Os principais empreendimentos vinícolas estão situados na margem esquerda do rio São Francisco. Com exceção da Vinícola Ouro Verde, localizada em Casa Nova, na Bahia, as demais vinícolas encontram-se em solo pernambucano, nos municípios de Lagoa Grande e Santa Maria da Boa Vista.

No lado de Pernambuco, temos:

- ViniBrasil, situada em Lagoa Grande; pertence hoje exclusivamente ao grupo português Dão Sul. O vinho tinto Rio Sol Paralelo 8, corte de Syrah e Cabernet Sauvignon, tem ganhado prêmios no Brasil e no exterior. Também produz os espumantes brut, démi-sec e rose a partir de Syrah e Tempranillo, além do corte branco Chenin Blanc e Viognier;
- Vinícola Vale do São Francisco – vinhos Botticelli e Dom Francesco; localiza-se em Santa Maria da Boa Vista-PE. Os principais vinhos são Chenin Blanc, espumantes e tintos a partir de Ruby Cabernet e o premium Cabernet Sauvignon 1501;

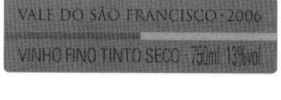

- Bianchetti, com a produção de vinhos e sucos orgânicos, certificados. Os principais vinhos são Barbera e Tempranillo, além do branco Chenin e do moscatel espumante;
- Ducos, recentemente adquirida de um italiano por um empresário brasileiro, produz vinhos tintos a partir do Petit Verdot (clone do Mouton Rothschild, de Bordeaux-França), Syrah e Cabernet Sauvignon, com excelentes potenciais, em sistema de condução lira, com uma bela adega moderna bem equipada.

Cruzando a divisa rumo à Bahia, na cidade de Casa Nova, encontramos a Vinícola Ouro Verde, pertencente ao Grupo Miolo, que possui uma bela cantina, às margens do rio São Francisco.

Com cerca de 250 hectares de vinhedos, estabeleceu uma parceria com a Lovara e, desde 2006, com a espanhola Osborne, que produz vinhos-base para serem usados em seu *brandy*. A linha Terranova oferece bons vinhos tintos, espumantes brut e démi-sec, moscatel e colheita tardia. Seu vinho *premium* é o Testardi, 100% Syrah, com uvas colhidas em julho e desengaçadas manualmente.

Champanhe e outros espumantes
24

Vinhos espumantes são aqueles que contêm boa quantidade de gás carbônico dissolvido. O gás faz que o vinho ganhe bolhas, formando espumas na sua superfície.

O processo de elaboração de um espumante consiste em adicionar a um vinho-base tranquilo uma solução de açúcar e leveduras e provocar nova fermentação. Nessa segunda fermentação, o gás naturalmente desprendido fica retido e incorpora-se ao líquido.

Há vários métodos de elaboração; o mais tradicional e importante é o método *champenoise*, desenvolvido na região de Champagne, na França, no final do século XVII. Esse nome só pode ser usado para vinhos lá elaborados; em outras regiões vinícolas do mundo, deve ser chamado de "método clássico ou tradicional".

Também os espumantes da região de Champagne são os únicos que podem utilizar oficialmente a designação champanhe para o vinho obtido exclusivamente pelo método *champenoise*.

CHAMPAGNE

Os mais orgulhosos habitantes de Champagne dizem francamente que a região tem um clima horrível, um solo ruim e uma agricultura limitada – mas esses são exatamente seus pontos altos. Isso porque são as condições que permitem a produção da bebida considerada a mais simpática do mundo, símbolo de comemoração em qualquer lugar.

Fica a noventa minutos, de carro, a leste de Paris, e suas principais cidades, Reims e Épernay, que rivalizam pelo título honorário de "capital do champanhe", ficam em terrenos abertos, ondulados. Os habitantes de Champagne sabem que somente eles podem produzir o vinho espumante de maior qualidade do mundo. É o resultado da combinação de sua posição geográfica mais ao norte possível, onde as uvas são cultivadas comercialmente na França; de uma alta proporção de solo calcáreo, que permite às raízes aprofundarem o suficiente para um suprimento regular de água, em quantidade não generosa; de muitas adegas subterrâneas frias, escuras e úmidas; e de um *marketing* que associa o champanhe ao vinho da comemoração e do glamour.

Uvas e vinhedos

O champanhe, vinho que é a marca da leveza e da brancura, é feito basicamente da branca Chardonnay e das tintas Pinot Noir e Pinot Meunier. As uvas tintas, prensadas com muito cuidado, com seu sumo não tendo contato com as cascas, originam um vinho branco e são elas que predominam no champanhe. Dos 30 mil hectares densamente plantados na região de Champagne, menos de 30% são da branca Chardonnay, plantada na área Côtes des Blancs (mapa 52). A tinta Pinot Noir é plantada principalmente na área de Montagne de Reims. A uva mais comum para o champanhe é a Pinot Meunier, bastante frutada, que amadurece mais cedo e é cultivada em toda a área do Vallée de la Marne.

Em Champagne, considera-se que a Chardonnay contribui para a acidez (frescor); a Pinot Noir, para o corpo e textura; e a Pinot Meunier, para o caráter frutado.

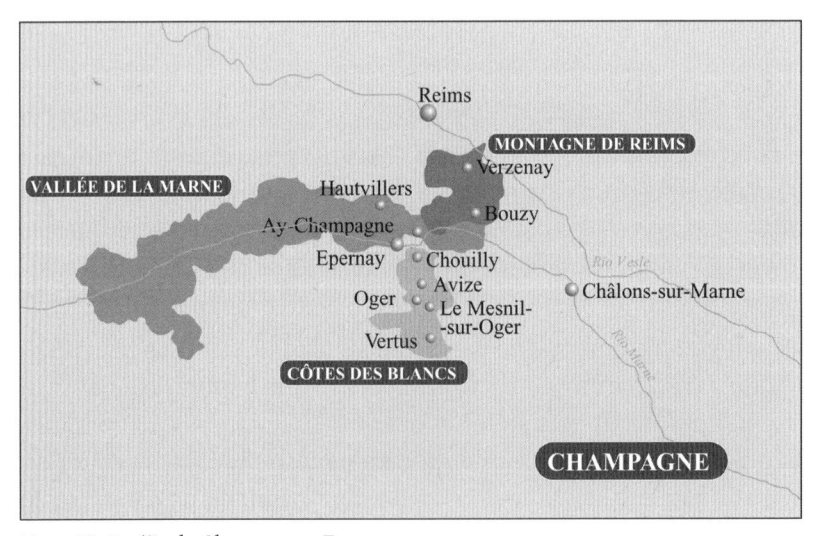

Mapa 52. Região de Champagne, França.

Método *champenoise*

O solo pobre da região de Champagne, juntamente com o clima chuvoso, força estações de amadurecimento longas para os vinhedos da área. Até o século XVII, a fermentação dos vinhos tranquilos normalmente se interrompia com a chegada do frio no final do outono, quando o açúcar ainda não tinha sido transformado todo em álcool. Ela reiniciava-se espontaneamente no início da primavera, com os vinhos já na garrafa. As temperaturas mais quentes ativavam as leveduras, que, então, atacavam os açúcares remanescentes. O vinho apresentava uma efervescência, formava-se o gás carbônico, que, aprisionado na garrafa, determinava um aumento da pressão interna, e poucas garrafas ficavam intactas. Isso ocorria principalmente se as uvas eram pouco amadurecidas e de maior acidez.

Foi um monge beneditino, Dom Pérignon, que transformou isso numa benção. Ele administrava as adegas da Abadia de St.-Pierre d'Hautvillers, situadas no outro lado do rio Marne, oposto à cidade de Épernay. Dom Pérignon decidiu tentar controlar esse processo trazendo da Inglaterra garrafas mais grossas e resistentes e substituindo as tampas de pano então utilizadas por rolhas de cortiça, na época recentemente

Foto 66. Dom Pérignon inovou nas garrafas, nas rolhas e no método *assemblage* para a feitura do champanhe.

descobertas por outros monges na Espanha. Procurou obter vinhos brancos a partir de uvas tintas, vinificadas sem casca, e teve uma atitude bastante científica em relação aos vinhos da região: utilizou uvas de diferentes locais e realizou uma mistura (a chamada *assemblage*) de vinhos de colheitas diferentes para diminuir as diferenças e ressaltar as qualidades do vinho obtido.

A efervescência originava um depósito pesado e arenoso das leveduras, que desencadeava a segunda fermentação, responsável pelas bolhas. Durante anos, ninguém conseguiu uma maneira eficiente de separar o resíduo do vinho sem perder a maior parte da efervescência; filtrar estava fora de questão. O único método que teve um pouco de sucesso foi o armazenamento e venda das garrafas de ponta-cabeça. Os compradores de champanhe tinham de aprender a retirar a rolha rapidamente, de tal maneira que o resíduo saísse, sem levar muito vinho com ele. Apesar disso, o champanhe tornou-se frequente nos palácios de toda a Europa de então.

Coube a uma mulher, Nicole Barbe Clicquot-Ponsardin, que ficou conhecida na história de Champagne simplesmente como "a viúva", já no século XIX (1818), descobrir uma maneira de retirar o depósito dessas garrafas na própria adega. Contra todos os conselhos na época, ela, quando enviuvou, aos 27 anos, assumiu o controle da Maison Clicquot, de seu falecido marido. Após experiências com uma mesa de cozinha, cujo tampo foi furado com buracos de diversos tamanhos e em diversas inclinações, chegou-se a um tipo de cavalete, chamado *pupitre*.

Nele, as garrafas eram colocadas de cabeça para baixo e, girando-se alguns graus todos os dias (operação chamada *remuage*), os resíduos deslocavam-se das paredes para concentrarem-se no gargalo (foto 67).

Foto 67. Na *remuage*, garrafas são giradas lentamente até que os resíduos se concentrem no gargalo.

Com essa descoberta, o champanhe pôde ser produzido em escala industrial e a viúva Clicquot o converteu no vinho das comemorações nas cortes europeias.

No final do século XIX se idealizou a degola (*dégorgement*), processo de resfriar o gargalo das garrafas a -30 °C, congelando o líquido no local e fazendo que, assim que se destampasse a garrafa, o resíduo saísse por diferenças de pressão e deixasse o vinho limpo (foto 68).

O método *champenoise* foi modernizado com diferentes inclinações dos furos e com tampas de cerveja substituindo as rolhas na *remuage* (figura 12).

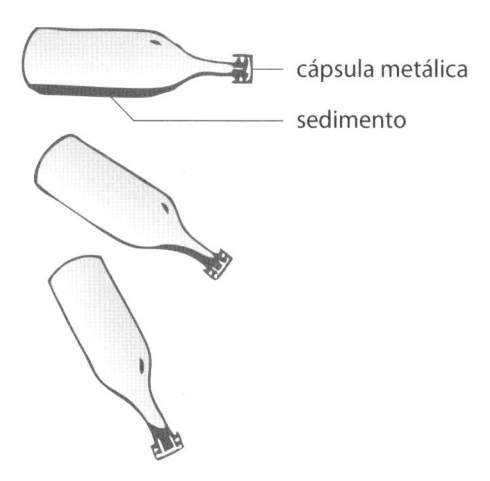

Figura 12. Esquema do processo *champenoise*.

Foto 68. O líquido é congelado, facilitando a saída do resíduo retido no gargalo.

Foto 69. *Dégorgement*.

Também máquinas, chamadas *gyropalettes*, substituíram os operários especializados em girar as garrafas.

Após o processo da *dosage*, que veremos a seguir, as garrafas de champanhe, já limpas, passam então por máquinas especiais que colocam rolhas típicas e armações de arame.

Foto 70. Com as *gyropalettes*, o processo *champenoise* foi mecanizado.

Foto 71. Máquinas especiais que colocam rolhas típicas e armação de arame.

Plantadores, produtores e *maisons*

Embora a maioria dos consumidores não franceses de champanhe o associe àquilo que, na verdade, são nomes de marcas – Moët & Chandon, Veuve Clicquot, Bollinger, Mumm, etc. – de fato, 90% de todas as uvas para o champanhe são cultivadas por 15 mil pequenos plantadores, cujos vinhedos têm apenas 2 hectares em média. Mesmo a maior vinícola, a gigantesca e poderosa Moët & Chandon, possui apenas 750 hectares de vinhedos, mais ou menos 2,5% da área total de vinhedos de Champagne.

As grandes *maisons* afirmam que somente usando uma ampla variedade de diferentes vinhos-base, frequentemente comprados de toda a região, pode-se produzir um bom champanhe, ano após ano. A verdade é que o champanhe dos plantadores tende a variar muito mais de ano para ano do que o champanhe das *maisons*, cuja função é manter o "estilo da casa", quaisquer que sejam as condições do ano.

Diz-se que o champanhe é melhor quanto mais perto ele for elaborado da Catedral de Reims, onde todos os reis da França foram coroados. Essa igreja gótica é uma das arquitetonicamente mais importantes da Europa, em parte porque foi completada em um período de cem anos, mas seguindo um projeto único. Não foi construída em vários séculos, sofrendo mudanças arquitetônicas. A uma distância pequena, que dá para percorrer a pé, estão as grandes marcas, como Krug, G. H. Mumm, Piper-Heidsieck, Roederer, Taittinger e Veuve Clicquot, bem como algumas *maisons* menores, altamente reputadas.

As *maisons* ao sudoeste da catedral estão sobre grandes cavernas de um calcário especial, conhecidas como *crayères*. Esse calcário, do tipo metamórfico, é macio para escavação e os túneis, devido à natureza do solo, são autossustentáveis, não necessitando de escoras ou vigas para se manter intactos. Originalmente abertas pelos romanos, as *crayères* foram transformadas em adegas de vinho por volta de 1800 e usadas para transporte de tropas aliadas durante as Guerras Mundiais. Hoje, nas *crayères*, milhões e milhões de garrafas de espumantes envelhecem lentamente em perfeitas condições.

Envelhecimento e *dosage*

O champanhe, possivelmente mais do que qualquer outro espumante, deve seus aromas e sabores ao tempo em que as garrafas passam simplesmente acomodadas nas *crayères*. Quanto mais o vinho permanecer em contato com o sedimento da borra do fermento que se acumula na garrafa, mais completo será seu sabor. Pesquisas indicam que esse processo tem um efeito perceptível sobre o vinho depois de aproximadamente dezoito meses de contato, e um efeito ainda maior depois de quase cinco anos. Na França, o mínimo legal para envelhecer o champanhe designado *non-vintage* é de doze meses, e para o *vintage* é de três anos, o que é uma pena. O champanhe francês mais barato pode ser colocado no mercado depois de doze meses e um dia, e pouco terá se beneficiado do contato com a borra do fermento. As grandes *maisons* de Champagne, no entanto, deixam suas misturas *non-vintage* envelhecer por pelo menos dois anos; e as *vintages* somente são liberadas para a degola depois de pelo menos seis anos.

Uma bolha é um fino filme de líquido cheio de gás. As minúsculas bolhas do champanhe, chamadas borbulhas, surgem quando as moléculas de gás carbônico se dissolvem no líquido. É considerado básico em Champagne que:

> Quanto menores as borbulhas, melhor é o vinho.

Foi provado que o tamanho das borbulhas é determinado pelo:
- tempo de envelhecimento (quanto mais tempo, menor);
- pela temperatura da adega (quanto mais fria, menor).

Uma fase de crucial importância é a *dosage*, mistura de açúcar de cana com vinho tranquilo da região, para preencher o espaço deixado pela parte congelada. A mistura é chamada de *liqueur d'expedition* ("licor de expedição"), e é feita para balancear a acidez e tirar o seco total. A quantidade de açúcar da mistura determina o tipo de champanhe:

Tipo	Teor de açúcar (g/litro)
Extra-*brut*	ao redor de 5
Brut	10
Seco	17
Demi-sec	35
Doce	mais de 50

Um champanhe apresenta delicadeza quando tem até 12,5% vol. de teor alcoólico.

Estilos de champanhe

- *Non-vintage*: Estilo básico de champanhe, é uma mistura de vinhos de diferentes regiões. Representa mais de 80% da produção da região, mas varia muito de qualidade.
- *Vintage*: É elaborado unicamente com vinhos de determinado ano cuja colheita é de excelente qualidade. Traz no rótulo o ano da colheita e tem um estilo que tende a extrair o melhor das melhores uvas.

- *Prestige cuvée*: São alguns *vintages* considerados vinhos de superqualidade. Colocados no mercado geralmente em garrafas e estojos elegantes, com a data da colheita, são quase sempre exorbitantemente caros. Apesar de serem os mais procurados pelos esnobes, testes de degustação às cegas mostraram que eles estão apenas entre os melhores champanhes que se podem comprar.
- *Blanc de blancs*: É o champagne feito exclusivamente com a uva Chardonnay.
- *Blanc de noirs*: É feito com o corte das tintas Pinot Noir e Pinot Meunier ou somente com a Pinot Noir.
- *Rosé*: Elaborado com uma mistura de vinhos brancos e tintos tranquilos, antes da fermentação em garrafa ou de uma maceração suave das uvas de champanhe, resultando uma cor rosada, sem a adstringência natural dos tintos, antes da segunda fermentação. É mais frutado e ligeiramente mais doce que o tipo *demi-sec*.

Grandes marcas de Champagne

Entre parênteses, o local da *maison* seguido do nome de seu *prestige cuvée*.

- Billecart-Salmon (Marenil-sur Ay, Billecart Cuvée)
- Bollinger (Ay, Bollinger RD)
- Charles Heidsieck (Reims, Cuvée Charlie)
- Heidesieck & Co. Monopole (Reims, Diamant Blue)
- Krug (Reims, NV Grande Cuvée)
- Lanson (Reims, Noble Cuvée)
- Laurent-Perrier (Tour-sur-Marne, Grand Siècle)
- Möet & Chandon (Épernay, Dom Pérignon)
- G. H. Mumm (Reims, Grand Cordon)
- Perrier-Jouët (Épernay, Belle Époque)
- Piper-Heidesieck (Reims, Rare)
- Pol Roger (Épernay, Sir Winston Churchill)
- Pommery (Reims, Louise)
- Roederer (Reims, Cristal)
- Ruinart (Reims, Dom Ruinart)

- Taittinger (Reims, Comtes de Champagne)
- Veuve Cliquot-Ponsardin (Reims, La Grande Dame)

Entre os champanhes menos conhecidos, mas altamente recomendados, destacam-se:

- Alfred Gratien (Épernay)
- Bruno Paillard (Reims)
- De Castellane (Épernay)
- Delbeck (Reims)
- Deutz (Ay)
- Duval-Leroy (Vertus)
- Salon (Avize, especialista em *blanc de blancs*)

OUTROS ESPUMANTES FRANCESES

Crémant é a palavra para designar um espumante francês feito fora da região de Champagne, pelo método clássico. Existe em toda a França, e os mais famosos são Crémant d'Alsace, Crémant de Loire e Crémant de Limoux.

Crémant d'Alsace é o espumante produzido na Alsácia, com as uvas Pinot Noir, Pinot Blanc e Chardonnay, colhidas antes das dos vinhos tranquilos para terem uma acidez pronunciada. A Chardonnay é pouco plantada na Alsácia e, por lei, só permitida no Crémant d'Alsace.

Depois de Champagne, o Loire é a principal fonte de espumantes da França. Os espumantes feitos cuidadosamente (método clássico) com crescentes quantidades de Chardonnay usam a Appellation Crémant de Loire, que exige produções menores, uma espremedura mais suave e período de envelhecimento mais longo. Existe no Loire um espumante com a denominação específica Saumur Mousseux, feito a partir das uvas Chenin Blanc, Chardonnay e Cabernet Franc, pelo método clássico. As uvas são exclusivamente da região de Saumur, ao contrário de um *crémant*, cujas uvas podem vir de qualquer parte do Loire. Os principais produtores de espumantes do Loire localizam-se em Saumur e estão ligados às casas de Champagne: Bouvet (Taittinger), Gratien & Meyer (Alfred Gratien) e a Langlois (Bollinger).

Os *crémant* de Limoux são espumantes simples e saborosos feitos nos arredores da cidade de Limoux, o lugar mais alto e frio do Languedoc. São feitos a partir da uva local Mauzac, cortada com a Chardonnay ou com a Chenin Blanc. É um produto sofisticado e uma boa alternativa ao champanhe. Dizem os locais que seus espumantes foram produzidos muito tempo antes dos de Champagne. O Blanquette de Limoux é um espumante feito pelo método clássico, exclusivamente de uvas Mauzac, chamadas na região de *blanquette*, colhidas tres meses antes que as do *crémant*.

CAVA

É o espumante (em espanhol, *espumoso*) feito pelo método clássico na região de Penedès, na Catalunha, Espanha. A maioria dos *cavas* é elaborada em uma das várias gigantescas casas baseadas na cidade de

Sant Sadurni d'Anoia. Frequentemente, é o corte das uvas Macabeo, que dão a *acidez* ("frescor"), Parellada, que dão um toque frutado, meio cítrico, e das alcoólicas Xarel-Lo, que conferem o corpo. O vinho estagia nove meses na garrafa, antes da degola. Resulta um espumante tecnicamente muito benfeito, com um filete constante de minúsculas bolhas que dão ao nariz um aroma de borracha ou de torrada tostada. Essa impressão é apenas uma questão de condicionamento e, sem dúvida, qualquer uma das melhores garrafas de *cava* faz tudo o que um bom espumante deve fazer: refrescar e estimular.

Apesar da relutância por parte de produtores conservadores, a Chardonnay foi oficialmente autorizada a entrar no corte e está sendo utilizada em todos os tipos de *cava*.

As principais casas de *cavas*, que ficam ao redor de Sant Sadurni d'Anoia, são (entre parênteses, seu principal espumante):

- Codorníu (Jaume Cordoníu),
- Freixenet (Brut Barroco),
- Marqués de Monistrol (Brut Seleccion).

A Codorníu produz aproximadamente 130 milhões de garrafas/ano, feitas pelo método clássico, que representam quase a metade da produção da região de Champagne.

PORTUGAL

A produção de espumantes em Portugal concentra-se na região de Távora-Varosa, entre dois rios que são afluentes do rio Douro, e na Bairrada.

A centenária casa Raposeira fica em Lamego, no vale do rio Varosa. Com o passar dos anos, conquistou uma sólida posição graças à qualidade de seus espumantes. O método de elaboração é o clássico, e as uvas são: Malvasia Fina, Cerceal e Gouveio. Os vinhos envelhecem em caves cuja temperatura é mantida em 14 °C.

Também no vale do Varosa, em Tarouca, fica a Murganheira, tradicional produtora de espumantes há mais de cinquenta anos e hoje proprietária da Raposeira. Além das uvas Malvasia Fina, Cerceal e Gouveio, também empregam Chardonnay, Touriga Nacional, Tinta Roriz e Pinot Noir. Utiliza-se também do método clássico e os vinhos estagiam, por um mínimo de três anos, nas singulares caves de granito azul, únicas no mundo, onde a temperatura constante de 12,3 °C garante um ambiente perfeito para a evolução do espumante.

A Bairrada é outra região importante de espumante em Portugal. Entre os produtores destacam-se Caves Aliança e a Adega Cooperativa de Cantanhede. No Douro, em Alijó, a Caves Transmontanas produz o espumante Vertice, de boa qualidade. Na Estremadura, em Loridos, a Bacalhôa (antiga J. P. Vinhos), usando a Chardonnay, tem elaborado bons espumantes.

BRASIL E AMÉRICA DO SUL

No Brasil, as condições climáticas da Serra Gaúcha são parecidas com as da região de Champagne, devido ao clima chuvoso e carente de sol. Com essas condições conseguem-se colher uvas de Chardonnay e Pinot Noir, que podem ter características semelhantes às usadas na elaboração do champanhe. A terceira uva, Riesling Itálica, corta-se muito bem com elas e contribui com ótimo frescor e frutado bastante simples, mas presente. Consegue-se um vinho-base com acidez necessária para sofrer a segunda fermentação, na qual se incorpora o gás carbônico, além de aromas e sabores complexos, formados pela ação das leveduras.

Os espumantes nacionais já adquiriram credibilidade no mercado internacional; em degustações às cegas têm superado os italianos e espanhóis e até alguns champanhes franceses. Não há dúvidas de que o espumante nacional é o melhor produto de nossa indústria vinícola. Os tintos precisam da ajuda da natureza; com cuidados razoáveis, mesmo nos anos ruins, conseguem-se uvas de qualidade, de boa para ótima, para espumantes.

Espumantes de outras regiões da América do Sul, dos quais alguns nos chegam da Argentina, apesar de serem feitos com Chardonnay e Pinot Noir, não se comparam aos nacionais. Conforme vimos, um espumante apresenta delicadeza quando tem até 12,5% vol. de teor alcoólico. Geralmente, o licor de tiragem acrescenta 1,5% de grau alcoólico, devendo-se partir de um vinho-base com no máximo 11% vol. para se obter um bom espumante. Na região de Mendoza o clima é muito quente e o vinho-base já parte com teor alcoólico alto, o que diminui a qualidade do produto final. Geralmente pesados, com sensação de álcool e certo adocicado, esses espumantes apenas confirmam que nossos vizinhos são ótimos produtores de vinhos tintos e brancos.

Principais produtores	
Adolfo Lona	Dal Pizzol
Casa Valduga	Don Giovanni
Cave Geisse	Marson
Chandon (*Excellence Brut* e *Brut*)	Salton
Cooperativa Aurora	Miolo

Método Charmat

Esse método, que leva o nome do engenheiro francês que o inventou, Eugène Charmat, também é chamado "método do tanque" e é bastante utilizado nos países do Novo Mundo. A segunda fermentação se dá em grandes tanques (autoclaves), geralmente de aço inoxidável, projetados para suportar altas pressões (foto 72).

A adição de leveduras e açúcares ao vinho-base provoca a segunda fermentação; a libertação de gás carbônico determina o aumento progressivo da pressão, até chegar próxima de 5,5 atm. A temperatura durante a segunda fermentação é mantida em torno de 13 °C, determinando a fineza e a persistência das bolhas do espumante.

Esse método é largamente empregado na Alemanha para fazer seu famoso espumante Sekt, que se utiliza basicamente das uvas Riesling e Müller-Thurgau. A taxa de consumo *per capita* do Sekt nos país é uma das maiores do mundo.

Na França, os vinhos feitos por esse método não têm o *status* de *appellation contrôlée*.

Foto 72. Autoclaves de aço inoxidável para a segunda fermentação, no método Charmat.

O método Charmat facilita a operação de remoção das leveduras; porém, o produto resultante tem aromas e sabores menos complexos que os obtidos pelo método clássico.

É também o método utilizado na elaboração dos *proseccos* italianos, que pululam nas prateleiras de nossos supermercados. São feitos exclusivamente da uva Prosecco, que é cultivada no leste do Veneto, na Itália, e originam um espumante com muitas bolhas, tendendo a produzir esse tipo de vinho, mesmo que o produtor não queira. São elaborados em grandes quantidades nas cidades de Valdobbiadene e Conegliano, e, com raras exceções, diluídos com toque adocicado e um travo amargo, que as bolhas ajudam a camuflar. Os espumantes nacionais são muito superiores à grande maioria dos *proseccos* disponíveis no Brasil.

Asti

O método Asti (originário da cidade italiana de Asti, no Piemonte) é frequentemente considerado uma variação do método Charmat. Ao contrário do método Charmat, no qual se obtém as bolhas na segunda fermentação, esse método se vale de uma única fermentação para obtenção de álcool e das bolhas. O suco das melhores uvas Moscato, filtrado e centrifugado, é resfriado a 0 °C e mantido por trinta dias nessa temperatura para armazenar melhor o aroma. Acrescentam-se leveduras e libera-se a temperatura. O vinho começa a fermentar. Interrompe-se a fermentação quando ainda existe algum açúcar residual e a graduação alcoólica está entre 7% vol. e 7,5% vol., levando-se a temperatura de novo a 0 °C, por mais trinta dias. Nesse período o gás carbônico fica retido e se dissolve no vinho. A seguir, o vinho é filtrado e engarrafado. Obtém-se um vinho leve, no qual as bolhas dão frescor e compensam a doçura e aspectos muito aromáticos.

Hoje, várias cantinas no Brasil apostam no sucesso desse vinho entre nós, pois ele é capaz de agradar à maioria dos consumidores. Tem o frescor das bebidas jovens, é aromático, pouco alcoólico, fácil de ser bebido e com alguma doçura não enjoativa. Obedecendo a acordos comerciais internacionais sobre o uso de marcas, esses vinhos, no Brasil, não podem ostentar o nome Asti, o que levou os produtores nacionais a optar pela denominação "Moscatel Espumante". Os produtores nacionais que se destacam na área dos espumantes são os mesmos que elaboram excelentes moscatel espumantes.

Carbonização

Existem ainda espumantes feitos com injeção artificial de gás carbônico, sem fermentação. São de qualidade bem inferior aos obtidos por um dos métodos aqui descritos.

Abrindo um espumante

Nos espumantes, a rolha deve sair com um leve zumbido de gás, e não com um violento estampido, derramando vinho por todos os lados, encenação só válida em premiações na Fórmula 1 ou no cinema. A cápsula deve ser removida até o nível que exponha o anel que trava

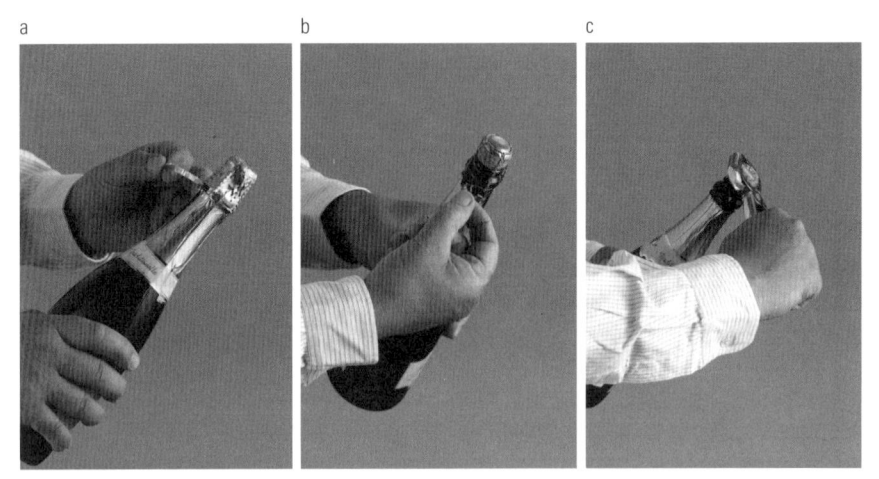

Fotos 73a. Remove-se a cápsula o bastante para expor o anel que trava a gaiola; 73b. Desenrola-se o anel até que se afrouxe a gaiola; 73c. Prende-se a rolha e gira-se a garrafa.

a "gaiola" (armação de arame). Ao desenrolar o anel, a gaiola afrouxa o suficiente para ser retirada. Segura-se a garrafa com uma inclinação de 45°, prende-se a cabeça da rolha e gira-se a garrafa lentamente, até que a rolha comece gradualmente a sair, até se soltar (fotos 73a, b e c).

Notemos que as rolhas de espumantes têm o formato especial de cogumelos, criado quando elas são colocadas na garrafa. Seu corpo é composto de 70% de cortiça aglomerada, em cuja extremidade são coladas duas ou três lâminas de cortiça natural, com a finalidade de isolar o líquido do contato com a cortiça aglomerada.

Servindo um espumante

A taça preferida para servir um espumante, como vimos, é a *flute*, de cristal ou vidro transparente, que tem a forma de uma tulipa alongada, com boca não muito pequena. Ao se servir, a taça deve estar seca, na temperatura ambiente e nunca previamente resfriada. O serviço em taça resfriada torna-a embaçada, o que dificulta a observação das características do vinho.

Inicialmente, sirva uma pequena quantidade de espumante (um dedo aproximadamente), espere baixar a espuma e complete com no máximo dois terços da taça. Ao resfriar inicialmente o fundo da taça, onde se formam as borbulhas, obtém-se melhor persistência delas.

Degustação de espumantes

Visual

A cor pode ir do branco muito pálido, quase incolor, até o âmbar, e escurece com o tempo.

A espuma depende do diâmetro das bolhas e da persistência do cordão de espuma que se forma. A quantidade de bolhas (chamada *perlage*), seu tamanho e persistência devem ser analisados. Quanto menores e mais numerosas as bolhas, melhor a qualidade do espumante.

A velocidade de subida das bolhas é função do teor de açúcares residuais: num *demi-sec*, as bolhas sobem mais lentamente que num *brut*.

Olfativo

O número de aromas identificáveis num espumante é o mesmo dos vinhos tranquilos. Os aromas do vinho-base são destacados pelo gás carbônico.

Gustativo

Deve-se verificar o tripé acidez-açúcares-gás carbônico, no qual nenhum deles deve se destacar. Uma das funções do gás carbônico é neutralizar o gosto do açúcar. O gás carbônico deve dar a sensação de estar intimamente ligado ao vinho, e não de desprender dele.

O final de boca deve ser duradouro, deixando-a refrescada.

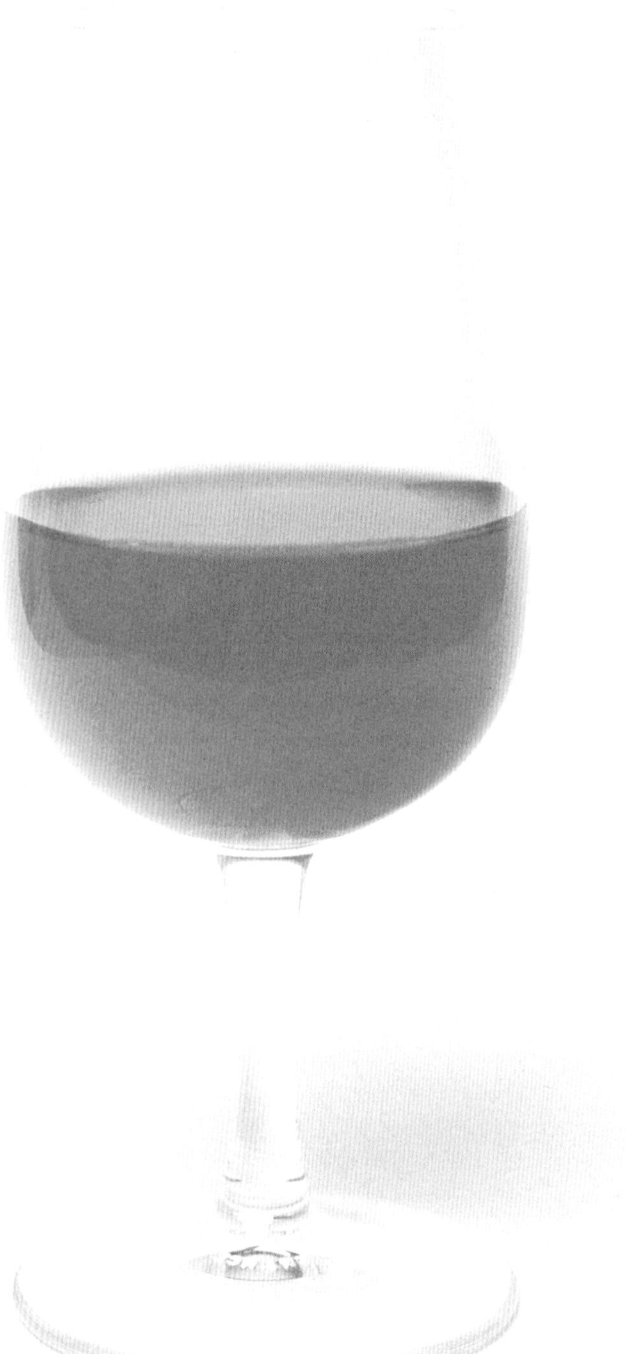

Porto e outros fortificados
25

O vinho do Porto deve sua existência, em grande parte, a um atrito entre Inglaterra e França no século XVII. Nessa época, houve interrupção no abastecimento natural de vinhos franceses e os ingleses tiveram de se voltar para Portugal, seu antigo aliado, como fonte alternativa. Os vinhos tintos portugueses eram o oposto dos vinhos franceses, que eram leves e muito apreciados pelos ingleses. Como os vinhos de que dispunham na cidade do Porto eram ásperos e duros, os comerciantes ingleses começaram a se afastar da cidade entrando na região do vale do rio Douro, onde fizeram experiências com os tintos locais. Verificaram que, se acrescentassem um pouco de aguardente vínica, o vinho enfrentava muito bem a viagem de navio do Porto para a Inglaterra. No entanto, ele não tinha o gosto que apreciavam, até que os produtores começaram a acrescentar a aguardente antes que a fermentação do vinho tivesse terminado. Como os levedos param de trabalhar quando o teor alcoólico atinge certo valor, acrescentar aguardente com o vinho parcialmente fermentado deixou bastante doçura natural da uva no vinho. Essa bebida forte e rica tornou-se imensamente popular no norte da Europa e até hoje os princípios de produção permanecem os mesmos. O Brasil é um dos dez maiores importadores do mundo dessa bebida.

REGIÃO DO DOURO

É a mais antiga região demarcada do mundo, criada em 1756 por influência do marquês de Pombal. Fica no nordeste de Portugal e ocupa uma área de 250 mil hectares. Começa perto da cidade de Mesão Frio, a 70 quilômetros da cidade do Porto, e segue o rio Douro e seus afluentes até a fronteira com a Espanha (mapa 53). A partir de Mesão Frio, a região é dividida em três sub-regiões: o Baixo Corgo, nome de um afluente do Douro, Cima Corgo e o Douro Superior.

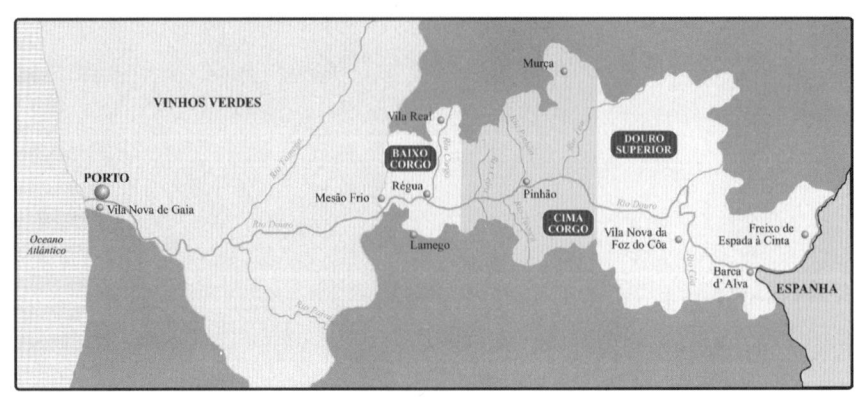

Mapa 53. Região do Douro.

Montanhas se elevam nas duas margens do rio, onde os vinhedos oferecem um magnífico visual. Essas encostas chegam a ter inclinação de 70° e as videiras eram plantadas em terraços estreitos, cortados na rocha de xisto, escorados por imensos muros de contenção em pedra. Frequentemente esses terraços, conhecidos como "socalcos", não têm mais do que duas ou três fileiras de videiras (foto 74).

Como o xisto só se encontra na superfície, isso permitia que as raízes se aprofundassem em busca de água e nutrientes. As condições de trabalho sempre foram extremamente difíceis. Atualmente, máquinas de terraplanagem e até explosivos executam vinhedos mais viáveis, com contornos, chamados "patamares", onde a erosão é minimizada por escoramento de terra com proteção de vegetação. Também alguns vinhedos são conduzidos por fio, subindo as encostas menos íngremes,

Foto 74. O solo de xisto favorece a produção de uvas tintas, no Douro.

método chamado "vinhas ao alto", bastante difundido ao longo do rio Reno, na Alemanha.

Clima e solo

A cidade do Porto é considerada uma das mais úmidas da Europa, com um índice pluviométrico anual de 1.200 milímetros. Ao norte, a região dos Vinhos Verdes tem um clima quente e úmido, fortemente influenciado pelo oceano Atlântico. Em contraste, a região demarcada do Douro é quente e seca no verão e fria no inverno, apresentando clima mais continental.

A chuva e os outros efeitos do oceano diminuem à medida que se vai para o interior do país, não somente devido ao aumento da distância do mar, mas também devido à influência da serra do Marão. Essa cadeia de montanhas, que fica ao norte e a oeste do Douro, protege a região dos ventos úmidos que predominam no oeste. Como ilustração, a cidade de Régua tem 900 milímetros de índice pluviométrico anual, Pinhão tem 700 milímetros e Barca d'Alva, na fronteira com a Espanha, somente 400 milímetros. Chove na primavera e no outono; no verão há tempestades ocasionais. No Douro superior as temperaturas alcançam, no verão, 40 °C e podem permanecer nos 30 °C durante a época da colheita.

Uma fina camada de terra recobre o solo, normalmente xistoso ou granítico.

O xisto é muito importante para uvas tintas, pois reflete a luz solar, não permitindo aquecer muito a videira durante o dia e evitando acelerar a maturação. Ele armazena o calor que, à noite, é cedido à planta para continuar seu amadurecimento correto.

O solo granítico é bom para uvas brancas.

Uva, cultivo e vinificação

As variedades de uva são extremamente importantes para a qualidade final do Porto, mas seus nomes nunca aparecem no rótulo. Cerca de 48 variedades são permitidas para a elaboração do vinho. No entanto, atualmente, os produtores de Porto cultivam cada vez mais as que dão o melhor vinho. Entre as tintas destacam-se a Touriga Nacional, Tinta Roriz, Touriga Franca, Tinta Cão, Tinta Barroca e Mourisco; entre as brancas, Gouveio, Viosinho e Malvasia Fina.

Era tradição na região as uvas chegarem misturadas na vinícola e vinificarem-se juntas diferentes variedades de tintas, até com algumas brancas. Hoje as variedades são agrupadas, já no próprio vinhedo, em "talhões", como se diz em Portugal, e são vinificadas separadamente, de acordo com seu grau de maturação; o resultado tem sido muito melhor.

O Porto sempre foi um dos vinhos mais rigidamente controlados no mundo. Atualmente, os vinhedos são classificados de acordo com a produtividade (quanto mais baixa a produção, mais alta a classificação), altitude, solo (maior presença de xisto), posição geográfica, variedades de uvas, inclinação e proteção do sol, idade da videira e distância entre elas. A classificação vai de A (o topo) até F (a mais baixa) e somente certa quantidade de vinho pode ser transformada em Porto, a cada ano, e receber o selo do Instituto dos Vinhos do Douro e do Porto (IVDP).

As uvas são cultivadas em pequenas quintas que pertencem às próprias casas produtoras ou aos mais de 20 mil plantadores. Cada produtor de Porto acompanha cuidadosamente o ciclo anual e determina o início da colheita. Bandos de coletores de uvas, chamado "rogas", liderados por um "rogador", trazem as uvas do vinhedo para o esmagamento. Até trinta anos atrás, todo esse esmagamento era feito pelo método pisa-a--pé. Acontecia nos lagares – grandes tinas de madeira ou de concreto, baixas e abertas. Mais ou menos catorze homens por lagar ficam andando sobre as uvas, acompanhados por um acordeão; trabalham quatro horas e descansam outras quatro, até que as uvas tenham suas cascas todas arrebentadas com os sólidos flutuando acima do sumo (foto 75).

Foto 75. Homens no trabalho do pisa-a-pé na elaboração do Porto.

Quando um teor suficientemente alto de álcool é atingido, deixando ainda bastante açúcar no mosto, o vinho é escorrido para dentro de tonéis de madeira e misturado com aguardente vínica, com teor alcoólico de 77% vol. O álcool interrompe o processo de fermentação, deixando o vinho com teor alcoólico entre 19% vol. e 22% vol. e mantendo parte do açúcar natural da uva.

Atualmente, a maior parte da colheita é esmagada mecanicamente, por robôs pisantes, e a fermentação ocorre em tanques de inox.

Armazéns de Vila Nova de Gaia

Na primavera, grande parte do vinho é transportada para os armazéns dos produtores na cidade de Vila Nova de Gaia, na boca do rio Douro, situada em frente à cidade do Porto (foto 76).

Originalmente, a viagem era feita em barcos de fundo chato chamados "rabelos", nome que, segundo consta, originou-se de "barcos de rabo belo", por causa de suas longas caudas coloridas. Com a construção de modernas rodovias, o transporte passou a ser feito por caminhões-tanque e os pitorescos barcos são usados como propaganda móvel para os produtores. A presença inglesa ainda é bastante forte: os armazéns chamam-se *lodges* e existem diferentes marcas de Porto com nomes ingleses.

Os armazéns de Vila Nova de Gaia reúnem condições ideais para o envelhecimento, oferecendo baixa temperatura e alta umidade, que diminuem a evaporação dos vinhos (foto 77). Eles são armazenados em barris de madeira com capacidade de 520 litros, tradicionalmente cha-

Foto 76. Armazéns de envelhecimento do Porto, em Vila Nova de Gaia.

Foto 77. Pipas em locais com alta umidade e baixa temperatura.

mados pipas. Nas pipas, podem ficar ao abrigo do ar por muitos anos, desenvolvendo o processo da oxirredução. Não há correrias, nem o calor do verão nem o frio do inverno; nos locais de chão de terra e tetos escuros começa a transformação do vinho.

Nos armazéns, o vinho de cada pipa é experimentado depois de certo tempo para se decidir o seu futuro. Os de alta qualidade são separados dos outros, misturados apenas entre si e guardados por dezoito meses. Daí, são novamente experimentados para se verificar se são bons o suficiente para ser vendidos como determinado estilo de Porto ou se serão mantidos na madeira por mais tempo para se transformar em outro estilo.

Atualmente foi autorizada a vinificação, armazenamento e comercialização direto na região do Douro.

Após ser engarrafado, o Porto recebe uma rolha capsulada, destinada a bebidas de alto teor alcoólico e que têm a parte superior de plástico ou de madeira.

Principais produtores	
Borges	Niepoort
Burmester	Offley
Calem	Poças Jr.
Cockburn	Quinta do Noval
Croft	Ramos Pinto
Daleforce	Real Companhia Velha
Dalva	Rozes
Dow	Sandeman
Ferreira	Taylor
Graham	Warre
Messias	

Estilos de Porto

Basicamente, conforme o tempo de envelhecimento em madeira, existem dois estilos de Porto: *ruby* e *tawny*.

Ruby

Ruby é o estilo de Porto feito com uvas tintas, que passam menos tempo em madeira. Procuram-se manter a cor mais ou menos intensa e o aroma frutado. Apresenta os seguintes tipos:

- *Básico*: É um vinho jovem, áspero, de sabor pronunciado, mas gostosamente doce.

- *Vintage*: Essa definição começou em 1930 com os ingleses – em inglês *vintage* significa vinho de uma única colheita. É o Porto mais prestigiado, só elaborado em anos excepcionais. A experiência mostra que tais anos só ocorrem três vezes por década. Mesmo num ano muito bom, nenhum produtor irá declarar um *vintage* assim que o vinho é feito. O produtor acompanha o desenvolvimento de seu vinho, que, depois de dezoito meses, é "declarado" um *vintage* se a insuspeita Câmara de Provadores, comissão do IVDP, concordar que o vinho daquele ano é excepcional. O vinho é engarrafado entre o segundo e o terceiro ano após a colheita, tendo pouco contato com a madeira. Deve passar necessariamente por envelhecimento em garrafa por muitos anos para preservar sua magnífica fruta. Todo *vintage* tem um sedimento na garrafa e precisa de decantação, já que os produtores, por natureza e tradição, não se utilizam de clarificação, filtração e estabilização a frio.

- *Late Bottled Vintage (LBV)*: É do ano que está declarado no rótulo e engarrafado depois de quatro a seis anos na madeira, evoluindo assim rapidamente. Apesar de ter as qualidades do *vintage*, são bons representantes do estilo encorpado e frutado. Geralmente é um vinho que foi filtrado e, para o consumidor, é o que oferece a melhor relação qualidade/preço.

Tawny

Pertencem a outro campo; representam a sabedoria e o talento de misturar Portos de vários anos. Até serem utilizados, permanecem em pipas de 520 litros, que permitem ao vinho respirar através de seus poros. Com a permanência prolongada em madeira, um processo oxidativo deixa sua cor mais clara (a palavra inglesa significa aloirado), os aromas mais amadurecidos com toques de nozes, avelã e frutas secas, e a textura, macia e sedutora. O tempo que passam na madeira é que os distingue; todos, porém, podem ser consumidos de imediato. O fato de terem permanecido em ambiente oxidativo faz que não precisem ser decantados e que possam ser consumidos aos poucos, por um bom tempo. Sua vedação é uma rolha de cortiça capsulada, permitindo tirar e colocar de volta.

Seus tipos são os seguintes:

- *Básico*: É o corte de Portos que raramente têm mais de três anos, não sendo a cor muito clara. Os Reserva são envelhecidos entre cinco e seis anos, e ganham maciez.

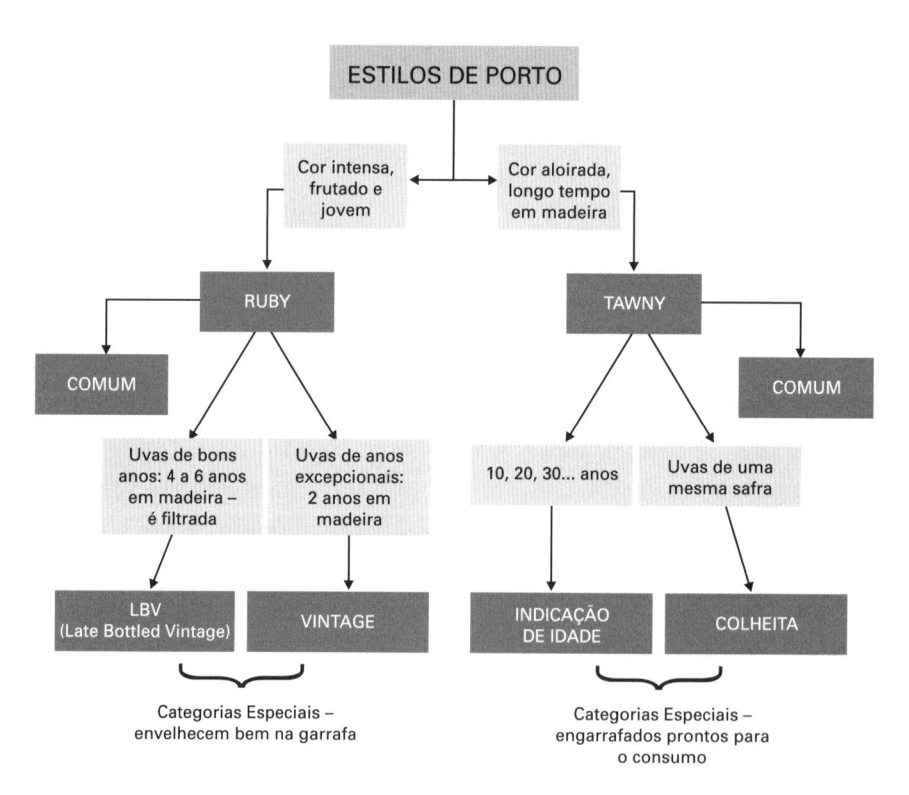

Esquema 7. Estilos de Porto.

- *Indicação de Idade (10, 20, até 30 anos ou mais):* É o *tawny* de alta qualidade. Os vinhos de vários anos são misturados e a data se refere à idade média dos Portos na mistura. Em geral misturam-se vinhos novos, que têm mais fruta e frescor, com mais velhos, que são mais macios, dando na média a idade indicada.
- *Colheita*: É o *tawny* elaborado com uvas de uma mesma safra, indicada no rótulo. Costumam ser engarrafados à medida que o produtor tem interesse em colocá-los no mercado. São vinhos de alto padrão, mas diferentes dos *Vintages*; a seleção de uvas é menos rigorosa e, como envelhecem em madeira, são em geral produzidos todos os anos.

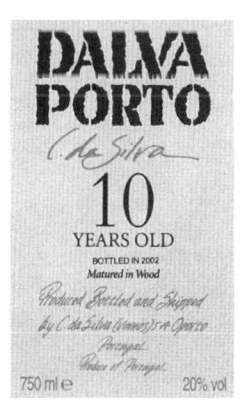

Dizem que os *ruby* e *tawny* simples são para os dias comuns; o *tawny* com indicação de idade, para a gastronomia; e o *vintage*, para ser bebido sem comida, exclusivamente ele, passado de mão a mão, no sentido horário, e com grande cuidado, pois a garrafa não deve ser pousada sobre a mesa para que não pare de circular.

Uma menção deve ser feita ao Porto branco, cuja produção representa apenas uma pequena porcentagem no total de Porto produzido. O Porto branco é elaborado nos estilos seco ou doce. A maioria tem um toque de doçura, existindo alguns muito doces, chamados Lágrima, muito populares em Portugal. Com o branco seco e jovem é feito o aperitivo chamado Portonic: uma porção de Porto branco, outra igual de tônica, uma rodela de limão e alguns cubos de gelo. Pode também ser servido com *club soda*; em outras palavras, o Porto branco tem sido uma alternativa para o vermute.

MADEIRA

O Madeira é um vinho fortificado que vem da pequena Ilha da Madeira, território português a mais ou menos 600 quilômetros da costa do Marrocos. Teve grande prestígio e disputou com o Porto o mercado internacional desse tipo de vinho no século XVIII. No final do século XIX, a ilha foi atingida pelo filoxera. O vinho teve um longo declínio e, durante a maior parte do século XX, foi pouco divulgado. Recentemente, devido às iniciativas do governo português, o Madeira começa a ressurgir.

Era conhecido como o "vinho torna-viagem". Era embarcado em navios e mandado para o Oriente. Como nem todo vinho era vendido, uma parte voltava à ilha. Constatava-se que o vinho que tinha feito a viagem de ida e volta estava melhor do que quando fora embarcado. A explicação era que sua passagem por climas quentes (calor equatorial) causava um envelhecimento suave, melhorando-o. Hoje, o Madeira é um dos poucos vinhos do mundo aquecido deliberadamente para provocar envelhecimento artificial.

O Madeira básico é envelhecido pelo processo de "estufagem". Os vinhos já fortificados são colocados em cubas (ou tanques de concreto) dotadas de serpentinas de aquecimento. A temperatura é elevada a mais de 40 °C por, pelo menos, três meses, forçando o envelhecimento do vinho.

Os melhores Madeiras, contudo, não são aquecidos de modo algum. Procura-se um envelhecimento natural em cascos (tonéis de madeira de aproximadamente 600 litros), começando por seu repouso em sótãos de armazéns, onde a temperatura é mais alta, principalmente por ser a ilha muito quente. À medida que os anos passam, eles são trasfegados para andares mais baixos, em temperaturas menores. É um envelhecimento natural que lhes confere delicadeza e elegância, situando-os entre os melhores fortificados do mundo.

Depois de completado o processo de aquecimento, o vinho descansa um ano ou mais para se recuperar do choque térmico.

Como o vinho pode ser "cozido", ele acrescenta sabor à maioria das comidas. Responsável pelo famoso "molho madeira", é usado na culinária por *chefs* de cozinha de todo o mundo.

A maioria dos Madeiras básicos é feita a partir da uva tinta Negra Mole, que agora predomina nos vinhedos da ilha. Contudo, os melhores Madeira são feitos a partir de uma das quatro uvas brancas designadas como nobres pelo Instituto do Vinho da Madeira (IVM): Bual, Malmsey (conhecida em outras regiões como Malvasia), Sercial e Verdelho.

Os estilos de Madeira recebem o nome da uva e, por imposição da DOC, a variedade indicada no rótulo deve representar 85% no corte:

- *Sercial*: é o estilo mais seco, com sabores pronunciados, alcoólicos e acidez cortante.
- *Verdelho*: é o estilo meio seco, com gosto defumado e bastante álcool. O Verdelho com frutado suave é conhecido como Rainwater.
- *Bual*: é o estilo meio doce, com ligeira acidez.
- *Malmsey*: é o estilo surpreendentemente doce, com cheiro de açúcar mascavo. É elaborado com uvas supermaduras.

O Sercial e o Verdelho são servidos como aperitivo; o Bual e o Malmsey podem constituir a própria sobremesa.

Principais produtores	
Arthur de Barros e Sousa D'Oliveiras Henriques & Henriques Justino Henriques	Madeira Wine Company (possui as marcas Blandy, Cossart Gordon, Leacock e Miles e parte pertence à Symington, proprietária de importantes casas de Porto).

OUTROS TIPOS DE FORTIFICADOS

Portugal

Outro vinho fortificado de Portugal digno de nota é o pertencente à DOC Moscatel de Setúbal. Pela famosa ponte sobre o rio Tejo, a partir de Lisboa, chega-se à península de Setúbal, onde estão os vinhedos dessa DOC. Os vinhos são fortificados da mesma maneira que o Porto, com o acréscimo de aguardente vínica para interromper a fermentação.

A uva básica, chamada Moscatel de Setúbal, é a branca Muscat de Alexandria, cujo aroma é reconhecido de imediato, assim como o vinho que origina. Na DOC é obrigatório que os vinhos tenham pelo menos 85% dessa uva. Quando estagia longamente em barricas de madeira o vinho vai escurecendo, tornando-se cada vez mais doce, e começam a se destacar aromas de frutas secas: amêndoas, nozes e uvas-passas. A José Maria da Fonseca, a segunda maior produtora de vinhos de Portugal, com tradição secular na produção desses vinhos, tem sua sede em Azeitão, na península de Setúbal. Seu Moscatel corrente é o Alambre, que apresenta, quando novo, aromas de lima e de laranja, que se alteram com o tempo. À semelhança do Porto, a José Maria da Fonseca tem lançado Moscatel com indicação de idade.

Outro grande produtor é Bacalhôa (antiga J. P. Vinhos), também com base em Azeitão, que, além do tradicional Moscatel de Setúbal

DOC, oferece o Colheita, feito de 100% de Moscatel de Setúbal de um único vinhedo. Também elabora o Moscatel Roxo, a partir de uvas do mesmo nome, que se tem revelado um fortificado de qualidade superior.

No Douro, utilizando-se de uvas brancas tipo Moscatel Galego, plantadas em regiões com altitudes acima de 600 metros, principalmente nas encostas do vale do rio Pinhão, alguns produtores (por exemplo, Adega Cooperativa de Favaios e Quinta do Portal) têm elaborado um bom vinho fortificado, denominado Moscatel do Douro.

França

Na França, os vinhos fortificados são denominados Vin Doux Naturel (VDN), que literalmente significa "vinho doce natural", e são produzidos na região do Midi da França, frequentemente das uvas Grenache e Muscat. Eles recebem a adição de álcool vínico durante a fermentação, quando aproximadamente metade do açúcar foi transformada. Esse processo é denominado na França de *mutage*.

A vila de Beaumes-de-Venise, no Rhône do Sul, produz um VDN a partir das uvas Muscat à Petit Grains desde a Idade Média. Utiliza a fermentação a frio para manter ao máximo o gosto da uva, interrompendo-a com o acréscimo de um pouco de álcool vínico. São vinhos de sabores agradáveis e deliciosos, que pertencem à *Appellation* Muscat de Beaumes-de-Venise.

Numerosos outros VDN baseados na Muscat à Petit Grains são produzidos no Languedoc. Esses vinhos têm uma cor que vai do quase rosado até o ouro, somam uma deliciosa doçura e um aroma de fruta seca da uva. Têm aproximadamente 16% vol. e devem ser servidos bem frios. São bastante conhecidos: Muscat de Frontignon, Muscat de Mireval, Muscat de Lunel e Muscat de St.-Jean-de-Minervois.

Banyuls é a mais conhecida das *appellations* do Roussillon e seu vinho é feito, principalmente, de uvas Grenache, quase tornadas passas em vinhedos rochosos ou em terraços que ficam sobre o Mediterrâneo, perto da fronteira com a Espanha. Em Banyuls é permitido que as cascas da uva continuem a maceração após a *mutage*, procurando-se extrair o máximo de cor e tanino. Os vinhos jovens costumam ser colocados em grandes jarras ou barris e deixados ao sol quente. Muitos produtores deixam o vinho algum tempo debaixo dos caibros dos telhados, pelo menos durante um verão. Frequentemente, têm sabor de uva-passa; às vezes adquirem um gosto de nozes quase rançoso, chamado *rancio*, pela exposição ao ar e ao calor. Alguns produtores prolongam o envelhecimento durante vários anos para obter um vinho viscoso, mais balanceado, que muitos apreciadores consideram um bom companheiro para o chocolate.

Maury é uma pequena *appellation* no norte do Roussillon que produz vinhos fortificados quase tão bons quanto os de Banyuls.

Entre Maury e Banyuls há uma grande área com permissão para produzir o Muscat de Riversaltes, vinho fortificado feito da variedade Muscat de Alexandria, uva menos nobre e diferenciada que a Muscat à Petit Grains, dos Muscat do Languedoc e do Beaumes-de-Venise.

DOs DE ANDALUZIA

Situada no sul da Espanha, a Andaluzia é a parte vinícola mais histórica e de maior fama mundial do país. Na região que corresponde às DOs se condensam muitos atrativos culturais: os vinhos, os cavalos, o flamenco, a arte taurina, a arquitetura e uma história trimilenária.

A Andaluzia compreende as seguintes DOs:

Jerez, Xerez, Sherry e Manzanilla, Sanlúcar de Barrameda

Corresponde à principal região de vinho fortificado do país. O nome *Jerez* é usado na Espanha, sendo chamado de Xerez na França e aqui no Brasil. *Sherry* é um anglicismo do nome *Jerez*, usado pelos marinheiros um tanto embebedados, cujo trabalho era levar o vinho para o norte da Europa desde a época em que o comércio teve início.

As *bodegas* estão instaladas em Jerez de la Frontera, Sanlúcar de Barrameda e El Puerto de Santa Maria, abrangendo a região de produção também as vilas de Chipiona, Trebujena, Chiclana e Lebrija.

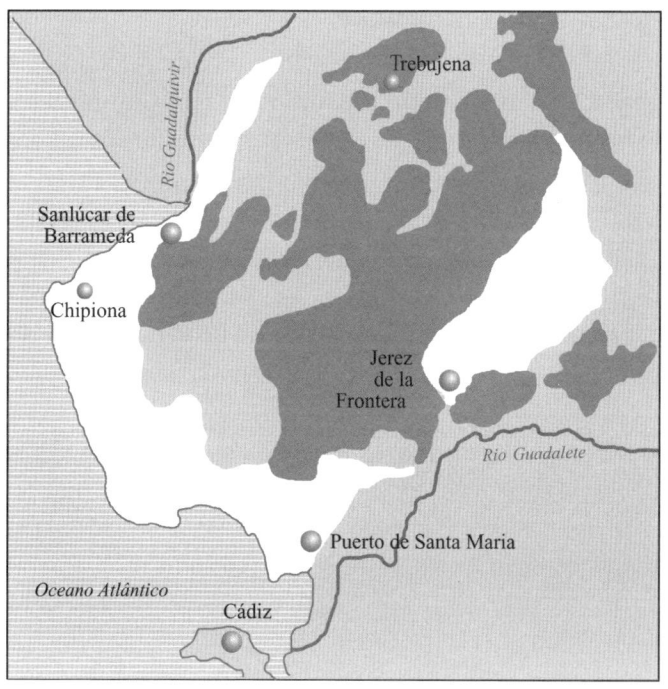

Mapa 54. Região produtora de Xerez, no sul da Espanha.

Jerez de la Frontera, a cidade que dá o nome ao vinho, fica na parte central, a cerca de 16 quilômetros da baía de Cádiz. De grande gastronomia, abriga magníficos cavalos (os da Real Escuela Andaluza de Arte Ecuestre) e o apaixonado canto flamenco. As grandes *bodegas* são conhecidas com *catedrales* de Jerez, e uma visita a uma delas é importante para conhecer o processo de elaboração do Xerez, degustá-lo e desfrutar do valor arquitetônico de suas instalações.

Sanlúcar de Barrameda, junto à desembocadura do rio Guadalquivir, é o porto de onde saíram Cristovão Colombo e Fernão de Magalhães, para dar a volta ao mundo. As *bodegas* de Sanlúcar têm portas e janelas muito bem projetadas para aproveitar as brisas salinas do Atlântico, importantes na elaboração de seu vinho.

El Puerto de Santa Maria é uma cidade refrescada pela brisa úmida da baía, às margens do oceano Atlântico e do rio Guadalete. As *bodegas* jerezanas têm aqui suas adegas de envelhecimento, para que o vinho absorva o perfume *gaditano* (da região de Cádiz) que se respira nessa cidade aberta aos aromas do oceano.

Clima, solo e uvas

É uma região de clima tórrido, onde durante somente dez semanas por ano o sol não brilha. Há uma importante influência marítima, dados a proximidade do oceano Atlântico e os ventos úmidos que ele envia.

Os principais vinhedos da região apresentam um tipo de solo calcáreo, extremamente branco, com pequena quantidade de argila, chamado *albariza*. Ele estende-se por toda a área central de cultivo e produz os melhores e mais delicados vinhos. As *albarizas* são camadas muito esponjosas e absorvem as águas das chuvas no inverno, formando um crosta que, posteriormente, limita a evaporação durante o verão e permite que as uvas resistam à forte estiagem (foto 78).

A uva-base do Xerez é a Palomino, que origina geralmente vinhos neutros, de pouca acidez e corpo. Os Xerezes secos, provavelmente, têm 100% dessa uva; os doces recebem, principalmente, a adição da uva Pedro Ximenez, cujos cachos são secos ao sol em esteiras de palha ou em estufas de plástico, para concentrar os açúcares (foto 79). Também se usa nos doces a uva Moscatel.

Foto 78. Vinhedos em solo *albariza*.

Foto 79. Secagem de cachos de uvas Pedro Ximenez, ao sol, em esteiras de palha.

Estilos de Xerez

No desenvolvimento dos estilos tiveram grande importância os negociantes ingleses e irlandeses, que fundaram firmas ao redor de Jerez de La Frontera. Foi nas adegas inglesas que os estilos de Xerez gradualmente evoluíram. Verificaram que o vinho-base da uva Palomino ganhava novas características com a adição de um destilado de uvas, o que caracteriza o Xerez como um vinho fortificado. Algumas barricas (de carvalho americano, com capacidade de 600 litros, chamadas *botas*) desenvolviam uma película cremosa na superfície. Mais tarde, descobriu-se que essa película era uma espécie de levedo, a *Saccaromyces beticus*, que protegia o vinho da oxidação. Graças a essa qualidade, a película foi chamada de *flor*. Os vinhos que desenvolviam a *flor* eram considerados os melhores e foram chamados de "finos".

O Xerez fino é fortificado até 15% vol. e os outros, que não desenvolvem a *flor*, recebem maior proporção de destilado de vinho para chegar aos 18% vol., originando o Xerez denominado *oloroso*. Nesse há um processo gradual de oxidação, resultando um vinho de cor acastanhada, cheio de intensos sabores queimados e totalmente secos. A flor confere ao fino tons claros, aromas puros e um paladar mais refinado.

Foto 80. Flor desenvolvida na superfície do vinho fortificado.

O mesmo ocorre no *manzanilla*, um fino produzido exclusivamente em Sanlúcar de Barrameda. Lá, o clima mais úmido e salino forma uma película mais espessa, preservando mais o líquido. O *manzanilla* é, então, mais claro, seco e leve que o fino.

Sistema *solera*

Geralmente, os habitantes de Jerez de La Frontera bebiam o vinho logo depois que ele era produzido. Quando deixavam o vinho na barrica por alguns anos, ele escurecia. Completando as barricas de vinho do ano anterior com o vinho afetado pela *flor* do ano, eles descobriram que o frescor poderia ser mantido. Assim, desenvolveu-se o sistema

Foto 81. Processo *solera*.

solera. Nas *bodegas*, as barricas armazenam vinhos de diferentes idades: as que estão na *solera* ("solo" ou "soleira", em português) abrigam o vinho mais velho e sobre elas ficam barricas em dois níveis, chamadas *criaderas* ("berçários"), com vinhos mais jovens. Da *solera* retira-se, periodicamente, o vinho que será engarrafado. A parte extraída é reposta com vinho mais jovem, que está na barrica acima; este, por sua vez, é preenchido com vinho da barrica mais acima. A barrica do topo é completada com o vinho novo.

O objetivo não é refletir as diferenças das colheitas, mas manter as características do vinho, permitindo às *bodegas* vender um estilo consistente ano após ano.

Amontillado, *palo cortado* e Xerez doce

O Xerez mais amplamente encontrado é o *amontillado*. É um fino que sofreu ligeira oxidação. Sem a proteção da *Saccaromyces beticus*, o contato com o oxigênio aprofunda a cor, fazendo-o escurecer na barrica até uma secura extrema, com gosto de nozes. O mesmo ocorre em Sanlúcar, onde se tem o *manzanilla passada*.

Palo cortado é um Xerez intermediário entre o *fino amontillado*, ao qual se assemelha no aroma, e o *oloroso*, com o qual se parece em paladar e teor alcoólico. É o mais raro do Xerez, elegante, com notas de frutas secas, especiarias e uma boca iodada.

As uvas Pedro Ximenez e Moscatel entram na produção do Xerez doce, muito apreciado nos países de língua inglesa. A adição de vinhos dessas uvas ao Xerez determina diversos tipos de Xerezes doces. As *rayas* são Xerezes produzidos em grande quantidade, doces e destinados a consumação em massa. Os mais elaborados são designados *cream*.

Principais produtores	
Barbadillo	Osborne
Emilio Lustau	Pedro Domecq
Gonzáles Byass	Valdespino
Hidalgo	

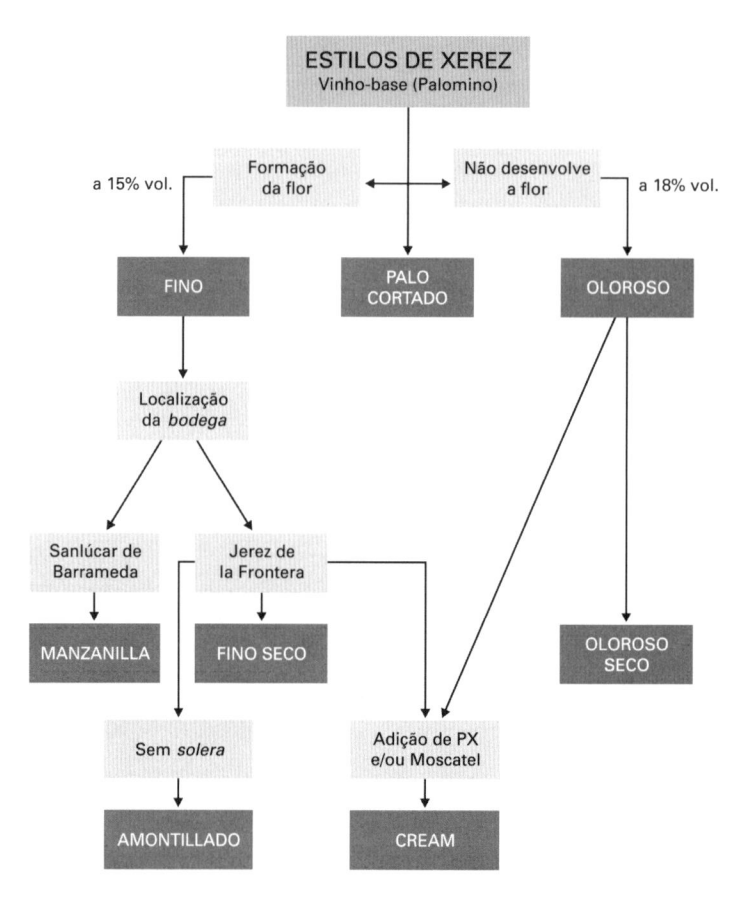

```
                    ESTILOS DE XEREZ
                    Vinho-base (Palomino)
                            │
        ┌───────────────────┼───────────────────┐
        │                   │                   │
   a 15% vol.          Formação  ←→  Não desenvolve      a 18% vol.
        │              da flor        a flor             │
        │                   │                            │
        ▼                   ▼                            ▼
      FINO              PALO                          OLOROSO
                      CORTADO                            │
        │                                                │
        ▼                                                │
   Localização                                           │
   da bodega                                             │
        │                                                │
   ┌────┴────┐                                           │
   ▼         ▼                                           │
Sanlúcar de  Jerez de                                    │
Barrameda   la Frontera                                  │
   │         │                                           │
   ▼         ▼                                           ▼
MANZANILLA  FINO SECO                                OLOROSO
                                                      SECO
        │         │
        ▼         ▼
   Sem solera   Adição de PX
                e/ou Moscatel
        │         │
        ▼         ▼
   AMONTILLADO  CREAM
```

Esquema 8. Estilos de Xerez.

Montilla-Moriles

Situada ao sul de Córdoba, a DO Montilla-Moriles é a menor região vinícola da Andaluzia e elabora vinhos fortificados, similares ao Xerez, sendo mais comum o *fino* e o *oloroso*. Ricos em álcool, os vinhos devem ser envelhecidos por no mínimo dois anos. Antes de 1993, ano em que obteve a *denominación*, a Montilla-Morilles vendia todas as suas uvas na região de Jerez.

Málaga

Conhecida sobretudo pelos vinhos doces, a base das uvas Moscatel e Pedro Ximenez, colhidas tardiamente. Os vinhedos são dispersos pela região, mas a vinificação e o envelhecimento são feitos na vila de Málaga e, como no Xerez, o método de envelhecimento é o *solera*. A região pratica ainda o *arrope*, o cozimento do mosto, uma técnica de concentração de estrutura e de aromas, desde o tempo dos romanos. O tempo de envelhecimento de um Málaga se situa entre seis meses e dois anos.

Outros países

Historicamente, muitos outros países elaboram vinhos fortificados e doces.

Na África do Sul, há três séculos, existe o fortificado Constancia, baseado na uva Muscat. Hoje, como vimos, é nome de uma região vinícola do país, que fica ao sul de Cape Town, recebendo o vinho o nome de Vin de Constance. Baseado em uvas portuguesas que se adaptaram à região, a África do Sul faz também um fortificado semelhante ao Porto, exportando-o com o nome de Cape, nos estilos Cape Ruby, Cape Tawny e Cape Vintage.

A região de Victoria na Austrália é fonte de interessantes vinhos fortificados: o Liqueur Muscat (a partir de uma variedade de casca escura da Muscat) e o Liqueur Tokay (da uva Muscadelle). Uvas ultramaduras são fermentadas; a seguir, o vinho é fortificado, como na produção do Porto; depois, é amadurecido durante anos em pequenos barris de carvalho, em alpendres, sob o sol quente. Os vinhos ficam excessivamente doces, com gosto de uva-passa e um toque de carvalho.

Sobre o autor

José Ivan Santos é engenheiro e especializou-se em vinhos na WEST (Londres). Atualmente é *wine consulting* de empresas e da Expovinis Brasil – Feira Internacional de Vinhos de São Paulo. O autor publicou pela Editora Senac São Paulo os títulos: *Comida e Vinho: harmonização essencial* (2008), em coautoria com José Maria Santana, e *Conheça Vinhos* (2010), em coautoria com Dirceu Vianna Jr. (MW).

Alberto Massanobu Honda